守望学术的视界

范金民

著

明清江南
商业的发展

广西师范大学出版社
GUANGXI NORMAL UNIVERSITY PRESS

·桂林·

明清江南商业的发展

MINGQING JIANGNAN SHANGYE DE FAZHAN

图书在版编目（CIP）数据

明清江南商业的发展 / 范金民著. -- 桂林：广西
师范大学出版社，2024.3
　ISBN 978-7-5598-6721-6

　Ⅰ. ①明… Ⅱ. ①范… Ⅲ. ①商业史－研究－华东
地区－明清时代 Ⅳ. ①F729.4

　中国国家版本馆 CIP 数据核字（2024）第 014397 号

广西师范大学出版社出版发行

（广西桂林市五里店路 9 号　邮政编码：541004）

　网址：http://www.bbtpress.com

出版人：黄轩庄

全国新华书店经销

深圳市精彩印联合印务有限公司印刷

（深圳市光明新区光明街道白花社区精雅科技园　邮政编码：518107）

开本：880 mm × 1 240 mm　1/32

印张：14.5　　字数：310 千

2024 年 3 月第 1 版　　2024 年 3 月第 1 次印刷

定价：89.00 元

新版序

去年底，以主要出版档案文书类大型丛书而享有盛誉的广西师范大学出版社社科分社刘隆进社长突然与我联系，说拟重版拙著《明清江南商业的发展》，征求我的意见。老实说，我出书后，从不指望再版重版，此书也至少有三家出版社表示愿意重版，但都没有下文，也从未收到过任何解释。轻易许诺，不讲信用，已是当下这个时代的特征，我自然不会放在心上。没想到，隆进编审极为执着，交代邓进升编辑，发来合同，安排排版，并且不时督促，按部就班，循序推进，容不得我掉以轻心。

本书原是国家教委社会科学基金项目"明清江南商业与城镇经济的发展"，项目按要求于 1996 年底如期完成，书稿定名为《明清江南商业的发展》，定稿于次年 10 月。时值中国社会由计划经济时代向市场经济转型，学术专著出版似乎是新中国成立以来最为困难的事情。既是项目，总想正式出版，乃与南京大学出版社编辑杨金荣硕士商量。金荣编辑出主意，说只有直接找上时惠荣社长才能奏效。时社长是无锡人，鞅掌创建才十几年的南大出版社，经济压力大，因而出版极重经济效益，人们口耳相传其名言："出书可以，要钱。"某日上午，我硬着头皮捧了手写书稿求见时社长，没想到，时社长扫了一眼书名，匆匆翻了前几页，就说此书起名新，内容好，有价值，南大出版社肯定出。如此大出意外，令我至今感念不已。作为回报，后来再有书稿，我首先向南大出版社报送。大概因为是社长亲自接受的书稿，出版付印一路顺利，不到一年，就正式面世，而且不但不要出版补贴，还有稿费。

此书曾于1999年11月获得1997—1998年度江苏省哲学社会科学优秀成果三等奖，等次虽然不高，但当时我评为教授还不到两年，刚刚聘为博士生导师，资历尚浅，江苏学界专家可以说是予以肯定的。2008年，南京大学计划评选50部"改革开放以来南京大学文科有重要影响的学术著作"，报送条件是印数达到多少，或者重印多少次。此书印量很小，也未重印，我根本不作报送准备。然而校社科处领导通知我，此书被引用的频率极高，学术反响较好，应该申报。我遵嘱申报，自然忝列其中。

此书是我的第二部学术专著。第一部专著《江南丝绸史研究》(农业出版社1993年版)已于2016年由江苏人民出版社出版增订本《衣被天下：明清江南丝绸史研究》，而且近年又连续列入国家社科基金中华学术外译项目，正在译成英文和韩文。此书自寻求出版到出版后的境遇，大概说明它还有一定的学术价值，广西师范大学出版社既然不怕经济上受损的风险，我自然乐观其成愿意再版。

出版于25年前的拙著，以现在的眼光看，自然是问题成堆，尤其是注释，堪称千疮百孔，完全不合现在的所谓"规范"。当年撰稿,尽量简省,惜墨如金,所以诸多地方不够翔实。现在既系再版,而非增订,也非改版,信奉历史主义的我,始终坚信应该保持原貌,而不宜大事增损,改头换面。因此,此次再版,只是改动了原版中的印刷错误,引文舛错,以及表述明显出入之处。尽管如此,我还是迎合时下的出版规范,查对了在此书初版之前能够征引到的文献,拾遗补缺,纠谬改错,基本逐条核对了引文,注明具体出处,较之原版,改动之处较多。

明末清初江南大儒顾炎武先生有训:"必有济世安民之识,而后可以考古断今。"本人由江南风土滋养,学术关注重点始终不出江南范围。此书出版以来的四分之一世纪,学界对于江南商业史的研究,始终是热门,取得的成就堪称卓著,达到的高度和深度也非复当年,本人也并未完全转移阵地,而是持续用力,独著或与人合作发表了相关论文五六十篇。这些丰硕成果不能及时吸收补充进去,自然十分遗憾。作为补偿,附在书末,俾便关注相关论题的读者诸君参看。

行文至此,深深表达我的感激之情:感谢南京大学出版社时惠荣社长慷慨初版本书,感谢杨金荣编辑、杨小民美编为初版此书殚精竭虑,感谢广西师范大学出版社社科分社刘隆进社长的大度和激励,感谢责任编辑邓进升为再版本书付出的艰辛劳动。

范金民于南大和园自在斋
2023 年 11 月 5 日

序

在范金民教授的新著《明清江南商业的发展》即将付梓的前夕，我有幸读到书稿的全文。这部全方位论述明清江南商业发展的专著，是他在多年研究江南经济问题的深厚学识积累的基础上所取得的又一项可喜的最新成果。翻开这本专著可以看到：作者在深入研究了明清江南地区的商品经济发展程度之后，接着以此为切入点，依次研究了江南的商品流通问题、江南的商品市场问题、江南的商人商帮问题，以及商业兴盛对江南社会经济的影响等这样一些重大的问题。业内人士一看便知，在专家云集的江南经济研究领域里，如果没有很深的功底，是很难在如此的广度和深度上，完成这一颇具开创性的重要研究课题的。下面我将谈谈展读这部书稿的收获、体会和感想。

在第一章《江南的商品生产》中，作者探讨了两个重要问题：一是江南商品性作物种植的发展，其中涉及棉花、桑树、席草、靛蓝、烟草、茶树等六种商品性作物种植的情形，在我所见到的同类论著中,这是叙述得最为详尽的一本;二是专业副业商品生产的兴盛,其中涉及棉布、丝绸、酒、油类、草席的商品生产,纸张的商品生产加工,书籍的商品性刻印和玉石器的商品性加工生产,同时还涉及包括锡箔、铜铁器、窑器、裱褙、造船和折扇在内的其他商品生产的情况,在我所见到的同类论著中,这也是叙述得最为详尽的一本。不仅如此,作者还就江南商品性作物的种植是因何发展起来的这一众说纷纭的问题,发表了自己的灼见。作者不同意持"人口压力"论和"赋税压力"论的一些国内外学者的意见。他反问道:"在全国许多地区均存在人口压力和赋税压力的情况下,为什么江南地区的商品性作物种植却能一枝独秀,得到长足的发展呢?"他认为:要破解其中的奥秘,就必须"更应注意当地的自然地利条件和农民的获利动机与经营方式"。我认为:作者从明清江南地区的自然与社会实际情况提炼出来的这一观点,应该受到国内外有关学者的充分重视。

在第二章《江南的商品流通》中,作者在详述了粮产区和棉布产区之间、棉布丝绸产区内部和整个江南地区各种生产资料和生活资料之间的商品流通后,得出了一个令人信服的结论,即:江南丝棉织生产的兴盛,乃是奠立在本地区发达的专业分工、良好的原料供应和畅达的域内流通的基础之上的。在论及江南对全国的商品流通这一问题时,作者不仅详述了以江南为中心的商运路线和流通商品的种类,而且还对流通的商品量进行了科学的计量研究,并进而归纳出本地区商品流通的几大特色,从而将江南商品流通的研究推上了一个新台阶。

在第三章《江南的商品市场》中,作者细密地考察了包括地方小市场、城镇市场、区域市场、全国性市场和特殊市场——庙会集市在内的江南商品市场的各个层次，并进而考察了几种颇具特色的专业市场，如粮食市场、棉纺织市场、丝织业市场、竹木市场和金融市场等，这就为读者清楚地勾画出了一个比较完整的江南区域市场群体。不仅如此，作者还细心地将明清江南的商品市场与唐宋江南商品市场作了纵向的比较，又将明清江南的商品市场与同时期的北方市场作了横向的比较。通过这些深入的研究，作者在江南商品市场的总体结构及其特色两个方面，均对读者作出了明确交代，从而使读者获益匪浅。

在第四章《江南的商人商帮》中，作者显示的功力尤深。在这一章里，作者对安徽商人、福建商人、广东商人、山西商人、陕西商人、山东商人、河南商人、江西商人、湖广商人、浙江商人和江苏商人在江南地区从事的商业活动及其经营的具体行业进行了开创性的系统考察。与此同时，作者还对上述这些商人商帮的活动时代、经济实力、活动地域、从事的行业及经营商品的种类进行了深入的研究。作者的这一创新性的研究成果，我认为至少有以下两个方面的重要意义，其一是：作者通过对全国各省商人商帮在江南的活动进行全面考察，分析其在江南商品经济发展中的互补、竞争和消长情况，无疑大大深化了对明清江南商业发展的研究；其二是：作者把各省区商人商帮的活动与江南社会经济的特点结合起来进行考察，从而为深化各省商人商帮的研究找到了一个重要的新视点。还需要指出的是：作者在涉及地域商人商帮的组织——会馆公所这一长期被国内外学者重视并取得累累成果的研究课题时，亦游刃有余颇多建树。例如，在明清会馆公所数量考一节中，将苏州城区的会馆数从 46 所增补至 49 所;将上海的会馆数考定为 43 所;将南京的会馆数考定为"至少应有 39 所";将杭州及其附近的会馆数考定为 22 所,而这些会馆以前几乎未被研究者提及;将嘉兴府的会馆数考定为 13 所,而过去的研究者只提及零星的几所;将湖州的会馆数考定为 30 所左右,而这些会馆今人则基本没有提及;将镇江的会馆数考定为"至少有 12 所";将常州的会馆数暂定为 4 所,而这些会馆过去则从未见人提及。此外,在会馆公所异同论一节中,作者指出:有的研究者"以地域和行业为标准,过分强调了会馆与公所的异,过于绝对,故为人所诟病,而新近的研究则过分强调了会馆与公所的同,过于笼统,故仍有缺憾,个别论者更以大商人与中小商人来区分会馆与公所,更属牵强"。而他则主张:"从地域或行业的角度,将会馆和公所分为地域性和行业性两大类,即地域性会馆公所和行业性会馆公所,会馆和公所都有地域性和行业性两类,但又有主次。这样或许会更加接近历史的实际。"我认为作者的这一新颖观点,很值得中外有关学者认真思考和充分重视。

至于第五章《商业兴盛与江南社会经济》,应该说是本书的画龙点睛之笔。作者在这里论述了商业兴盛对江南社会经济的发展所作出的重大贡献。作者明确地指出:商业的发展为江南商品生产提供了必要的条件,并促使江南的商品生产不断推陈出新,而完备的商业流通体系又无疑有利于商品生产健康持续地发展。作者又明确地指出:发达的商业贸易促使和影响了江南大量市镇的兴起,并使其规模得以不断扩大。作者还明确地指出:商品经济的发展直接造就了富庶的江南经济区。应该特别指出:作者在这一章里,实际上已经触及中外学者在研究明清江南经济史时都要碰到的一个十分敏感的重要问题,即江南地区经济发展的历史走向问题。作者对这个问题的回答是:商品经济的发展"虽然没有导致江南社会步入新的发展阶段,但也没有导致近年来有人力图证明的江南小农一直处于最低生活水准的局面"。持后一种意见的代表人物,是我国学者所熟知的美国加州大学华裔学者黄宗智教授。1992年,黄宗智在《长江三角洲小农家庭与乡村发展》一书中推出的观点是:在1350至1950年这600年间,江南农民拥有的土地不断减少、收入不断下降,生活一直徘徊在糊口水平。其核心的理论依据就是单位工作日报酬递减论,又称边际效益递减论。其实,黄宗智教授早在20世纪70年代中期开始研究我国华北农村经济时,已经推出这一论点,这可以从1986年中华书局出版的《华北的小农经济与社会变迁》一书中得到明证。记得大约在1993年,我国学者曾在北京举办的一次小型学术讨论会上,就黄在以上两书中推出的主要学术观点进行过研讨。会后,我国学者曾从不同角度对黄的主要论点提出过不同意见,例如,李伯重研究员就曾从理论和概念的角度,对黄所持的"最低生存水准"与"人口压力"的说法提出过异议。但我个人认为:自那时以来,中国经济史学界对黄宗智教授所持观点的驳议,尚有待完善。如今,本书作者又用较多的笔墨对黄的上述论点进行了很有说服力的反驳。应该说,这是一次可喜的学术进展。本书作者指出:黄不以年收入而以单位工作日收入,不以家庭总收入而以单个农民的农业收入,来讨论以年成或季节为收入周期、以整个家庭生产为特点的江南农民的经济状况,显然是不符合实际的。若以年收入而论,作者根据人均耕地占有量和明清时期江南正常年景的平均亩产量这两项数据,计算出江南农民田地收入的数字是并不低的。如果再考虑到由于江南农民广泛开展桑棉丝布及其他兼业化、专业化生产,作者认为"直到嘉、道年间,其年收入或家庭总收入是稳定或增长的,其生活水平也是趋向不断提高的"。概而言之,作者抓住了边际效益递减论者只计算农民的农业收入而无视农业以外的收入这一致命弱点,并通过对农家全年实际收入与支出水平的运算,用具体数字有力地并富有成效地反驳了单位工作日报酬日趋下降的论点,因此很有说服力。据我所知:作者出生于江南农民家庭,在 20 世纪 70 年代末进入南京大学历史系深造前,曾在江南无锡农村基层领导、组织和从事农业生产数年,是一个具有丰富经验并谙熟当地人文地理和农业生产各个环节的行家里手,因此我认为他对黄宗智教授所持论点的驳论能够击中要害并非偶然。

读完这部书稿,受益颇多,心情十分快慰。我与本书作者既有师生之谊,又曾一起工作共事多年,他问序于我,遂将通读这本著作后的一些看法和体会实话实说了出来,是为序。

罗　仑

1998 年春于北京西路 2 号新村寓所

目　录

绪　章

　　本书是国家教委社会科学规划项目。申请项目名为"明清江南商业与城镇经济的发展",拟从商业和城镇经济互相影响的角度考察明清时代江南商业和城镇经济的发展历程,后来考虑到有关明清江南城镇经济已经有了刘石吉《明清时代江南市镇研究》(中国社会科学出版社 1987 年版)、陈学文《中国封建晚期的商品经济》(湖南人民出版社 1989 年版)、《明清时期杭嘉湖市镇史研究》(群言出版社 1993 年版)、樊树志《明清江南市镇探微》(复旦大学出版社 1990 年版)、森正夫编《江南三角洲市镇研究》(日本名古屋大学出版会 1992 年版)和琳达·约翰逊编《中华帝国晚期的江南城市》(Linda Cooke Johnson, *Cities of Jiangnan in Late Imperial China*,美国耶鲁大学出版社 1992 年版)等一批重要研究成果,前贤力著在先,笔者若再妄为陈述,既重梨枣之灾,又类狗尾续貂,于是将研究范围收缩,专门讨论明清江南的商业问题,成此《明清江南商业的发展》一书。

　　本书所指江南，大体上相当于长江三角洲范围，包括明清时期南直隶的苏州、松江、常州、镇江、应天（江宁）府和浙江省的杭州、嘉兴、湖州府及清代雍正年间从苏州析出的太仓州八府一州之地。作这样的地域界定的理由，请参见李伯重《简论"江南地区"的界定》一文（《中国社会经济史研究》1991 年第 1 期）。论述时段则下限大体上到太平天国战争兴起。

　　近年来的研究表明，江南的传统农业经济在唐代迅速崛起，宋代大为发展，经元至明后期已趋向顶峰。① 北宋中期人范仲淹说："苏常湖秀，膏腴千里，国之仓庾也。"②北宋晚期政和时的赵霖说："天下之地，膏腴莫美于水田。水田利倍，莫盛于平江。"③同时人秦观称："今天下之田称沃衍者，莫如吴越闽蜀，其一亩所出，视他州辄数倍。"④北宋末年已盛传"苏常熟，天下足"的谚语，到了南宋更广泛流传"苏湖熟，天下足"的说法。发达的农业生产奠定了江南经济的坚实基础。明清时期，江南在人均田地日益下降，边际报酬日益递减的情形下，仍为全国最为重要的经济区，直到太平天国战争，江南始终走在全国经济的前列。

---

① 相关研究可参考李伯重《唐代江南农业的发展》，农业出版社 1990 年版；斯波義信《宋代江南经济史の研究》，汲古書院 1988 年版；方如金《宋代两浙路的粮食生产及流通》，《历史研究》1988 年第 4 期；周生春《论宋代太湖地区农业的发展》，《中国史研究》1993 年第 3 期；梁庚尧《宋元时代苏州的农业发展》，许倬云等编《第二届中国社会经济史研讨会论文集》，汉学研究资料及服务中心 1983 年版；李文治、魏金玉、经君健《明清时代的农业资本主义萌芽问题》，中国社会科学出版社 1983 年版等。

② 范仲淹：《范文正公集》卷九《上吕相公并呈中丞咨目》，清道光十年刻本。

③ 范成大：《吴郡志》卷一九《水利下》，江苏古籍出版社 1986 年版，第 287 页。

④ 秦观：《淮海集》卷一五《财用下》，《续修四库全书》本。

　　江南经济是如何持续发展的？推动其久盛不衰的动力又是什么？这类问题,较长时期以来一直引人深思。1988年,笔者所在的南京大学历史研究所明清史研究室及地理系的同仁和日本名古屋大学的学者等就长江三角洲小城镇社会经济结构进行历史学和地理学方面的研究拟就了合作协议,主要目的就是为了探讨导致长江三角洲自宋代以至今日经济持续发展的原因,试图将小城镇的发展作为着眼点。小城镇的兴起和发展,无疑是明清时期江南社会发展的一大特色,但这一特色的形成,又是商品经济发展的结果。小城镇经济实际上就是商品生产和商业贸易。明清时期,江南农家已普遍开展"与自给生产相结合的商品生产"①,成为"保留有一定自给性生产的交换农户和农村手工业户",这些农户,"同独立的小商品生产者一样,都已属于商品经济范畴,都同样是封建社会中体现商品经济关系的经济实体"②。虽然学者们的认识不尽一致,但明清时期江南的农家经济已体现出浓厚的商品经济色彩,农户已与市场发生着日益紧密的联系,则殆无异议。大批城镇就是在这种商品经济的基础上兴起和发展起来的。作为江南农家的两大支柱产业——植棉织布和蚕桑丝绸业就是主要以市场为依托的行业,充分体现了商业和市场的作用。因此,商品经济可能正是明清时期江南经济发展最显著的特点。

　　实际上,明清时人已隐约认识到商品经济在江南经济发展中的重要作用。隆庆《长洲县志》的修纂者说:"长洲延袤不百里,而湖陂居三之一,田赋居郡十之二,此岂尽利于蘵蓛哉,商贩工伎,干

---

① 魏金玉:《封建经济·自然经济·商品经济》,《中国经济史研究》1988年第2期。
② 方行:《封建社会的自然经济和商品经济》,《中国经济史研究》1988年第1期。

没射时,以身所营,给家之食,而以田所入充官之税。"①崇祯《吴县志》的修纂者图说阊门繁华时也认为,"吴之所以饶,颇赖是耳,为行货往来者于此市易"。明后期人王士性说,东南吴越间,"人既繁且慧,亡论冠盖文物,即百工技艺,心智咸儇巧异常。虽五商辏集,物产不称乏,然非天产也,多人工所成,足夺造化"②。陆楫《蒹葭堂稿》则谓,苏州"为天下南北之要冲,四方辐辏,百货毕集,故其民赖以市易为生"③。《明经世文编》的编者也在宣德时应天巡抚周忱的"天下之民出其乡则无所容其身,苏松之民出其乡则足以售其巧"一语下加注:"以其逐末技也。"乾隆中期,两江总督高晋曾总结性地说:"窃照大江以南,江宁、镇江、常州、苏州府属地方,土多沃壤,民习耕种,且能手艺营生,衣食足资利赖。"④当时人的这种种说法,是基于现实的实际之论,对于我们今天探讨问题有颇多启发意义。商品经济为江南农民开辟了广阔的前景,发展商品生产,兼营各行各业,开展多种经营,江南农民的谋生路子较为宽广,生活也较为安定。商品经济发展的最直接后果就是由明初的江南人纷纷外逃而转变为明后期至清中期的全国各地人纷纷涌向江南,最了不起的成就就是江南在明清时期始终是国家财政的最大贡献的地区。如果无视或否认这一点,像个别学者那样仅仅着眼于农民边际报酬递减,只计算农民的业农收入,而不考虑业农外收入,主张

---

① 隆庆《长洲县志》卷二《田赋》。
② 王士性:《广游志》卷下《物产》,周振鹤编校《王士性地理书三种》,上海古籍出版社 1993 年版,第 227 页。
③ 陆楫:《蒹葭堂稿》卷六《禁奢辨》,《续修四库全书》本。
④ 高晋:《请海疆禾棉兼种疏》,《清经世文编》卷三七,中华书局 1992 年版,第911 页。

江南农民长期处于最低生活水平的贫困处境①,就无法真正认识明清江南农村社会,也无法如实揭示农民生活的基本状况。

正是基于上述认识,笔者力图从商业的角度,比较系统深入地考察明清江南的商品经济,以探讨商业发展在江南经济发展中所起的作用。全书着重阐述明清时期江南的商品流通、商品市场和全国各地域商人商帮在江南的活动。

第一章《江南的商品生产》,是作为明清江南商业发展的前提和优势而设的,旨在通过考察江南的商业性农作物种植和专业副业商品生产的兴盛,以说明江南商业发展最根本的前提在于当地发达的商品生产。由于具体论述江南商品生产各业的论著较多,因此本章只作综合性的宏观考论。江南商品生产发展而原料远远不敷所需,商品性生产日益发展却日益依赖海内外市场,这种特殊的经济结构也有利于商业的发展,因此,江南商业的发展也是建立在与全国乃至海外市场的紧密联系的基础上的。只是纯粹是出于全书结构的考虑,有关内容才安排在第二章讨论。江南商业的发展也得力于得天独厚的地理交通优势:江河海三大运道兼备,境内河渠成网,四通八达,位居南北东西要冲,可以说,江南商业发展也有赖于天然便利的交通条件。江南商业在明后期迅速发展,按照隆庆时徽商黄汴的说法,由于嘉靖七年(1528)监察御史瑞州府人朱寔昌奏定门摊税而不税客货,苏、松、常、镇一律奉行,于是商贾更加聚于苏州,而杭州次之。黄汴将朱寔昌于嘉靖四年(1525)奏

---

① 有关论述可以参考黄宗智《长江三角洲小农家庭与乡村发展》,中华书局 1992 年版。

定门摊税错置为嘉靖七年,山西人民出版社的标点本《天下水陆路程》又误刊误标为"御史朱寔昌,端州府人,嘉靖七年,奏定门摊客货不税",致引起人误解为苏、松、常、镇四府不征门摊税。奏定门摊税的缘由及其具体办法需要专文考证,由于本章立意只在商品生产,故略而不论。江南商业发展与包括改征门摊税在内的全国赋税制度的变革,流通条件的改善,信用手段的提高等都有关系,但这种全国性的改革不足以充分说明一地商业的兴衰,又与本章立意不符,故同样略而不论。

第二章《江南的商品流通》,以江南为中心,分三节依次考察江南区域内的商品流通、江南与全国之间的商品流通和江南对国外的商品流通,重点考察商运线路、流通商品种类、商品数量,既想说明江南在特殊的经济结构下与全国乃至海外的商品流通的重要意义,又想通过几种主要商品流量的探讨说明江南商品在对外流通中所具有的种种优势。江南商品在对外流通中的种种优势,也正是江南经济在全国领先的根本所在。

第三章《江南的商品市场》,应该是江南对外商品流通的起点或终点,出于篇幅和论述的需要才专立一章。先从市场等级角度考察了江南市场的各个层次,再从商品角度,考察了江南的几种专业市场。江南各种类型、各种层次的市场兼备,它们既各有侧重,发挥特有作用,又互成网络,构成完整的区域市场群体,成为全国市场的重要组成部分。现有研究表明,明清时期江南市场的机能,既不同于同地区的唐宋时期的市场[1](如龙登高认为"与明清江南

---

[1] 相关研究可以参考李伯重《唐代江南农业的发展》和龙登高《宋代东南市场研究》(云南大学出版社 1994 年版)。

市场相比,宋代两浙区域市场中,产业结构中经济作物与商品生产比重小,区域内的专业分工,更多地以自然地理为基础,而它与外地市场的联系尤为稀疏,缺乏全国性市场的配合。就区域市场格局而言,明清各类专业市镇的迅速成长,使市场网络更为细密,商品流通更为顺畅");也不同于同时期的北方市场(如姜守鹏《明清北方市场研究》认为"北方区域市场之间的商品交换有如下明显特点:一是北方地区的手工业产品主要在本区域内交换,最多是在北方地区各区域市场之间交换,很少销往南方各区域市场,而南方各区域市场销往北方各区域市场的商品却主要是手工业产品,例如棉布、绸缎、铁器、瓷器等;二是北方各区域市场销往南方各区域市场的商品主要是棉花、皮货、花生等,但是这些商品都没有形成全国性市场,影响都不大")。这些研究成果为我们了解明清江南市场的特色勾画了大致轮廓,可以省却本章的不少篇幅,而本章所着重分析的内容,相信会进一步充实上述看法,而且更能反映明清江南市场的发育程度。

　　第四章《江南的商人商帮》,以江南为地域空间,以省域为商帮的籍属范围,对活跃在江南的安徽、福建、广东、山西、陕西、山东、河南、江西、湖广、浙江、江苏商帮等作了较为全面而又具体的考察,依次探讨了这些商帮在江南的经营活动、建立的会馆公所及其与江南各阶层的关系。近年来,商帮研究方兴未艾,但地域界定不尽合理科学,研究也多局限于某一商帮在全国或一地的活动,而对一个地区各支商帮的竞争角逐的研究则尚为少见。本章比较细致地考述江南这一经济最为发达地区各地商帮的活动,相信有利于认识江南地区商业发展和商业资本的活跃程度,也有利于推进商帮研究。本章还以较多的笔墨考证了江南各地会馆公所的数量，辨析了会馆公所的异同，讨论了会馆公所的性质功能，探讨了会馆公所和商会的区别与联系，或许有利于澄清相关研究中的含糊表述，或可对个别厚此薄彼的结论起些纠偏作用。至于商人商帮与江南社会各阶层的关系，只是提出了问题，以期全面评价他们在商业发展和地方经济中的作用，充分的论述将与封建政权对商业发展的影响等内容一起在笔者的另一部商帮研究著作中体现出来。

第五章《商业兴盛与江南社会经济》，探讨了商业发展与商品生产、江南城镇化、江南经济区的关系，认为江南商业的发展促进了当地的商品生产，推进了江南城镇化，造就了富庶的江南经济区。李伯重在《"最低生存水准"与"人口压力"质疑——对明清社会经济史研究中两个基本概念的再思考》①一文中，着重从理论和概念的角度，对"最低生存水准"与"人口压力"的说法提出了相反的看法；本章着重从江南人均耕地占有量，以及农家的实际收支水平，对"最低生存水准"与"人口压力"的说法表示了异议，并结合第二章的论述，认为论者几乎都未曾注意江南粮食输入的内涵而过分夸大了江南食粮的不足程度。

清代中后期，江南商业的发展已经潜伏或存在着较为严重的危机，这主要表现为：木材、煤铁、玉石、纸张等江南急需的重要原材料的输入成本日益提高；江南丝棉织业的原料成本也成倍于前，缩小了与成品价格的距离；随着全国蚕桑棉织事业的进一步兴起，国外丝织工业的恢复和发展，作为江南经济支柱的绸、布两大类商

---

① 《中国社会经济史研究》1996 年第 1 期。

品市场日益收缩,在资本主义列强以低成本、大批量、高质量的机织布涌入中国市场时,江南布匹更节节败退。历史事实表明,江南的商品生产不进行技术改造,不采用先进的生产方式,不加大技术和资本投入,江南商品就无法继续占有广阔的国内市场,更无法参与国际市场的竞争而立于不败之地。这或许正是江南商品生产发展但没有导向新的发展阶段的重要原因,而绝不是所谓的"单位工作日报酬递减"的结果。因为已有李伯重的宏文《明清江南与外地经济联系的加强及其对江南经济发展的影响》①作了专题探讨,时段又多少超出了本书的范围,故相关内容不再予以讨论。

　　明清时期的江南商业问题,虽然纯粹是一个历史课题,但在大力发展商品经济、建立社会主义市场经济的当前,也富有现实意义。江南地区的乡镇工业已由拾遗补缺发展到半壁江山,进而成为当前的国计民生的重要支柱,在市场竞争日趋激烈的情形下,如何充分发挥江南经济的固有优势扬长避短,进一步优化资源配置,转变经营机制和调整经济结构,建立和完善市场体系,不断拓展国内外市场,切实讲求经济实效,走上高效可持续发展的道路,已成当务之急。明清时期江南商业发展的历程也许能够提供或多或少的有益借鉴,也许能够引发当代经济建设者多一点历史内涵的思考。这同样是作者的良好愿望。

---

① 《中国经济史研究》1986 年第 2 期。

第一章　江南的商品生产

要考察商品生产,就要先弄清楚什么是商品性生产。所谓商品生产,是指"不是为生产者自己消费,而是为了交换而进行的产品生产"①,换言之,就是非自给的生产或者称为为市场的生产。就生产者的生产目的而言,商品生产应该包括这样几种情形:生产完全不是为了自给,而是为了发财致富;生产的部分甚至大部分产品不是为了自给;生产的各种产品中的某些产品不是为了自给(如有的农户在生产粮食外种蓝植烟,为了出售)。无论哪种情形,产品都要通过交换的形式,在第一种情形下,生产者为了获取交换价值;在后两种情形下,生产者为了获取使用价值,但使用价值要在交换价值的形式下获得。② 如果作这样的理解,那么生产者不是基于生产目的,而是基于其他种种原因,自用有余进入流通过程的产

---

① 许涤新主编:《政治经济学辞典》"商品生产"条,人民出版社 1980 年版。

② 参见方行《论清代前期农民商品生产的发展》和《封建社会的自然经济和商品经济》,分载《中国经济史研究》1986 年第 1 期和 1988 年第 1 期。

品和实物地租进入流通的部分都是商品,但其生产不是商品生产。因此,作为商品生产的产品要比流通的商品少。

毫无疑问,明清时期江南的商品生产较之前代有了很大的发展,较之同时期其他地区也要发达得多,但由于江南区域各地经济发展水平不一致,各种商品生产的程度也千差万别,因此在目前要作出具体的界定似乎还不可能。本章只拟考察各种专业、副业商品生产和商品性作物种植的发展情形。

第一节　商品性作物种植的发展

江南的商品性作物种植兴起较早,如北宋元祐时吴县县尉郭受描述太湖中的洞庭东西两山,"桑田翳日,木奴连云。织纴之功,苞苴之利,水浮陆转,无所不至"①,商品性种植一派兴盛景象。但这种情形仅局限在个别地方,范围也极为有限,商品性种植获得真正大的发展则在明代,甚至在明代中期以后。

一、棉花的种植

明清时代的江南,是全国最为重要的棉花产区。在沿江海岸线伸展的宽阔沙嘴上,地面高程 4.5—6 米,是宜于棉花这种耐旱作物生长的冈身沙土地带。棉花种植就主要分布在这一地带的松江府、太仓州、苏州府嘉定县(雍正后属太仓州)的大部分地区和苏州

---

① 范成大:《吴郡志》卷三七《县记》引,第 530 页。

府常熟、昆山,常州府江阴县的部分地区,以及嘉兴府平湖县的沿海荡地,大体上北起江阴,沿江南达平湖。这一地区的棉花以其种植面积广、比例高、质量优而著称。

江南棉区的具体面积,今人在探讨江南商品棉布量时多有估算。何泉达不满足于前人的估算,"试图以现代科学方法",从土壤等自然条件入手,计算出明代后期松江地区适宜种植棉花的面积约占耕地总面积的 22.75%,大约 140 万亩。[1] 侯杨方则认为何文运用的"现代科学方法"从方法论角度讲是令人难以信服的,他依据明清上海地方文献等材料,认为仅上海、嘉定、宝山、崇明四县,棉田面积就已达 300 余万亩,所以明清时代上海地区棉田面积完全可能达到耕地面积的 50%;而根据两江总督高晋的奏疏来看,乾隆时期上海地区棉田面积已达到了耕地面积的 70%—80%,清代棉田可以 400 万亩计算。[2] 他们的推断相差较大。

笔者以为,何氏的所谓"现代科学方法",即使真正科学,适宜种植棉花的面积也不等于实际种植面积,不能据此认为棉花实际种植面积就是如许之多,就方法而言确实难以令人信服。由明代、清代和民国初年的材料可知,上海地区的棉花种植面积是不断扩大的,也说明何氏认为的"现代科学方法"并不科学。侯氏对史料所述植棉面积则作了过高的估算,同样难以令人信服。

关于明代江南的植棉面积,史料极为有限。正德《松江府志》卷五《土产》仅谓"今沿海高乡多植之"。明末上海人徐光启则在《农政全书》卷三五《蚕桑广类·木棉》中说:"海上官民军灶,垦田

---

[1] 何泉达:《明代松江地区棉产研究》,《中国史研究》1993 年第 4 期。

[2] 侯杨方:《明清上海地区棉花及棉布产量估计》,《中国史研究》1997 年第 1 期。

几二百万亩,大半种棉,当不止百万亩。"徐光启所言海上,大概指松江府的沿海地区及太仓州一带,似不包括苏州府的嘉定县。在这将近200万亩中,虽大半植棉,不止百万亩,但扣除棉稻轮种,实际植棉当也不过100万亩。崇祯《太仓州志》卷十五称,"州地宜稻者亦十之六七,皆弃稻袭花"。当时该州田土898 400亩,则植棉约为30万亩。若此估算大致不差,则松江一府实种棉田不过约70万亩,远没有达到何泉达所推算的140万亩。何氏所推算的是适合植棉的田地,从日后的发展看,明代松江棉花种植远没有达到宜棉者皆种棉的程度。万历十一年(1583),嘉定县呼吁漕粮折征银两,据该县查议,当年田地1 298 617亩,除去板荒,宜种稻禾田仅131 160亩,而种花豆田地多达1 037 250亩。[1] 如按像太仓一样豆占一成推算,则宜种棉田多达93万余亩。苏松植棉,每二年,最多三年,需翻种稻一年,否则草根难以烂尽,易生虫螟。这样,嘉定宜棉田地实种棉花的只能是2/3,即62万亩。又因为嘉定地方官为达到折征目的,有故意夸大宜棉田地的倾向,则明代该县实种棉田当不过50万亩。常熟、江阴、平湖等地也植棉,但范围均偏在一隅,估为10万亩已足。整个明代江南植棉,可以推定为160万亩。

　　入清后,江南植棉面积续有增长。清初太仓人吴伟业说:"上海、嘉定、太仓境俱三分宜稻,七分宜木棉。"[2]当时这三州县田地总共约近370万亩。按照吴伟业的说法,宜棉田地接近260万亩,宜棉田超过2/3,以前法折算则实种棉田约为170万亩。叶梦珠说,

---

[1] 万历《嘉定县志》卷七《田赋考下》。

[2] 吴伟业:《梅村家藏稿》卷一○《木棉吟》,《四部丛刊》本。

上海棉花"种植之广,与粳稻等"①。植棉比例最高的上海,也不过与稻田相等。这是指实种面积。乾隆四十年(1775),两江总督高晋说,松江府、太仓州逼近海滨之地,"宜种棉花,是以种花者多,而种稻者少",各地"务本种稻者,不过十分之二三,图利种棉者,则有十分之七八"②。其说过于含糊,无法据以推求具体植棉面积,但大致与吴伟业所说相似。其后有关各地棉田面积的记载多了起来。钱大昕说,嘉定县"稻田十仅得二三"③,县志则称"邑中种稻者三之一"④,准之全县 64 万余亩田地,扣除豆地,棉田约为 40 万亩。上海县,光绪时当地人黄宗坚说,"上海有田六千八百五十二顷,棉田居其七"⑤,棉田约近 48 万亩。由上海析出的南汇县,"傍浦种粳稻者十之三,种木棉者十之七"⑥,棉田约 45 万亩。宝山县,民国初年植棉"约占全邑十之六七"⑦,棉田约 38 万亩。割自华亭县的奉贤县,乾隆时,"东乡地高仰,只宜花豆,种稻殊鲜"⑧,或称同上海、南汇一样,"种棉豆多于粳稻,而棉尤盛"⑨,棉田约 26 万亩。清末太仓州,"统计州县地不下八千余顷,大率种木棉者十之七,种稻者十之二,豆菽杂粮十之一"⑩,棉田约达 56 万亩。崇明县,乾隆时

① 叶梦珠:《阅世编》卷七《食货四》,上海古籍出版 1981 年版,第 156 页。
② 高晋:《请海疆禾棉兼种疏》,《清经世文编》卷三七,第 911 页。
③ 光绪《嘉定县志》卷八《土产》引。
④ 光绪《嘉定县志》卷八《土产》。
⑤ 民国《上海县续志》卷八《物产》。
⑥ 光绪《南汇县志》卷二二《风俗》。
⑦ 民国《宝山县续志》卷六《实业志·农业》。
⑧ 乾隆《奉贤县志》卷二《风俗》。
⑨ 光绪《松江府续志》卷五《风俗》。
⑩ 民国《太仓州志》卷三《风土》。

"植棉十居六七","多习木棉,少植五种"①,棉田约 50 万亩。以上各县宜棉田地共为 303 万亩,如按 2/3 比例折合实种面积,当为 210 万亩左右。再加上松江府其他地区,常熟、江阴、平湖等县,以及钱塘、海盐沿江沿海之地的棉田,约 100 万亩②,共约 320 万亩。民国初年,日本人实地调查,崇明县棉田占四成,太仓 40 万亩,常熟 12 万亩,嘉定 14 万担,平湖 27 万亩,上海 230 万担。③ 当时上海、嘉定棉产大约每亩 100 斤,据以折算,则上述地区棉田共为 353 万亩。清中期没有这么多,上述根据各地志书记载推算为 320 万亩应无大出入。如此,则清中期整个江南的棉田,多出明代整整一倍。

二、桑树的种植

明清时期的江南,又是全国最为重要的蚕桑区。雍正时,浙江总督程元章说"杭嘉湖三府属地方,地窄人稠,民间多以育蚕为业,田地大半植桑"④。但栽桑养蚕区仅集中在杭嘉湖平原,以及太湖周边地区,即清初唐甄所说的"北不逾淞,南不逾浙,西不逾湖,东

---

① 乾隆《崇明县志》卷一二《物产》。

② 如乾隆《杭州府志》卷五三《物产》载,乾隆时"钱塘滨江沙地数十年来遍莳棉花,其获颇稔,今远通商贾,为杭州土物矣";道光《乍浦备志》卷九《土产》则称,道光时自乍浦向东北直抵金山卫,"其间田荡之种棉花者十九三四,约足供数万户纺织之资"。

③ 東亞同文會编:《支那省别全誌》第十五卷,第六编第二章。

④ 《雍正朱批谕旨》卷二一一下,程元章奏折,光绪十三年上海点石斋石印本。

不至海,不过方千里"的范围。① 湖州府种桑养蚕最盛,七县都有。其中以乌程、归安二县最为突出,几乎"无不桑之地,无不蚕之家"。清前期,德清、武康、长兴、安吉数县栽桑也更兴盛。嘉兴府的蚕桑仅次于湖州,七县都栽。其中以石门(明崇德)、桐乡为最,其次为海盐、嘉兴、秀水、嘉善、平湖。明代崇德县,"语溪无间,塘上下地必植桑,富者等侯封,培壅茂美,不必以亩计。贫者数弓之宅地,小隙必栽,沃若连属,蚕月无不育之"②。杭州府是蚕桑生产的又一个重点产区,九县都养蚕缫丝。其中以仁和、钱塘、海宁、余杭四县为盛。仁和县的塘栖镇,"遍地宜桑,春夏间一片绿云,几无隙地,剪声梯影,无村不然。出丝之多,甲于一邑,为生植大宗"③。苏州府蚕桑生产主要集中在吴江、震泽县南部毗邻嘉湖的地区和吴县沿太湖一带,常熟县也有少量种植。乾隆时,吴江"丝绵日贵,治蚕利厚,植桑者益多。乡村间殆无旷土,春夏之交,绿荫弥望。通计一邑,无虑数十万株云"④。吴县洞庭东山、西山,明中期即"以蚕桑为务。地多植桑,凡女未及笄,即习育蚕。三四月谓之蚕月,家家闭户,不相往来"⑤。

桑树种植,视为商品性作物种植,有两层含义,一是种桑为了养蚕缫丝,作为商品出售;二是不少农民种桑是为了部分甚至全部出售桑叶。种桑为了养蚕缫丝不待赘论,桑叶买卖在明清时期的

① 唐甄:《潜书》下篇下《教蚕》,中华书局1963年版,第158页。
② 万历《崇德县志》卷二《田赋》。
③ 光绪《塘栖志》卷一八《物产》。
④ 乾隆《吴江县志》卷五《物产》。
⑤ 蔡昇撰,王鏊重修:《震泽编》卷三《风俗》,明刻补抄本。

江南蚕桑区则是普遍现象。嘉湖地区将桑称为叶。农家种桑原是为了养蚕,有余则卖,不足则买,所谓"湖之畜蚕者多自栽桑,不则豫租别姓之桑,俗曰秒叶"①。"秒"也作"稍""梢",稍叶有现稍和赊稍之别,"梢者先期约用银四钱,谓之现梢。既收茧而偿者,约用银五钱,再加杂费五分,谓之赊梢"。很明显,稍原是农家调剂桑叶余缺的产物,是蚕农定购桑叶的手段。稍叶这一方式之为人所习惯,使得桑叶有可能作为商品大量地进入交换领域,种桑与养蚕规模也就不一定相对应,换句话说,产叶多者可少养蚕而出售桑叶,桑叶少者甚至不产叶者也能靠买叶而养蚕。农家种植桑树就可能纯粹或主要为了出售桑叶。从整体上看,有些地区如吴县的洞庭东西山每年有大量桑叶穿过太湖南贩乌程等县,石门、桐乡的桑叶则大规模北运到吴江、震泽。有桑叶外输的地区,种桑为了出售桑叶的比例看来是较高的。

　　江南蚕桑区到底有多少面积,至今无人估算过。在杭嘉湖地区,田一般用来种植粮食作物,地种植桑树等经济作物,地的面积可以作为植桑面积的参考。在明清之际,湖州府地约 54 万亩,嘉兴府地约 50 万亩,杭州府记载地高达 80 万亩②,考虑到杭州府栽桑次于湖州、嘉兴二府,估为桑地 50 万亩。地未必尽种桑,但计入宅地、小隙之地所栽散桑,面积当不致有大出入。吴江县明清两代耕地面积约为 130 万亩,新中国成立初调查,该县桑田为 74 000 余

① 朱国桢:《涌幢小品》卷二,中华书局 1959 年版,第 45 页。《乌青文献》(清康熙刻本)则谓:"凡畜蚕者,或自家桑叶不足,则豫定别姓之桑,俗曰'稍叶'。"
② 乾隆《湖州府志》卷三六《田赋》;康熙《嘉兴府志》卷八《田赋》,嘉庆《嘉兴府志》卷二一《田赋》;万历《杭州府志》卷二九、三〇《田赋》,康熙《杭州府志》卷一〇《田赋上》。

亩,占耕地总面积 112 万余亩的 6.64%。① 如果以此比例折算,则明清两代吴江种桑兴盛时面积约为 86 000 余亩。洞庭东西两山估为一万余亩,已差不多。合计江南上述四府植桑之地,共为 164 万余亩。明后期,种桑养蚕利厚,各地纷纷改田为地,种桑植烟。嘉兴一府最为突出,地由万历时的 42 万余亩,增为嘉庆时的 55 万余亩。考虑到江南蚕桑面积由明入清不断增加的这一事实,假如我们以 160 万亩为明清之际江南桑地数,那么明代后期以前要远低于此数,而清代康熙以后要远高于此数。

三、席草的种植

席草种植于低洼水田,是织凉席的基本原料。但种植较为分散,面积有限,都在水稻产区。主要地区是苏州郊区虎丘环山一带,长洲县浒墅、黄埭和吴江尹山、平望及震泽等地,元和唯亭、常熟唐市、海宁西乡、桐乡乌青、平湖部分地区、新城县城周围等地,也出席草。席草在明代已作为商品性作物种植。吴江、吴县的地方文献称,"亦有不治春熟而植席草者,其利倍于春熟"②,或称"席草出平望、震泽间,农夫种之,每获厚利。凡虎丘、浒墅之席,天下所尚,其草皆产吴江"③。后来周庄也盛种席草。看来席草种植获利较厚。席草种植与织席生产地域并不一致,因此有专门的店铺席草行。康熙十年(1671),虎丘席草行商人张泉等联名控诉浒墅

---

① 华东军政委员会土地改革委员会编:《江苏省农村调查》,1952 年版,第 380 页。
② 嘉靖《吴江县志》卷一三《风俗》。
③ 康熙(二十三年)《吴江县志》卷一七《物产》。

关税棍诈取。席草本系土产，无须纳税，而其买卖引得税棍馋涎，可见已有一定规模。

四、靛蓝的种植

靛蓝是染布的基本染料。江南产靛蓝之地，郑昌淦提到靖江、六合、江浦、丹徒、金坛和海盐六县。[1] 实际上，江南产靛县份不少，而且由明到清地域不断有所扩大。洪武《苏州府志》卷十《税粮》载全府年交纳蓝靛 6 367 斤，长洲、吴县、昆山、崇明等县皆产。其余如太仓、嘉定、上海、宝山、南汇、金山、川沙、吴江、江阴、靖江、宜兴、富阳、临安、海宁、嘉善、海盐、长兴、乌程、归安、高淳、溧水等县皆产蓝靛。总计江南产靛之地近 30 个县。较为突出的是嘉定、崇明、上海等县。嘉定个别地方，"蓝靛之利多于五谷"，据说"迥胜闽产"[2]。安亭、黄渡、纪王庙等处出靛青秧。黄渡盛产蓝靛，"用以供染，于丝绸为宜，乡民多赖其利，而泥冈村左右为最"。每到靛蓝上市，"江乡卖靛，每两折银六钱，行家取利最重，买靛日具饮食，曰池场酒，亦曰靛东道"[3]。黄渡的地产靛青市，在江南最著名。康熙末年，县衙专门颁示校准靛秤，可见其交易规模。外冈在清初因靛价昂贵，镇南"遍地皆种"[4]。诸翟靛青种植原来不多，因获利甚多，清中期"种渐广而利浸薄"，而且由染丝绸推广到染布，"民资以

---

[1] 郑昌淦：《明清农村商品经济》，中国人民大学出版社 1989 年版，第 330—333 页。
[2] 乾隆《嘉定县志》卷一二《物产》。
[3] 咸丰《黄渡镇志》卷二《物产》。
[4] 乾隆《续外冈志》卷四《物产》。

给"①。上海原来不产靛,清初一度种植较多。金山卫城附近及南汇闸港一带,雍乾时所产靛青"不减吴淞南北"②。江阴、靖江产蓝"多而且佳,以之为靛,利用甚溥"③。

五、烟草的种植

江南烟草由福建传入。明末上海有人试种,但当地人"犹未敢尝",仅"为远客贩去"④,看来种植极为有限。然而到康熙时,"嘉郡多知树烟,乡城区圩布种森立,不惟供土著之需,抑且比闽广之所产矣"⑤。说可比闽广之产,显然夸大其词。实际上嘉兴府产烟最盛的桐乡县,也一直仅局限于南乡,而且自乾隆五十年(1785)后才"种者渐多",乡人种此者"利与桑麻相埒,故濮、屠两镇厘税以此为大宗。有伏烟、秋烟、顶烟、脚烟等名,每夏秋间远商来集,烟市极盛"⑥。清同光间,甚至远销江北各处。嘉兴府另一产烟区是石门县,清中期"邑产烟叶有名,远商来贩者成市。乡民利此,亦称一熟。迩来佳种日出,其味且埒于建烟矣"⑦。杭州府在康熙二十年代因"嗜烟者众,土人多种烟为业,连畦盈亩"⑧。看来清统一全国

① 咸丰《紫堤村志》卷二《风俗》。
② 乾隆《金山县志》卷一七《物产》;雍正《分建南汇县志》卷一五《土产》。
③ 康熙《常州府志》卷一〇《物产》。
④ 叶梦珠:《阅世编》卷七《食货一》,第167页。
⑤ 乾隆《海盐县续图经》卷二《食货篇》。
⑥ 光绪《桐乡县志》卷六《食货上》。
⑦ 道光《石门县志》卷四《物产》。
⑧ 康熙《杭州府志》卷六《物产》。

后，随着吸烟人数日众，江南的烟草种植随处可见，但面积始终有限。

六、茶树的种植

　　江南产茶，以浙西山区及宜、溧等地的低山丘陵地带较为普遍。杭州府西南诸县山乡，"钱塘龙井、富阳及余杭径山皆产茶……於潜民之仰食于茶者十之七"①，所产茶叶汁尤浓郁，盛行于关东。湖州府长兴、安吉、孝丰、武康诸县"山中竹木茶笋亦饶"②，各县产茶甚多，"业此者，每藉为恒产"。尤以长兴最为著名，"凡湖地所出，概称本山茶。近山各村镇俱有茶笋山货行发售，名目不一，或以时，或以地，或以形，或以色，繁不胜计"③。常州府宜兴县盛产茶叶，品类不一，总称为岕茶，"每当初夏，商贾骈集，官给茶引，方敢出境"④，"京边各商至山采买"⑤。具体而言，"自东境滨湖诸乡而外，其余如湖汉、张渚诸山，土产殷繁，生计最盛"，乃至"不胫而走遍天下。故其商贾贸易，廛市山村，宛然都会"⑥。茶叶商品生产量和外销量都颇为可观，成为农家的重要经济来源。

　　江南各地的商品性经济作物，还有如洞庭东西山"皆以橘柚为产"的水果栽培，嘉兴桐乡"得擅其利"，官私依赖的梅豆种植，杭嘉

① 光绪《富阳县志》卷一五《物产》。
② 徐献忠：《吴兴掌故集》卷一三《物产类》，《吴兴丛书》本。
③ 同治《湖州府志》卷三二《舆地略·物产上》。
④ 康熙《常州府志》卷一〇《物产》。
⑤ 雍正《北新关志》卷一六《告示》，抄本。
⑥ 嘉庆《荆溪县志·分境图说》。

湖地区的乌桕树,苏州、杭州郊区的园艺业,丘陵山地的园廛漆林等,都构成商品生产的一部分,同时也成为当地人民谋生的有效途径。

江南的上述各种商品性作物的种植,除了桑棉两大类,面积均极有限。桑棉的绝对面积,在江南耕地总面积中所占比例也不高。如以万历六年(1578)和康熙二十年代江南耕地总面积4 480万亩为准,桑田在明清之际仅占3.57%,棉田在明代约占3.57%,在清前期约占7%。即使仅计蚕桑植棉区的苏松杭嘉湖五府,耕地总面积约2 800万亩,桑田仅占5.7%,棉田在明代约占5.7%,在清前期约占11%。很明显,就绝对面积而言,苏松杭嘉湖五府水稻种植仍占绝对优势。但是真正普遍种桑的地区则主要集中在杭嘉湖三府的一些县和苏州府吴江、吴县的一些地区,植棉区也仅仅主要集中在松、太二府州和常熟、江阴等县的部分地区。讨论种桑植棉的程度,显然不能以整个江南或各府为单位,种桑区甚至不能以县为单位。虽然杭嘉湖三府没有一个县地的面积达到田的面积,而只有康熙时的石门一县地大约是田的70%,接近于方志所说的"田地相埒",但是在这蚕桑之府的某些地区,蚕桑是有可能压倒稻作生产的。同样,虽然苏松植棉区绝对面积低于水稻面积,但在植棉区突出的上海、奉贤、崇明、太仓、嘉定等州县,棉田要比稻田多,棉作压倒了稻作。

这是单就面积而论。如果我们再进一步从经济效益角度考虑,种桑植棉对桑棉区农户来说意义更为重要。按照斗米三斤花的米棉比价和粮棉各自产量,正常年景棉田与稻田之收正好相当。[①] 在植棉区,棉田面积超过稻田,毫无疑问,棉田于农家生计更为重要。桑田与稻田收入相比,前者是后者的 3.5 倍。[②] 也就是说,如果农户桑田达到所有田地的 1/3,种桑的重要性就等同或超过了种稻。而这种比例,在蚕桑产区,应该说是较为普遍的。所以明人徐献忠说:"田中所入与桑蚕各具半年之资。"[③]这当然都不包括农家利用自有棉自有丝继续从事织布织绸,如果计入这类副业生产实际收益必定更高。可以说,在江南的种桑植棉区,作为商品性作物种植,经济作物桑和棉的收入要比粮食作物水稻和麦类的经济意义更为重要。

有一个问题必须提出来讨论,这就是上述江南商品性作物种植是如何发展起来的。美籍学者黄宗智在《长江三角洲小农家庭与乡村发展》一书中反复强调,长江三角洲"在南宋和明代早期已达到高产均衡。自那时直至 1950 年以后开始引进新的投入,水稻产量极少或毫无增长。那里日益增长的对土地的人口压力不得不寻求不同的出路";在那里,"提高作物复种程度已几无余地,因此进一步的农业密集化一般就意味着转向劳动更为密集的经济作物的生产";"在这种情况下,在严重耕地不足的地区,桑蚕业的发展是势在必行"。并且他在书中力图"证明这些经济作物是通过使用更多的劳动力而得以生产的"[④]。国内也有学者持相同看法。如侯

---

① 《江苏省农村调查》,第 404 页。
② 参见范金民、金文《江南丝绸史研究》,农业出版社 1993 年版,第 88 页。
③ 徐献忠:《吴兴掌故集》卷一二《风土类》。
④ 黄宗智:《长江三角洲小农家庭与乡村发展》,第 13、78、80 页。

建新认为，"形成明清商品化发展的原因是复杂的，其中人口和赋税的双重压力，是致使农民挤向织机，挤向劳力投入多而产值高的经济作物的重要因素，于是，商品性植棉和棉纺家庭手工业在长江三角洲迅猛发展"，而在这种情形下的"市场参与，生产者状况没有得到任何改善，实际上使他们比先前的生活更加痛苦不堪"①。李长弓也认为，太湖平原弃稻改桑的基本动因是人口压力，"它是明清时期太湖平原在人口不断增长，人地比例日趋紧张，传统的稻作投入在经历了由劳动集约型转向以能料为主的资本集约型之后，受边际报酬递减规律的制约，土地生产率仍无明显的提高，单一的粮食生产无法容纳更多的人口，无法满足随人口增长而增长的生活资料需求，即所谓'力耕不足以糊口'情况下，从而作出的选择"②。这些学者都认为，江南桑棉种植及其丝棉纺织业是在严重的人口压力下推动起来的，而且这种人口压力在明初即已存在。

长江三角洲自明初直到太平天国时期，人均土地确实不断下降，这是事实，不待黄宗智指出，也为众所周知。这一趋势非独江南一地，全国绝大部分地区皆然。黄氏口口声声人口压力，考察时段又自1350年到1985年，自然应该对太平天国后江南由人稠地狭一变而为人少田多作出解释，然而在他的论著中，我们丝毫看不到任何说明。为何明初即可视为人口压力时期，商业性农业是否那时即已迅速获得发展？似应作出解释，然而我们同样看不到任何说明。如果认为经济作物的生产源于人口压力，那么对经济作物

---

① 侯建新：《中世纪晚期的商品化与现代化启动》，《历史研究》1994年第5期。
② 李长弓：《徽州山区与太湖平原经济开发的异同》，《中国社会经济史研究》1995年第2期。

区与非经济作物区的人田比例似也应作出比较性考察,才能有助
于说明问题。然而我们只看到黄氏著作附录的松江、苏州、太仓、
无锡等府州县自 1393 年到 1932 年的简单的人口及耕地面积统计,
丝毫看不到不同经济结构区的横向的人田比例的比较性说明,而
且连蚕桑区的人田比例也未提到。由此可见,黄氏的先入为主式
的结论与其就事论事的论证方法是颇成问题的,也是难以令人信
服的。

　　明清时期长江三角洲各府州人均耕地面积的实际情况如何
呢? 我们即以黄氏所涉及的明代苏松常杭嘉湖六府和清代苏松常
太杭嘉湖七府州为考察地域范围。明代洪武末年,上述六府人均
耕地约为 5.2 亩,各府依次为:嘉兴 4.05 亩,苏州 4.18 亩,松江 4.21
亩,杭州 5.16 亩,湖州 6.44 亩,常州 10.28 亩。[①] 清代嘉庆末年,上
述七府州人均耕地约为 1.58 亩,各府州依次为:苏州 1.14 亩,杭州
1.34 亩,常州 1.43 亩,松江 1.52 亩,嘉兴 1.55 亩,太仓州 2.21 亩,湖
州 2.67 亩。[②] 这两组数字一前一后,都是在细致的户口田土统计
基础上得出的,可以较准确地反映明清时期当地人均耕地的实际
情况。如果只是因为人口压力,那么明清两代湖州都不可能蚕桑
生产最盛,明代苏州的棉业也应比松江发达,清代苏州、常州的棉
业也应比太仓州发达。然而实际情况恰恰相反。

　　如果说,按府州的统计还嫌过于笼统,那么我们再来看各个县
的实际人均耕地情形。蚕桑最盛的湖州府,洪武二十四年(1391)

---

① 万历《明会典》卷一七、一九;万历《杭州府志》卷二八、二九;万历《湖州府志》卷三五;
　万历《嘉兴府志》卷五。
② 嘉庆《大清一统志》卷七三、七七、八二、八六、九〇、一〇三、二八三、二八七、二八九。

人均耕地为 6.44 亩,各县依次为:归安 3.98 亩,乌程 4.59 亩,武康 6.91 亩,长兴 7.43 亩,德清 10.42 亩,安吉 14.35 亩。[1] 德清与武康、长兴二县相比,人均耕地多,蚕桑却盛。蚕桑之盛仅次于湖州的嘉兴府,万历时各县人均耕地由少到多依次为嘉善、嘉兴、秀水、石门、桐乡、海盐、平湖。[2] 蚕桑最盛的石门、桐乡二县,人均耕地在该府居中,高于嘉兴、秀水二县。棉织业最盛的松江府,上海县又远甚于华亭县,但是二县之间在洪武二十四年和弘治十五年(1502)的人均耕地量大体相当,弘治十五年人均耕地上海县比华亭县多。[3] 很明显,人均耕地数无法说明上海的植棉业何以比华亭更为普遍。苏州府万历四十五年(1617)各地人均耕地由少到多依次为吴县、长洲、吴江、常熟、嘉定、昆山、太仓。[4] 棉织业较为兴盛的太仓、嘉定、常熟人均耕地反而较多。蚕桑业较盛的吴江人均耕地也比吴县、长洲多。长江三角洲各府州人均耕地的实际情形足以表明,所谓人口压力是根本无法说明当地蚕桑棉纺广泛兴起和不断发展的原因的,在明代尤其如此。嘉庆时,杭嘉湖的近邻绍兴、宁波二府人均耕地拥有量更少,却未见有农家商品生产的盛况,江南近邻安徽徽州府人均耕地矛盾十分突出,也未闻有发达的家庭手工业。明代人均土地比嘉兴府还少的江西南康、建昌、抚州、吉安、袁州、赣州各府,与嘉兴大致相当的南昌府,都并没有发展成家庭手工业著名地区。这些事例表明,人口压力与经济作物种植并没

---

① 万历《湖州府志》卷一一《赋役》及各县县志。
② 嘉庆《嘉兴府志》卷二一《田赋》;光绪《嘉兴府志》卷二〇《户口》。
③ 正德《松江府志》卷六、卷七。
④ 顾炎武:《天下郡国利病书》,原编第六册《苏松》,《四部丛刊》本。

有必然联系。

江南的棉织蚕桑生产在明后期获得迅速发展是另有原因的。嘉定、太仓、松江棉利兴起于明后期，当时当地人均认为是水利失修，导致原来适宜种稻的田地后来只适合耐旱的棉花。如嘉定县，万历二十一年（1593）县民徐行等奏："国初承宋元之后，考之旧志，境内塘浦泾港大小三千余条，水道通流，犹可车戽，民间种稻者十分而九，以故与他县照常均派本色，兑运尚能支持，几二百年也。其后江湖壅塞，清水不下，浊潮逆上，沙土日积，旋塞旋开，渐浅渐狭。既不宜于禾稻，姑取办于木棉，以花织布，以布贸银，以银籴米，以米兑军。"[①] 崇祯十四年（1641）县人张鸿磐也疏称："顾国初三江载浚，水利大兴，吴淞巨浸，入川达浍，嘉定小邑，藉以灌输，十田五稻，以土之毛，输国之贡，本色之派，所从来也。不料陵谷变迁，大江忽为平陆，支河遂已绝流，斥卤积沙，旋浚旋淤，桔槔莫施，禾种遂断。仅种木棉一色，以棉织布，以布易银，以银籴米，以米充兑。"[②] 明初稻田比例两人说法不一，但因为水道淤浅，难以车灌，改为植棉，说法一致。所以地方官概括而言，"故种稻未能，其势不得不种花豆"[③]。

其他植棉州县大多类似。如昆山东邻嘉定的三个区，"号为冈身，田土高仰，物产瘠薄，不宜五谷，多种木棉，土人专事纺绩"。而观其水利，嘉靖、隆庆时的当地人归有光说："自顷水利不修，经河既湮，支流亦塞……迨夏驾口至安亭，过嘉定清浦之境，中间不绝

---

① 万历《嘉定县志》卷七《田赋考下》。
② 嘉庆《南翔镇志》卷一二《杂志·纪事》。
③ 孙应奎：《赋议》，崇祯《松江府志》卷一〇《田赋三》。

如线,是以两县之田,与安亭连界者无不荒。"①水利失修下的高仰之田,只能种植棉花。太仓弘治州志土产只有苎布,嘉靖州志仍无木棉,棉利兴起也在明后期,当也与水利地利条件有关。所以清初《苏州府志》的编者总结全府农作情形时说:"属邑逐末者少,皆务农力穑。惟太仓、嘉定东偏谓之东乡,土高不宜水稻,农家卜岁而后下种,潦则种禾,旱则种棉花、黄豆。比间以纺织为业,机声轧轧,子夜不休。贸易惟棉花布,颇称勤俭。"②明确讲太仓、嘉定种棉花是因为"土高不宜水稻",而且看来还经历了由卜岁而后下种,潦则种禾,旱则种棉,到基本种棉的过程。

清代江南棉业兴盛的地利条件仍似明代。乾隆四十年(1775),两江总督高晋经过一番调查,认为松江、太仓等地之所以种棉者多而种稻者少,"并非沙土不宜于稻。盖缘种棉费力少而获利多,种稻工本重而获利轻",而之所以种稻多费工本,"则因田间支河汊港淤塞者多,艰于车水,工本不无多费"。高晋为了解决粮食问题,要求地方官督率农民,改棉种稻,但同时要地方官"将应开沟渠并淤塞支河汊港多方设法,照业食佃力之例,次第劝民开浚深通,以收水利之益"③。当时常熟的植棉之地,也都是东部高田,"地性夹沙,不宜种稻者"④。这些事例说明,整个苏松太棉区,由于水利条件的限制,种棉比种稻更合适,农家才纷纷改稻为棉。

---

① 归有光:《论三区赋役水利书》,《明经世文编》卷二九四,中华书局1962年版,第3104页。
② 康熙《苏州府志》卷二一《风俗》。
③ 高晋:《请海疆禾棉兼种疏》,《清经世文编》卷三七,第911—912页。
④ 光绪《常昭合志稿》卷四六《物产志》。

这种情形到清代中后期仍然存在。嘉庆二十四年（1819），大浚吴淞江而不及娄江，"水益南注，北条重困，干河既塞，支港随之"，刘河东境"稻田大半改种棉花，民力倍形拮据"①。青浦县的盘龙镇，自小涞浦"淤浅后，一遇淫霖，苦其泛滥，如旱则立时干涸，戽水无从，傍浦一带居民多种棉豆，不植禾稻"②。相反，即使在棉织区，只要地利适宜，也未必就改稻植棉。如《钱门塘乡土志》称："嘉邑土产以棉花为大宗，而我乡稻多于棉，无他，田势低洼故也。"③种植水稻还是棉花，完全取决于地利条件。

明清两代因为水道淤浅或田土高仰不断改稻为棉的大量事例表明，江南棉产区的形成与人口压力基本无关系。在同样的人口压力下，粮产区如松江府的华亭县，苏州府的吴县、长洲、吴江等地，始终没有变成经济作物区。区域性乃至全国性的人口压力无法说明僻在一隅的棉产区的形成及其发展。清初上海人褚华说："吾邑以百里所产，常供数省之用，非种植独饶，人力独稠，抑亦地气使然也。"④褚华虽指的是上海的气候特别适合于织布，但立足当时当地的实际情形，总结棉织区的形成，是值得引起今人重视的。

江南蚕桑业的兴盛也与棉业相似。王庭在为康熙《嘉兴县志》作序总结该县蚕桑兴盛的原因时说："邑土高，水狭而浅，颇不利于田，因多改之为地，种桑植烟，分稻禾之半，此利非久常耳。"诚然，改田为地，改粮为桑，同改粮为棉一样，都是要建立在获利高于至

① 张作楠：《上魏中丞议浚刘河书》，《清经世文编》卷一一三，第 2739 页。
② 光绪《盘龙镇志·水利》，参见同书《风俗》。
③ 民国《钱门塘乡土志》卷一《土产》。
④ 褚华：《木棉谱》，《丛书集成初编》本。

少不低于种粮的基础上的。

上述江南蚕桑棉业的地利条件同时表明,说桑棉兴起源于赋税压力,就更缺乏说服力。就明代苏松常杭嘉湖六府而言,常州平均亩税远高于湖州、杭州,而经济作物种植副业生产却远没有湖州、杭州发达;就苏州一府而言,科则最重的吴县、长洲几乎没有蚕桑棉织业。江南赋税轻重,既与各地的社会经济水平有关,也有一定的历史原因,远在江南蚕桑棉织区兴起以前的明初,江南重赋就达到了顶峰,看不出它与经济作物种植有什么必然联系。① 江南以外,全国其他重赋区如江西袁州、瑞州,河南怀庆等,都没有因为重赋而成为经济作物区。因此,强调赋税压力与强调人口压力一样,都是没有对江南农家经济的实际情形作深入研究的浅泛之论。

探讨江南蚕桑棉业的兴盛原因,需要注意人口和赋税因素,但更应注意当地的自然地利条件和农民的获利动机与经营方式。江南蚕桑棉织区的兴盛,正是当地农民充分利用地力,在获利的动机驱使下造就的。晚清无锡植桑养蚕一度兴盛,清末民初青浦七宝等地因花豆连年歉收纷纷改棉种稻,光绪时嘉定地方官认为摆脱民食困境在于修水利多种稻,这都说明农民考虑的是利益,而与人口多少无关。

第二节　专业副业商品生产的兴盛

明清时期江南的商品生产,出现了前所未有的盛况。由正德

---

① 参见拙文《明清江南重赋问题述论》,《中国经济史研究》1996 年第 3 期。

《江宁县志》及相关文献记载可知,明中期仅南京一地,工商铺行多达 104 种。这些铺行大多是从事商品生产的。由崇祯《吴县志》记载可知,明代苏州生产的各种商品多达 21 大类 210 余种。由洪焕椿依据碑刻资料统计,可知明清时期苏州的主要手工行业达 30 多个。本节仅着重考察生产量较大、对当地人民生活产生重要影响或涉及与全国其他区域经济往来的商品的生产。

一、棉布商品生产

江南棉布商品生产的地域要比棉花种植区广大得多,棉花产区都是布产地,不产棉花的州县也有不少生产棉布。

棉布生产最盛的松江府属各县,"俗务纺织,他技不多"①;太仓州属各地,"比户纺织,机杼之声相闻也"②。松江产三纱布、药斑布,后有"酋墩布,阔三尺余,又有丁娘子布,组织尤精细。又有三梭、放阔、新改、标寸等布,各村镇自立名色,不能殚述。其最者曰飞花、曰赛绵绸。大要细密匀净而已"③。到乾隆时,松江所产各色布"紧细若绸。近来织者竞利狭幅,尺度迥殊于前。今所在有之"④,"细密匀净"可为松江布最明显的特征。太仓棉布,"出沙头者长三丈七八尺,经纬匀密;出璜泾者名狭长,尺寸稍亚。飞花布最为轻细"⑤。嘉定县,"比户纺织,负贩遍海内",盛产浆纱布和刷

① 正德《松江府志》卷四《风俗》。
② 嘉庆《直隶太仓州志》卷一六《风俗》。
③ 崇祯《松江府志》卷六《物产》。
④ 乾隆《上海县志》卷五《物产》。
⑤ 民国《太仓州志》卷三《物产》。

线布。又有紫花布,"以紫花织成,纱必匀细,工必良手,价逾常布";斜纹布"径直纬错";飞花布,乾隆时织,"纱必匀细"①。苏州各县都产棉布,以常熟为最盛,"阔皆尺许,以长短分大小两种"②。清前期,元和唯亭、吴江平望等原来不产棉布的地方也有生产。

常州府属只有江阴、靖江产棉花较多,但无锡、武进、阳湖等县也产布,尤以江阴、无锡为最。无锡、金匮二县"邑中女红最勤纺织,故不种棉而出布特盛"③。纺织所需棉花,以布匹到棉花庄易换。④ 每当春月,"则阖户纺织,以布易米而食"。布有三等,长3丈者为长头,2丈者为短头,2丈4尺者为放长。据说"轻细不如松江,而坚致耐久则过之,故通行最广"⑤。江阴产布,其县志自诩,棉布"虽在处皆有,然举其最盛,则概天下莫如松江与江阴。细密称松江,粗壮称江阴。举县之民,咸资以为生"。实际也以"坚致细密"著称。产地原来主要是雷沟、大桥、周庄、华墅等地,乾隆时长寿、顾山等镇也盛行织布。⑥ 雷沟大布,也名长布,长4丈3尺,阔8寸4分;南闸小布,长2丈,阔9寸。武进所出东门阔布,阔1尺8寸,"阔而甚细,异于他织"⑦;缩布,阔9寸,长1丈8尺,"坚白轻圆,望之如毂"⑧。

---

① 光绪《嘉定县志》卷八《土产》;乾隆《续外冈志》卷四《物产》。
② 光绪《常昭合志稿》卷四六《物产志》。
③ 光绪《无锡金匮县志》卷三一《物产》。
④ 乾隆《无锡县志》载:"市镇间,布庄连比,皆预贸木棉为本,易而贮之,以汇于总行。"参见钱泳《履园丛话》卷二三,中华书局1979年版。
⑤ 黄卬:《锡金识小录》卷一《备参上》,清光绪刻本。
⑥ 乾隆《江阴县志》卷三《物产》。
⑦ 康熙《常州府志》卷一〇《物产》。
⑧ 乾隆《武进县志》卷三《物产》。

浙西的杭嘉湖三府,虽属丝绸之府,但不少地方也产棉布。平湖、新城等县产棉区"妇女勤机杼""比户勤纺织"①。平湖所出大布、小布,"以筘密缕匀为佳"②。石门等县虽产棉花,但清前期因"纺织者众,本地所产,殊不足以应本地之需,商贾从旁郡贩花",以供纺纱织布。③ 嘉兴、海盐、乌程等县,"地产木棉花甚少,而纺之为纱,织之为布者,家户习为恒业"④。乌镇所出之布,轻软而暖,为闽广人所喜爱。此外,钱塘县的桥司镇,仁和县的塘栖市、笕桥市,海宁县的长安镇、硖石镇,以及余杭、丹徒、丹阳、句容、溧水、高淳、溧阳等县,都有一定程度的棉布商品生产。

江南棉布的品质特色,《三台万用正宗》卷二十一《商旅门·棉夏布》中曾有描述。书中称:"尤墩身分紧而匹实。东门大布头脸阔而细。单新改本名,身分虽好,不若刘家庄紧实。新村、松隐略胜烧香山身材。三林塘身分阔长,胜似南祥。珠泾差池不多。乌泥泾比江阴而较软。章练塘次常熟而多浆。嘉兴各行,细者不及松江野路,粗者软似江阴。常州各行,阔者莫如溧水厚实,小者硬似无锡各行。江阴锁巷,阔而匹实,次则蒋家桥,长泾、周庄则在其次,再次华家市。已上虽有大小,别行终不能如。平机布头脸阔而尺稍长,软似江阴,比粗布身分松而纱线壮于常熟。"南祥即南翔,珠泾即朱泾,华家市当即华墅,其余也都是江南产布地名。此书所说江南棉布质量,松江、嘉定、常熟、江阴、无锡,以"细密匀净"衡

---

① 康熙《嘉兴府志》卷一二《风俗》。
② 光绪《平湖县志》卷八《物产》。
③ 光绪《石门县志》卷三《物产》。
④ 天启《海盐县图经》卷四《风土记》,此材料嘉兴府县志多所转引。

量,与地方文献描述是一致的。

至于江南棉布的生产量和商品量,长期以来一直有人估算。明代江南的棉布产量,论者大多估计松江年产 2 000 万匹。除了松江,常熟棉布,"捆载舟输,行贾于齐鲁之境常十六,彼民之衣缕往往为邑工也"[1]。嘉定棉布,"商贾贩鬻,近自杭歙清济,远至蓟辽山陕"[2]。万历时,光该县 10 余万石漕粮每石改征银 7 钱,大约即需布四五十万匹。该县既然植棉多达十分之八九,植棉比例在江南最高,又"小人之依全倚花布","妇女勤纺织,早作夜休,一月常得四十五日"[3],且与常熟等地所产棉布畅销北半个中国,则将松江以外江南等地商品布估为年产 500 万匹,当不为过。

清代江南的棉布商品量,徐新吾估为每年二千数百万匹。[4] 吴承明估算为松江布全年最多 3 000 万匹,常熟布每年 1 000 万匹,无锡布约 300 万匹,加上其他地区,苏松地区年产布总计约 4 500 万匹,进入长距离运销的有 4 000 万匹。[5] 萧国亮推算松江府土布年产量约在 3 075 万至 3 192 万匹之间,年商品量约在 2 702 万至 2 820万匹之间。[6] 笔者以为,上述各家估算,松江年产量,依据钦善所闻"松之为郡,售布于秋,日十五万匹焉",估为 3 000 万匹当与实际不相上下。无锡布,乾隆时"坐贾收之,捆载而贸于淮、扬、高、

---

[1] 嘉靖《常熟县志》卷四《食货志》。
[2] 万历《嘉定县志》卷六《物产》。
[3] 万历《嘉定县志》卷二《风俗》。
[4] 徐新吾:《鸦片战争前中国棉纺织手工业的商品生产与资本主义萌芽问题》,江苏人民出版社 1981 年版,第 17 页。
[5] 吴承明:《中国资本主义与国内市场》,中国社会科学出版社 1985 年版,第 260 页。
[6] 萧国亮:《关于清前期松江府土布产量和商品量问题》,《清史研究通讯》1985 年第 2 期。

宝等处,一岁所交易,不下数十百万"①,吴承明估为年约300万匹,也与实际不相上下。对其余地区的估算则嫌不足。常熟布,道光时,"岁产布匹计值五百万贯,通商贩鬻,北至淮扬,及于山东,南至浙江,及于福建"。当时当地布,每匹"阔八寸三分,长十七尺……只卖钱二百五十文"②,则年产布达2 000万匹。嘉定、太仓植棉纺织名区,号称"比户纺织,负贩遍海内"③,农户大多资以为生,产布当不会少于常熟,估为2 000万匹,似不为过。无锡一县,仅东北数乡织布,年销300万匹,江阴、平湖、海盐、嘉善、乌程等县合而计之,年产当不少于500万匹。④ 如此则整个江南年产布兴盛时多达七八千万匹,进入市场的商品量当在7 000万匹之谱,应该远高于以往估算数。

上述数量的棉布作为商品参与流通前,都要经过后整理,踹染加工,因与商品生产量与流通量关系不大,故不论述,请参见笔者与夏维中合著《苏州地区社会经济史》(明清卷)有关内容。⑤

二、丝绸商品生产

江南丝产区与蚕桑区直到太平天国是完全一致的。我们既已

---

① 黄卬:《锡金识小录》卷一《备参上》,清光绪刻本。
② 郑光祖:《一斑录》杂述七、杂述八,中国书店1990年影印本。
③ 光绪《嘉定县志》卷八《风俗》。
④ 据道光《乍浦备志》卷九《土产》记载,仅乍浦一带纺织所出布匹,可以衣被百万人,达100万匹以上。
⑤ 罗仑主编,范金民、夏维中著:《苏州地区社会经济史》(明清卷),南京大学出版社1993年版。

估算出明清之际江南地区桑树面积约为 160 万余亩,也就能进一步估算出丝产量。按照地方文献和蚕桑书的有关记载,良地大约每亩产桑叶 1 600 斤,可养出火蚕 10 斤,做茧 100 斤,丝 10 斤,则江南蚕桑区其时年产生丝可达 1 600 万斤。

如果这么多的生丝参与商品流通,以康熙后期丝价计算,仅生丝年贸易额就达白银一千五六百万两。诚然,江南生产的蚕丝绝大部分是用于当地丝织生产的。明清之际,每年出口生丝到马尼拉的 90 万斤,到日本的约 10 万—30 万斤,连同国内生丝贸易,仅占生丝总量的 10% 左右。清初唐甄说:"吴丝衣天下,聚于双林,吴越闽番至于海岛,皆来市焉。五月,载银而至,委积如瓦砾。吴南诸乡,岁有百十万之益。"[1]说的就是这种情形。

江南丝织品商品生产的范围要比蚕桑区广大得多,也是全国最为重要的丝绸产地。南京鸦片战争前几乎不产丝,但明清时期织工最众,织机最多。镇江产丝很少,松江不产丝,但都有一定程度的丝织生产。江南丝织业集中在苏州、杭州、南京等大城市和嘉、湖、苏、杭四府的广大乡村及濮院、王江泾、双林、王店、临平、盛泽、黄溪、震泽等丝织业市镇。明后期起不少城镇的丝绸生产方式也有了新的变化。丝绸种类有缎、锦、纱、罗、绸、绢、纻、绫等,品种多达数十种,明末色彩至少已达 120 种。一般说来,江南丝绸生产可以分为高级绸缎和低级丝绸两大类。高级绸缎指先染丝后织造的绸缎,即"熟货";低级丝绸指先织后染色的丝织品,即"生货"。熟货主要在织造染色技术水平高超的苏、杭、宁、镇等大中城市织

---

[1] 唐甄:《潜书》下篇下《教蚕》,第 159 页。

造,生货主要在织染水平一般的湖州、嘉兴府城及广大丝织专业市镇生产。具体说来,苏州产的花缎最有名,南京产的素缎最著名,缎类之一云锦也有名,杭州产的宁绸、线绉最著名,镇江以出江绸、元青线缎闻名;湖州产花、素绉和绸,盛泽、濮院、双林、临平、震泽等丝织市镇多产绸类,双林还以纱类著称。至于其生产量,笔者曾经估算过,明后期织机约 1 万台,最多不超过 1.5 万台,每年生产约价值 38 万两银的各类绸缎,即或绢 54 万匹,或绸 38 万匹,或纻丝(即缎)10 万匹;清前期丝织生产兴盛时民间织机则有可能达到 8 万台,按照清代每台织机的生产时间和生产能力,民间织机每年约生产苏州纱缎 260 万匹,或南京妆花等缎 128 万匹,或南京素缎 304 万匹,或杭州缎 184 万匹,或宁绸 304 万匹,或纱 800 万匹,或绸 800 万匹,或濮院绸、盛泽纺绸、临平绸等 1 400 万匹。又假如以乾隆时濮院绸每匹值银 1.08 两计算,则每年绸缎价值达 1 500 万余两,或以清中期江南运往新疆的贸易绸缎苏缎平均每匹 5 两计,则为 1 300 万两。考虑到民间商品丝绸主要是大宗的绸类,可以认为江南丝织业在兴盛的乾嘉年间,每年生产的商品性丝绸相当于绸类一千数百万匹,价值 1 500 万两,较之明代大为增加。[1]

三、酒类商品生产

江南酿酒业相当发达,是明清时期全国重点产酒区。农家普遍自酿自用,属于使用价值生产。但城镇和一些特定的乡村地区,

---

[1] 关于明清江南蚕桑丝绸生产,请参见范金民、金文《江南丝绸史研究》。

酒的商品生产也相当兴盛。《三台万用正宗》提到可以出境的江南酒有无锡清酒、镇江坛酒、苏州瓶酒、常州老酒、南京坛酒、南京烧酒、江阴酒等。这可能主要着眼于品味，与商品生产不尽一致。

江南酒的商品生产，以苏州最为突出。"香冽超胜"的苏州酒，以瓶装，明代"转贩四方"，"齐汴间尤贵之"[①]。明中期，王鏊说苏州郊区"新郭、横塘、李墅诸村，比户造酿烧糟发客。横金下保水东人并为酿工，远近皆用之"[②]。明末，横金一带"中人十金之产亦必为之，大力者用秫数千斛，俟四方行旅之酤"[③]。可见明中后期苏州以销售为目的的酿酒业就较兴盛。入清后，苏州酿酒业呈现出前所未有的兴旺景象。光苏州西南郊木渎一镇，在乾隆初年，据苏州巡抚张渠奏报，"烧锅者已二千余家，每户于二更时起火，至日出而息，可烧米五石有奇，合计日耗米万石。纵非日日举火，然以一岁计之，所烧奚啻百万。其他市镇糟坊，间有私相仿效，则苏城所耗之米，已不可胜计矣"。酿造这种烧酒，不同于北方的用高粱、红薯等，而"多用民间所食粳米。其法不须曲蘖，唯将草头、辛辣、石灰和成药丸，将米渗透捣烂入药，便成火酒。每粳米一石得酒八十余斤，约卖银二两四五钱，较之糯米所造获利更多，以致小民趋之若鹜"。张渠又说："每年数百万斛之酒，售于本地者无几，而销于外路者最多。"[④]苏州另一个酿酒重点木渎邻乡横金，方圆 30 里，70 余图，道光年间有"横一万"之谣，"言日出烧酒一万斤也。况春冬

---

① 正德《姑苏志》卷一四《土产》；嘉靖《吴邑志》卷一四《物货》。
②《古今图书集成》职方典卷六七六，参见崇祯《吴县志》卷一〇《风俗》。
③ 崇祯《横溪录》卷三《风俗》。
④ 张渠：《为请严米烧之禁以裕民食事奏折》，乾隆五年闰六月十一日，《历史档案》1987 年第 1 期载档案。

大酒之数,十倍于烧酒。核计岁耗米麦,附郭各乡总不下数十万石"①。明末即已盛行烧酒的地方,到道光时仍然如此,清前期较之前后当无甚变化。19世纪初期,包世臣说苏州每年用于酿酒的稻米即达"数百万石"之多②,他还说酿造黄酒1石需米7斗,则其时商品酒的生产高达数百万担。直到民国初年,双林镇一带有糟烧、米烧、麦烧之类,但"自制不多,大率来自苏州横泾等处"③,苏州烧酒盛如昔日。

江南其他地方造酒也较有名。无锡酒作,腊月酿成的酒,因为米白、曲白、泉水白,誉称为惠山三白,畅销各地,"奔走天下,每岁数十万斛不止"④,商品量不小。在严厉酒禁的乾隆末年,仅自踩自用的黄酒糟坊就多达185户。若放开生产,商品量当很可观。镇江出酒曲,东晋即有名。元代造曲,"货于他郡,多有达京师者"⑤。明清仍以踩造酒曲出名。明后期所产曲,称为"长条""箩底"。康熙后期,"每年地方麦出,有等营利之家,收买堆贮,专踹酒曲,致糜多费",为此巡抚张伯行特发告示劝谕。⑥ 乾隆初年,镇江府属丹徒县等地,"均多造曲之家,兼有兴贩之客。每于麦熟之后,广为收买,肆行踩造,耗费麦石,不可胜计"⑦,竟至"工役不下万余人"⑧。

---

① 金文榜:《榷酤说》,盛康《皇朝经世文续编》卷五五《户政》。
② 包世臣:《安吴四种·齐民四术》卷二《庚辰杂著二》,清同治刻本。
③ 民国《双林镇志》卷一七《商业》。
④ 康熙《常州府志》卷一〇《物产》。
⑤ 至顺《镇江志》卷四《土产》。
⑥ 张伯行:《正谊堂文集》卷三九《劝谕暂停踹曲告示》,清光绪刻本。
⑦ 署苏州巡抚许容《为陈严禁贩曲宽民用事奏折》,乾隆三年九月二十八日,《历史档案》1987年第1期载档案。
⑧ 《清高宗实录》卷六九,乾隆三年五月,中华书局1986年版,第2册,第9043页。

官府严禁,"而富家之违禁造曲也如故",甚至"酒酤相望于道"①。
踩曲如此兴盛,酿酒也颇具规模。杭州造酒,元代即以岁耗米麦多
而出名,虎跑泉酒、珍珠泉酒、梅花泉酒,驰名遐迩。梅花泉酒号称
梅花白,系"柏家园梅隐庵后泉从地泛,如梅花瓣,味甘冽,溪人以
之酿酒",看来以泉水得名,"市之远方,与东浦、惠泉相垺"②。南
京、嘉兴、湖州、松江等地及广大市镇,都有酒的生产。即如元和唯
亭,有煮酒、三白酒、白酒、烧酒,烧酒又分麦烧、粞烧。南浔镇有专
门酿酒的"酒大工"。但多以自酿自用为主,商品量有限。

　　需要指出的是,农户从事上述米烧踩曲的商品生产,无需或很
少投资,无经济风险,只是农闲时的一种临时行为,不需要改进制
作技术,是在不改变任何生产方式的条件下进行的,因此,它仍然
是一种副业性家庭生产,带有一定的偶然性和特殊性,并不含有任
何新生产关系的萌芽因素。

四、油类商品加工

　　明清江南是全国榨油业最为发达的地区。江南人种油菜,取
菜籽榨油食用,又从外地输入大豆,豆油食用,豆饼肥田,杭嘉湖地
区种植乌桕树,取籽榨油,作为蜡烛生产原料,因而大小油坊遍布
城镇乡村。各地流行的农谚,"小满动三车,丝车、油车、水车",说
明榨油业在当地占有重要地位。

---

① 康熙朝纂、乾隆朝补修《镇江府志》卷四《风俗》。
② 光绪《杭州府志》卷八一《物产四》引《西溪梵隐志》。

　　江南的油坊,参照新中国成立前的经营方式,大体上有三种类型。一种以加工为主,收取加工费,带有季节性,多开设在乡村,叫"乡作",如乌青镇的菜车,"皆系乡车,乡人自携菜籽代打菜油,收取车费,名乡车"①。另一种以自己生产、销售为主,有时兼营来料加工,叫作"常作油坊",大多开在镇上。还有一种叫"字号"油坊,总坊设在市镇,乡间设有分坊,以收来料加工费,即把常作与乡作结合起来。字号油坊需要的资金最为雄厚,带有企业经营性质。②来料加工的乡车的生产,我们不作考察,我们仅考察常作油坊和字号类油坊的商品性加工生产。

　　商品性油料加工业最著名的就是明后期的石门榨油业。万历十七年(1589),贺灿然《石门镇彰宪亭碑记》称:"镇油坊可二十家,杵油须壮有力者,夜作晓罢,即丁夫不能日操杵,坊须数十人,间日而作。镇民少,辄募旁邑民为佣。其就募者类赤身亡赖,或故髡钳而匿名避罪者,二十家合之八百余人。一夕作,佣值二铢而赢。"③碑记反映了石门镇油坊的数量、雇工规模及其雇佣生产方式。区区一镇,集中了20家油坊,规模又较为可观,生产能力自然不小。这就既要有稳定的原料供应,又要有畅达的商品销路。而据万历《崇德县志》卷十二《外纪》记载:"远方就市者众,亦称一熟。商人从北路夏、镇、淮、扬、楚、湖等处,贩油豆来此,作油作饼,又或转贩于南路。商人豆船皆集包角堰,为之小瓜洲。"可知这些油坊,都是榨取豆油的作坊,原料豆从两湖、江淮等广大地区输入,

---

① 民国《乌青镇志》卷二一《工商》。
② 陈学文:《中国封建晚期的商品经济》,湖南人民出版社1989年版,第100页。
③ 贺灿然:《石门镇彰宪亭碑记》,万历《崇德县志》卷七《纪文·物产》。

成品豆油及豆饼畅销于石门以南地区。这是一种典型的商品性豆油加工专业作坊,以经营赢利为目的,不同于仅仅收取一定加工费的小型的"乡作"油坊,而是具有工场手工业性质的字号油坊。

这种油坊因其规模大,似又系孤例,清代前中期的文献又难见记载,因而人多讳论。实际上,类似明代石门镇的油坊,在清代江南同样存在,而且规模似乎更大。吴江陈去病的老师、长洲诸福坤在其《陈绮堂暨子玉泉秋泉家传》中说:"江以南供膏,碾苔菜子、若木棉子、若大豆,以取之。业是者号曰'车户'。其碾也,先爆之石轮、石磨,胥驾以牛。已糜复蒸之,乃环束层卧于车,以搏之。渣为饼,汁为油,贩卖皆倍利。故一肆之间,其巨者舍百、锅釜、轮磨、杂作器物凡千,苔子万庾,棉子若豆千钟,罗计恒积油千缸,饼日积盈舟十丈,月糜薪之属千钧,藁之属百,牯蹄角二百觔,佣作童指千。昼夜邪许,吴声庞杂。陈氏业此有年。"[1]诸福坤所解释的这种规模壮观的榨油坊,陈家自陈去病四世祖君显直到其父、叔允升允文一直在开张经营,大约自康熙中期到清末,前后历时 200 余年。而且子孙分支散处,都经营油坊,"如青浦之章堰观音堂,昆山之陈墓,吴江之同里,各传其油坊业,称巨贾,资雄一时"[2]。陈去病先祖一支,自元和县周庄,经青浦县诸巷,吴江县芦墟、同里、盘龙浦林,虽历经战事水灾,油坊之业几起几落,但一直经营不辍。

陈氏油坊,生产规模是万历时石门镇油坊的一倍。其生产量,陈学文等调查新中国成立前石门镇的沈氏聚和油坊,"计有 18 部油车,31 头牛,44 间房子,大小用房合计 100 间,工匠约 100 人。年

---

[1] 陈去病修:《蚬江陈氏家谱》卷六《文录》,1915 年铅印本。
[2] 陶惟坻:《陈母沈太君家传》,《砚江陈氏家谱》。

打油菜籽 70 万斤,日出油约 3 000 斤"①。以日产量和年产量计算,大约每年只开张三个月。陈氏油坊规模大体相当,产量当不会低于此数。陈氏油坊的存在,不仅为明代石门镇油坊的规模提供了有力的佐证,而且可以进一步充实我们对江南榨油业的认识,同时可以据此认为,江南的油类商品性加工生产自明至清一直是相当发达的。

　　类似陈氏这样的油坊,实际上在江南地方文献中也能窥见踪影。如明末苏州郊区"新郭、横塘、仙人塘一带多开坊,榨菜豆油"②。清前期的娄、葑二门及甪里、周庄、陈墓等处,"每至春间,堆贮菜子,用以压油"③。这种油坊,崇祯《横溪录》是这样描写的:"夏月,菜甲生子,炙而磨之。又治巨石为规,设机运动,大牯负碾,纳甑沸铛熟煮,团如饼饵状后,纳榨车逼窄而取其汁。"④"巨石为规""大牯负碾",应有一定规模。南浔镇,顺治时镇上各行铺捐资重修云兴寺,捐资者中油坊居首位,榨油专用水牛拉油车,饲料要到洞庭东山一带"舟载不绝"。菱湖镇、乌青镇明代均有油坊,乌青镇油坊清前期最著名的有四房车。晟舍镇油坊在乾嘉时也盛极一时,"夏间襄饼市极盛,远近数百里咸来购焉。道光十年(1830)以后,市渐散,南则聚于乌镇,东则聚于南浔,西则聚于郡城东门"⑤。双林镇,油坊中工作之人有"博士"之号,该镇"向有三油坊,博士人

---

① 陈学文:《中国封建晚期的商品经济》,第 102 页。
② 崇祯《吴县志》卷一〇《风俗》。
③ 乾隆《元和县志》卷一六《物产》。
④ 崇祯《横溪录》卷三《风俗》。
⑤ 同治《晟舍镇志》卷六《杂记》。

数逾百",来自长兴及江宁的居多,形成一条油车街。油坊生产也属雇佣生产,因此当地人说:"各业齐行,则停工唱戏,工价之增,惟其所议,不能禁。油坊博士尤横,稍不如意,则停工挟制业主,纵博械斗,悍无顾忌。"①海盐沈荡镇,油坊也属"大贾"之列。武进县在清后期油坊最盛时有八九十家。六合县因产大豆、芝麻,"油坊以为油",咸丰初年油坊豆饼岁出数百万,销售苏、常间。② 这些描写,都说明了江南油坊的众多及其规模。正因为有陈氏经营的这类油坊的大量存在,明后期人称为"云委山积"的枫桥米豆,清前期每年由海运水道从东北、华北、江淮输入江南的数百万乃至上千万石大豆,才能有相应的加工场所。豆石源源输向江南,正是江南油坊广泛存在、商品加工生产发达的反映。

五、草席商品生产

江南的草席属农村副业生产,但生产为了谋利,产品作为商品出售,纯粹是商品性生产。

草席生产的地域范围比席草种植范围要广,尤以苏州府为盛。按照正德《姑苏志》的说法,席"出虎丘者佳,其次出浒墅,或杂色相间,织成花草人物,为帘或坐席,又一种阔经者出甫里"③。当时即"草席出贩尤多"④。清代织席更甚明代。虎丘"环山居民多种莳

---

① 民国《双林镇志》卷一五《风俗》。

② 光绪《江浦埤乘》卷二八《人物》。有关清代江南榨油业,还可参见徐建青《清代前期的榨油业》,《中国农史》1994 年第 2 期。

③ 正德《姑苏志》卷一四《土产》。

④ 嘉靖《吴邑志》卷一四《物货》。

草,织席为业,四方称虎须席,极为工致,他处所不及也。今种苉草织席者,浒关为甚"①。甫里四栅之民也大都业织席。有着悠久织席历史的长洲县浒墅镇,"乡村妇女织席者十之八九……其名有五尺、加阔、满床、独眠之异。凡坐具枕几,修短广狭,无不如其式而为之"②。在长期的生产过程中,形成了一套拣草、打草、织纹、印花的工艺。浒墅附近的黄埭、望亭、光福等处也多织席。如"光福一带山中,妇女隙时皆织席,较之宁波诸处为上,今称浒关细席者即此"③。同府其他地方如吴江震泽、元和唯亭和常熟唐市等不少乡镇,多有织席者。

常州府无锡县新安、开化等乡农民,在明代,"农隙则织席以贸于市"。入清后,"田工少闲,则群妇子而织,虽冬日不辍,而春中尤尚。日织一条,勤织至二条。阔者为七尺,次为五尺,中者为开机,狭者为常睡,最狭者为枕头。四条为一筒。工甚烦而赢不能倍其半"。织席所需的原料席草,主要靠从吴江与元和共辖的周庄、平望等地购买,所谓"打席者,吴江来,独睡开机及五尺,乡人藉此为生财……那知要买吴江草"④。草席织成后,"鬻于浒关、虎丘之肆中"⑤,在苏州集中,远销各地。

此外,杭州新城县、海宁西乡、嘉兴平湖、上海县赵屯等地,也多有草席生产。

---

① 顾禄:《桐桥倚棹录》卷一一《工作》,上海古籍出版社 1980 年版,第 158 页;参见顾湄《虎丘山志》卷四《物产》,清乾隆刻本。
② 道光《浒墅关志》卷一一《物产》。
③ 道光《光福志》卷四《土产》。
④ 康熙《开化乡志》卷下《风俗》《土产》。
⑤ 嘉庆《无锡金匮县志》卷三一《物产》。

草席生产总量虽难以估计，但涉及千家万户，不少地方因产席而出名，而且形成固定的原料和产品市场，生产者旨在谋利生财，商品量当相当可观。

六、纸张商品生产加工

江南纸的生产主要限在杭州、湖州府属盛产竹、桑的县份。杭州府富阳县产纸最著名。宋代即以出产小井纸、赤亭纸著称。明清时"浙省各郡邑出纸以富阳为最良"，是该县最大宗商品，清末每年交易银不下百万两。[1] 有竹纸、皮纸、桑皮纸、草纸等。竹纸最多，用毛竹、石竹为原料，品种繁多，有元书、六千、五千、塘纸、高白、时元、中元、海放、段放、京放、京边、长边、鹿鸣、粗高、花笺、裱心等名。余杭县在宋代出藤纸，即由拳纸，明代则以出产竹烧纸与皮抄纸著称。竹烧纸俗名"烧纸"，山民取竹浸之灰水中，碓成作纸，祭祀焚以代帛，"自江以南，皆赖用之，民藉以为利"[2]。临安县南各山乡都造纸。特别是黄烧纸和茶白纸等迷信用纸，"祀神用以代帛"，行销于松江、上海等处。於潜县产桃花纸和桑皮纸，供给杭州、宁波、绍兴等地伞铺用纸，整叠成捆，贩销各地。湖州府属孝丰、安吉等山区，以出产黄白纸、草纸、桑皮纸为最多。[3] 这些造纸手工业，都是商品性生产，但生产过程较为简单，纯粹是一种家庭手工业，利用的都是当地出产的原料，生产的纸也多为草纸、迷信

---

① 光绪《富阳县志》卷一五《物产》。
② 嘉庆《余杭县志》卷三八《物产》。
③ 蒋兆成：《明清杭嘉湖社会经济史研究》，杭州大学出版社 1994 年版，第 335—337 页。

用纸等低级纸,因其面广量大,在当地农家经济中占有重要地位,然而行销范围不广,市场有限。

在江南商品经济中,更具重要意义的是纸张加工业。原料纸主要由外地输入,成品档次较高,加工技术要求复杂,多在城镇特别是大城市的专门的作坊中进行。苏州就是加工纸张的中心。明代苏州继承传统,出彩笺,"以诸色粉和胶刷纸,隐以罗纹,然后砑花"①。由碑刻材料可知,苏州的印纸作坊在乾隆二十一年(1756)有 34 家,乾隆五十八年(1793)有 33 家。这些纸坊主要染印各色纸张,有丹素、胭脂红、金巨红、笺金、丹红、砂绿、山木红、蓝等色。作坊内部已有明确的分工,分为推、刷、洒、梅、插版、托边、表、拖、刀剪、杂等十余个工种。坊主开设纸坊,雇佣工匠生产。工匠人数在乾隆五十八年有 800 余人,平均每坊多达 24 人,"悉系江宁、镇江等处人氏"。贮存纸张的房屋大者达十余间。② 坊主计算工价,不同的工种生产定额不同,每一工自 3 刀到 12 刀不等,超额部分累计折合成整工。工价也不同,推工丹素,刷胭脂、刷高本巨红、梅本巨红、梅顶行红高本、洒本笺金、洒真本浅金,刷丹红,刷砂绿,刷玉版笺、插玉版笺,洒金笺金、表笺色纸拖红等,都是 2 分 4 厘一工;洒南红金、大色纸坊管作刀剪是 4 分一工;托京放凤边背,刷京放凤边灰纸、梅京放凤边红,刷山木红灰纸、梅山木红,都是 2 分 1 厘一工;拖蓝每工 2 分 6 厘;表笺色纸坊粘补打杂、表笺及山货管作拖胶,每工 2 分。这样分工细密、具有一定规模的众多印纸作坊,商品总量当较为可观。其他如杭州城的笺纸,由良工专门印制、分为

---

① 嘉靖《吴邑志》卷一四《物货》。
② 陆长春:《香饮楼宾谈》卷一《火神》,《笔记小说大观》本。

深红、粉白、杏红、明黄、深青、浅青、深绿、浅绿、铜绿、浅云十色,生产要求较高,也应在专业作坊中才能加工生产。松江的玉版、玉兰、镜面、宫笺也很有名。

七、书籍商品性刻印

明清江南是全国最为重要的刻书印书中心。胡应麟说:"吴会、金陵擅名文献,刻本至多,巨帙类书,咸会萃焉。海内商贾所资,二方十七,闽中十三,燕、越弗与也。然自本方所梓外,他省至者绝寡,虽连楹丽栋,搜其奇秘,百不二三。盖书之所出,而非所聚也。"①按照这种说法,光苏州、南京所刻书籍,就占了全国商品量的2/3以上。

江南刻书印书,地域广,数量多,种类繁。苏州、南京、无锡、常熟、杭州、湖州等地,都是刻书印书中心。苏州刻工,堪为天下第一。仅据北京图书馆所藏善本书统计,光明代苏州地区可知名姓的刻工就有600余人,他们所刻的书现在藏于北京图书馆的就有100余种。② 明代苏州从而也以雕刻书板闻名。③ 著名的刻书藏书家毛晋,就是苏州府常熟人。毛晋高价收购古今善本图书,延聘文士校勘,雇募刻匠,大规模、高质量刻印各类书籍,至少多达600余种。南京刻书坊,仅据张秀民和李致忠研究,明代就多达50余家,其中唐姓12家、周姓7家最为有名。所刻戏曲本子可能达二三百

---

① 胡应麟:《少室山房笔丛》卷四《经籍会通四》,清光绪刻本。
② 李致忠:《明代刻书述略》,《文史》第23辑,中华书局1984年版。
③ 崇祯《吴县志》卷二九《物产》。

种,超过以数量著称的建阳坊本。清代南京刻书印书业继续发展,"雕印书板,海内资之,粗者多而精者亦不乏"①。

江南刻书印书,方法先进,水平也最高。胡应麟评价明代刻书称,"余所见当今刻本,苏、常为上,金陵次之,杭又次之。近湖刻、歙刻骤精,遂与苏、常争价"②。明中后期无锡的华氏、安氏两家,都曾用铜活字印刷过书籍,而且印制速度奇快。华珵"所制活板,甚精密,每得秘书,不数日而印本出"③。明后期,乌程凌、闵两家运用多版分色套印的技法,镌刻套印经史子集各类图书大约130余种。明末,休宁人胡正言在南京创造了饾版拱花的印刷方法。所有这些先进方法,在中国刻书印书史上都有着极为重要的地位。④

江南刻印的这些高质量书籍,虽然确切数量无法统计,但全国商人经营的70%的书籍出自江南,其数量之大可以想见。江南书籍的商品生产量、商品率、商品价值在当地人民经济生活中占有不容忽视的地位。

八、玉石器商品性加工生产

江南的玉石器制造在明代就很著名。宋应星说:"良玉虽集京

---

① 嘉庆《江宁府志》卷一一《物产》。
② 胡应麟:《少室山房笔丛》卷四《经籍会通四》。
③ 康熙《常州府志》卷二五《人物》。
④ 以上参见张秀民《明代南京的印书》,《文物》1980年第11期;李致忠《明代刻书述略》,《文史》第23辑。

师,工巧则推苏郡。"①冠绝海内的琢玉巨匠陆子冈就是嘉、万时期的苏州人。入清后,苏州是全国首屈一指的琢玉中心。地方文献说"珊瑚、玳瑁等物,追琢极精"②。作坊主要集中在阊门里专诸巷及天库前吊桥一带。同行业间,有开料行、打眼行、光玉行等明确的分工。各坊也各有特色,分翠玉、白玉、黄玉、新玉等。连乾隆帝都知道专诸巷玉工的精湛雕琢技艺,多次赋诗夸赞:"专诸巷里工匠纷,争出新样无穷尽";"专诸巷中多妙手,琢磨无事太璞剖"③。玉工原来主要是苏州当地人,清中期后,南京玉工在苏州也很活跃,称京帮,与苏帮不分高低。其人数,据后人追溯,"苏地业此者三数百,商而工则三千余人"④。琢玉技术要求高,玉业多系父子或师徒相授,因此玉坊都是一家一户式的小作坊,单个规模不大,属于自产自销的小商品生产。

　　玉料绝大部分来自新疆和阗(今称和田)和叶尔羌密勒塔山。品种有青玉、碧玉、白玉、黄玉、墨玉等,青玉居多,碧玉次之,黄玉、墨玉较为少见。玉石由商人和新疆地方官员贩销或走私运到苏州。乾隆四十三年(1778),发生了一起震动朝野的高朴走私玉石案。叶尔羌办事大臣高朴,令家人李福伙同在苏州经营绸缎、玉器的山西商人张名远,将平时积取的价值 12 万两银子的 140 余块玉料走私运到苏州,发匠雕琢玉器。到案发时,除了已发卖者,搜出

---

① 宋应星:《天工开物》卷下《珠玉第十八·玉》,潘吉星《天工开物译注》,上海古籍出版社 1993 年版,第 314 页。
② 乾隆《苏州府志》卷一二《物产》。
③ 弘历:《清高宗御制诗三集》卷四七《于阗采玉》,《文渊阁四库全书》本。
④ 《玉业商人代表杨吟梅呈苏州总商会》,民国八年三月二日,苏州档案馆藏档案。

成造玉器100余件。[1] 苏州琢玉业的生产能力可以想见。乾隆六十年(1795),又有江南人戴传经从新疆托侍卫同其雇工一起将大量玉石走私入内地。[2] 这只是被缉获的两起,而未曾抓获的更不知凡几。可以说,清中期新疆所产玉石除了供应京师,其余主要是运往苏州制造玉器的。

苏州雕琢的玉器,玉质晶莹润泽,立体器物抑或玉佩之属,造型别致,轮廓清晰,薄胎作品,厚薄均匀,玲珑剔透,工艺奇巧。时人钱泳甚至认为当时制造的玉器已超过了人们最为推崇的宋代玉器。因有这些特点,苏州玉器畅销全国各地。在高朴私鬻玉石案内,有绍兴商人童韶成,住在扬州,"常往苏州贩得玉器来扬货卖",而当年从新疆贩运过来的玉料"大约均系苏州玉客贩往浙江卖者居多"[3]。苏州玉器因盛名久著,清廷的御玺、玉册、玉宝,以及陈设几案的各色玉器,也常由苏州雕琢。乾隆还常把画好样的精美玉料发给苏州织造在苏州精心制造。咸丰元年(1851),清廷两次共发苏州镌刻玉宝一分,玉册14匣,字数甚多,镌刻极为费工,苏州织造瑞长为如期完成,"不惜工价,添雇好手镌匠,昼夜盘赶"[4]。这类情形在清前期极为常见。清廷要经常利用民间的力量,正好反映了苏州玉器制造业的高超水平。鸦片战争前后,苏州玉工甚至在上海与南京玉工一起占领了该地的国内外市场,其势力继续

---

① 故宫博物院文献馆辑:《史料旬刊》,第19期,1930—1931年铅印本。

② 《清高宗实录》卷一四九三,乾隆六十年十二月癸巳,第7册,第28994页。

③ 故宫博物院文献馆辑:《史料旬刊》,第19、20期。

④ 瑞长折,《内务府·来文》,中国第一历史档案馆藏档案。本书凡不指明档案出处者,同此。

发展。各种情形表明,全国各地市场流通的玉器,主要是由江南生产的。

除了上述各种商品的生产,明清时期江南其他商品的生产也都有不同程度的发展。

如锡箔生产。江南人尤信鬼神,作为迷信用品的锡箔生产量多品优,销路畅达,甚至远及全国不少地方。生产地以杭州为最。贡院、孩儿巷、万安桥西一带,"三鼓则万手雷动",制造锡箔者不下万户。清人范祖述说:"杭州之锡箔一行,不知养活几万万人。"锡箔纸由分发城外千家万户加工而成,"十城门外每日均有纸担出城,要分至数十里之外,凤山、武林二门晚间纸担聚于城下,不齐不关城门"①。杭州成为全国锡箔生产最发达的地区,而锡箔也成为重要的商品。

铜铁等器加工生产。此类加工业,江南一向发达。元代银器制作,松江唐俊卿、嘉兴朱碧山与苏州谢君余名扬天下。明代苏州与南京的铜作、铁作均有名,但据说松江府城及上海县加工的铜器,"工致精好,非苏产比"②。无锡铁锅铸造出名。各地市镇以日用品铁器加工见长。桐乡县的炉头镇,嘉靖时冶坊兴起,居民以"冶铸为业",除了夏季,三时炉火昼夜不绝,因名为炉镇。其大坊专铸铁釜,小炉数家多铸钟鼎等物。所铸龙凤熨斗颇有名。吴江县庄村市,嘉靖时居民数百家,"铁工过半",主要生产铁制农具、厨具、渔具、武器等,锻造的铁器在吴江县最多。同县的檀丘市,嘉靖

---

① 范祖述:《杭俗遗风》,《小方壶斋舆地丛钞》本。
② 正德《松江府志》卷五《土产》。

时居民数百家,"以工为业,凡铜铁木坛乐艺诸工皆备"①。乌青镇同治时的铁冶有冶炉7座,冶工来自无锡,冶炉泥土取自宜兴、无锡等地,每炉一座,三昼夜约出大小锅釜500只,燃料用上等栗炭及余杭等处定烧的乌炭,原料铁向汉口购运。②

如窑器生产。宜兴蜀山,盛产缸、甏、罂、缶、钵、壶诸器,其紫砂壶,为名陶,"澄泥为之,始于供春,而时大彬、陈仲美、陈用卿、徐友泉辈踵事增华,并制为花樽、菊合香盘、十锦杯等物,精美绝伦,四方皆争购之"。无锡望湖门外,砖瓦窑林立,烧造的砖瓦,"盛行于数百里内外"③,甚至因坚致而"贩鬻遍大江南北"④。乾隆中后期,金匮一县砖窑多达125座。砖瓦成为无锡"行于四方"的、仅次于棉布和草席的第三大类商品。嘉善县的千家窑镇,因窑名镇,"民多业陶,廛居联络,甓埴繁兴,三吴贸迁勿绝"⑤。直到清末,居民仍以业陶为主。为余杭和钱塘共辖的瓶窑镇,"自农桑外多以埏埴为业,故市廛之与陶穴相望如栉比"⑥。长洲县的陆墓镇窑器以"坚细"著称,工部物件也常在那里造作⑦,"居民多造窑及织汗巾为业"⑧。这些地区的窑器生产,大多属于副业性的商品生产,商品销售主要面向附近农村,绝大部分不出江南区域。

---

① 嘉靖《吴江县志》卷一《疆域》。
② 民国《乌青镇志》卷二一《工商》。
③ 康熙《常州府志》卷一〇《物产》。
④ 嘉庆《无锡金匮县志》卷三一《物产》。
⑤ 康熙《嘉善县志》卷二《乡镇》。
⑥ 嘉庆《余杭县志》卷三《市镇》。
⑦ 正德《姑苏志》卷一四《土产》。
⑧ 乾隆《长洲县志》卷二《市镇》。

如附属于文化用品的裱褙,以苏州最为著名,取料净,运帚匀,用浆宿,工夫深。乾隆时,"凡海内得宋、元、明人书画者,必使苏工装潢"。高手秦长年、徐名扬、张子元、戴汇昌等名噪一时。故钱泳说:"装潢以本朝为第一,各省之中以苏工为第一。"①苏州裱褙工匠甚至在杭州、扬州、北京等地也很活跃。名画一经苏裱,价值倍增。

其他如各地发达的造船业,南京、苏州、杭州的折扇生产,苏州、杭州的丝线生产(杭线又与杭扇、杭粉、杭烟、杭剪合称"五杭"),以"精细雅洁"见长的苏绣,以苏州、松江为中心"大江南北什器之为圆者皆类焉"②的小木器生产,苏州、松江的纺织器具生产,苏州、杭州、松江的蜡烛生产,苏州及各地的干果生产,湖州的湖笔制造,松江的暑袜织作,江南各地的苎布生产等,都是副业或专业商品生产,颇有特色,商品量自也不小。

以上考察试图说明,明清时期的江南,是全国最为重要的棉布、丝绸等衣着品生产基地,书籍等文化用品生产基地,是粮食、食用油等粮食加工业的重要基地,是陶窑器、铜铁器、小木器等日用生活必需品和玉石等贵重商品或锡箔等特殊商品的重要生产基地。江南商业的发达,是直接建立在当地发达的商品生产的基础上的。

---

① 钱泳:《履园丛话》卷一二《装潢》,第 323 页。
② 崇祯《横溪录》卷三《风俗》。

第二章　江南的商品流通

自 14 世纪后半叶到 19 世纪前半叶的五个世纪,除了明清之际的短短 40 年,海内一统,社会相对安定,随着各地自然分工、社会分工和商品经济的发展,全国不同区域之间、不同经济之间的商品交流日益频繁,流通商品不断增多,物流总量日益增加,商业资本不断扩充,商业线路不断延伸,各地的经济联系日趋紧密,全国性统一市场已然形成。

江南由于商品生产的发达,特殊的经济结构的需要和便利的对外部的交流条件,无论区域内部,还是与其他区域之间,以及对国外的商品流通,都达到了前所未有的程度,流通商品的内容较之以前也有了本质的不同。本章考察江南区域内部和与国内其他区域以及国外的商品流通。

第一节　江南区域内的商品流通

伴随各区域间专业分工的日趋发达,江南地区内部各个区域之间的商品交换也不断扩大。交换商品的流向则取决于江南内部各地域专业生产的格局和特点。

在粮食产区和棉布丝绸产区之间形成米粮和衣料的流通。松江府、太仓州等棉布重点产区,"种花者多而种稻者少,每年口食全赖客商贩运"[1]。太仓州在明末即"岁资外来以给二运"[2]。嘉定县因绝大部分田地种棉,往往"花布易粟于邻封以为糊口之计",而且税粮在万历折征纳银以前,即"运他邑之粟充本县之粮",到清代"民食大半籴于旁县"[3],税粮和食粮大多靠从邻地籴买。杭嘉湖三府的蚕桑区及山区,"产谷本少,向在邻县省籴买"[4]。在明代,大体上苏州府的常熟、长洲和吴江等县,向太仓、嘉定输出粮食后,还可向南接济杭州等地。如常熟,"其食与货常给乎外境,每岁杭、越、徽、衢之贾,皆问籴于邑,其人弗至,则食之价平矣"[5],由于向外地输出粮食,常熟粮价因而居高不下。如吴江稻米,粒大而圆,味甘美,价高常米二三成,杭州附近"乡民远赴吴江买米完漕"[6]。松江府的华亭系产粮区,向沿海植棉区上海县输出,后者"每秋粮开

---

[1] 高晋:《请海疆禾棉兼种疏》,《清经世文编》卷三七,第911页。

[2] 崇祯《太仓州志》卷五《物产》。

[3] 万历《嘉定县志》卷七《田赋考下》;光绪《嘉定县志》刘瑞芬序。

[4] 嘉庆《余杭县志》卷一四《仓廒》。

[5] 嘉靖《常熟县志》卷四《食货志》。

[6] 翟灏:《艮山杂志》卷二,《武林掌故丛编》本。

征,辄籴于华亭"①。南汇县,"地鲜稻,输粮者必采浦西米足之"②。
嘉兴、湖州二府粮食主要在内部调剂。如归安菱湖镇、乌程南浔镇
周围"所产之米纳粮外,不足供本地之食,必赖客米接济"③;通常
从秀水县输入稻米。浙西山区严重缺粮,如昌化县"岁丰则资食于
外者十之二三,歉则资食于外者十之六七"④。武康县"丰岁不足
给一县之食,大半仰于外县"⑤,都就近取给于嘉兴粮产区。安吉县
粮食基本能够自给,而"夏秋间,常借客米以济,市贾皆从嘉湖籴
来"⑥,灾歉年份则需从外地输入粮食。如康熙二十五年(1686),
长兴县朱焜令佣工往金坛买米完粮。⑦ 杭州大城市所需食米,除由
苏州接济,也就近由嘉湖输入,所谓"城中米珠取于湖",或谓嘉兴
县稻"不舂者曰黄糙,市杭贾"⑧。可见明代嘉湖二府食米还绰有
余剩。大体上直到明后期,江南各地市场上的米粮,主要还是周围
乡村或邻近府县提供的,正常年景江南食粮也是由区域内部调剂
的。清代前期,粮食流通大市平望镇上的米粮仍有不少是当地生
产的"冬春米",依赖上江粮食的棉区崇明县,酿酒做糕所用的元、
白二米,仍然依靠邻近的常熟、昭文等县。可见区域内的粮食流通
到清代仍有一定地位。毫无疑问,上述输入粮食的棉布丝绸产区

---

① 吴祺:《水利议》,同治《上海县志》卷四《水道》。
② 雍正《南汇县志》卷一五《风俗》。
③ 咸丰《南浔镇志》卷二四《物产》;光绪《菱湖镇志》卷一一《物产》。
④ 康熙《昌化县志》卷三《土田》。
⑤ 骆鸣銮:《答邑侯杨少渠问武康水利书》,乾隆《武康县志》卷八《艺文》。
⑥ 同治《安吉县志》卷八《物产》引前志。
⑦ 董讷:《两江疏草》卷三《题参毕坤被盗敕救防武职》,清刻本。
⑧ 康熙《嘉兴县志》卷三《物产》。

则反过来向粮产区输出绸布。

在棉布丝绸产区内部,由于原料与成品生产的区域或专业分工,不但形成了布与绸的对流,而且形成棉花、棉纱、棉布、桑叶、丝、绸等商品的频繁流通。

如前所述,蚕桑区种桑与养蚕规模是相脱节的,当地普遍采用稍叶的方式调剂桑叶,桑叶有余的农家或有余的地区,向缺叶的农户或缺叶的地区出售桑叶,兴盛的叶市反映了桑叶流通的程度。

江南是全国最大的丝织中心。明代江南八府,除了常州,都有官营织造局,明清南京、苏州和杭州三大城市,是官民营丝织业最为兴盛之地,耗用生丝为数甚巨,但除了苏杭部分地区,南京、松江、镇江都不产丝,生丝生产集中在嘉湖二府,特别是官营织造所用的经纬丝,全部是取之于嘉湖二府的。明中期即号称"绫、布二物,衣被天下"的松江,"帛取之蚕桑,而浙产为多"[1]。织造力量最为雄厚的南京,所需生丝在太平天国前全部购自嘉湖,南京商人活跃在双林、菱湖、新市等生丝市镇,多半与购买生丝有关。震泽县"西南境所缲丝光白而细,可为纱缎经,俗名经丝,其东境所缲丝稍粗,多用以织绫绸,俗称绸丝"[2],也主要销于苏州城及盛泽镇机户以纺制"苏经"或吴绫。因为丝和绸生产相脱节而形成的商品流通,可以说是江南区域内最为突出的生产原料的流通。

江南作为全国最大的棉织生产中心,苏松太以外,盛产棉布的无锡,产布较多的嘉兴府海盐、石门、嘉善,杭州府海宁、仁和,湖州府乌程等地,或产棉很少,或不产棉,所需原料棉花主要靠产棉区

---

[1] 崇祯《松江府志》卷四《方物》。
[2] 乾隆《震泽县志》卷四《物产》。

供给,而相当大部分来自邻近地区。正德《松江府志》说:"纺织不止乡落,虽城中亦然。里媪晨抱纱入市,易木棉以归,明旦复抱纱以出,无顷刻间。"①这条材料后被各地文献根据当地情形改写成:"地产木棉花甚少,而纺之为纱,织之为布者,家户习为恒业,不止乡落,虽城中亦然。往往商贩从旁郡贩棉花,列肆吾土,小民以纺织所成,或纱或布,侵晨入市,易木棉以归,仍治而纺织之,明旦复持以易。"这说明一些地区依靠输入邻地棉花从事棉织生产带有普遍性,而且有日趋扩大之势。所以清初上海人叶梦珠说:"吾邑地产木棉,行于浙西诸郡。"②如嘉兴县虽然西南荡地及高埠之处多种棉花,但"纺织之用愈广,仍不能不取给于旁郡之转贩者耳"③。嘉善县魏塘镇有"收不尽魏塘纱"之称,所需棉花多由松江输入。乌程县南浔镇主要产丝,另外妇女还普遍从事棉织,但需从镇东百里之遥的沿海棉区输入棉花。归安县双林镇也多纺纱,而该地不产棉花,"俱自东乡买来"。安吉州的棉花也多是由外地贩入的。江南不少地方不产棉花而盛纺织,主要有赖于本区域内的原料与成品流通。

在整个江南范围内,特别是苏松杭嘉湖五府之间,其他各种生产资料和生活资料的商品流通也相当频繁。湖州以制湖笔著名天下,笔管却仰赖余杭所产的苦竹,"心实性坚",节疏劲直,虽久不裂;善琏笔所用羊毫原料,常从海宁硖石贩买。桐乡县、秀水新塍镇,多产乌桕树籽,是桕油、青油、机油的原料,除了当地需用,还销

---

① 正德《松江府志》卷四《风俗》。
② 叶梦珠:《阅世编》卷七《食货四》,第 156 页。
③ 嘉庆《嘉善县志》卷一七《物产》。

往苏州、松江等地蜡烛铺。余杭白泥山出白泥,莹白如粉,松江等地作为漂白布匹的原料和绘画作底色。松江所出漆纱巾,号松江方巾,"贩鬻邻郡"。仁和县盛产麻布,"其布坚韧而软,濡水不腐。粗不中衣被,用为米袋,非此不良,旁郡所用,悉取给焉"①。苏松常之人喜食竹笋,湖州、杭州山乡所产竹笋被称为"苏松口料",该地常有"笋档船往来吴松间"②。於潜县竹笋每年"贩鬻于嘉、苏以千百计"③。临安县地出冬笋,"苏人每岁必至此买之"④。而每年春夏之交,也有洞庭两山的笋档船装货到乌程县东的晟舍镇发卖。金泽出纺车和铁锭,"东松郡,西吴江,南嘉兴,北昆山、常熟,咸来购买",供应了整个棉布纺织区,故盛称"金泽锭子谢家车"⑤。常熟西杨村,产黄豆有名,称西杨早点,"七月可收,实大而美,苏州、无锡等处咸来购此造酱"⑥。洞庭山的条石,用于浙江修筑海塘。丹阳县的白土,可作颜料和用于酿酒,贩卖吴越。金坛县的葛线极细,畅销于江南各地。苏州城郊花农培植的花木,畅销邻近府州。此外,前述各地生产的纸、酒、茶、靛蓝、窑器、竹木器、铜铁器以及石灰、炭等,都是首先或部分甚至全部在江南本区域范围流通的。清前期,出入北新关的船只多达 150 种左右,但其中至少 110 余种是来自江南各地的。⑦ 这也从一个侧面反映出,江南本区域之间的

---

① 乾隆《杭州府志》卷五三《物产》,参见《艮山杂志》卷二,《武林掌故丛编》本。

② 徐献忠:《吴兴掌故集》卷一三《物产类》。

③ 嘉庆《於潜县志》卷一〇《生业》。

④ 乾隆《临安县志》卷四《物产》。

⑤ 道光《金泽小志》卷一《土产》。

⑥ 民国《金村小志》卷一。

⑦ 雍正《北新关志》北新钞关船式之图。

经济交流最为经常、最为频繁,与人民生活最为息息相关。

以上的罗列,仅仅涉及了江南各地域之间横向的以生产资料为主的商品流通,而城乡之间、相邻地区间日常生活用品方面的商品交流还很少提及①,有关内容在以后章节中也会有所涉及。

以上表述试图表明,明清时期江南副业手工业生产的发达,首先依赖于本区域范围提供了基本的生产原料和半成品,依赖于各种附属行业的支持和配合,同时也得力于当地各区域之间的专业分工和频繁畅达的商品流通,在国计民生中地位极为突出的丝棉织业生产,正是奠立在江南当地发达的专业分工、良好的原料供应和畅达的域内流通基础之上的。

第二节　江南对全国的商品流通

江南是商品生产的中心,也提供丝棉织业所需的基本生产原料,但从总体上说,江南原料相对缺乏,商品生产得以持续进行,要从全国各地输入各种原料,生产的商品不但需要本区域内的市场,而且更需要全国的各区域市场,因而江南与全国各区域之间的商品流通要比本区域内的流通大得多,地位重要得多,而且日趋扩

---

① 如道光《昌化县志》卷三谓,"独是昌山多田少,一年之所获,不足支半岁,恒乞籴于外郡,以及盐布百物之所需,皆取给于苏、松、杭、绍",可见当地经济往来频繁之一斑。

大,对外依赖日益增强。①

在日益发达的全国性商品流通大势中,明清时期江南与全国各地的商品流通,无论是商运线路的分布与延伸及其繁忙程度,还是流通商品的品种、规模及流通总量,都是极为引人注目的,在全国商品流通中居于十分突出的地位。

一、以江南为中心的商运线路

明清时期江南社会经济走在全国前列,与各个地区的联系日益紧密,作为这种联系客体的主辅长短流通线路以江南为中心,延伸到全国的四面八方、山陬海涯。

明代,以运河和长江两大水运大动脉为基干,上百条商运通道连结着两京十三布政司。而以江南为始发地或目的地的商路分布特别密集。

隆庆年间,徽商黄汴利用各种路程图引,历时 27 年,反复校勘,编成《天下水陆路程》一书,列出全国水陆路程 143 条(后有江西新喻县丞陶承庆编《商程一览》,内容基本相同)。其中:南京至全国各地的长途路程就有 11 条,即由东平州至北京路,至河南、山西二省路,至陕西、四川二省路,至江西、广东二省水陆,由淮邳登莱三府至辽东水陆,至湖广、云、贵三省东路,至广西布政司水路,

---

① 雍正时金匮知县王允谦估计,“本地编民仰给于客产者十之四,近取于土产者十之六”(王允谦:《上督抚各宪请裁浒墅关口岸折稿》,乾隆《金匮县志》卷七《增辑》)。金匮在苏、松、常、嘉、湖五府经济较不发达,对外依赖如此,其他经济发达地区对外流通的程度更可想见。

至浙江、福建二省水路,至山海关,由漕河至北京各闸,由大江至陕西西安府水陆;南京至南直隶各府州 1 条,即南京至所属府;经过南京的长途路程 1 条,即北京至南京浙江福建驿路;无锡到沿江各地的长途路程 1 条,即大江源下水由夏港至无锡县;江南至邻近区域的路程 12 条,即江西城由广信府过玉山至浙江水,芜湖县由东坝至无锡县有二,杭州府至补(普)陀山水,扬州府跳船至杭州府,苏州府跳船至广德州,苏州由广德州至徽州府水陆,休宁县至杭州府水,浙江至天台山雁荡山水陆,杭州府至休宁县齐云山路,黟县至南京路,杭州府由东阳县至处州府路,南京由江南至安庆府;江南区域内短途路程 9 条,即杭州府官塘至镇江府水,杭州逾路烂溪至常州府水,苏松二府至各处水,杭州跳船至镇江府,湖州四门夜船至各处,北新关至缸窑瓶窑水,杭州府至上海县水,松江府至青村所水,镇江府丹阳县至南京路。大小共 35 条,占总数近四分之一。此外苏松二府至各处水,列名的就有 15 条,反映了以苏松为中心江南区域内部发达密集的流通道路。

天启年间,徽州人憺漪子编成《天下路程图引》一书,列出江南、江北水路 100 条,其中以江南为起点或终点的就有 23 条,占五分之一以上,即徽州府由严州至杭州水路程,杭州由余杭县至齐云岩陆路,杭州府由苏州至扬州府水路,杭州由江山县至福建省路,杭州由长安至上海县水路,杭州由西兴至诸暨县陆路,杭州由四安至徽州府陆路,苏州由杭州府至南海水路,苏州由双塔至松江府水路,苏州由太仓至南翔镇水路,苏州由东坝至芜湖县水路,苏州由湖州至孝丰县水路,苏州由常熟县至通州水路,太仓由常熟转至常州水路,丹阳县由梅渚至徽州陆路,丹阳县由句容至南京陆路,镇江由洋(扬)子江至荆州水路,南京由芜湖至徽州府陆路,南京由漕河至北京水路程,南京由汝宁府至武当山路,南京由铅山河口至福建路,仪真(征)县由龙潭至南京陆路。[①] 虽然比例没有《天下水陆路程》高,但似乎更加以江南为中心了。

由以上几种路程图引,可知以江南为中心的商品输出入大致循下列线路。经山东到北京达北方边地,可以沿运河水运北上,或可由南京西南行至采石,过长江,陆行经滁州、徐州、东平州、高唐州、德州、河间府、涿州、卢沟桥,到北京后再东出山海关,西去宣府、大同。到辽东可沿运河由淮安,经莱州、登州,渡海到辽东旅顺口。到河南、山西二省,可在南京西江驿过江后,由滁州、宿州,经商丘抵开封,西北经管城、长平到太原。这是江南与皖北、河南最直捷的商品通道,绕关走私的商品常由此道运输。清代山西、陕西、河南三省商人到苏州就主要走这条商道。到陕西、四川二省,可由开封西行,经河南陕州、潼关抵西安,由西安再转向四川;到西北也可沿江由汉口,经襄阳,从紫荆关入陕,往甘肃;到四川也可由滁州,经固始、信阳、唐县、宜城到襄阳,再经当阳到夔州、顺庆、成都,还可由长江水路抵重庆后前往。到浙东、福建,可由杭州,经严州、衢州上杭埠,越仙霞岭,过广信府、浦城县,经建宁府、延平府到福州府。到江西、广东二省,可由南京西南行至芜湖,经安庆到湖口,南行由南康府到南昌,或为避长江之险,由杭州到休宁、屯溪、淳安,经景德镇到南昌,再经樟树镇、临江府、赣州府,过梅岭(即大

---

① 《天下水陆路程》和《天下路程图引》见杨正泰校注本,山西人民出版社1992年版,《天下水陆路程》又见《北京图书馆古籍珍本丛刊》本。《商程一览》见日本内阁文库本。

庾岭),经韶州府到广州。到湖南、广西二省,可由江上溯至武昌(过江则入湖北),南向经岳阳到长沙,经湘潭,过衡州、永州、全州到桂林。到贵州、云南二省,可由江到城陵矶,经常德、辰州到镇远府,为东路;或可由江到泸州,经纳溪到毕节,为西路,由此东去贵州,西去云南。这八个方向的线路只是最主要的主干线路,其间临时取向,选择水陆,则不下几十条。江南到邻近区域乃至全国各个区域都有较为便捷的商道,一张由江南伸向四面八方的商道网络展示在人们面前。

从商品流通的实际情况来看,由于运输的便利,商税的稽征,各区域间的经济联系程度等因素,江南与全国各区域之间,在明代最主要的通道有如下三条:北上沿运河抵北京,沟通华北广大地域;南下经浙东、江西到福建,沟通福建地区;西向溯长江到江西湖口,南下越梅岭到广州,沟通华中、华南广大地区。这种流通格局在清代基本未变,只是沿海的商业运输显得日益重要,江南与各地间的流通总量也大为增加。吴建雍对清代前期的榷关有精到研究。据他的研究,清前期的榷关有运河系统、长江系统、沿海系统,以及北边、广西、四川等地四类。前三类分别处于以江浙地区为中心的三条商品流通干线上,是清前期榷关的主体部分,其关税收入约占总数的90%。① 可以说,明清时期江南与各地的商品流通是全国商品流通中的主体部分。

运河是明清时期南北经济最重要的生命线,沿途设立税关最多,商运最为繁忙。直到清中期,江南与北半个中国的经济联系主

---

① 吴建雍:《清前期榷关及其管理制度》,《中国史研究》1984年第1期。

要凭借运河维系,大商小贩乃至公私行旅也多取道运河。明中期的张萱说,在运河中,"吴艭越舸,燕商楚贾,珍奇重货,岁出而时至,言笑自若,视为坦途"①。万历时李鼎说:"燕、赵、秦、晋、齐、梁、江淮之货,日夜商贩而南;蛮海、闽、广、豫章、楚、瓯越、新安之货,日夜商贩而北。"②乾隆帝也说:"向来南省各项商贾货船,运京售卖,俱由运河经行。"③这日夜商贩南北的货物都是以江南为转输中心,并集中在江南的。万历时人张瀚说,不远数千里到江南求购罗绮绸缎的秦晋燕周大贾,是取道运河往返南北的,聚于京师而半产于东南的天下财货也是由运河致达的。在明代,由运河南下的主要商品,有山东、河南的棉花,山东、河南、安徽、苏北的豆货,直隶、山东的梨枣;由运河北上的江南商品主要是丝绸、棉布及各种手工业品。其中,"纺织业的落后形成的北方消费市场对江南丝、棉织品的依赖,使纺织品贸易成为明代运河商品流通最主要的内容"④。所以明末徐光启说:"今北土之吉贝贱而布贵,南方反是。吉贝则泛舟而鬻诸南,布则泛舟而鬻诸北。"⑤以江南为中心形成了最关民生的北棉与南布的对流。

清代,山东、河南、安徽的豆、麦、棉花、豆饼、油、麻,河南、苏北的酒曲、瓜子,山东、苏北的腌货,山东的梨枣、烟叶,河南的钉铁、药材、碱矾、烟叶,北方的皮张,新疆的玉石等,连樯南下,而江南的

① 张萱:《西园闻见录》卷三七《漕运前》,《续修四库全书》本。
② 李鼎:《李长卿集》卷一九《借箸篇》,明万历刻本。
③ 《清高宗实录》卷一四五三,乾隆五十九年五月辛亥,第 27 册,第 28390 页。
④ 许檀:《明清时期运河的商品流通》,《历史档案》1992 年第 1 期。
⑤ 徐光启:《农政全书》卷三五《蚕桑广类·木棉》,上海古籍出版社 1979 年版,第969 页。

绸布、杂货则扬帆北上。在这些商品中,"向以南来绸缎、杂货,北来饼豆为大宗"①,而且与明代不同的是,饼豆等粮食成为运河流通中比重最大的商品,在关税中占主要部分,而纺织品的比重明显下降。如乾隆时,浒墅关税额,"资于谷麦米粮者十之六七,资于布帛杂项货物者十之三四"②;淮安关无论丰歉之年,总以"豆货数倍他税,其余杂货较之豆税实不及三分之一"③。许檀曾根据档案统计出运河各关粮食在关税总额中的比例:乾隆七年(1742)至乾隆十三年(1748),临清关为 60.7%;乾隆八年(1743)至乾隆十年(1745),淮安关为 62.3%;乾隆七年至乾隆十年,扬州关为32.7%;乾隆五年(1740)至乾隆八年,浒墅关为 50.5%。她还统计了淮安关过境粮食、梨枣棉烟饼油(北货)、绸布姜茶及各项杂项(南货)的比例:乾隆八年分别为 62.3%、7%、25.3%,乾隆九年(1744)分别为62.8%、8.7%、19.5%,乾隆十年分别为 61.9%、11.1%、16.2%。④ 香坂昌纪也依据档案统计出各关豆税的比例:扬州关乾隆十三年占48%,由闸关乾隆十八年(1753)占 48%,淮安关乾隆十七年和十九年分别占 63% 和 54%,并进而认为乾隆前期淮安关豆税约占 60%,梨枣占 17%,合计北货超过 70%,而南货满打满算不过 23%,其中绸布匹糖纸类不过 4% 稍强。⑤

　　这种基本格局在清前期一直未有变化。松浦章依据档案统计

① 江苏巡抚程祖洛奏,道光十一年七月十八日,朱批奏折,财政类·关税项。

② 苏州织造海保折,乾隆三年十二月初七日。

③ 淮安关务伊拉齐折,乾隆八年二月十七日。

④ 许檀:《明清时期运河的商品流通》,《历史档案》1992 年第 1 期。

⑤ 香坂昌纪:《清代における大運河の物貨流通——乾隆年間,淮安関を中心として》,《東北学院大学論集》歴史学·地理学第 15 号,1985 年。

了经过扬州关的米豆棉花饼船、枣船、杂货零星船的数量,乾隆二十三年(1758)分别为 18 816、300、26 331 只,乾隆二十四年分别为 14 891、269、30 436 只;经过由闸等二口的米豆棉花船、枣船、杂项零星船,乾隆二十三年分别为 17 301、157、22 878 只,乾隆二十四年分别为 14 543、111、22 918 只;通过扬州关、由闸关的麦豆船和杂货船,乾隆五十五年(1790)分别是 14 821 只和 51 523 只,乾隆五十七年(1792)分别是 10 728 只和 43 757 只。[1] 吴建雍依据档案统计出,乾隆四十一年(1776),经淮安北上的绸布船多达 376 只,杂货船 3896 只。[2]

这些研究成果充分表明,清前期南下江南的北货已占 70% 以上,其中光豆石就占了 50%—60%,而由江南北上,包括由江南转输的南货不到 20%。由于江南对北方粮食需求的增加和北方对江南绸布需求的下降,"北方商品的南下量已大大超过北上南货,在运河流通中占居主要地位"[3]。运河商品流通不但日益显示出江南对北方粮食的严重依赖,而且显示出江南对北方输出商品的能力的逐渐下降。但是运河流通功能本身也在减弱,大约自乾隆二十年代起,河道变窄变浅,包括北新关在内的运河各关通过船只和税收都逐年减少,随海运日渐兴盛而日渐失去昔日的辉煌。

长江商运在明清时期日益繁忙,江南经由长江与外地的商品流通地位也日益重要。清初的长江,"帆樯出没,不可纪极,上下两

---

① 松浦章:《清代の扬州关について》,《关西大学文学集》第 43 卷第 2 号,1993 年。
② 吴建雍:《清前期榷关及其管理制度》,《中国史研究》1984 年第 1 期。
③ 许檀:《明清时期运河的商品流通》,《历史档案》1992 年第 1 期。

江,旅舟商舶,络绎奔凑"①。清中期,"浩浩长江,沿流下上,商贾之趋亿万辈,皆以谋利也"②。这物流日盛一日的长江运输,吴头楚尾,不是以江南为起点,就是以江南为终点。

由江南上溯的物品与北上的相同,主要是绸布、衣物、书籍等,由长江上中游下流入江南的主要是米粮、竹木、棉花、夏布、纸张、染料、江广桐油、药材、烟叶、煤炭、江西瓷器等。在明代,上下江商品对流主要是木材与绸布,清代则增加了每年上千万石米粮。乾隆三年(1738)八月至四年四月,8 个月中经过九江的米船多达 53 032 只,载米约 1 200 万石。楚、蜀豆运销江浙,一年之中有往复再贩者。③ 乾隆十三年(1748)、十四年(1749),通过九江的米船分别为 48 250 只和 44 795 只④,载米当在 1 000 万石以上。此外,江西、湖南、两广以及福建部分地区与江南的商品流通也是取道长江,而后济河(湖)起陆的。清廷甚至特意规定丝茶运到广州不准经海路而必须由此途。大体上以梅岭为界,正德时人就述其商流基本情况是:"盖北货过南者悉皆金帛轻细之物,南货过北者悉皆盐铁粗重之类。过南者月无百驮,过北者日有数千。"⑤这种情形清代依旧。清中期,经过浒墅关的长船、川船、沙船、赣船,就来自长江,而过关的商品多达 245 种,其中至少有几十种来自长江的运输。⑥ 南洋的香料、铅、锡等货也多经广州取道长江输入江南。

①　康熙《江南通志》余国柱序。

②　朱琦:《小万卷斋文稿》卷一八《大通镇救生局碑记》,清光绪刻本。

③　吴建雍:《清前期榷关及其管理制度》,《中国史研究》1984 年第 1 期。

④　江西巡抚阿思哈奏,乾隆十五年十一月三日,朱批奏折,财政类·关税项。

⑤　张弼:《张东海集》卷二《梅岭均利记》,《四库全书存目丛书》本。

⑥　道光《浒墅关志》卷五《榷税则例》。

　　江南由浙东到福建的水陆通道在明代颇为繁忙。嘉、万时人王世懋说："凡福之绸丝，漳之纱绢，泉之蓝，福、延之铁，福、漳之橘，福、兴之荔枝，泉、漳之糖，顺昌之纸，无日不走分水岭及浦城小关，下吴越如流水。其航大海而去者，尤不可计。"①很显然，福建的所有商品是以江南为总汇，然后输向北方的。分水关在福建崇安县附近，浦城县为浙江衢州府与福建建宁府之间的通道，都是江南与福建商道的必经之地。清代福建武夷山区和江西各地的名产有不少仍是由此商道输向上海的。

　　沿海商运后来居上。沿海小额贸易禁海时就存在，但范围有限。如明后期松江、太仓等地的沙船，"常由海以至山东宁海县贾米"②。清初规定江南省庙湾地方，"准用五百石以下船只贸捕，而狼山、福山又设官渡，听民来往过渡贸易，其余地方仍禁未开"③。康熙二十三年(1684)清廷下令开海后，商船由上海启碇，"经过登州海面，直趋天津、奉天，万商辐辏之盛，亘古未有。从此航海舟人，互相讲究，凡夫造舟之法，操舟之技，器用之备，山礁沙水，趋避顺逆之方，莫不渐推渐准，愈熟愈精"④。这条黄金水道由于运输量大，运价低廉，在清中期较好地得到开发利用。原来由运河南下的货物，不少也改由海道，以致影响了运河榷关的商税收入。

　　由上海向北行驶北洋航线的大多是沙船，称北船，向南行驶南洋航线的大多是鸟船，称南船。按定制，鸟船收泊上海大关，沙船

① 王世懋:《闽部疏》,《广百川学海》本。
② 章潢:《图书编》卷八八《海运图后》,《文渊阁四库全书》本。
③ 金端表:《刘河镇记略》卷三《创始》,清道光稿本。
④ 谢占壬:《海运提要序》,《清经世文编》卷四八，第 1155 页。

收泊刘河分关。① 此外，乍浦是浙海关的口岸之一，闽粤不少商船也经乍浦出入口。也就是说，海关设立之初，江南与沿海南北洋的贸易，通过刘家港、上海和乍浦三个口岸进行。由于刘河出水量减少，港口逐渐淤塞，大型沙船靠泊日渐困难，乾隆四、五年（1739—1740）开始即有商船不遵旧制越收上海，只有与苏北青口镇对渡的豆船因验票仍在刘河收泊。乾隆末，刘河口淤塞严重，商人一再呼吁改泊上海，嘉庆十三年（1808）获准，从此"刘河一口竟无一船之至"，连青口豆船也改往上海进口。嘉、道年间，"沙船聚于上海，约三千五六百号。其船大者载官斛三千石，小者千五六百石"②。江浙海船到胶东、辽东贸易，"由上海至天津，风利七八日可到，至迟不过旬月，从无阻滞"③。从乾隆时的每年往返两次发展到嘉、道时的四五次。人称"上海人视江宁、清江为远路，而关东则每岁四五至，殊不介意"④。

沿海道运输的商品，"南船常运糖、靛、板果、白糖、胡椒、药材、海蛰（蜇）、杉方、尺版"，"北船常运蜀楚、山东、南直棉花、牛骨、桃枣诸果、坑沙等货"⑤。由松浦章依据《历代宝案》中记载的失事船只的统计，可知自康熙四年（1665）到咸丰四年（1854），由福建各地

---

① 乾隆十六年（1751）三月初二日，江苏巡抚王师奏："江海关所到闽广鸟船，止在大关进出，其余各口例不收泊；本省沙船在山东、关东往来贸易，悉在刘河口进出。"（朱批奏折，财政类·关税项）道光《刘河镇记略》卷三《创始》称："鸟船熟于浙台洋面，不入北洋，来江俱收上海口子；江省商船名曰沙船，熟于奉东洋面，不入南洋，来江俱收刘河口子。各设关榷收税。"
② 齐彦槐：《海运南漕议》，《清经世文编》卷四八，第 1160 页。
③ 英和：《筹漕运变通全局疏》，《清经世文编》卷四八，第 1164 页。
④ 齐彦槐：《海运南漕议》，《清经世文编》卷四八，第 1160 页。
⑤ 乾隆《镇海县志》卷二《关税》。

到江南的船只有 5 只,装载糖(红、白)、苏木、杂货等;从江南到北洋各地的 12 只船,装载青鱼、生姜、茶叶、南货、纸货、木、纸、花生、青饼、棉花、布、杂货等;从北洋各地到江南的 11 只船,装载豆(青、白、黄、绿)、核桃、猪、豆油、紫草、瓜子、腌货、毛猪、花生、麦面、菜油等;从江南到澄海和潮州的船 2 只,装载棉花、布匹、豆饼、米豆等货。[1] 乾隆中晚期,根据山东布政使国泰的奏报,从上海、刘河输往山东的商品主要有布匹、红糖、纸张,从山东输入江南的商品主要是豆饼、腌货。

具体说来,江南与苏北、华北、东北地区之间,输出的商品主要是布匹、丝绸、纸张、茶叶等,输入的商品有豆、豆饼、麦、杂粮、瓜子、枣、梨、药材、腌猪、棉花、茧绸、铁钉、牛骨、各种海货等。康熙四十九年(1710)六月,上海船户张元隆揽装商客价值数万两银的布匹、瓷器"前往辽东贸易";同年八月,华亭船户张永升揽装茶叶、布、碗等货"前往关东贸易";次年正月,江南船户赵元发在山东胶州地方遇台风打坏。[2] 乾隆初年,通州商人彭世恒等 14 人,往胶州装载白豆、盐猪、紫草等商品。[3] 乾隆十四年(1749),福建兴化府船商吴永盛等在台湾装糖到上海,又装茶后往关东买瓜子货物,搭船的直隶永平府商人徐文彬在关东贩运瓜子 700 石要到上海。同年泉州府船户陈得昌等 20 人前往江南转至辽东贸易,其搭船的绍兴

---

① 松浦章:《清代における沿岸贸易について》,小野和子编《明清时代の政治と社会》,京都大学人文科学研究所 1983 年版,第 605—606 页。

② 张伯行:《正谊堂文集》卷二《海洋被劫三案题请敕部审拟疏》,卷三《题参承审张元隆一案迟延疏》。

③ 《船户吴永盛等飘至琉球残件》,《明清史料》庚编,中华书局 1987 年版,第 339—340 页。

商人赵瑞林在关东贩瓜子要到苏州。乾隆十八年（1753），通州船户崔长顺在胶州载客货铁钉8包、紫草9包、鱼翅1包、豆油5坛等，到苏州交卸。[①]乾隆二十七年（1762），浙江鄞县商人在上海装载茶、布、杂货运往关东，奉天商船"将彼省货物来江贸易，于回棹之时装载棉花出口"[②]。嘉庆二十一年（1816），天津陈百顺船，到辽东买了黄豆、苏油、豆饼等货，要到上海发卖，另有客商带茧绸61匹，同往上海交卸。[③]道光三年（1823），"素以泛海为业"的常熟张用和的祥泰号，往牛庄销货，置办了豆饼、羊皮、水梨等货回航。[④]同年，丹阳有船到青口装豆饼往上海发卖。道光六年（1826），昆山有船从上海装载客货到胶州交卸，有各种纸张、扣布、麻布、锡箔、茶叶、板、笋、糖果、药材、蜜饯等。[⑤]道光十年（1830），元和县程兴发商船由山东装载豆饼回江南。[⑥]在这琳琅满目的商品中，江南从华北、东北输入的粮食占主要比重。乾隆五十二至五十四年（1787—1789）的3年中，各地到辽河河口的船只每年平均为3 103只。[⑦]按照沙船的载粮数和其时的运粮总数，可知这些船只主要是运销粮食到江南的。

江南与闽粤地区之间，输入的有木材、糖、烟、薯粉、靛青、纸张、胡椒、苏木、药材、干笋、各种鲜果、各种海货、各种洋货，输出的

---

① 《历代宝案》第5册，第2711—2712页，台湾大学1972年印行。

② 台北故宫博物院编：《宫中档乾隆朝奏折》第39辑，第184页，江苏巡抚杨魁折。

③ 《历代宝案》第9册，第5510页，第10册第5532页。

④ 郑光祖：《一斑录》杂述一。

⑤ 《历代宝案》第10册，第5997页。

⑥ 故宫博物院文献馆辑：《史料旬刊》第9期，道光十年六月二十五日陶澍折。

⑦ 台北故宫博物院编：《宫中档乾隆朝奏折》第74辑，第434—435页，嵩椿宜兴折。

有粮食、丝绸、棉花、棉布、酒、各种工艺品等。据浙江巡抚三宝奏报，闽广商船"所载进口货物不过糖、靛、果品、杂货，出口转置亦惟绸缎、布匹、药材等物"，携带棉花"赴粤货卖者，亦不过酌带十之一二"①。福建商人每年从福州装运木材，"至江浙两省发卖"②。广东商人运糖、薯粉到苏州发卖③。《台海使槎录》载，漳泉商人"或载糖、靛、鱼翅至上海，小艇拨运姑苏行市，船回则载布匹纱缎、枭绵、凉暖帽子、牛油、金腿、包酒、惠泉酒。至浙江则载绫罗绵绸、绉纱、湖帕、绒线"④。道光时，有人指出，江苏以北数省所需用糖，都是由闽广沙船运至上海后转运的。⑤

上述兴盛景象表明，与乾隆以来运河贸易日益不景气的情形正好相反，沿海贸易是不断上升、日盛一日的。至于贸易商货量，齐彦槐说："自康熙二十四年开海禁，关东豆麦每年至上海者千余万石，而布茶各南货亦由至山东、直隶、关东者，亦由沙船载而北行。"⑥齐氏所说实际上包括了刘河各口在内，所说运量也只是当时的情形，并非一开海即有如许之多。约略而言，如谢占壬所说，嘉、道年间"凡北方所产粮豆枣梨运来江浙，每年不下一千万石"⑦。然而单就这 1 000 万石而论，就超过同时期运河商运量的一倍以上

---

① 台北故宫博物院编：《宫中档乾隆朝奏折》第 39 辑，第 109 页，三宝折。

② 台北故宫博物院编：《宫中档雍正朝奏折》第 21 辑，第 204 页，觉罗柏修折。

③ 台北故宫博物院编：《宫中档乾隆朝奏折》第 56 辑，第 669 页，雅德折。

④ 黄叔璥：《台海使槎录》卷一，《文渊阁四库全书》本。

⑤ 齐思和等整理：《筹办夷务始末（道光朝）》卷二七，中华书局 1964 年版，第 988 页。有关沿海运输的各种商品，也可参见邓亦兵《清代前期沿海运输业的兴盛》，《中国社会经济史研究》1996 年第 3 期。

⑥ 齐彦槐：《海运南漕议》，《清经世文编》卷四八，第 1160 页。

⑦ 谢占壬：《海运提要序》，《清经世文编》卷四八，第 1155 页。

了。从繁忙程度来看,北洋航线又甚于南洋航线,说明清前期江南
与华北、东北地区的对外经济联系较之闽粤地区更为重要。

二、流通商品种类及商品量

1.粮食

江南本是粮仓,宋人誉为"苏常熟,天下足"或"苏湖熟,天下
足",一向有余粮外输,到明后期,却一变而为输入。万历时陈继儒
说:"向吴中不熟,全恃湖广、江西。"[①]崇祯末年,应天巡抚黄希宪
也说:"吴所产之米,原不足供本地之用,若江、广之米,不特浙属藉
以济运,即苏属亦望为续命之膏。"[②]吴应箕则说,江南"半仰给于
江、楚、庐、安之粟"[③]。三人所言实际都指水旱灾歉之年,而且夸大
其词。正常年景江南似不需长江中游之米,即使输入,为数当也微
乎其微。如太常寺少卿李旻说:"杭州岁一不登,旁郡贩易不时至,
辄皆仰官廪以活。"[④]岁歉才仰赖贩易或官廪。吴承明估计明后期
江南"每年运入几百万石也就够了"[⑤]。诚如李伯重所言,当时长
江中游粮食输入江南,灾年商业性调剂占很大比重。[⑥] 如前所述,

---

① 陈继儒:《晚香堂小品》卷二三,《中国文学珍本丛书》第一辑。
② 黄希宪:《抚吴檄略》卷一,明刻本。
③ 吴应箕:《楼山堂集》卷一〇《兵事策·策十》,清光绪刻本。
④ 万历《杭州府志》卷五一《恤政》。
⑤ 吴承明:《中国资本主义与国内市场》,第229页。
⑥ 李伯重:《明清江南与外地经济联系的加强及其对江南经济发展的影响》,《中国经济史研究》1986年第2期。

明代江南食粮通常是由区域内部调剂的。

入清以后,由于人田比例迅速下降,经济作物种植面积大量增加,酿酒等工业用粮和商品生产者口粮消耗剧增,江南缺粮逐渐严重起来。康熙三十七年(1698),皇帝说江南、浙江咸赖湖广、江西之米。①康熙四十七年(1708),江苏巡抚于準说:"本地户口繁庶,产米不敷所食,全赖外省客米接济。"②雍正时,京口将军何天培说:"江浙之米,皆取给于江西、湖广。"③浙江总督程元章则说,杭嘉湖三府,"即丰收之年,尚不敷民食,向藉外江商贩接济"④。乾隆时,君臣一再强调,"浙西一带地方所产之米,不足供本地食米之半,全藉江西、湖广客贩米船,由苏州一路接济"⑤。嘉、道时人包世臣估计,"苏州无论丰歉,江、广、安徽之客米来售者,岁不下数百万石"⑥。可见,到清前期,"虽然灾年调剂在江南稻米输入中仍占有重要地位,但平时性输入看来已成为稻米输入的主要内容"⑦。

江南由外地输入粮食的数量,全汉昇、重田德、安部健夫、王业键、珀金斯(D. Perkins)、罗斯基(E. Rawski)、吴承明、川胜守、吴建雍、李伯重、许檀、郭松义、邓亦兵等都作过深入的探讨。罗斯基估计清前中期长江三角洲每年输入粮食700万—1 000万石;全汉昇估计雍正时长江三角洲年输入湖广米为1 000万石;吴承明估计清

① 《清圣祖实录》卷一八七,康熙三十七年正月戊子,第5册,第4860页。
② 《清圣祖实录》卷二三三,康熙四十七年五月丁巳,第6册,第5273页。
③ 《雍正朱批谕旨》卷二〇,何天培折。
④ 《雍正朱批谕旨》卷二一一,程元章折。
⑤ 《清高宗实录》卷三一四,乾隆十三年五月乙酉,第13册,第12335页。
⑥ 包世臣:《安吴四种·齐民四术》卷二《庚辰杂著二》。
⑦ 李伯重:《明清江南与外地经济联系的加强及其对江南经济发展的影响》,《中国经济史研究》1986年第2期。

前期江浙年输入安徽、江西米 500 万石,湖南、四川米 1 000 万石,奉天豆麦 1 000 万石。李伯重取诸家中数,估为江南年输入长江上中游米 1 000 万石,东北、华北大豆豆饼在 1 000 万石以上。[1] 王业键估计,在 18 世纪后期,长江三角洲每年由长江输入大米为 1 500万—2 000 万石,其中有 500 万—600 万石转运华北及东南沿海地区(包括进贡京师的 300 万石),由海路和大运河输入关东及华北的大豆、豆制品、谷类和水果约 1 500 万石。[2] 郭松义估计,在长江线上年粮食运输量大体是,四川 100 万—150 万石,两湖 1 200 万—1 500 万石,江西 400 万—600 万石,安徽 50 万—100 万石,统共1 750万—2 350 万石;经运河南运米麦杂粮约 500 万石,关东豆麦经海运到江南 600 万—700 万石。[3] 邓亦兵估计,乾隆时期,长江水系粮食运输量年均为 1 850 万石,由运河抵达江南的粮食 500 万石,嘉庆时由海运东北、华北豆粮 1 370 万石。[4]

上述各家估计,特别是近年来的估算,虽然算法各有不同,江、河、海三大运道具体运量也不相同,但大致趋向于乾隆年间长江三角洲由外地输入各种粮食约为 3 000 万石。笔者以为,从关税档案和清人奏折可知,海运南下粮食增长的同时是运河南运粮食的减

---

① 李伯重:《明清江南与外地经济联系的加强及其对江南经济发展的影响》,《中国经济史研究》1986 年第 2 期。

② Yeh-chien Wang, "Secular Trends of Rice Prices in the Yangzi Delta, 1638–1935", in Thomas G. Rawski and Lillian M. Li., *Chinese History in Economic Perspective*, University of California Press, 1992.

③ 郭松义:《清代粮食市场和商品粮数量的估测》,《中国史研究》1994 年第 4 期。

④ 邓亦兵:《清代前期内陆粮食运输量及变化趋势:关于清代粮食运输研究之二》,《中国经济史研究》1994 年第 3 期;《清代前期沿海粮食运销及运量变化趋势:关于食粮运销研究之三》,《中国社会经济史研究》1994 年第 2 期。

少,而诸多论者似乎只有郭松义注意到了这一点,因此笔者取郭氏估算数。但郭氏估算的由长江输入江南的米粮实际上包含了长江上中游地区输向北方的漕粮和商品粮,真正抵达江南的只有通过浒墅关的 1 200 万石和供应南京的 300 万石(由包世臣估算推定)。这样,江南输入粮食最多的乾隆、嘉庆年间,每年由长江输入米粮1 500 万石,由运河和海道输入东北、华北豆麦杂粮 1 100 万余石,共计约 2 600 万石。

江南由长江输入的粮食并没有全部停留在当地,其中一部分转输到了浙东、福建等缺粮区和违禁偷运到了海外。浙江从苏州转运之粮,据乾隆十六年(1751)浙江巡抚永贵奏报,"浙省民间粮食,虽极丰稔之年,仰藉于上游客米不下二三百万"①。这二三百万石粮食,约一半属杭、嘉、湖三府所需。同年,苏州粜卖运往温、处、台、宁四府的粮食,两月之间约 24 万石②,全年约为 120 万石。明末,缺粮的徽州由苏杭转运长江江广之米③,这种情形清代当也存在,但数量不大。康熙末年,江苏巡抚张伯行的告示称,苏州奸牙等冒为浙客、徽商,零星货卖粮食"或四五六十,或一二百石不等,用小艇运送上海、乍浦二处,装入大船,扬帆出海,盈千累万,殆无虚日",影响了苏州市场上的米价。④ 这种违禁出洋,虽然屡禁不止,但偷运粮食数量同样不大。估计通过各种途径由江南转输出境的粮食约为 150 万石。这就是说,清盛世时,江南每年从外地净

①　台北故宫博物院编:《宫中档乾隆朝奏折》第 1 辑,第 144 页,永贵折。
②　《清高宗实录》卷四〇三,乾隆十六年十一月壬辰,第 14 册,第 13711 页。
③　黄希宪:《抚吴檄草》文书十六。
④　张伯行:《正谊堂文集》卷三九《严禁贩米出洋告示》,清光绪刻本。

输入各类粮食约为 2 450 万石。

　　需要指出的是,这 2 450 万石粮食,绝大部分不是作为食粮输入江南的。清前期,通过运河输入江南的主要是山东、河南两省的豆石棉花,以及安徽凤阳、颍州和江苏苏北淮、徐、海各府州的豆麦杂粮。[①] 有关北方豆石输入江南的情形,除了前述各位学者,足立启二、香坂昌纪、泷野正二郎、陈慈玉等均有专门研究。足立启二认为,大豆、豆饼已经成为清代中期第一级的商品。[②] 香坂昌纪根据淮安关税数推算,乾隆二十年(1755)前数年,通过该关的豆货每年约为五六百万石;又根据芜湖关税推测,乾隆前期每年通过该关的湖广豆货约 200 万石,而其中经各地卸卖后由浒墅关到达苏州的每年约 300 万石,由江海关到达江南的约 100 万石。[③] 由档案和上述学者的研究可知,既然乾隆前期经由运河抵达江南的北方货物主要是豆石,由海道输入江南的也绝大部分是豆麦杂粮,则可以推定,这些豆麦杂粮主要都不是作为食粮输入江南的。江南输入大豆,用以榨油、磨腐素食,豆饼用以肥壅稻田和棉田。江南农业种植情形表明,大量输入大豆、豆油的清前期,正是当地物力繁盛、农家用豆饼作为基肥和追肥提高稻棉产量的兴盛时期。由长江输入江南的每年一千数百万石米粮,虽是用作食米的,但从总体平衡来说,大部分也可能消耗在酿酒上了(参见第一章),所以乾隆初年

[①] 台北故宫博物院编:《宫中档乾隆朝奏折》第 12 辑,第 378 页,伊拉齐折。

[②] 足立启二:《大豆粕流通と清代の商業的農業》,《東洋史研究》第 37 卷第 3 期,1978 年。

[③] 香坂昌纪:《清代浒墅関の研究》,《東北学院大学論集》歴史学・地理学,1972—1984 年;《清代における大運河の物貨流通——乾隆年間,淮安関を中心として》,《東北学院大学論集》歴史学・地理学第 15 号,1985 年。

江苏巡抚张渠说:"江苏历年米贵,说者求其故而不得,皆云奸徒贩米出洋。然节次查禁,未见平减……臣细察民隐,推究本源,始知粮价日昂,皆由烧锅用米之一事。"[1]包世臣更在计算了苏州米粮足敷食用后将缺粮缘由直接归结为酿酒:"苏州无论丰歉,江、广、安徽之客米岁不下数百万石,良由槽坊酤于市,士庶酿于家,本地所产耗于酒者大半故也。"[2]江南对外地粮食的严重依赖,绝不是如人们普遍认为的那样,简单地是由地狭人稠造成的,而是由其独特的生产结构造成的。

2.棉花棉布

明清江南棉花输出入的情况,西嶋定生、徐新吾、吴承明、李伯重、何泉达等先后发表过看法,似乎分歧较大。徐新吾认为,明中叶以后,北方的棉花销向江南,主要并不是供江南手纺织业使用的,而是南下转销到闽广及其他地区的。江南手纺织业发达的地方,本身棉产有余,尚要外输,并不需要购买北方的棉花;江南手纺织业者大多是棉农,也断无售花再购花纺织的必要。江南的棉花与棉布是同时输送到南方闽广去的,自清初期以后,随着闽粤地区从外洋进口棉花的增多,江南的棉花南运则在减少。吴承明也认为,明代松江府,织布最盛,但所需棉花可以自足,并有余花供毗邻的浙江嘉兴、嘉善一带织户。由北方南运的棉花,大约主要供应滨

---

① 张渠:《为请严米烧之禁以裕民食事奏折》,乾隆五年闰六月十一日,《历史档案》
　　1987 年第 1 期载档案。
② 包世臣:《安吴四种·齐民四术》卷二《庚辰杂著二》。

海各县。李伯重则认为,江南的棉花输入,明代似乎比清代更多,棉花输出,则清似盛于明。近来,何泉达从土壤等自然条件入手,计算出明代后期松江适宜棉花种植的总面积约为 140 万余亩,籽棉常年产量在 7 015 万至 8 418 万余斤之间。用以织布,可以生产棉布 1 309 万至 1 574 万余匹。估计明后期松江地区年产棉布约 2 000 万匹,需籽棉至少达 11 250 万斤,形成 2 832 万斤的缺口量,棉花总需求的 25.2% 至 37.6% 需从外地输入。[①]

探讨江南棉花是不足需输入还是有余可输出,关键在于确定植棉面积、棉产量、棉布产量及匹布用棉量。各人都将明代松江年产棉布框定为 2 000 万匹,我们也已估算过植棉面积和棉布总产量,那么就剩了棉花亩产量和匹布用棉量的问题。

江南棉花亩产量,崇祯《松江府志》卷八《田赋》载正德六年(1511)巡抚张凤《复旧规革弊便民案》记东乡情形,“若滨海下田,不过可种棉花五六十斤”。明清之际人姚廷遴《历年记》载顺治五年(1648)“收获花稻,稻约每亩三石,花约八十斤”。嘉庆时,松江人说:“土宜为逆,多棉百斤,少米二石。”[②]棉产每亩百斤。郑光祖《一斑录》杂述二记嘉、道间常熟“常年亩得花百斤为上”。民国初年,江南主要产棉地区亩产皆在八九十斤。[③] 从棉花种植情形看,由于普遍施用豆饼,产量是不断上升的,晚清和民初比清前期高。因此我们分别以亩产 60 斤和 80 斤来计算明清两代江南的棉产量。

江南所产棉布,阔狭长短,各地不一。人们讨论最多的松江棉

① 何泉达:《明代松江地区棉产研究》,《中国史研究》1993 年第 4 期。

② 钦善:《松问》,《清经世文编》卷二八,第 694 页。

③ 東亞同文會編:《支那省別全誌》第十五卷,第六编第二章。

布,传说有 72 种之多。① 市场上流通的商品布,大体上有标布、扣布和稀布三种。标布门幅史料记载不多。近年来王廷元对以往人们认为的幅阔 1.2 尺,每匹重约 18 两至 20 两表示异议。他根据上海碑刻资料所记"七日而始告成一匹"的生产能力和标布、中机布畅销地区的当地布的门幅推算,认为"标布长 16 尺者,其重当为 20 两至 25 两之间;匹长 20 尺者,其重当为 25 两至 30 两之间。从当时的记载来看,后一种标布流行最广"②。其实王廷元所依据的七日而始成一匹的材料,指的是官办布匹,规格特殊,民间通用的商品布,门幅和长度大多不及官布的一半。

市场上通行的各种棉布,清初人叶梦珠是这样描述的:"上阔尖细者,曰标布……其较标布稍狭而长者曰中机……更有最狭短者,曰小布,阔不过尺余,长不过十六尺……又忆前朝更有一种如标布色,稀松而软者,俗名浆纱布。"③所谓"尖细",由上海人张春华所言"布之精者为尖"④,则是精细之意。从织造工艺来说,苏松布匹分为刷线(刷经)和浆纱(拍浆)两种。浆纱布就是叶梦珠说的稀松而软的稀布。由这种稀布"如标布色"反求,可知标布规格约如稀布。按照叶梦珠的解释,标布阔于中机、小布,长于小布,短于中机,但门幅和长度都应低于稀布。乾隆《南汇县新志》载:"布,以木棉为之。一曰扣布,俗称小布,又名中机。一曰标布,俗称大布,

---

① 光绪《川沙厅志》卷四《物产》。
② 王廷元:《论明清时期江南棉织业的劳动收益及其经营形态》,《中国经济史研究》 1993 年第 2 期。
③ 叶梦珠:《阅世编》卷七《食货五》,第 158 页。
④ 张春华:《沪城岁事衢歌》,《上海掌故丛书》本。

较小布略阔,十六尺为平梢,二十尺为套段。一曰稀布,较大布阔三四寸。有单扣双扣两式。"①可见相对于小布,标布又称大布,较小布稍阔,但比稀布狭三四寸。当时市场上的标布,"小号门面阔八寸三分,长十八尺,大号门面阔九寸五分,长十九尺"②,正好比稀布狭三四寸。扣布,上海和南汇人都称为小布,"密而狭短"③,如叶梦珠所说,阔不过尺余,长不过 16 尺。因为门幅规格与中机大致相同,所以南汇等地直接称为中机。松江、嘉善交界处所织小布,长至 2 丈 2 尺。嘉定、上海出一种飞花布,又称丁娘子布,"纱必匀细,工必精良,价逾常布",长 1 丈 6 尺,宽 9 寸 3 分,因规格相同或相似于小布,所以嘉定人也称之为小布。④ 看来是小布中的名品。稀布"疏而阔长",阔 1 尺 2 寸,长 2 丈以上,长者称东稀,短者称西稀⑤,是布类中最阔长的布。朱家角镇出一种杜织稀,阔 1 尺 3 寸至 1 尺 5 寸,长 2 丈 2 尺,大多用来自服,非供出售。上引材料表明,清中期标布门幅比明后期的小布还狭,小布的门幅也有所收缩,看来江南布匹由明入清有变狭的迹象。尽管如此,明清之际标布门幅宽于小布,窄于稀布,只能在 1 尺以上、1 尺 5 寸以内。

我们探讨布的门幅,实际上还可从用工量和耗棉量角度考虑。《紫堤村志》卷二《土产》称,布"有扣布、标布之分……向以三斤棉花成一匹布"。清初的陆世仪说:"青浦之俗工织布,棉三斤织布一

---

① 乾隆《南汇县新志》卷一五《土产》。

② 嘉庆《珠里小志》卷四《物产》。

③ 褚华:《木棉谱》,《丛书集成初编》本。

④ 乾隆《续外冈志》卷四《物产》。

⑤ 民国《法华乡志》卷二《风俗》、卷三《土产》。

匹。"①当时的籽棉出净棉率大体上三斤为一斤,或"二十而得七",用一斤净棉织成的标布,其重量只能在一斤以内。明代可能每匹标布用棉多一些,但不会太多。又棉布的生产力,明清都是"织者率日成一匹"。如果匹布重至 25 两至 30 两,一般生产者是难以日成一匹的。因此,从标布的用棉量、用工量和各种文献描述的各种布的规格来看,前人推定标布幅阔 1.2 尺,重 18 两至 20 两是大致可信的,可以作为我们估算明代江南棉纺织业用棉量的标准。

根据以上各项考订和推算,明代江南植棉 160 万亩,亩产 60 斤,年产籽棉约为 9 600 万斤。江南棉花平均出棉率"二十而得七"②,则出皮棉(净棉)3 360 万斤。按标布每匹用棉 18 两至 20 两计算,年产棉可织布 2 800 万匹左右。对照我们估算的棉布产量,可知明代江南棉花确实可以自给,并略有余剩。但这是就整体而言的。如果再分地区考察,实际上江南内部盈缺情形不一。松江府年产 2 000 万匹布,需籽棉 6 786 万斤,70 万亩棉田产籽棉 4 200 万斤,尚缺 2 586 万斤,占 38.1%。也就是说,松江织布所用棉花1/3以上需由外地输入。如果松江棉花如叶梦珠所说"行于浙西诸郡"③,则从外地输入的棉花量就更大。嘉定、太仓棉花则绰绰有余,可有外输。

正因为如此,明代江南棉花,既靠输入,又有输出。输入途径

① 正德《松江府志》卷四《风俗》;民国《七宝镇志》卷一《风俗》。
② 徐光启:《农政全书》卷三五《蚕桑广类·木棉》,第 969 页。
③ 这一结论看似与何泉达所论相近,实际上算法完全不同。何泉达既用官布标准计算商品布用棉量每匹需 1.875 斤,大大超过了松江标布的实际用棉量,又过于高估了松江植棉面积,将宜棉面积等同于实种面积。如果植棉面积真有何泉达推算的那么大,松江就断不会缺棉了。

是山东、河南,棉花称为北花。万历《兖州府志》卷四《风土志》记载,兖州府郓城县棉花,"贾人转鬻于江南,为市肆焉"。东昌府高唐州,"土宜木棉,江淮贾客贸易,居人以此致富"①。两府丰富的棉产,沿河而下,直达江南。河南棉花则如万历时钟化民所说,"臣见中州沃壤,半植木棉""尽归商贩"②,当有下江南者,以致形成北花南运而南布北运的布棉南北对流格局。另一途径是湖广地区,棉花称为襄花。早在正德时,江阴县每年都有"数百人往衢州、长沙、南阳、川巴等处收买棉花、豆、炭、麻、饼等物"③。所以到清初,人称"今楚豫诸方,皆知种艺,反以其货,连舻捆载而下,市于江南"④。具体而言,在明后期,襄花销向常州府城、江阴县、嘉兴县,北花销向上海松江各镇。⑤ 江南棉花输出地区主要是闽广。

清代中期江南棉田约 360 万亩,亩产 80 斤,年产籽棉约 2.88 亿斤。按三斤棉花成匹布的标准,可织布 9 600 万匹,除了用于织造 7 800 万匹布,还可向外地输出 5 400 万斤籽棉,余棉比明代多。同明代一样,清代江南一方面由山东、河南、江北的通州、海门、浙东的余姚等地大量输入棉花,甚至江南本区域内丹阳的棉花也贩至上海⑥;另一方面继续向南方福建、广东地区,后来甚至还向关东、江西等地输出棉花。清前期,每年秋天,闽粤人在上海"不买布

---

① 《清一统志》卷一三三引万历《东昌府志》。
② 钟化民:《赈豫纪略》,俞森《荒政丛书》卷五,清宣统石印本。
③ 正德《江阴县志》卷七《商风》。
④ 康熙《嘉定县志》卷四《物产》。
⑤ 余象斗纂:《三台万用正宗》卷二一《商旅门》,万历刻本。
⑥ 褚华:《木棉谱》,《丛书集成初编》本。乾隆间尹会一也说:"今棉花产于豫省,而商贾贩于江南。"参见《敬陈农桑四务疏》,《清经世文编》卷三六,第 891 页。

而止买花衣以归,楼船千百,皆装布囊累累"①。太仓鹤王市特产优
质棉花,"比之他乡,柔韧而加白,每朵有朱砂斑一点,离市十数里
即无","闽广人贩归其乡者,市题必曰'太仓鹤王市棉花'。每秋航
海来贾于市,无虑数十万金,为邑首产"②。直到清后期,"收花时,
贩客云集,利用最溥"③。乾隆时,福州知府李拔则声称,"棉花绝
少出产,购自江浙,价常加倍……女子不解织纫,寸丝尺布皆须外
市"④。棉花输出的规模,比明代要大得多,农家生计更加严重地依
赖市场。

　　值得注意的是,无论明代还是清代,棉花在江南的输出入,都
是价贱的外地棉花,特别是北方棉花输入江南(《农政全书》所谓
"今北土之吉贝贱而布贵,南方反是"),价贵的江南棉花,特别是优
质太仓棉花输向外地。江南棉花的输出入,实际上是江南广大小
商品生产者降低生产成本,提高竞争能力,追求经济效益的具体体
现。江南棉花生产和流通,并没有局限在江南范围。凭借对外流
通的发达,有了北方棉花的源源输入,江南不但维持了日益发达的
棉织业,而且还向南方缺棉地区提供了为数庞大的优质棉花。从
这个意义上说,棉花在江南的输出入,同棉织业在江南的兴盛一
样,反映了明清时期不同经济区域之间的自然和社会分工,不能光
看江南棉花能否满足当地生产需要,就判断棉纺织生产达到什么
程度。

---

① 褚华:《木棉谱》,《丛书集成初编》本。
② 道光《增修鹤市志略》卷下《物产》;乾隆《镇洋县志》卷一《物产》。
③ 民国《太仓州志》卷三《风土》。
④ 李拔:《种棉说》,《清经世文编》卷三七,第 917 页。

与棉花的输出入不同,明清时期江南的棉布清一色只有输出而无输入。明清江南棉布输出的情形,严中平、吴承明、徐新吾、全汉昇、西嶋定生、藤井宏、寺田隆信等中外学者已进行了深入的研究。但前述清代江南投放到市场的商品布几乎比既有研究多出一倍,江南棉布的商品量要比人们通常所说的大得多。

明代江南棉布销往全国各地,主要有两大通道,一条经运河过江涉淮而北走齐鲁大地,供应京师,达于九边,以山东临清为转输中心;一条出长江,经湖广、四川而沿途分销于闽、粤、秦、晋、滇、黔广大地域,以安徽芜湖为绾毂之地。[①] 明代后期,徽州、陕西、洞庭等地域布商在江南与华北之间十分活跃。江南棉布的行销范围,松江布最广,覆盖了华北、西北、东北、华中、华南的广大地域。万历时商人说,"至于布匹,真正松江,天下去得",意思是说只要是松江布,就可以畅销于各地,"山东、河南二省只作松江野路",临清、河西、北京等地,都是"正道","济宁一带,松江邪正都行","江西西路略去松江货,辽东、口外货同河西务、临清,山西、陕西,即去汴梁之货,北(疑为比——笔者)粗布多去九边"[②]。这与清初叶梦珠所说松江标布"俱走秦晋京边诸路"相符。松江标布畅销时,"富商巨贾,操重资而来市者,白银动以数万计,多或数十万两,少亦以万计"。后来主要是"走湖广、江西、两广诸路"的中机布,明末清初时,销售额超过标布。还有一种小布,"单行于江西饶州等处"[③]。嘉定、太仓布同松江布一起,主要销向华北、西北和东北地区,福建

---

① 陈继儒:《陈眉公先生全集》卷五九《布税议》,明刻本。
② 余象斗纂:《三台万用正宗》卷二一《商旅门》。
③ 叶梦珠:《阅世编》卷七《食货六》,第158页。

及江南周围地区也有不少。① 江阴布是一种厚实的平机布,可"当大一例通行",周庄、蒋桥、华墅"所去者,各盐场与江南江北",常州与沙头(属江阴)布,"号为江阴野路,所去者止邳州及淮北、淮西"②,主要销向华中与苏北地区。常熟布主要销于齐鲁之境。③

清前期随着北方织布业的兴起,江南棉布销售范围虽有收缩,但仍保持了北至山东、中为江淮、南达福建的地域,并同时开辟了东北广大市场。松江布主要销向东北、福建地区。无锡布仍然主销苏北的淮扬高宝一带。④ 常熟布南销闽浙,北销淮扬、山东,地域有所扩大。⑤

由上可见,江南棉布市场的收缩,事实上并没有人们所说的那么快。至于有人说"明代中叶以后……随着华北各省植棉与农村手工纺织业的兴起,从而仰给于松江的布匹有减少趋势"⑥,更值得商榷。从明中期江南植棉面积不断增加的事实、棉布商人的活跃程度,以及明末徐光启对北土出棉而布贵不理解又担心北方织布一旦兴起、数十年后松江之布当无所泄来看,明中叶正是江南棉布销向全国的初兴时期,明后期随着人口的增加,北方对江南棉布的需求不是减少而是增加,直到明末,江南棉布一直占领着广大的华北市场。清前期,布商收布往往改变明末由牙人代收的方式而直接到市镇出庄,"自募会计之徒出银采择",商业资本竞争激烈,棉

---

① 万历《嘉定县志》卷六《物产》。
② 余象斗纂:《三台万用正宗》卷二一《商旅门》;参见嘉靖《江阴县志》卷四。
③ 嘉靖《常熟县志》卷四《食货志》。
④ 黄卬:《锡金识小录》卷一《备参上》,清光绪刻本。
⑤ 郑光祖:《一斑录》杂述七。
⑥ 徐新吾主编:《江南土布史·前言》,上海社会科学院出版社1992年版。

布价贵,销路畅达。乾隆时,江南棉布仍有较大数量输入棉利兴起而纺织相对落后的河南、山东、江淮之地。嘉庆时,人称"冀北巨商,挟资千亿,岱陇东西,海关内外,券驴市马,日夜奔驰。驱车冻河,泛舸长江,风餐水宿,达于苏常,标号监庄,非松不办"[1]。清前期达到极盛的商业城市汉口也"市上布店多揭苏松之额"[2]。直到清中期,可以说江南棉布仍拥有全国广大的市场,且不存在明显的滞销现象。

3.生丝丝绸

明清时期江南的丝与绸几乎只有输出而无输入,这与棉花的输出入不同,与其他不少商品只有输入而无输出也不同。

以往的研究容易给人这样一个印象:明清时期江南丝绸的市场主要是在国外。实际情形恐非如此。1897 年,日人松永伍作在考察了中国的蚕业后说:"今就广东、上海两口输出者,生丝共计约八十万捆,而其内地消费共计,其详不可知,质之商贾,视之实情,殆三倍于出口者。其国中流以上,多衣绢帛,内地消费之多,可知也。"[3]20 世纪初海关税务司赫德的助手马士做过统计,在 1905 年船运的 26 926 担丝绸中,有 9 793 担运向香港,2 597 担运向各通商口岸,剩下 14 536 担用于国内消费。[4] 按照他的说法,用于国内消

① 钦善:《松问》,《清经世文编》卷二八,第 694 页。
② 王葆心:《再续汉口丛谈》卷一,1933 年铅印本。
③ 《松永伍作论清国蚕业》,光绪二十四年闰三月下,《农学报》卷三〇。
④ 马士:《中国政制考》(H.B.Morse, *The Trade and Administration of China*, London and New York:Longmans, Green, revised edition, 1913),第 348—349 页。

费的丝绸至少有 54%。19 与 20 世纪之交是中国丝货,特别是生丝出口的黄金时期,国内消费仍然如此之高,通观明清两朝,则丝绸在国内消费的比例就更高。可以肯定地说,明清时期以江南丝绸为主的中国丝绸的消费市场主要是在国内,而不是在国外。

在明代,万历时杭州人张瀚曾得意地说:"余尝总览市利,大都东南之利莫大于罗、绮、绢、纻,而三吴为最。"说明在江南,丝绸的商品率最高,地位最为重要。张瀚又说,南京"三服之官,内给尚方,衣履天下,南北商贾争赴";杭州"桑麻遍野,茧丝棉苎之所出,四方咸取给焉。虽秦、晋、燕、周大贾,不远数千里而求罗绮缯币者,必走浙之东也"①。张瀚的话形象地概括了明代全国各地商人奔赴江南从事丝绸贸易的盛况。入清以后,江南绸缎的销售范围更广更远,地位更为重要,国内的每一个角落,几乎都有江南绸缎在闪光。康熙中后期,唐甄说:"吴丝衣天下,聚于双林,吴越闽番至于海岛,皆来市焉。五月,载银而至,委积如瓦砾。吴南诸乡,岁有百十万之益。"②乾隆时人杭世骏说:"吾杭饶蚕绩之利,织纴工巧,转而之燕,之齐,之秦、晋,之楚、蜀、滇、黔、闽、粤,衣被几遍天下,而尤以吴阊为绣市。"③这是说杭州绸缎畅销全国各地。南京绸缎的销路则是"北趋京师;东北并高句丽、辽沈;西北走晋绛,逾大河,上秦雍、甘凉,西抵巴蜀;西南之滇黔;南越五岭、湖湘、豫章、两浙、七闽;溯淮泗,道汝洛"④,全国各地无远不至。钱陈群说,嘉、湖

---

① 张瀚:《松窗梦语》卷四《商贾纪》,上海古籍出版社 1986 年版,第 74—75 页。
② 唐甄:《潜书》下篇下《教蚕》,第 157 页。
③ 苏州博物馆等编:《明清苏州工商业碑刻集》,江苏人民出版社 1981 年版,第 19 页。以下简称《苏州碑刻》。
④ 同治《上江两县志》卷七《食货》。

"两郡至蚕桑所成,供三尚衣诸织局,衣被华夷,重洋绝岛,翘首企足,面内而仰章身者,惟嘉、湖两郡是赖"①。这是说嘉兴、湖州两府的蚕桑地位最为重要。这些概括性的描述是符合当时江南绸缎的流通情形的。据笔者所接触到的资料,明清时期特别是清代全国各地几乎都有销售江南绸缎的商人和店铺。

在明代,江南丝绸沿运河北上,经临清转输,销向广大的北方乃至西北、东北地区。北方和西北地区军民,常以内地之茶绢布等易换边地的马羊等。成化时,左都御史马文升报告,"各边无知军民及军职子弟,甚至守备官员,往往亦令家人将铁锅、食茶、段匹、铜器等货⋯⋯公然私出外境,进入番族,易换彼处所产马匹等物"②。边关将领、少数民族头人等甚至直接遣人到江南购买丝绸。边镇宣府的大市中,南京罗缎铺、苏杭罗缎铺与潞泽绸铺、临清布帛铺长达四五里,商贾云集。河间府的贩绸者大多来自南京、苏州等地。按照梅国桢的说法,山西大同等地市场上的物品,"大都多东南之产",边城张家口"市商缎布、狐皮一切杂货,来自苏杭、湖广"③,绸布都是江南产品。由文学作品《金瓶梅》《歧路灯》和《石点头》等描写可知,中原地区的丝绸完全产自江南。成化年间,东北地区则因"南方商人多携罗段(缎)易米中盐","以致俗尚奢侈"④。丝绸贸易能够转移俗尚,看来规模不小。到明末,辽东参将毛文龙占据皮岛,"南货绸布,北货参貂",几年间称雄边镇。在川

---

① 《张东侯郡守屏风记》,光绪《嘉兴县志》卷三二《艺文二》。
② 马文升:《禁通番以绝边患疏》,《明经世文编》卷六二,第 511 页。
③ 梅国桢:《请罢榷税疏》,《明经世文编》卷四五二,第 4969 页。
④ 《明宪宗实录》卷二六二,成化二十一年二月壬申,第 4444 页。

汉地区,天顺年间浙江有一蒋姓商人专门在湖广、江西一带从事丝绸贸易。明后期龙游商人李氏从事丝绸生意"遍楚之十五郡"。即使在四川建昌地区,"虽僻远万里,然苏杭新织种种文绮,吴中贵介未披而彼处先得"①。在岭南市场,"盖北货过南者,悉皆金帛轻细之物",也多是江南丝绸。

　　清代江南丝绸的销售地域更广。在临清,江南绸缎由彼过境者,甚于明代,人称"精美轻赍之物附粮艘而麇至",贩运北上盛况空前。乾隆四十一年(1776),经淮关北上的绸布船多达 376 只。这些船当再经临清继续北上。这还远不是当时北上绸布船的全部。商人为偷漏税款,往往绕越淮、扬正关,另择小道北上。如商人载运江南绸缎等货北上,"每从六合、江浦等处起旱北上,偷越淮、扬两关正税",以致两关往往不能足额。如果计入这些绕道船只,北运绸缎更难料算。乾隆时,参赞大臣富德,贵州巡抚良卿和布政使高积,叶尔羌办事大臣高朴等,都曾从事过大规模的合法或非法的丝绸贸易。清廷犁定回疆后,自乾隆二十五年(1760)至咸丰三年(1853)前后 94 年间,江南绸缎更在官方的组织运输下,持续不断地经甘肃运抵新疆,散售西北边疆各少数民族。② 即此数例,已足以反映江南绸缎销向全国的盛况,表明江南绸缎拥有的国内市场的广阔程度。

　　江南丝绸拥有全国范围的广阔市场,实际上是由当时全国蚕桑丝绸生产的地域差异造成的。

---

① 王士性:《广志绎》卷五《西南诸省》,中华书局 1981 年版,第 107 页。
② 有关明清江南丝绸贸易的情形,参见范金民、金文《江南丝绸史研究》第十和十一章。

随着元代中后期起棉花种植在全国较大范围内逐渐推广,不少传统的蚕桑产区改为棉花产区。历史上曾经较长时期独占蚕桑丝织鳌头的齐鲁之地,六府都广植棉花,"转贸四方,其利颇盛"①。北方自古是蚕桑之地,但至清代,如清初陈尚古所说,"今燕齐间桑绝少连亩者"②;清中期包世臣说,"且如兖州,古称桑土,今至莫识蚕丝。青齐女红甲天下,今至莫能操针线"③。山西潞安直到明初颇多桑树,可在明中后期,丝皆"来自他方,远及川、湖之地"④,蚕桑生产从此一蹶不振。宋代蚕桑生产较盛的江西地区,"居人种花,半贸半织",而"妇女无工于蚕事者"⑤。福建泉州、漳州虽产绸缎,但蚕丝要靠江南供应,当地蚕桑生产几乎绝迹。即如宋代三大丝织中心之一的四川,虽然在明代仍然供应生产潞绸所需要的丝,但川中桑柘亦稀,仅限于保宁一地,较之前代不可同日而语。明初设立的 23 个地方织染局,本是建立在当地产丝的基础上的,可到明后期真正用当地丝作原料的,除了江南,可谓寥若晨星。这是全国各地蚕桑业衰落的反映。

在全国蚕桑业不同程度的衰落过程中,只有江南地区不但没有衰落,反而更形发展,走向极盛。明人严书开说:"宋元之间,其种(指棉花——笔者)始至,关、陕、闽、广,曾得其利。洪、永之际,遂遍天下,其利殆百倍于丝枲。自此而天下务蚕者日渐以少。独

---

① 《古今图书集成》职方典《兖州府部》。
② 陈尚古:《簪云楼杂说·桑》,《说铃后集》本。
③ 包世臣:《安吴四种·齐民四术》卷二《庚辰杂著二》。
④ 顺治《潞安府志》卷一《物产》。
⑤ 崇祯《清江县志》卷三《户产》。

湖地卑湿,不宜于木棉,又田瘠税重,不得不资以营生,故仍其业不变耳。"①郭子章也说:"今天下蚕事疏阔矣。东南之机,三吴、越、闽最夥,取给于湖茧;西北之机,潞最工,取给于阆茧。予道湖、阆,女桑楱桑,参差墙下,未尝不羡二郡女红之廑,而病四远之惰也。"②入清以后,全国蚕桑业衰落而江南愈益兴盛的情形更为突出。康熙帝颇有感慨地说:"朕巡省浙西,桑林被野,天下丝缕之供皆在东南,而蚕桑之盛惟此一区。"③此话高度概括了清代江南蚕桑丝绸业在全国占有的重要地位。

各地因为蚕桑生产衰落或相对落后,因而需要从江南源源输入生丝及各种丝织品。清代山东兖州府,"服食器用,自江南者十之六七矣"④。江西则专买杭州等地的绢。甘肃"绸帛资于江浙……既无纺绩之利,而有服用之费"⑤。而甘肃输入的江南绸缎,大部分又继续向西运销到了新疆。福建大部分地区不产丝绸,故谓"闽不畜蚕,不植木棉,布帛皆自吴越至"⑥。陕西一向也是蚕桑之地,可乾隆时陈宏谋巡抚该地时,早已废弛日久,"绸帛资于江浙"⑦。湖南常德府,"境内不种桑……不工组织,锦绮之属,取之江浙远方"⑧。同省宝庆府,不习机织,"杭绸、宁缎、湖绉,今市肆

---

① 乾隆《湖州府志》卷四一引。
② 徐光启:《农政全书》卷三一《蚕桑》引,第836页。
③ 乾隆《杭州府志》首卷一《天章》引。
④ 《古今图书集成》职方典《兖州府部》。
⑤ 民国《甘肃通志稿》民族志八。
⑥ 王沄:《漫游纪略》卷一,《笔记小说大观》本。
⑦ 陈宏谋:《巡历乡村兴除事宜檄》,《清经世文编》卷二八,第690页。
⑧ 嘉庆《常德府志》卷一八《物产考》。

所售者,皆江苏、浙江产也"①。四川的东部地区,在清初"未闻有致力于是,一丝一帛之需,上取给西川,下资之吴越"②,也有赖江南绸缎。即使四川成都地区产蜀锦,因价格过于昂贵,织作工致,一般人根本无力购买,"故其制虽存,止蜀府中,而闾阎不传"③,只有蜀府生产,产量之少可以想见,大概只能供蜀府享用,不可能作为商品贩销。清前期则连花样已很难找,更无外销可言。其他如山西潞绸、河北饶绸,数量既少,质地又粗硬,适用范围有限,很少销售。广州出产的线纱、牛郎绸、五丝缎、八丝缎、云缎、光缎,"皆为岭外京华东西二洋所贵"④,不但产量有限,而且大概主要用于出口,内销有限。而且广东上层人士服用的真正高档绸缎仍取自江南。当代美国学者伍若贤(Robert Eny)有言,"即使在 1910 年代,广东的上层阶级仍然需要从苏州和杭州进口丝织品,因为据说本地生产在质量上较次"⑤。其时广东丝织业发展迅速,尚且如此,其他丝织落后地区之依赖江南丝绸可以想见。即如湖州所产湖绸,到 19 世纪 80 年代后,因"间有就地取材者,而绸质渐见良好。南至广帮,北至京津帮,制衣者皆欢迎湖绸,湖绸之销路,因之日广"⑥。所有这些,显示出各地或因丝织生产不发展,或因质量不如江南绸缎,而对江南绸缎的严重依赖程度。正因为有江南绸缎源源输入,不产或少产绸缎的地区也能满足需要,尽情享受。

---

① 光绪《邵阳县乡土志·商务志》。
② 费密:《荒书》附《重庆府佛图关新建蚕神记》,《怡兰堂丛书·费氏遗书三种》本。
③ 王士性:《广志绎》卷五《西南诸省》,第 107 页。
④ 屈大均:《广东新语》卷一五《货语·纱》,中华书局 1985 年版。
⑤ 伍若贤:《列强在中国》(Robert Eny, *Economic Emperialism in China*),第 19 页。
⑥ 实业部国际贸易局编:《中国实业志》(浙江省),1933 年。

更突出的是,即使是丝绸产区,也大多需要由江南提供丝原料乃至部分丝织品。嘉、湖生丝,天下称妙,江南绸缎精品特多,多少沾了湖丝的光。宋应星说,嘉、湖蚕丝"任从提掣,不忧断接。他省者即勉强提花,潦草而已"①。因有这些优点,湖丝成为外地织造优质绸缎的抢手货。广州是少数几个丝绸产地之一,所产粤缎"质密而匀,其色鲜华,光辉滑泽,然必吴蚕之丝所织,若本土之丝,则黯然无光,色亦不显,止可行于粤境,远贾所不取";粤纱"金陵、苏杭皆不及,然亦用吴丝,方得光华,不褪色,不沾尘,皱折易直。故广纱甲于天下,缎次之。以土丝织者,谓之丝纱,价亦贱"②。名闻天下,敢与江南绸缎相媲美的粤纱粤缎原来必须由吴丝织就,否则黯然无光,价格不贵,销路不畅。福建稍产丝绸的泉州、漳州二府,纱绢泉蓝,号称衣被天下,然而在明代"所仰给他省独湖丝耳,红不建京口,闽人货湖丝者,往往染翠红而归织之"③。不但要靠江南的丝,还要在江南染色,漳纱泉绢方为上品。到清代,仍然"丝则取诸浙西"④,"丝缕绵絮由来仰资吴浙"⑤。江西在明代上纳农桑丝绢,却因"丝非本省所产,必于浙杭等处贩买"⑥。浙江台州府黄岩县产绢颇佳,"惟是蚕桑之利尚未能善,机织作绢之丝,大都市诸湖、绍"。正是全国丝绸生产集中于江南,丝和丝绸生产区域不尽一致的这种特殊格局,为江南绸缎流向全国各地创造了十分有利的条

① 宋应星:《天工开物》,《乃服第六·经数》。
② 乾隆《广州府志》引明《广州府志》。
③ 王世懋:《闽部疏》,《广百川学海》本。
④ 光绪《漳州府志》卷四八《纪遗上》。
⑤ 乾隆《晋江县志》卷一《舆地志》。
⑥ 邵陛:《两台奏议》卷五《复议丝绢折半疏》,明刻本。

件,换言之,江南绸缎在全国通行无阻,是全国丝绸生产不平衡和各地丝绸生产不景气的结果。清后期,各地丝绸生产兴起,江南丝绸的销售地域也就不断收缩。

至于具体的贸易数量,笔者曾经估算过,当江南丝织业生产兴盛时,每年约有一万担左右价值 200 余万两银的生丝投入国内贸易,丝绸商品流通量则可以商品生产量为准(参见第一章)[①]。

4.染料

江南丝棉纺织品生产需要大量蓝靛作染料。江南虽然出产靛青县份不少,但产量究属有限,而且质量不如闽靛,远远不能满足丝棉织业的染色需要,靛青主要靠从外地输入。明清时期,江南靛青主要由福建、江西、两湖输入,浙东和江北也不少。

著名学者刘翠溶曾推测,明清时,"福建所产之蓝靛运销苏松一带的可能很多,因为资料欠缺,没有确实的数字可据"[②]。从已掌握的资料来看,不是可能,而是确实如此。叶梦珠说:"自顺治初年,八闽未平,福靛难致,有觅得其种者,按其法而种之,获利数倍。其后八闽尽归版图,福靛既多,本地所产又众,利亦微矣。况所染之色终不若福靛,故土靛价亦日贱,近年来,种者亦少。"[③]说明明代江南染业就已严重依赖福靛,清统一后,福靛更源源输入江南。海

---

① 参见范金民、金文《江南丝绸史研究》,第 254 页。

② 刘翠溶:《明清时代南方地区的专业生产》,《大陆杂志》1977 年第 56 卷第 3、4 期合刊。

③ 叶梦珠:《阅世编》卷七《种植》,第 166—167 页。

盐县乍浦镇有靛青街,街南西至洋货场,东至参将署,"俱系靛青园,客伙房及靛青行家多在其处"①。闽、浙商人经营的靛青主要来自福建,来自温州、台州的也不少(参见第四章)。尤其是建宁靛,最是福靛中的名品。② 乌青镇的染坊,所用靛青除了富阳产,就是从福建、江西等处进口的。③

江南靛青来源的另一个重要地方是江西。清中期江西几十个州县的蓝靛出现在江南市场上。江西靛可分山蓝和田蓝两大类,若论质量,《布经》是这样论列的:赣州府东关河内安远、桂东、韦州万载县、赣州高楼等地蓝,都属"上好";新昌蓝,"好,亦不可多用";信丰蓝,"好,粗次不一,细,不匀";瑞金、长陵蓝"次";会昌、于都、龙南、西关河内上犹、崇义、尽山、古亭、卢溪、官白、水小等地蓝,均"好次不一";吉安府蓝,"次,粗,蓝寡,灰重,上下";万阳山蓝,"顶粗,灰重";龙泉蓝,"俱粗,不能算好,因靛紫实,仍有可取";永新蓝,"灰重,蓝寡";安福蓝,"好多次少";宁州蓝,"好者甚少"④。这些论述,不但为我们提供了江南用靛的来源,而且为我们进一步研究江南染业提供了极为难得的资料。

两湖是向江南输出蓝靛的又一重要区域。明后期,洞庭商人有"翁百万"之称的翁笾、左右源席氏、右源子席本祯,都曾将湖南、湖北土靛大量输向江南。崇祯十五年(1642)五月,席本祯在湖南

---

① 道光《乍浦备志》卷三《城池》。
② 《布经·染坊总诀》,清抄本。
③ 民国《乌青镇志》卷二一《工商》。
④ 《布经·江西出靛道路地名》,清抄本。

湘潭购买蓝靛,装了 40 船,沿江顺流而下。① 两湖蓝靛贸易之盛,输入江南之多,可以想见。

其他地方也多向江南输出靛青。广西桂平市的蓝靛,"盛行江淮间"②。同省的北流、陆川、兴业三县,"俱从北流贩运广东、苏杭,人通谓之北流靛"③。台湾靛,浙江的温州靛、兰溪靛,在江南也颇负盛名④。浙东靛大多先汇聚在富春江下游的富阳县。江北的如皋县,明后期"惟靛青用最广,江南多取资焉",清代仍为利用最溥而销向江南的大宗货。⑤ 兴化靛、桐山靛都行于江南。清中期,江南市场上除了当地的嘉定靛、青浦靛、南京靛、六合(位于江北,属江宁府)靛、梅里太湖靛及洋靛,最常用的是福建桶靛(含建宁桶靛)、江西桶靛、赣州桶靛、湖广桶靛(小桶子)、兰溪篓靛、温州靛、台湾靛、桐山篓靛。⑥ 靛的来路广达整整南半个中国的重要产靛区,品种源自三四十个州县。按"每一作布五百,约……用靛六十斤为则",考虑到江南商品布大多经整染后外销,那么光染棉布,就需蓝靛约 1 000 万斤,加上丝绸所需,每年从全国输入的靛青是相当可观的。

蓝靛以外,江南还从全国各地输入其他染料。除从海外进口苏木,还从江西瑞州等地输入槐米,从四川输入黄柏(又名熏柏)、

---

① 左广先:《左侍御集·靛商冤抑疏》,转引自韩大成《明代社会经济初探》,人民出版社 1986 年版,第 264 页。
② 民国《桂平县志》卷一《物产》。
③ 光绪《郁林州志》卷四《物产》。
④ 《布经·染坊总诀·各路靛》,清抄本。
⑤ 嘉庆《如皋县志》卷六《物产志》。
⑥ 《布经·染坊总诀·各路靛》,清抄本。

棓子,从浙江温州、河南、湖广青山、陕西、四川、山东等省区输入红花,从山东、河南输入青矾,从山东开河输入碱,从温州输入梅皮①,范围广及近半个中国。

5.木材

江南地区产木甚少,木材几乎全靠从外地输入。江南造船业发达,民居建筑考究,刻书闻名海内,丝织机具制造、木器家具制造独步海内,海塘修筑气势恢宏,在在用木,数量浩大,因而输入的木材数量惊人。

即如海塘修筑一项,用木之多,以往论者从未提及。清代康熙后期到乾隆后期,浙江海塘 140 公里一律砌成气势巍峨的鱼鳞大石塘。这种石塘,每丈外口钉马牙桩 4 路,每路用木 20 根,底空钉梅花桩 7 路,每路用椿木 10 根,总共用木 150 根。马牙桩用围圆 1 尺 4 寸、长 1 丈 9 尺之木,梅花桩用围圆 1 尺 4 寸、长 1 丈 8 尺之木。为筑成这种大石塘,还需用架木,每塘 100 丈,搭架 125 副,每架用木 14 根;用跳板,每椿架一副,用木 6 根;每 100 丈建搭桥,每座桥用木 45 根。② 仅浙江海塘,估计马牙桩、梅花桩需木即达 630 万根。松江海塘,定章每丈用大椿木 100 根,土松之处每根长 1 丈 4 尺至 1 丈 5 尺,其余一概 1 丈 2 尺。③ 仅江浙海塘一项,需木可以说不计其数。

---

① 《布经·各样颜色道路地名》,清抄本。参见各地志书。
② 杨铼编:《海塘挈要》卷九《工程》,清嘉庆刻本。
③ 乾隆《大清会典则例》卷一三五《工部·海塘》,清乾隆刻本。

清代前期,江浙海塘修筑规模最大,至成一劳永逸之举,民间造船业也臻于极盛,正是木材输入最为兴盛、木材采伐地域日益扩大、木材供需矛盾突出、木材价格持续上涨的基本原因。

根据李伯重的研究,江南木材输入,五代时已肇其端,宋元时期邻近的安徽宣、歙等州成为主要供应地,并从日本输入,明清时期向江南输出木材的地域大为扩大。按距离远近,计有浙西南的衢、严,皖南的徽、宁,福建、江西、湖南、四川及贵州等地,其中福建、湖南、四川与贵州是最重要的供应地,尤其是尺寸巨大的木材,主要靠川黔提供。[1] 这种概括,已经勾勒出了江南木材来源的轮廓。

各地木材输向江南的途径主要有三条。

赣、湘、川、贵及福建部分地区的木材由长江而下。这是明代直到清前期江南木材最重要的输入途径。

明人说:“今称板枋,多曰川楚。”[2]明代川楚是向江南输入木材最重要的地区。四川的楠木,“商人采之,凿字号,结筏而下。既至芜湖,每年清江主事必来选择,买供运舟之用,南部又来争,商人甚以为苦”[3]。贵州的楠木,“大者既备官家之采,其小者土商用以开板造船,载负至吴中则拆船板,吴中拆取以为他物料。力坚理腻,质轻性爽,不涩斧斤,最宜磨琢,故近日吴中器具皆用之”[4]。江南修筑海塘、运河石塘需木就取自上江来木。[5] 明中期,经芜湖关

① 李伯重:《明清时期江南地区的木材问题》,《中国社会经济史研究》1986年第1期。
② 刘洪谟:《芜关榷志》卷九《大小抽分九款》,明万历刻本。
③ 朱国桢:《涌幢小品》卷四《神木》,第79页。
④ 王士性:《广志绎》卷四《江南诸省》,第96页。
⑤ 陈懿典:《嘉兴新筑运河石塘碑记》,万历《秀水县志》卷九《艺文》。

运向江南的木植板枋有:楠木,辰楠出辰州府永顺、保静二地,味香色黄,品上;溪楠出辰州浅溪,味香色白,品中;皮楠出长沙府益阳县,去皮未尽,色白,品下。杂木,由常德府出水者名常德杂木,多长大;由长沙府益阳县出水者名益阳杂木,多短小;还有水楠、榆木、黄心木、枣木、椿木、榔木、罗松、山桃、枫木之类。零木,有青柳木等数种,一出湖南辰州府、贵州铜仁府软口河,号软口杉;一出福建汀州府青流县,经江西转输。这两种木条直,色泽、形状似杉,但不及杉木坚硬。柏木。松桅木,直长坚大,价值重。衡州松骨木。零松木。江西松条木。檀木。梨木。樸木。樸条,小而直,可作秤杆。枫木。橛木,有肠橛、株橛。来自饶河或池州的外江木簰,即虎尾木、梨木、桥木、梁木、杨木、株木、橛木、松木。内河木有橹港梱、东河梱,都由安徽徽、宁、池三府各县出产。板枋有:镇远短杉板,出贵州镇远府;綦江短杉板,出四川重庆府;播州短杉板、郁山井短杉板,出四川夔州府;建昌连二杉板、新稔山短杉板,出四川马湖府;清江河连二杉板,出四川僻处,由湖广荆州宜都县清江巡检司运达;信宁连二杉板,出四川泸州府;背阴连二杉板,出四川上江口及各地;黄瓜榧板,产四川;巫山杉板,出夔州府巫山县;云阳、万县杉板,出夔州府;忠州枋,出重庆府;真州枋;大溪枋,出夔州府云阳县;澧州枋,出湖广岳州府;新开山连二白水头杉板,即建昌板较次者;大红水杉连二板;荆洞回头,出四川;连二楠板;楠条板,造船必用;柏木板;土塘松板,出江西、湖广;零松板;松筒板;艺油松杂板;杂木板;零青柳板;梨板,刻书用;乌木;花梨木。还有桃花洞板、茅滩溪板等十余种木板。这十余类木植几十种板枋,大约到万历时已有不少"俱绝产"①,可见输出量之多之广,木植供应已形紧张。

清代前期,江南木材取宏用广,川楚材木仍是最重要来源。康熙四十六年(1707),四川巡抚能泰奏,"川省地方,山深林密,产木颇多……商贩所运木植、杉板过关时,止纳板税,其余木植运赴湖广、江南货卖"②。采自深山老林的木材,沿江东下,结集在南京、镇江、常州和苏州,分销到江南各个角落。清前期,修筑海塘的椿木、架木,甚至清初统一战争所需船木、桅木也是由这些地区提供的。直到道光时,江南海塘的椿木,仍然购自江宁和镇江。③ 当时贵州遵义"以木为大宗",经支流放入长江,运至江苏。④ 黔东清江、台拱、古州、八寨等厅的木材则一向通过沅江,取道湖南输出。道、咸之际,仍以江南为主要市场。

安徽徽州、宁国,浙江衢州、严州府等地木材由新安江、青弋江、富春江等支流运往江南。徽州杉木质佳,"自栋梁以至器用小物,无不需之"⑤,"每年木商于冬时砍倒,候至五六月梅水泛涨,出浙江者由严州,出江南者由绩溪顺流而下,为力甚易"⑥。宁国府泾县"饶杉植,最大者五六十年,小亦二三十年,贾人判山连筏,数千为捆,运入外江,为宫室、棺椁、舟楫、石器之需,其利甚溥"⑦。衢州

① 刘洪谟:《芜关榷志》卷下《大小抽分九款》。
② 雍正《四川通志》卷一六《榷政》。
③ 林则徐:《林则徐集》公牍五《札委查德基在宁会同采购宝山海塘椿木》,中华书局1963年版,第30页。
④ 《戴经堂日钞》,引自彭泽益编《中国近代手工业史资料(1840—1949)》第1卷,中华书局1962年版,第593页。
⑤ 不著撰人:《增补陶朱公致富奇书》卷一,清康熙刻本。
⑥ 赵吉士:《寄园寄所寄》卷七《獭祭寄》,清刻本。
⑦ 乾隆《泾县志》卷一五《物产》。

府木材主要输出地是开化、常山等县。明代开化"杉利盛时，岁不下十万……然必仰给于徽人之拼本盈而吴下之行货勿滞也"①。严州府淳安、遂安二县多山，"所产皆材木杉桶之类，大可为栋梁榱桷，小可为薪蒸器用，各有分业，采取岁供，斯民便利之出于山者无穷，盖振古如兹矣"②，沿富春江源源输向杭嘉湖平原。因为连年开采过量，木材"砍伐殆尽"，新木生长跟不上，到康熙后期，由这条途径输向江南的木材已不起重要作用。③

福建、浙东木材由海道输向江南，这是清代开海后江南木材输入地位日益重要的途径。明代，商人往往"先往福建收买杉木，至定海交卸"④，而"宁波势家，每至漳州贩木，顾白船往来海中，并无覆溺之患"⑤。这些木材，看来有很大部分是运入江南的。故政府规定，"凡浙闽客商贩海木至（华亭县）柘林漕缺地方，必由该堡把总官验放过塘"⑥。康熙开海禁后，福建、浙东木材由海道运抵乍浦入口，往北散售于江南，木材成为福建输往江南的最重要物资之一。朱彝尊形容其盛况道："迩来弛海禁，伐术运堂栋。排空架楄巢，近水压茭葑。"⑦在乍浦关的进口税中，木税占了 2/5。其木货，凡江南嘉、湖、苏、松、常等府所在棺料屋料多购取。其中，"来自福

---

① 雍正《浙江通志》卷一〇六《物产志》。
② 嘉靖《淳安县志》卷二《山镇》附。
③ 中国第一历史档案馆编：《康熙朝汉文朱批奏折汇编》第3册，浙江巡抚王度昭奏，档案出版社1985年版，第926页。
④ 王在晋：《越镌》卷二一《通番》，明万历刻本。
⑤ 胡宗宪：《筹海图编》卷七《附录》，清刻本。
⑥ 顾炎武：《肇域志》第五册《松江府市镇》，转引自李伯重《明清时期江南地区的木材问题》，《中国社会经济史研究》1986年第1期。
⑦ 朱彝尊：《乍浦》，宋景关辑《乍川题咏》。

建者什九,来自本省温州者十之一。来自福建者多佳,大率俱系杉木,其大料间有杉木长至八九丈者,一律建货。惟松板则来自温州云"①。特别是建宁府属各县所产杉木,当地志书载,"建宁木植多在深山通涧之处。秋冬砍伐,俟春水涨发,由溪顺流而下。木客于南台收买,扎排海运江浙售卖,内地各处多资利用。而福防所之商税,又全藉木料以充数也"②。海舶载运出福州五虎门,遍售于两浙。福建杉板成为清中期闽船北上运载的主要货品,木材贸易也成了福建三大贸易项目之一。道光中期,每年由福州一地输出的木材就高达 1 200 万根圆木,8 万梱木棍和 40 万片木板,价值估计达 900 多万元③,当主要输向了江南。咸丰年间,上海设立木商公所,商人"领有牌照,赴闽采运来沪"④,福建木材继续源源输向江南。直到清末民初,上海市场上的木材,除了进口洋木,主要就是福建木材。日本人调查的经营木业的 39 家木材号商中,有 27 家是经营福建杉木、板的。⑤ 福建木材在江南市场的占有率后来居上。

6.纸张书籍

江南产纸之地较多,大体上浙西山区产各色普通纸,苏州、杭州、松江等城市产各色高档纸。普通纸仅够本区域内自用,高档纸实际上是经初级纸染色而成的加工纸。初级纸要由外地输入,高

① 颜希琛:《闽政领要》卷中《各属物产》,清光绪刻本。
② 颜希琛:《闽政领要》卷中《各属物产》,清光绪刻本。
③ 戴一峰:《试论明清时期福建林业经济》,《中国农史》1991 年第 4 期。
④ 民国《上海县续志》卷三《建置下》。
⑤ 東亞同文會編:《支那省別全誌》第十五卷,第八編第一章。

级纸要销向外地。作为全国刻书印书质量最优的地方,明清时期江南数百家书坊所需的数量浩大的纸张主要要靠外地输入,而刻印出来的大批量的各类书籍则要销向各地。

明清时期产纸最盛的地方是江西、安徽和福建等地。有关文献描述,徽商、宁国商人将安徽宣纸贩运到江南的材料较多。池州的纸,就近销到苏州。乾隆三十八年(1773),苏州修建徽郡会馆时,皮纸帮是参与发起的三大帮之一。江西纸输入江南较为常见。明项元汴《蕉窗九录》载:"松江潭笺,不用粉造,以荆川连纸背厚研光。用蜡打各色花鸟,坚滑可类宋纸。"①汪肩吾《记浮梁风俗》称:"其货之大者,摘叶为茗,伐楮为纸,坯土为器,自行就荆湖吴越间,为国家利。"②南昌府奉新火纸,瑞州府新昌火纸、表心纸,高安县青纸,源源销江南。嘉庆元年(1796),江西商人重建苏州的江西会馆,捐款较多的就是纸商(参见第四章),不但显示了江西纸商的经济实力,而且表明江西是苏州纸张输入的重要地区。福建是向江南输出纸的另一个重要地区。三藩之一耿藩作乱时,江南纸价骤涨,平定后纸价渐平③,说明明清之际福建纸一直供应江南。康熙五十七年(1718),在苏州经营纸业的上杭商人建立了汀州会馆,反映了闽纸输向江南的规模。汀州会馆毁于太平天国战火,一度福建"纸商罕至",光绪十三年(1887)又经修葺,可见江南始终依赖输入闽纸。清前期,经过浒墅关的外地纸至少有光古、灰屏、黄倘、连

---

① 转引自谢国桢编《明代社会经济史料选编》(上册),福建人民出版社 1980 年版,第 201 页。
② 康熙《饶州府志》卷四《舆地志》引。
③ 叶梦珠:《阅世编》卷七《食货六》,第 160 页。

史、元连、白鹿、毛长、对方、毛边、江连、川连、黄表、桑皮、碑色、东坦纸等名品。[①]

江南在大量输入初级纸和输出加工纸的同时,则清一色向外输出书籍。由前述明人胡应麟对江南刻书业的评价,可见江南书籍销路之巨和销路之广。毛晋所刻的书,"至滇南官长万里遣币以购毛氏书",以致有"毛氏之书走天下"之说。[②] 这种盛况正是江南书籍畅销四方的写照。

纸张输入和书籍输出长期双向流动,纸业和书业在江南就始终是较为重要的经营行业。苏州纸商声称,"切苏城纸业一项,人众业繁,为贸易中之上等"[③],到同治九年(1870)创立了两宜公所。书业则早在康熙十年(1671)就设立了崇德书院,同治十三年(1874)恢复扩充为崇德公所。凡此都说明,明清时期江南与全国之间纸张书籍的贸易量是相当大的。

7.铜铁及铜铁器

江南不产铜铁,铜铁制造业却有一定规模,无锡还有铁锅、铁壶等器物输出,桐乡炉镇所产各种铁器用品,"大江南北咸仰赖",但铜铁原料需全部输入,铜铁器具大部分也靠输入。江南所需的铜,主要来自日本和云南,因系官营,于此不论。江南需要的铁,李

①　道光《浒墅关志》卷五《小贩则例》。
②　叶德辉:《书林清话》卷七《明毛晋汲古阁刻书之二》,古籍出版社 1957 年版,第191 页。
③　苏州博物馆等编:《苏州碑刻》,第 101 页。

伯重已有精深研究,这里主要利用他的成果。根据他的研究,明清时期江南的铁主要来自福建、广东和湖南,浙东、皖南、江西、湖北、山西一些产铁州县当也有向江南输出铁与铁器的。[①] 此外,四川的铁也经长江销往无锡,供铸锅之用。[②] 王世懋说,福建的各种商品,包括福州与延平的铁,"无日不走分水岭及浦城小关,下吴越如流水。其航大海而去者尤不可计"[③]。万历时,福建尤溪之铁,"贡课之外,转市他省,以利器用甚夥"[④],当也经浦城贩往江南。另一铁冶中心广东,正统、景泰时已有铁器大量输出,所谓"工擅炉冶巧,四方商贩辐辏焉"[⑤]。万历时霍与瑕更说,"两广铁货所都,七省需焉,每岁浙直湖湘客人腰缠过梅岭者数十万,皆置铁货而北"[⑥],相当兴盛。入清后,广东铁器运销江南仍盛。屈大均说,广州铁器等货"北走豫章、吴浙"[⑦]。乾隆时,佛山"铁锅贩于吴越、荆楚而已,铁线则无处不需,四方贾客各辇运而转鬻之"[⑧]。清代通过浒墅关的商品,除了各种铜铁器,明载有广锅。[⑨] 湖南向江南输铁到清已大盛,雍正时,"楚南产铁各地方,外来射利商贩悉于就近设炉锤炼,下船装运,赴湖北汉口发卖,或由汉口而转运两江递贩"[⑩]。嘉

① 李伯重:《明清江南社会生产中的铁与其他贱金属》,《中国史研究》1987年第2期。

② 万历《无锡县志》卷八《食货二》。

③ 王世懋:《闽部疏》,《广百川学海》本。

④ 万历《闽大记》卷一一《食货考》。

⑤ 陈赟:《祖庙灵应祠碑记》,道光《佛山忠义乡志》卷一二《金石》。

⑥ 霍与瑕:《霍勉斋集》卷一二《上吴自湖翁大司马》,清光绪刻本。

⑦ 屈大均:《广东新语》卷一四《食语》,第371页。

⑧ 乾隆《佛山忠义乡志》卷六《风俗》。

⑨ 道光《浒墅关志》卷五《小贩则例》。

⑩ 湖南辰永靖道王柔奏,雍正六年,韦庆远等编《清代的矿业》,中华书局1962年版,第499页。

庆年间,当地政府一再规定,湖南铁"经由江海贩运者",商民贩运"至江浙等省销售者","凡江苏等省商民来汉购买,并北省铺户赴江省一带售卖"者,均须遵照定例,申领印照。[①] 由这些规定可知,到了清代中期,湖南铁运销江南已是经常之事,数量也已相当可观。清后期,炉头镇、青镇大型冶炉所需的铁砂就是向汉口采购的。

8.煤炭

江南煤炭资源匮乏,长兴、宜兴等地虽有一些煤矿,但都属贫矿,储量有限。根据李伯重的研究,明清时期江南煤资源已得到比较充分的开发,但限于矿藏储量以及运输等条件,很难再进一步扩大煤的生产。五金加工和烧窑等用煤自清初即已靠外地输入。清初湖南宝庆、江西乐平和湖北兴国的煤,通过龙江等关,一直运到苏州。乾隆初,据湖南巡抚高其倬奏,衡阳府属耒阳、衡山,长沙府属湘潭、湘乡、安化等县,以及桂阳州所产的煤也运销江南,"江南之铸造铁器者亦多资之"。嘉庆、道光时,又见有江北船运煤经镇江输入江南。[②] 清代开海以后,随着华北、东北煤的逐步开采,北方煤也由海运南输入江南。特别擅长经营沙船业的宁波、绍兴商人就垄断了苏州等地的煤炭贩运业务。清末,因货源价格日增,销路日减,引起内部倾轧,苏州煤炭24家同业创立了坤震公所,整顿行

---

① 嘉庆《郴州总志》卷一九《矿产》;同治《新化县志》卷九《食货》。
② 李伯重:《明清江南工农业生产中的燃料问题》,《中国社会经济史研究》1984年第4期。

规,以期振作。①

9.食糖

江南人习尚食甜,以糖为佐料,又制造各种甜食、果饯等,甚至染丝上色也需用糖,用糖量巨大。糖由榨取甘蔗汁而成,但江南基本不产蔗,糖就需要全部从各地输入。糖有乌糖、砂(又作沙)糖、白糖三种,白糖又称糖霜。

明代,产糖大省福建货"下吴越如流水",福建糖"商贩四方货卖"②,自然会成为江南食糖的主要来源。三藩之乱时,因江西道梗,江南"糖价骤贵",可见明清之际江南糖主要由闽广供应。清廷平定三藩后,"广糖大至"③。开海后,"闽粤人于二三月载糖霜来卖"④。乾隆一朝,广东糖占由乍浦入口糖的2/3。嘉、道时,广东糖直接到上海入口,到乍浦的糖反比福建糖少。广东糖主要产自潮州府,尤以该府的揭阳、海阳、潮阳、澄海县为最。澄海巨商"候三四月好南风,租舶艚船装所货糖包,由海道上苏州、天津"⑤。潮阳糖,隆庆县志已有记载。入清后,黄糖、白糖,"商船装往嘉、松、苏州易布及棉花"。其数量,乾隆中期县令李文藻说:"岁岁相因是

---

① 江苏省博物馆编:《江苏省明清以来碑刻资料选集》,生活·读书·新知三联书店1959年版,第213页。以下简称《江苏碑刻》。
② 万历《闽大记》卷一一《食货考》。
③ 叶梦珠:《阅世编》卷七《种植》,第167页。
④ 褚华:《木棉谱》,《丛书集成初编》本。
⑤ 乾隆《澄海县志》卷一九《生业》。

蔗田,灵山西下赤寮边。到冬装向苏州卖,定有冰糖一百船。"①揭阳糖,据说白糖"惟揭中制造为佳。棉湖所出者白而香,江苏人重之",或称"江南染丝必需"。光绪时,"每年运出之糖包多至数十万,遂为出口货物一大宗"②。潮州府以外,僻处海中的琼州府,糖销江南的也不少。府志称,"琼之糖,其行至远。白糖则货至京师、天津等处"③。福建糖主要产自泉州、漳州、台湾、福州等府。乾隆《福州府志·物产志》载:"蔗有两种,……居民研汁煮糖,泛海鬻吴越间。"糖有黑白两种。乾隆《台湾府志》引《赤嵌笔谈》云,乌糖"色赤而松者,于苏州发卖。若糖湿色黑,于上海、宁波、镇江诸处行销"。同书又称,"三县每岁所出蔗糖约六十余万篓,每篓一百七八十斤",则年产蔗糖上亿斤。康熙五十八年(1719),清廷特别规定,福建糖船往浙江、江南各省贸易,在厦门停泊者免输其税。④ 从上引资料可知,闽、广糖的销路主要在江南,按清中期江南2 000多万人口计,每年输入上亿斤糖是必需的。

10.烟草

烟草在万历年间由吕宋引进闽广,因被认为有驱寒避邪的作用,到明末据说"虽三尺童子,莫不食烟",嘉兴一带也"遍地栽

---

① 光绪《潮阳县志》卷二二《艺文下》。
② 光绪《揭阳县续志》卷四《物产》。
③ 道光《琼州府志》卷五《物产》。
④ 乾隆《大清会典则例》卷四八《户部·关税下》,清乾隆刻本。

种"①。但叶梦珠说幼年听其大父说福建有烟,崇祯末年上海有彭姓者种之,细切为丝,为远客贩去,而当地人还不敢尝,后朝廷严禁,"种烟遂绝"。这说明终明之世,江南食者种者甚少。清统一全国后,"遍天下用之,即妇人亦然",因获利成倍,贩者辐辏,江南也种植渐多。但仅局限在个别地方,为时也短,不久由于外地烟大量输入,江南烟叶价降为先前的1/10,"种者鲜矣"②。

江南烟主要来自福建、江西、安徽数省,湖北、河南、山东等省也有一些。福建产烟最早,质也最优。输入江南的主要是汀州府的永定烟、建宁府的建烟和浦城烟,在康熙《浒墅关志》和雍正《北新关志》中分别为纳税商品。永定皮丝烟帮于光绪十三年(1887)与上杭纸帮一起在苏州重建了汀州会馆。江西产烟之地甚多,兴国县种植甚广,"秋后吉郡商贩踵至"③。这吉安商人实际上正是将烟叶贩向江南等地的。江西商人重修苏州的会馆时,就有吉安府的永(丰)、(安)福众烟商和烟箱帮商人,捐款较多。安徽烟输入江南之多,由宁国烟商遍布苏州城乡在胥门外建立烟业公所可以想见。湖北烟,均州产者尤佳,"下游商贾乘大舶懋迁,泉货流通多赖此"④,看来规模不小。嘉庆二十五年(1820),包世臣说:"数十年前,吃烟者十人而二三。今则山陬海澨,男女大小,莫不吃烟。牵算每人每日所费不下七八文。"⑤包氏所言自然过于夸大,因为即

① 王通:《蚓庵琐语》,《说铃后集》本。
② 叶梦珠:《阅世编》卷七《种植》,第167页。
③ 同治《兴国县志》卷一二《土产》。
④ 光绪《均州志》卷三《风土·土产》。
⑤ 包世臣:《安吴四种·齐民四术》卷二《庚辰杂著二》。

使男子也不可能人人吃烟。但烟叶与绸缎布匹是北新关最大宗的商税,江西、福建烟叶的丰歉直接影响到该关的税额。香坂昌纪估计,乾隆二十年(1755)通过该关的烟叶约 840 万至 1 300 万斤。[①]可见江南从各地进烟的量是相当惊人的。乾隆年间,经营福建、江西烟的商人专门在苏州阊门外设有停船起货的公和烟帮码头,从另一个侧面说明了这一点。

除了上述商品,江南其他商品的生产也有赖于全国各区域市场的经济联系。江南蚕业,蚕在三眠前置火盆护蚕,蚕结茧及缲丝时用火烘,使丝光泽坚韧,都以炭火为优,条件优裕人户冬天取暖也需用炭。浙西山区盛出炭,但不敷所需,仍需从外地输入。江西、湖北、安徽宁国与安庆的炭经龙江关输入江南。宁国地方文献称,"采薪作炭,远方之人大航返载不绝"[②],有贩往江南者殆无疑义。浒墅关纳税商品即有炭。清前期苏州的炭货众商也具有一定实力。杭州盛产锡箔,与杭绸同为支柱产业,江南之外也销向外地,"远自京师,列郡皆取给焉"[③]。通过浒墅关的锡箔有济宁包、淮安包之别,当因主要销向那些地区而得名。但要输入原料矿产金、锡,"金、锡非杭产,而金箔、锡箔之作悉出于杭"[④]。江南虽盛产棉布,也织夏布,但因外地原料价格低廉,故也从江西、广东、浙东等地输入夏布。江西抚州乐安之民,"多种苎麻,织以成布,远销芜湖、镇江等地";赣州府石城盛产夏布,"岁出数十万匹,外贸吴、

① 香坂昌纪:《清代中期の杭州と商品流通:北新關を中心として》,《東洋史研究》第 50 卷第 1 号,1991 年。
② 嘉庆《宁国府志》卷一八《物产》。
③ 康熙《杭州府志》卷六《物产》。
④ 光绪《杭州府志》卷八一《物产》。

越、燕、亳间"①。江南更多的是从江西等地输入麻线,用以织布或造船,数量惊人(参见第四章)。江南折扇制造特别发达,但扇骨系绍兴土产,由杭州望江、清泰门入城,输向杭苏宁各城市。江南硝皮业独成一业,但所需皮张来自西北。南京的毡货织造业较为发达,"其货贸亦远"②,原料羊毛却要到产地陕西购买。江阴出产草鞋,"暮春以后,加兴、湖广去得太多,稳有五分之利"③。杭州艮山门外土产窖袋绸,"每年于秋间发往宁、绍等处"④。江南所需桐油、柏油,到湖南澧州购买为常事。明代福建邵武出姜黄,南京丝织作坊用作染料。清代江西进贤县的白眼豆,苏杭丝织业用以润滑经丝而大量购买。江南干果瓜子制作别具一格,所需梨、枣、梅、李、龙眼、荔枝等各种水果及各种瓜子、果仁,要从闽广、华北、苏北广大地区输入。山东东昌府博平、聊城的胶枣,临清州馆陶县的红枣,青州府益都县的柿、临朐县的苹果,兖州府峄县的梨、枣、柿、楂,泰安州的枣,以及河北、河南的梨枣,由海道和运河畅销于江南。江南制药业发达,名医辈出,用药量大,但所需药材来自江西、安徽、福建、湖广、河南等地。江南水产养殖发达,但鱼苗要来自湖南。在明代,"其鬻种于吴越间者为鲢鱼,最易长,然不种子。或云楚人来鬻者,先以油饼饵之,令不诞也"⑤。入清后,仍是鱼花产自

---

① 何德刚:《抚郡农产考略》下卷附跋,清光绪铅印本;吴其濬:《植物名实图考》卷一四,清光绪刻本。
② 嘉庆《江宁府志》卷一一《物产》。
③ 余象斗纂:《三台万用正宗》卷二一《商旅门》。
④ 雍正《北新关志》卷六《利弊》。
⑤ 王士性:《广志绎》卷四《江南诸省》,第97页。

楚江,商民贩至浙省货卖,或称"鱼苗来乎九江"①。江南肥源紧张,用牛骨肥田,但牛骨主要取自苏北,牛骨成为海运南下的重要商品。江西瓷器,天下闻名,江南是其重要销场。江南瓷价视江西瓷器输入多少为低昂。白蜡产于四川,是动物蜡,江南纺织业、皮革加工业等用此上光,取多用宏。《浒墅关志》列为过境商品,苏州白蜡行生意红火。

　　总结明清时期江南与全国各地的商品流通,可以看出几个明显的特点。

　　一是江南与各地的商品流通基本上是单向的。即江南从长江上中游地区输入作为口粮和工业用粮的米粮,从华北、苏北和东北广大地区输入作为豆制品原料的大豆、饲料的杂粮和作为肥料的豆饼、骨屑,从闽广地区输入作为食品加工原料和调味品的糖,从福建、江西、安徽、两湖、四川、云南、贵州广大地区输入作为建筑和木器制造原材料的各类木材,从几乎广及全国的范围内输入各种染料及助剂,从江西、福建等地输入各种纸张(其中相当大部分用于印刷书籍或加工成各色笺纸),从华北和华南等地区输入各种干果鲜果(其中相当部分用于加工成各种果品),从沿海各地输入各种海产品,从地处西北边陲的新疆输入作为玉器原料的玉石,从北方边地输入各色皮张,从江西、安徽、两湖、山东、东北等地输入作为手工业能源的煤等;向全国各地输出棉、布、丝、绸、书籍、玉器、酒、铜铁器及其他各种工艺品。输出的主要是手工业成品,输入的主要是商品生产的原材料;输出的主要是生活资料,输入的主要是

---

① 姚思勤:《东河棹歌》,雍正《北新关志》卷一六《告示》。

生产资料。这反映出江南与各地存在着明显不同的自然分工和社会分工。

二是江南与各地的商品流通的范围几乎涵盖了全国。江南与全国各个区域程度不同地存在着广泛的联系。江南生产的商品需要输向全国各地,并有着畅达的销路,而江南工业和加工业的发展也需要全国各地提供各种原材料和初级产品,江南与全国各地的经济联系因而日益紧密。江南经济的发展是建立在与全国各个区域频繁的商品交流的基础上的,而日益兴盛的商品交流则为江南经济持续、稳定、高效发展不断注入了新的活力。

三是江南与各地的商品流通基本上是一种有关国计民生的大宗生产资料和生活资料的流通。参与流通的商品已不再像宋元以前那样以奢侈品为主,而完全以民生日用品为主。这样的流通是市场机制作用下的流通,价格高低主要取决于市场因素,商品盈缺取决于物流总量,而个别地区小市场的价格波动已很少对之产生影响。

四是江南与各地的商品流通是一种颇有特色的商品流通。江南从外地输入价格较为低廉的原材料和初级产品(有的甚至从原有的生产领域退出,如蓝靛种植),输出市场竞争力强、占有率高而又附加值大的商品如丝绸、书籍、玉器、小木器、毡货皮件等,从外地输入的不少商品如纸、豆、木材、玉石、铁等实际上经进一步加工后又返销到了各地。江南与外地的商品流通实际上反映出江南的商品生产能力、技术水平、产品质量,以及商品价值总量较之其他地域有着明显的优势。江南是以商品价值总量的绝对优势与全国各地展开商品流通的。

五是某些商品如棉花等在江南既有输入又有输出。这是生产者降低生产成本,追求较大经济效益的反映(太仓等当地产的优质棉价格高,北方棉价相对低廉,用高价棉织布显然是不经济的),又是资源真正优化配置的产物。

第三节　江南对国外的商品流通

明清时期,江南是中国对外交往的极为重要的地区,江南当地生产的商品和全国其他地区生产的不少商品由江南输往世界各国,由江南输入的海外商品也占有重要地位,江南与国外的商品流通构成了明清时期中外贸易史的重要篇章。

考虑到江南对外贸易的复杂性,以及明清两朝对于各国所采取的不同政策等因素,又由于中国与有些国家的贸易材料十分缺乏,地位也不甚重要,本节仅择要考察江南与以下各国各地区之间的商品流通。

一、江南与日本的商品流通

明代前期,中日两国实行官方勘合贸易。自明永乐十七年(1419)到嘉靖二十六年(1547),日本派遣勘合船共 17 次。这些勘合船每次载来日本特产,载回国的则以丝绸、书籍等为主。明朝使者赴日也多带丝绸。如永乐二年(1404)明使带有丝 50 匹,纱 20匹;永乐四年(1406)带有织金及诸色彩绸 200 匹,绮绣衣 60 件;次年又带有锦 10 匹,纻丝 50 匹,罗 30 匹,纱 20 匹,彩绢 300 匹;宣德八年(1433)明廷回赠日本国王、王妃的有各色丝织品 102 匹。① 这种官方勘合贸易到嘉靖二年(1523)发生争贡之役后,虽然表面上维持,但实际上已经大体结束。官方勘合贸易之外,明廷严禁民间与日本等国发生贸易往来。明律规定,"凡将马、牛、军需、铁货、铜钱、缎匹、绸、绢、丝绵私出外境货卖,及下海者,杖一百"②。隆庆年间部分开海,准贩东西二洋,但仍然禁止与日本贸易。民间开展对日贸易,就只能以走私的形式出现。

明时的日本,对中国的商品有着强烈的需求。姚叔祥曾援引嘉靖年间中国商人童华的话说:"大抵日本所需,皆产自中国,如室必布席,杭之长安织也;妇女须脂粉,扇漆诸工须金银箔,悉武林造也。他如饶之瓷器,湖之丝绵,漳之纱绢,松之棉布,尤为彼国所重。"③徐光启则得出结论道,日本"彼中百货取资于我,最多者无若丝,次则瓷,最急者无如药"④。郑若曾同样认为,"丝,所以为织绢纻之用也。盖彼国自有成式花样,朝会宴享必自织而后用之,中国绢纻但充里衣而已。若番舶不通,则无丝可织"⑤。可见日本所需丝绸等中国商品主要产自江南,中国与日本的商品流通,主要就是江南与日本的商品流通。在这些商品中,日本最渴求的是江南的生丝及丝织品。

明后期日本的丝织业已经有了较大的发展,缎绢有花素之分,但其养蚕业与丝织业是脱节的,原料生产远远不能满足需要。据

① 木宫泰彦:《日中文化交流史》,胡锡年译,商务印书馆 1980 年版,第 532、533 页。
② 刘惟谦等编:《大明律》卷一五《兵律三》,日本享保年间刊本。
③ 姚叔祥:《见只编》卷上,《丛书集成初编》本。
④ 徐光启:《海防迂说》,《明经世文编》卷四九一,第 5442 页。
⑤ 郑若曾:《郑开阳杂著》卷四,1932 年陶风楼影印本。

西班牙人记载,当时日本每年消耗生丝 220 500 公斤,而本国在收成最好的年份才出产生丝 94 500 公斤至 126 000 公斤,有一半左右的生丝需靠进口。因而人们说,"现在即使从中国或马尼拉运来所有的生丝,对他们来说也是不够的"①。供不应求,不但导致生丝价格上涨,而且绸缎价格也极为昂贵,每匹素绢值银 2 两,花绢值银三四两,大红绢缎更高达七八两,而且长度每匹不满 3 丈,每丝一斤,值银 2.5 两。② 这样的长度,这样的价格,较之中国市场上的同类货,贵达几倍,一般的日本人根本无力购买,所以生丝之外,价廉物美的中国丝织品也是日本的抢手货。西班牙人记载,来自中国的几千万的纯色或带刺绣的天鹅绒、纯色的琥珀织、缎子、薄罗纱,以及此外各种各样的布料,每年都可销售一空,不分男女,都穿着各种各样带色彩的衣服,无论是少女还是未婚姑娘,即使 50 岁以上的妇人亦如此。③ 日本对中国商品依赖如此严重,即使官方勘合贸易照常维持,也远远不能满足需要,官方贸易停止,就使得屡禁不止的走私贸易更为兴盛。

对日走私贸易并不始于勘合贸易停止之日。叶权说:"浙东海边势家,以丝缎之类,与番船交易,久而相习。"④看来由来已久。嘉靖年间,有商人童华到日本贸易。嘉靖二十四年(1545),日本商船十数艘到泉州,贩去湖丝、棉布、药材等物。勘合贸易终止后,走私

① 阿比拉·菲诺:《日本王国纪》,第 66 页,转引自陈小冲《十七世纪上半叶荷兰东印度公司对华贸易扩张》,《中国社会经济史研究》1986 年第 2 期。
② 参见李言恭《日本考》卷二《贸易》,北平图书馆影印善本丛书本。
③ 菲诺前揭书,转引自陈小冲《十七世纪上半叶荷兰东印度公司对华贸易扩张》,《中国社会经济史研究》1986 年第 2 期。
④ 叶权:《贤博编》,中华书局 1987 年版,第 8 页。

之风就更盛。万历三十八年（1610）一年中,浙江就缉获走私赴日贸易案件三起。① 万历四十一年（1613）,嘉兴、杭州百余人潜往日本贸易财利,又被缉获。② 江南对日走私贸易之盛,于此可见一斑。所以当时人谢肇淛在《五杂俎》中说,吴之苏松、浙之宁绍等地的"驵侩之徒,冒险射利,视海如陆,视日本如邻室耳,往来贸易,彼此无间"③。丁元荐概括其程度谓:"今之通海者,十倍于昔矣。"④

原来东南沿海走私贸易主要系福建泉州、漳州和广东商人所为,出口也主要限于福建海澄一地。到万历年间,浙东及江南人也多冒险出海贸易,而且由于江南为丝绸棉布产区和全国商品的转输地,置买商品方便,价格低廉,杭州等地成了海商的商品购买地,走私贸易区域在不断扩大,江南的地位更为重要。

隆庆开海禁前,对日走私只能直接偷渡,开禁后,至日本仍属非法,但可以堂而皇之地到西洋贸易。于是商人出航时,先向西洋南行,到远离官府巡缉范围,就折而向东行驶,对日贸易较前事实上便利得多。这也就是隆庆以后江南与日本贸易甚于往日的一个重要原因。

从业的人数,经营的规模也颇为突出。即如万历后期的三起案件,参与其事的就有广东、福建、浙江三省的商人,而且往往是不同省域、不同地区的商人组织在一起从事贸易。仅其中一起,就擒获"伙犯六十九人"。其经营方式,有一起为商人自置船只,自己在

---

① 王在晋:《越镌》卷二一《通番》,明万历刻本。
② 《明神宗实录》卷五一三,万历四十一年十月乙酉,第9689页。
③ 谢肇淛:《五杂俎》卷四《地部二》,《国学珍本文库》第一集。
④ 丁元荐:《西山日记》卷上,《涵芬楼秘笈》第七集。

福建收买杉木,在苏杭置买湖丝、毡毯;二起为船户置备大船,雇请舵手、水手、银匠以及向导、通事等,招徕商贩,"有买纱罗绸绢布匹者,有买白糖瓷器果品者,有买香扇梳篦毡袜针纸等货者",船主向商人抽取银两,然后再与舵工水手分成。在前一种情形下,商人既自备船只,义置备货物,运输兼经营,需要的投资较多,往往采用合本经营的方式。在后一种情形下,商人与船户分工,商人不必备办船只及运输费用,船户也不必垫支购买商品的资本,特别适合于那些资本并不雄厚的商人。从后来的发展看,这种情形较为多见。

从日本一方,也可看出这种走私贸易的势头。日本平户时代,将来自中国及东南亚各口岸的船只称为唐船。嘉靖以前,中国商船满载丝绸、书画等物,络绎不绝地驶往丰后、肥前平户和萨摩等地,以致在平户"大唐和南蛮的珍品年年充斥,因而京都、堺港等各地商人,云集此地,人们称作西都"。据统计,1609 年明朝有 10 艘商船开到萨摩,其中已知载有货物的 3 艘船船主为薛荣具、陈振宇、何新宇,光陈振宇船就装有缎、绸等丝织品 603 匹。3 艘船所载物品除了丝绸还有各色糖、瓷器、药材、矾、麻黄、毛毡、甘草、墨、书册、人参、扇、伞、布等。① 庆长年间(1596—1615 年),"南蛮船装载大量白丝开到长崎",后来"南蛮船又运来大批白丝,因而丝价暴跌"。据日方资料载,"勘合不成,然南京、福建商舶每岁渡长崎者,自此(指庆长十五年,1610 年——笔者)逐年多多"。1612 年大约前半年中,"明朝商船和从吕宋返航的日本商船共二十六艘,舳舻

---

① 《异国日记》卷四,转引自松浦章《明代末期中国商船的日本贸易》,1989 年明史学术讨论会论文。

相接,同时开进长崎港,载来白丝二十余万斤"①。1635 年,日本限唐船于长崎一港贸易,中国商船就主要集中在长崎。由废除勘合贸易后倭寇屡屡侵扰掠夺丝绸,也从一个侧面说明日本对中国的贸易已经发展到公开抢劫的地步。随着中日贸易的发展,江南抵达日本乃至定居的商人也日益增多。天启年间,福建巡抚南居益说:"闻闽越三吴之人,住于倭岛者不知几千百家,与倭婚媾长子孙,名曰唐市。"②

　　明清易代之际,东南沿海人民从事中日走私贸易的仍然不少。顺治初年,浙江巡按秦世祯说江南人民贪射微利,蹈险私通,贩运绸布等物,所在多有。③ 如商人曾定老等前后数次领了郑成功的十几万两银子,在苏杭等地置买绫绸湖丝,或者将货交给郑成功,或者直接赴日贸易,获利后归还本息。这些商人因有反清复明的国姓爷郑成功作后台,生意做得特别大。顺治十八年(1661),浙江缉获走私船一艘,船上商人 30 余人于前一年置备货物到福建海澄下海赴日贸易。其中绍兴人王吉甫带了绍兴绫 10 匹,漳州人张瑞在杭州购买丝 260 斤、白绫 33 匹、红绉纱 4 匹,福州人翁采在杭州买红毡 100 条、药材 2 挑,福州人王一在杭州买丝 40 斤,广州人高参在杭州买绉纱 50 匹,处州人吴耀在杭州买白笋 10 担、毡 50 条,漳州人王旺、福州人魏久分别在苏州、杭州买药材,四川龙安人王贵在苏州买药材 3 担,杭州人李茂在苏州买轻绸 100 匹,广州人卢某

---

① 木宫泰彦:《日中文化交流史》,第 622、664、626 页。
②《明穆宗实录》卷五八,天启五年四月戊寅,第 2661 页。
③ 秦世祯:《抚浙檄草·申严通海》,清顺治刻本。

在苏州买绉纱 150 匹。① 这些商伙在长崎出卖丝绸后,大体上按每百两抽分 20 两的比例交给船主。这种经营形式与前述万历通番贸易案相似。这一事例也表明,由福建赴日贸易的丝绸等商品,实际上是江南所产。三藩叛乱期间,由于浙江与闽粤阻隔,浙江丝织物不能输往福州,赴日商船载货因而大为减少。②

至于明末清初江南生丝输日的具体数量,请参见拙著《江南丝绸史研究》根据日本学者木宫泰彦和岩生成一的研究而作的统计。

民间商人敢于犯禁,履险蹈危,是因为从事对日贸易可以谋取高额的利润。有关对日贸易的利润,由于材料缺乏,很少有人作过估算。嘉靖时郑若曾说,中国之丝在日本,"每百斤值银五六百两,取去者其价十倍"③。嘉、万间徽商许毂"贩缯航海,而贾岛中,赢得百倍"④。万历时王在晋认为贩日可"以数十金之货得数百金而归,以百余金之船卖千金而返"⑤。也有人说,"通吕宋则平常之息,通日本则非常之利"⑥。然而所谓十倍、百倍、非常之息,大多只是获利可观的形容之词,并不能信以为实有其事。据日本《大乘院寺社杂事记》1480 年的记载,"唐船之利莫过于生丝,唐丝在日本每斤价约五贯文,在西国备前、备中等地一驮价值十贯文的铜,于唐

<hr>

① 《刑部等衙门尚书觉罗雅布兰等残题本》,《明清史料》丁编,上海商务印书馆 1951 年版。

② 《华夷变态》卷一、三、四、五有大量记载,参见朱德兰《清初迁界令时中国船海上贸易之研究》,《中国海洋发展史论文集》第二辑。

③ 郑若曾:《郑开阳杂著》卷四,1932 年陶风楼影印本。

④ 《重修古歙东门许氏宗谱》卷九《许全善传》。

⑤ 王在晋:《越镌》卷二一《通番》,明万历刻本。

⑥ 庄若华:《信心草》卷四,转引自聂德宁《试论明代中日官方贸易向民间贸易的演变》,《中国社会经济史研究》1987 年第 2 期。

土明州、六州购回生丝出卖可得四十至五十贯文左右。一棹重十两价值三十贯文的银子,购回唐丝出卖则可得一百二十至一百五十贯文左右"。可知在成化年间,中国和日本的生丝比价约 1∶4 至 1∶5。如果贩运生丝,利润率高达 300%—400%。万历时,三件通番案中,贩运丝绸,"计各商觅利,多至数倍"。自万历到顺治年间日本的生丝价格为:1622 年每百斤 280 两,1631 年为 550 两,1641 年为 225 两,1643 年为 355 两,1649 年为 516 两,1650 年为 500 两,1660 年约为 333 两。[①] 如果取其平均值,则每百斤为 394 两。明末生丝价格,按给事中傅元初所说:"是以中国湖丝百斤,值银百两者,至彼(指吕宋)得价二倍。"[②]明清之际中国生丝价格变动也不大。两相核算,则其时中日生丝比价为 1∶3 至 1∶4 之间,不计运输成本,贩运生丝利润率可达 200%—300%。如果考虑到上述日本丝价有不少是上等丝的价格,次等丝价要便宜得多,则利润率仍有 200%。这个推算也大致与丁元荐所说"浙以西造海船,市丝枲之利于诸岛,子母大约数倍"[③]和"东之利倍蓰于西"[④]的说法相符。诚然,如果考虑到由日返载商品出售所得,则商人所获实际利润还要高。

明后期尽管每年载运生丝和丝织品赴日的唐船达数十艘,但仍远远不能满足日本对丝的巨量需求,因而当欧人航海东来后,日

---

① 山脇悌二郎:《長崎の唐人貿易》,吉川弘文館 1954 年版,第 21 页;《长崎荷兰商馆日记》,岩波书店 1980 年版,第 1 辑,第 115 页;第 2 辑,第 25、313 页。1660 年依据觉罗雅布兰题本中商人出售生丝得价推算。

② 傅元初:《请开洋禁疏》,《天下郡国利病书》,原编第十六册。

③ 丁元荐:《西山日记》卷上,《涵芬楼秘笈》第七集。

④ 王沄:《漫游纪略》卷一,《笔记小说大观》本。

本所需生丝除了继续从中国商人手里获得,先经葡萄牙人之手后经荷兰人之手获得。

葡萄牙人自嘉靖三十六年(1557)在澳门纳租筑室居住后,以澳门为贸易中转站,大力从事欧洲、中国和日本之间的三角贸易。他们在欧洲装上西班牙银元,再装上印度尼西亚群岛的香料等货,到澳门出售这些货物并换取出口到日本的丝绸等货,然后再运到日本出售,换取便宜的日本白银回到澳门,再在澳门用从日本带回的白银购买来自广州并在欧洲市场上受人欢迎的丝绸和瓷器等回国。① 对于葡人自澳门将中国丝绸等货贩运至长崎的情况,万历二十二年(1594)许孚远说:"日本长岐(崎)地方,广东香山澳佛郎机番,每年至长岐(崎)买卖,装载禁铅、白丝、扣线、红木、金物等货。"②

葡人从事这种三角贸易,获利极为丰厚。按照葡人的记载,1600 年前后,在澳门上等丝价每 100 斤约为银 80 两,广州的各种绸缎约为每匹银 1.1—1.4 两,而同时日本的价格分别是 140—150 两和 2.5—3 两。葡人将中国丝绸从澳门贩运到日本,如果不计运输成本,利润率高达 81% 和 120%。假如葡人将倍于成本的日本白银在澳门购买中国丝绸,再以成倍的价格在欧洲市场上出售,完成上述三角贸易的循环,那么保守点估计,其利润率高达 400%。

因为澳门和日本长崎之间贩运丝绸可获倍利,葡萄牙人便大力经营这种中转贸易。据估计,"在十六七世纪之交的若干年内,

---

① 百濑弘:《明清社会经济史研究》,研文出版会 1980 年版,第 46 页;包乐史:《中荷交往史》,庄国土、程绍刚译,路口出版社 1989 年版,第 29—30 页。

② 许孚远:《请计处倭酋疏》,《明经世文编》卷四〇〇,第 4336 页。

葡船每年运往长崎的中国货物约值银一百万两以上;及一六三七年增加至 2 141 468.05 两;其后更超过三百万两"。在输日的货物中,生丝是价值特别大的一种,全汉昇估计,"在十六七世纪间的五十余年内,葡船每年自澳门运往长崎的华丝,少时约为一千五六百担,多时约达三千担。自一六三六年后,数量却显著减小"①。当时日本交换中国丝绸等货物,唯一依靠的是白银,结果是日本白银源源流入澳门。其数量在 16 世纪的最后 25 年内,大约每年为五六十万两,在 17 世纪的最初 30 年内,每年约为 100 余万两,有时更多至二三百万两。据另一个统计,自 1599 年至 1637 年的 38 年中,共有 5 800 万两白银流入澳门,每年达 152 万余两银。以致日本学者矢野仁一说葡萄牙人"每年在贩买中国绢于日本这宗生意上获得的银,年额达到二百二十五万两,以充作他们购买中国货往欧洲的资本"②。葡萄牙方面的材料则估计,每年经由他们输入日本的生丝和丝织品达 1 500 毕克(1 毕克约等于 63 公斤)。③ 根据上述各项材料统而计之,在明末清初的 50 余年内,葡船每年运往长崎的中国丝和丝织品约在 2 000 担之巨。按照前述日本本国生丝供求估算,则日本所需进口生丝在中国厉行海禁之时,主要是通过葡萄牙人由澳门转输入境的。

由于当时由马尼拉远销到南美的中国丝及丝货由广州出口,因此葡萄牙人"不仅独占了中国与欧洲间的贸易,而且独占了中国

① 全汉昇:《明代中叶后澳门的海外贸易》,《中国文化研究所学报》1972 年第 5 卷第 1 期。

② 矢野仁一:《关于长崎贸易之铜及银的向中国之输出》,《经济论丛》26 卷 2 号。

③ 冈本良知:《十六世纪日欧交通史》,第 696 页,转引自陈小冲《十七世纪上半叶荷兰东印度公司对华贸易扩张》,《中国社会经济史研究》1986 年第 2 期。

及日本与马尼拉之间的贸易"①。日本所需中国丝及丝织品有不少就是来自马尼拉转输的。对此,明朝徐光启说:"我边海亦真实戒严,无敢通倭者。即有之,亦渺少商贩,不足给其国用。于是有西洋番舶者,市我湖丝诸物,走诸国贸易。若吕宋者,其大都会也。而我闽、浙、直商人,乃皆走吕宋诸国,倭所欲得于我者,悉转市之吕宋诸国矣。"②徐氏说因厉行海禁而无人赴日贸易,言过其实,但说因海禁而日本严重缺乏生丝转而求购于马尼拉则是事实。

　　然而葡萄牙人以澳门为基地的中转贸易日益受到另一殖民强国荷兰的挑战。荷人航海东来虽比葡人晚,但到 17 世纪已成了西方在东方海上最强大的势力。荷兰人充分认识到远东贸易的重要性,他们一直在寻找机会发展同中国和日本的贸易,打击西班牙和葡萄牙的贸易竞争并进而垄断贸易。他们在不断袭击葡、西两国东方贸易船的同时,终于于 1624 年占领了台湾,此后即以台湾为贸易基地。他们把中国的生丝、丝织物和瓷器运往日本和欧洲市场,从日本运来白银,自东南亚运来香料,用以交换中国商品。为了获得中国的丝绸等商品,他们派遣船只到漳州河口以香料和白银与中国商人交易,或将资金委托漳、泉中国代理商预购商品,或以种种方式招诱中国海商远到大员贸易。在荷兰人的引诱和高额利润的驱使下,中国商人频频出海,冒险贸易,出现"滨海之民,惟利是视,走死地如鹜,往往至岛外区脱之地曰台湾者,与红毛番为市"③

① 矢野仁一:《明時代に於けるマカオの貿易と其の繁榮に就て》,《史林》第 3 卷第 4 号,1918 年。
② 徐光启:《海防迂说》,《明经世文编》卷四九一,第 5438 页。
③ 傅元初:《请开洋禁疏》,《天下郡国利病书》,原编第十六册。

的走私局面。由于台湾位于澳门—日本贸易线的中间,荷兰人以台湾为中转贸易基地的结果,使原先由葡萄牙人经营的澳门中转贸易迅速衰落。1636年,当葡船运日的华丝锐减到250担的时候,荷船输日的华丝却增加到1 421担,此后几年,当前者每年只运二三百担时,荷船却多至一千二三百担①。当日本于1639年禁止葡人到长崎贸易后,中国与日本之间的中转贸易就完全转到了荷兰人之手。日本学者山脇悌二郎曾估计,荷兰人输日华丝年额达20万斤。② 可见在葡人之后,日本需要的中国生丝除了中国商人少量的直接走私贸易,主要是从荷兰人手中获得的。

荷兰人经营中国与日本之间的中转贸易,同葡萄牙人一样获得了巨额利润。1625年台湾的生丝价每百斤约为150两银,而1623年日本生丝价每百斤为280两,1631年平均550两,1641年荷兰船运日生丝价平均百斤为225两,1643年为350两至360两,1649年为510两,1650年上等品为500两,1651年一等丝为350两,二等丝为300两③,年平均为每百斤392两银,不计运输成本,利润率高达161%。如果考虑到荷兰船运日丝价格较低,仅取1623年和1641年两年的平均数,则利润率为68%。通而计算,其贸易利润率大致与葡萄牙人澳门中转贸易相似,当在100%左右。不独如此,现有的研究表明,随着贸易的发展,台湾商馆在荷兰东印度商业中的地位日益重要。据1649年的统计,在所有东印度商馆中,

---

① 舒尔茨:《马尼拉帆船》第169页,转引自李金明《明代海外贸易史》,中国社会科学出版社1990年版。

② 山脇悌二郎:《長崎の唐人貿易》,第25页。

③ 山脇悌二郎:《長崎の唐人貿易》,第21、22、27页。《长崎荷兰商馆日记》第1辑,第115页;第2辑,第25、313页。

台湾商馆所获纯益仅次于日本商馆,达 467 534 盾,占获利总额的 25.6%,日本商馆所占比例虽居 38.8%,但实际上其获利根源就在于台湾提供了大量的生丝和丝织品等中国商品。如在 1637 年,从各地航行至日本的荷兰船共 14 艘,货品总值为 2 460 733 盾,其中来自台湾的商品货值便高达 2 042 302 盾,占输入总值的 85% 以上。[①]

荷兰人从事台湾的中转贸易时,正是明清王朝更迭之时,先后以郑芝龙、郑成功父子为中心的庞大的贸易集团活跃于东南沿海,成为足可与荷兰人抗衡的唯一一支商业力量。郑芝龙于 1628 年被明廷招抚后,"独有南海之利,商船出入诸国者,得芝龙符令乃行"[②],成为东南沿海首屈一指的海商集团。1640 年,郑芝龙首次派遣两艘大型商船满载货物直航日本。次年郑氏派出的 6 艘大船所运日本的生丝及丝织品,分别占了唐船生丝总输入量的 1/3 和丝织品总输入量的 2/3,1642 年占近 30%,1643 年高达 80%。

如果说郑芝龙时荷兰赴日船还占有相当比例,中国丝绸还有相当大部分经由其输入日本,那么到了郑成功时代则荷兰的中转贸易已经显得微不足道了。郑成功在其父于 1646 年降清后,揭起反清旗帜,并更加积极从事对日贸易。据荷兰商馆日记记载,1649 年和 1650 年各有郑成功的一艘大船抵日。1650 年的船装载生丝达 12 万斤。而当年唐船输日生丝不过 16 万斤,各地船只输日的生丝总量也不过 23 万多斤。荷兰东印度公司报告:"自一六五四年

---

① 陈小冲:《十七世纪上半叶荷兰东印度公司对华贸易扩张》,《中国社会经济史研究》1986 年第 2 期。

② 邵廷采:《东南纪事》卷一一《郑芝龙传》,清光绪刻本。

十一月三日最后一艘船启航到一六五五年九月十六日为止,由各地入港的中国商船为五十七艘,其中安海船四十一艘,大部分为国姓爷所有。另外还有泉州船四艘,大泥船三艘,福州船五艘,南京船一艘,漳州船一艘及广南船三艘。正如日本商馆日记所附载的详细清单显示的那样,上述各帆船除运载十四万零一百斤生丝外,还运来了大量的丝织品及其他货物。这些,几乎都结在国姓爷账上。"[1]据山胁悌二郎估计,郑成功每年输入华丝为7万—8万斤[2]。郑成功通过征收牌饷和借贷资本等方式保护商人贸易,令荷兰等西方殖民者望而生畏。依据上述资料,准之当时输日生丝总数,则在17世纪50年代,郑成功属下或受郑氏保护的商船输日华丝已占了主要部分,可以说,到这时,荷兰人的中转贸易已为郑成功所取代。1662年郑成功收复台湾后,直到清朝开海禁,以台湾为中转的中日贸易一直操于郑氏集团之手。因此,换言之,其时日本的生丝来源除了中国大陆与日本的直接贸易,主要依靠郑氏的台湾中转贸易。而台湾中转的丝及丝货,则主要来自马尼拉。毋庸赘言,郑氏集团从事丝绸贸易的利润,大致应与荷兰人相同。

康熙二十二年(1683)清统一台湾,次年即开放海禁,民间贸易从此取得了合法地位,对日贸易盛况空前,赴日唐船急剧增加。实行海禁时,平均每年赴日唐船为37艘,开海禁的头五年,即增加到年均96艘,为海禁时的近3倍。[3] 而且增长幅度甚大,开海当年为

---

[1] 转引自岩生成一《近世日支贸易に關する数量的考察》,《史学雜誌》第62编第11号,1953年。

[2] 山胁悌二郎:《長崎の唐人貿易》,第25页。

[3] 据木宫泰彦《日中文化交流史》第627—641页计算得出。

24 艘,次年即达 73 艘,以后 3 年依次高达 102、137、144 艘,前后增长了 5 倍。这些唐船,不少就是江南商人开航的。乾隆四十三年(1778),苏州商人程赤城一船到达长崎,具名的 14 名商人,有 9 人来自苏松杭湖等地。①

当时输日的江南商品,在木宫泰彦的《日中文化交流史》中列为江苏 71 种,浙江 35 种,其中主要有生丝、丝织品、棉布、书画、文房用具、染料、各种工艺品、药品等。

日本用以交换中国丝绸等商品的,除了少量的刀、海产等,绝大部分为银、黄金、铜。早在清初的 1648 年到 1672 年的 25 年中,唐船自日本输出总额共 32 万余贯,其中白银一项就近 20 万贯,约占总额的 61%,其余 9% 为黄金,货物仅占 30%。② 从 1672 年到 1685 年的 12 年中,唐船又自日本输出银共 72 400 余贯,每年平均 5 900 余贯。据 1709 年长崎官方报告,从 1648 年到 1708 年的 60 年中,从日本流出的黄金达 2 397 600 两,白银达 374 220 贯;从 1662 年到 1708 年的 46 年中,铜流出达 114 498 700 斤。清朝开海禁的最初五年船数最多,若按年而论,其时流向中国的日本银、铜当也最多。

面对数量激增源源而来的唐船及随之而来的银、铜、金大量外流这种严重入超的局面,日本幕府采取种种措施限制唐船赴日。贞享二年(清康熙二十四年,1685 年),清开海的次年,即规定与中

---

① 松浦章:《乾隆時代の崎來航中國商人—汪繩武・汪竹里・程赤城を中心に》,《呷啞》10,1978 年。
② 岩生成一:《近世日支貿易に關する數量の考察》,《史学雜誌》第 62 編第 11 号,1953 年。

国贸易银额为 6 000 贯。三年后因唐船仍然激增,限制贸易不能奏效,又将赴日唐船定为 70 艘。元禄十年(1697)虽然一度增为 80 艘,康熙五十四年(1715)就急剧降为 30 艘。享保二年(1717)定为 40 艘,以后经八次规定一降再降为宽政二年(1790)的 10 艘[①],逐渐限制中国贸易的规模。由于日本方面的严加限制,赴日唐船虽然并不完全如定额数,但确实迅速地大为减少。据统计,康熙时期赴日唐船每年平均 71 艘(含因限额而无信牌回航的 382 艘),雍正时期年均为 32.5 艘(含回航船 5 艘),乾隆时期年均为 13 艘,嘉庆时期年均近 10 艘,道光前 19 年年均仅为近 8 艘。[②] 赴日唐船的急剧减少,唐船所载又主要是丝及丝货,这就必然影响到丝绸的输出。

更为重要的是,随着蚕桑和丝织生产的迅速发展,日本对江南丝绸的需求迅速下降。

日本自江户时代中期起丝织生产获得了迅速发展。1755 年,京都的 32 家账房产量就达 859 057 反(日制,长 2 丈 8 寸,宽 9 寸)。更为突出的是,原来跟不上丝织业的蚕丝业也迅速起步,发达的丝织生产奠定在坚实的生丝基础之上。这就必然减少中国丝及丝织品的输入。

在清朝开海禁前,日本市场上的华丝价格就开始下跌。1649 年由长崎输日华丝每斤银 5 两 1 钱,1672 年降为 4 两,1699 年降为 3.1 两,1709 年再降为 2.9 两,1763 年至 1776 年的年平均值为每斤

---

① 木宫泰彦:《日中文化交流史》,第 656—657 页。
② 据木宫泰彦《日中文化交流史》第 639—646 页计算而得。

2.835 两,1778 年至 1788 年年均为 2.811 两。[1]

日本对华丝需求的大为下降,导致赴日唐船运载的商品结构发生了很大的变化。1650 年,70 艘赴日唐船载运生丝 185 586 斤,各种丝棉织品 156 000 多反,糖 797 000 斤,药材 18 万多斤,染料 35 000 斤,矿物 25 万多斤,皮革 6 万多张。[2] 1711 年 54 艘赴日唐船共运载生丝 50 267 斤,丝棉织品 202 149 反(其中丝织品达 188 032 反),糖 4 475 490 斤,药材 778 860 斤,颜料、染料 570 817 斤,矿物 332 760 斤,皮革 85 821 张,书籍 140 箱 2 部。可 1804 年 11 艘唐船共输日生丝 2 413 斤,织物 14 366 反,药材 909 218 斤,糖 1 285 600 斤,颜料、染料 412 298 斤,矿物 270 543 斤,皮革 2 294 张。[3] 前后比较,丝及丝织品比例持续下降,药材、矿物、颜料染料比例上升十分突出。在这种情况下,即使唐船数量不减少,生丝及丝织品也仍有不断减少的可能。因此,清代开海后唐船数量激增而华丝输日却并没有正比例增加。

以往不少论著探讨华丝输日减少的原因,仅仅着眼于清政府的丝绸出口政策,既不具体考察赴日唐船开禁后载运丝绸实际往往未达额定数,也不注意日本因生产发展对中国生丝、丝绸需求的下降,自然也就无法揭示中日丝绸贸易的实质。输日华丝的由盛转衰,实质上反映了中日丝绸生产,特别是生丝生产能力的前后变化,反映了日本随着生丝生产的发展逐渐降低了对华丝的依赖程度。

---

[1] 山脇悌二郎:《長崎の唐人貿易》,第 27、230 页。

[2] 日蘭學會、日蘭交涉史研究會編:《長崎オランダ商館日記》(2),雄松堂出版 1990 年版,第 321—323 页。

[3] 山脇悌二郎:《長崎の唐人貿易》,第 108、109、320 页。

到19、20世纪之交,中日丝绸生产格局的变化将更清晰地显示出来。

二、江南对马尼拉—拉丁美洲的商品输出

明清之际出现的以菲律宾马尼拉为中转地的中国和拉丁美洲之间的贸易,是西方殖民航海势力和中国民间航海势力在马尼拉相遇的结果,这种贸易基本上是中国输出江南的丝绸而输入美洲的白银,因此也是由当时世界丝绸生产格局的特点决定的结果。

中国与菲律宾之间的海上交通至迟在唐代已初步形成,宋元两代双方交往逐渐增多。明初厉行海禁,"片板不许下海",但东南沿海商民"交通外番,私易货物"之事始终未断。在商品经济发展的大背景下,明廷于隆庆元年(1567)准许部分开放海禁,"准贩东西二洋",东洋为吕宋、苏禄等国,西洋为交趾、占城、暹罗等国,而仍"严禁贩倭奴",不得与日本通商。① 商人只要申请文引,缴纳税饷,就可前往一定地点贸易。从此,中国与东南亚各国的海上贸易进入了一个新阶段,出现"熙熙水国,剞劂艎,分市东西路,其捆载珍奇,故异物不足述,而所贸金钱岁无虑数十万"②。每当12月至次年1月东北信风吹动之际,集结在海澄月港的中国船队便扬帆起航,历时15至20天,便可抵达马尼拉港。

中国商货源源驶向马尼拉时,正值西班牙殖民者侵占菲岛并开辟太平洋航路之际。1571年,西班牙殖民当局占领马尼拉后,积极创造条件谋求对华的中转贸易。中国船货在马尼拉一经转卖,

① 张燮:《东西洋考》卷七《饷税考》,中华书局1981年版。
② 张燮:《东西洋考》周起元序。

便立即被装上马尼拉帆船,待 6 月西南季风起时启航,乘风北上,直达墨西哥西岸的阿卡普尔科港,全程万余里,历时 3 个月。于是传统的中国与菲律宾之间的贸易就扩展为中国与经由菲律宾马尼拉的拉丁美洲之间的贸易。以江南丝绸为主的中国商品便源源不断地沿着这条航线驶向墨西哥,畅销于拉丁美洲。

　　当时拉丁美洲特别需要以丝绸为主的中国商品。由于中国丝绸精美绝伦,价格低廉,因而受到拉美各个阶层的普遍欢迎。当时西属美洲的奢侈成风的贵族往往以穿中国丝绸为荣,"为了把自己打扮得光彩夺目,他们毫不吝惜银子和宝石,他们身着金缕衣和中国最精致的丝绸"①,"那些无日不在节日中的女士们从(中国来的)船货中看中了可供她们打扮的款式新颖和奢华的丝袍"②。在美洲拥有雄厚实力的传教士则常用中国的丝绸为自己缝制法衣和作为教堂里的饰物,印第安人的教堂尤其如此,"以前这些教堂由于无力购买西班牙的丝绸,饰物异常寒酸"③。在墨西哥,17 世纪初一个爱尔兰修道士说:"男男女女,穿丝多于穿棉。"④18 世纪初的材料说,中国仿制西班牙出产的绫子、缎子、斗篷、带等丝织品,"精致美观,遍销全境,以致墨西哥除中国丝织品外,不复消费其他丝织品"⑤。在秘鲁,喜爱中国丝绸的风气似乎更甚于墨西哥,以致

---

① 舒尔茨:《马尼拉帆船》,第 363 页,转引自李金明《明代海外贸易史》。

② 安尼塔·布雷德利:《拉丁美洲环太平洋之关系史》,第 6 页,转引自李金明《明代海外贸易史》。

③ 罗伯逊、布莱尔:《菲律宾群岛》第 12 卷,第 64 页,转引自李金明《明代海外贸易史》。

④ 舒尔茨:《马尼拉帆船》,第 365 页,转引自李金明《明代海外贸易史》。

⑤ 罗伯逊、布莱尔:《菲律宾群岛》第 12 卷,第 255 页,转引自李金明《明代海外贸易史》。

有人说"从智利到巴拿马,到处都完全公开地出卖和穿着中国绸缎。西班牙人的衣料,主要都是东方货,从教士的法衣到利马人的袜子都是如此"①。西属美洲各界喜爱中国丝绸,连当时的中国人都十分清楚。明末给事中傅元初就曾说,西、葡两国之人皆喜中国丝绸,"惟藉中国之丝到彼(指吕宋——笔者),能织精好缎匹,服之以为华好"②。西属拉丁美洲各界如此嗜好中国丝绸,这是江南丝绸源源输向该地的一个原因。

另一个原因则是当时西属美洲丝织业的相对不发达。西属美洲原来较为兴盛的种桑养蚕业,由于殖民者的重税榨取和开采金矿掠走了劳动力,到中国丝绸大量输入前后已然衰落。原来颇为发达的丝织业也由于西班牙殖民者为推销宗主国产品从而限制美洲丝织业生产而开始萧条③,14 000 个丝织工人面临因无蚕丝原料而失业的危险。因此西属美洲社会各界急需丝织品而当地所产又远远不敷供给,这就必须依赖进口中国的丝绸。而且即使当地间有少量丝织品生产和由西班牙输入零星丝织品,但其价格之昂贵,也非一般人所能承受。据载,中国绸缎在秘鲁的售价只抵得上西班牙制品的 1/3。所有这些,说明中国丝绸在拉丁美洲有着畅达的销路绝不是偶然的。它既是美洲金银大量开采后购买力急剧上升的结果,也是中国丝绸量多质优、富有竞争力的结果。

中国丝绸既然在西属美洲有着广阔的市场,满载丝绸的中国商船也就络绎不绝驶往马尼拉。在西班牙殖民者占领马尼拉的次

---

① 舒尔茨:《马尼拉帆船》,第365—366页,转引自李金明《明代海外贸易史》。

② 傅元初:《请开洋禁疏》,《天下郡国利病书》,原编第十六册。

③ 张铠:《明清时代中国丝绸在拉丁美洲的传播》,《世界历史》1981年第6期。

年,就有 3 艘中国商船驶抵该地,并另有 5 艘船抵临菲律宾南方诸岛。1573 年,马尼拉有帆船开往墨西哥,中国丝绸输往美洲的历史大概由此开始。1574 年又有 2 艘马尼拉帆船驶往墨西哥,船货中只有价值二三万比索(peso,又称"弗""八里拉银货",西属墨西哥铸造的本位货币,约合当时中国银两一两) 的少量中国商品,其中有绸缎 712 匹。此后中国商船到马尼拉贸易的开始达十余艘。据记载,1575—1583 年航驶马尼拉的中国商船每年约为 20 艘,载运商品值 20 万比索。有学者统计过明末到达马尼拉的中国商船,今移录如下表。①

明后期到达马尼拉的中国商船数量表

年次	船数	年次	船数
1574 年	6	1604 年	13
1575 年	12—15	1605 年	18
1580 年	40—50	1606 年	35
1584 年	25—30	1616 年	7
1587 年	30	1621 年	30—40
1588 年	30	1626 年	100
1589 年	11—12	1629 年	40
1591 年	20—30	1631 年	50
1592 年	28	1634 年	40
1599 年	50	1636 年	33
1603 年	14	1643 年	3

① 李金明:《明代海外贸易史》,第 121 页。

明廷对出海贸易的商船数目是有定额的。最初定为50艘,万历十七年(1589)增为88艘,东西洋各限44艘,东洋吕宋一国因水路较近,定为16艘,后因愿贩者多再增至110艘,万历二十五年(1597)共增至137艘。[①] 但是西洋各地因路途遥远,"商船去者绝少,即给领该澳文引者,或贪路近利多,阴贩吕宋"[②]。与此相反,每年前往马尼拉的商船却因路近利多大多超过了规定的限额。如表中1599年、1626年、1631年和1634年都是如此。

前往马尼拉的中国商船,载运的主要是在国际市场上享有盛誉的江南丝绸。这些丝绸除了部分销向东南亚各地和经由葡萄牙、荷兰人之手销往日本,大部分由西属马尼拉当局的帆船输向西属美洲。在这些帆船上装载的中国丝绸,1636年以前每艘为300—500箱,但在1636年出发的船,一艘登记载运的丝织品超过1 000箱,另一艘则多至1 200箱。[③] 如以1774年启航的大帆船一箱丝织品约重250磅为标准计算,则1636年的这2艘船装载的丝织品近50万斤。西班牙议会曾于1727年规定自菲运美的丝及丝织品以4 000包为最高限额,但实际上通常都多至10 000包至12 000包。[④] 如果以清代江南出口的生丝每包80斤来计算,则1727年的限额就达32万斤,实际输向美洲的生丝更为90万斤左右。所以1701年马尼拉大主教说,大帆船自菲运往墨西哥的丝货,通常约值200万

---

① 《明神宗实录》卷二一〇,万历十七年四月乙未,第3939页;卷三一六,万历二十五年十一月庚戌,第5899页。张燮:《东西洋考》卷七《饷税考》。

② 《天启红本实录残叶》,《明清史料》戊编,中华书局1987年版。

③ 《菲律宾百科全书》,转引自全汉昇《自明季至清中叶西属美洲的中国丝货贸易》,《中国文化研究所学报》1971年第4卷第2期。

④ 舒尔茨:《马尼拉帆船》,第308—313页,转引自李金明《明代海外贸易史》。

比索。另据其他记载,在贸易特别兴旺时期,每年运往美洲的丝货总值更多至 300 万甚至 400 万比索。[①] 根据丝货数量和当时马尼拉丝价,这些记载是较为可信的。由于长期的巨量对外输出,中国的丝货采购事实上已越来越困难,因而出现广州难以采买转向江南产地购买的现象。[②]

当时西属美洲能够用来交换中国丝绸的唯一货物是银币。于是大量的银币又由美洲流向了马尼拉,最后流向了中国。这种贸易因而被人称为"丝银贸易"。严中平先生更将这一现象形象地称为"丝绸流向菲律宾,白银流向中国"[③]。我们甚至可以进一步说,丝绸流向美洲,白银流向中国。据估计,从马尼拉流向中国的美洲白银,1585 年以前每年约 30 万比索,1586 年超过 50 万比索,1596 年达 100 万比索,1602 年更高达 200 万比索。[④] 对这种白银的单向流动,1598 年马尼拉大主教在给西班牙国王的报告中愤愤不平地说,"这些钱都流入了中国异教徒的口袋"[⑤]。

在这国际性的丝银贸易中,商业利润相当高。先看中国商人。傅元初说:"是以中国湖丝百斤,值银百两者,至彼得价二倍。"当时马尼拉的丝价大约是广州丝价的 2 倍。如 1620 年至 1621 年间在

---

① 舒尔茨:《马尼拉帆船》,第 189—190 页,转引自李金明《明代海外贸易史》。
② 故宫博物院文献馆辑:《史料旬刊》第 12 期钟音折称:"吕宋夷商供板,广州货难采买,所带番银十五万圆要在内地置买绸缎等物,已择殷实铺户林广和、郑得林二人先领番银五万圆带往苏广采办货物。"
③ 严中平:《丝绸流向菲律宾,白银流向中国》,《近代史研究》1981 年第 1 期。
④ 罗伯逊、布莱尔:《菲律宾群岛》第 6 卷,第 269 页;第 10 卷,第 179 页;第 16 卷,第 178 页;第 25 卷,第 143—144 页,转引自李金明《明代海外贸易史》。
⑤ 罗伯逊、布莱尔:《菲律宾群岛》第 10 卷,第 145 页,转引自李金明《明代海外贸易史》。

马尼拉 100 斤生丝的购买价就正好是 200 比索。① 由此可知,假如中国商人从广州贩运丝货到马尼拉,利润率为 100%。

再看西班牙马尼拉殖民当局。如果说中国商人的获利已经不低,那么西班牙殖民当局从贸易中得到的好处更是惊人。1599 年一位驻马尼拉的西班牙官员上书说,如果由政府收购来自中国的丝货,运往墨西哥,可获 400% 的利润。17 世纪初期一位南美洲的主教说,在过去 20 年,当中国丝货贸易只由菲岛西班牙人经营的时候,往往赚取 1000% 的利润。1640 年一位耶稣会士叙述菲律宾情况时甚至说:"所有这些货物,都运往墨西哥,在那里就地出售,利润非常之大。我不相信世界上还有比这种买卖更可以令人致富的贸易。"②这些说法可能含有夸张的成分。全汉昇根据 1620—1621 年间马尼拉和利马两地丝货的不同价格,计算出其"净利润为二百万西元,即将近为投资额的两倍",因而认为"就大体上说,在菲、墨间经营丝货贸易的净利润,约为投资额百分之一百至百分之三百,其大小要因时间的不同而有差异"③。这个结论比较可靠。

长时期的大规模的中国丝货输向美洲,不仅使巨量的白银流向中国,而且将西班牙丝织品从美洲市场中排挤出去。早在 1586 年,新西班牙都护就向国王报告说,有花纹的中国丝织品,价格之低廉,西班牙产品简直不能和它相比,因为中国的织锦照例比西班

---

① 罗伯逊、布莱尔:《菲律宾群岛》第 19 卷,第 304 页,转引自李金明《明代海外贸易史》。
② 罗伯逊、布莱尔:《菲律宾群岛》第 29 卷,第 308 页,转引自李金明《明代海外贸易史》。
③ 全汉昇:《自明季至清中叶西属美洲的中国丝货贸易》,《中国文化研究所学报》1971 年第 4 卷第 2 期。

牙的线缎为好,但前者的售价还不及后者的一半,其他丝织品也大多如此。其后到 1640 年左右,在秘鲁市场上,差不多一样的丝织品,中国货的价格只是西班牙货的 1/3。中国丝绸物美价廉,使西班牙丝绸在美洲市场几乎绝迹,从而导致其国内丝织工业因不景气而日益陷于衰落。

为了限制白银无止境地流出,又为了保护本国丝织工业,西班牙王室不得不先后于 1593、1599、1601、1608、1609、1620、1634、1635、1636、1639、1706、1718、1720、1724、1727 等年份颁发了一系列禁令,禁止墨西哥和秘鲁的西班牙商人对马尼拉经营贸易,并禁止或限制菲律宾运进墨西哥的中国货物转销到其他美洲殖民地去。[①]西班牙王多次规定马尼拉和阿卡普尔科之间的贸易额。1593 年规定从马尼拉运销到该地的货物总值不得超过 25 万比索,从阿卡普尔科到马尼拉的货物和白银总值不得超过 50 万比索。1702 年分别提高为 30 万和 60 万比索,1734 年再提高到 50 万和 100 万比索,1776 年更增到 75 万和 150 万比索。[②]

但是由于西属美洲和马尼拉殖民当局能够从贸易中获得巨大利益,西班牙王的这些禁令自始就没有什么约束力。1601 年沉没的圣·托马斯号载货超过指标 200 万比索。1698 年圣·扎维尔号超过指标 207 万比索。有人说,这个时候单是纺织品,"一般都上载二百万比索"。1732 年菲律宾总督说,长期以来自菲驶墨的帆

---

① 罗伯逊、布莱尔:《菲律宾群岛》第 27 卷,第 158—159 页、162—163 页,转引自李金明《明代海外贸易史》。

② 罗伯逊、布莱尔:《菲律宾群岛》第 27 卷,第 141—142 页,转引自李金明《明代海外贸易史》。

船,没有一艘不装回 100 万或 150 万比索的。1784 年,圣·霍塞号就载回 279 万余比索。18 世纪 70 年代,有人估计从墨返航价值达 200 万比索是毫无疑问的,300 万比索以上也是十分可能的。[①] 直到中拉贸易已趋衰落的 1810 年,从马尼拉进口的美洲白银仍达 155 万比索,而由马尼拉输华的商品只有微不足道的 17.5 万比索。在这种历史上很少见的几乎是银货单向流动的中拉贸易中,有人估计,在 1565—1820 年间,墨西哥向马尼拉输送了白银 4 亿比索,而其中绝大部分流入了中国。[②] 从以上叙述可知,即使这个估计可能偏高,但在 250 余年间,至少有 3 亿比索左右白银流向中国则大概是完全可能的。

三、江南对欧美各国的商品输出

随着地理大发现和环球航行,东西贯通,西方殖民者开始了对中国直接的掠夺性贸易,江南的商品也在规模日益扩大的东西方贸易中大量输往欧美各国。江南输向欧美的商品,原来几乎全部是生丝和丝织品,18 世纪 30 年代起又增加了冠以"南京布"名字的苏松地区出产的棉布。由马士《东印度公司对华贸易编年史(1635—1834)》[③]中所记载的西方殖民贸易者的话可知,广州以及

① 普什尔:《东南亚的华侨》,第 614 页,转引自严中平《丝绸流向菲律宾,白银流向中国》,《近代史研究》1981 年第 1 期。
② 罗伯逊、布莱尔:《菲律宾群岛》第 30 卷,第 77 页,转引自李金明《明代海外贸易史》。
③ 马士:《东印度公司对华贸易编年史(1635—1834)》,区宗华译,中山大学出版社 1991 年版。笔者在征引该《编年史》材料时,核对了英文原文。

其他对外口岸的上等生丝和丝织品,实际上就是江南生产的,这些生丝往往被英国东印度公司直接称为"南京生丝""南京丝",而且西方各国在中国"置办之物,多系浙省所产"①。我们可以将中国对欧美的生丝和丝织品输出理解为就是江南对欧美的生丝和丝织品的输出。

前述葡萄牙人的三角贸易在中国沿海以澳门为中转,将中国丝绸输向日本,在印度则以其殖民据点果阿为基地,除将中国丝绸销向东南亚,又沿着新开辟的非洲航线,载运回欧洲。据载,自澳门运往果阿的生丝,在1580年至1590年每年约为3 000余担;1630年为白丝1 000担,大量细丝和各种颜色的绸缎1万—1.2万匹;1636年多至6 000担。② 这些丝绝大部分当运往欧洲。葡萄牙人这样将中国生丝大量销往欧洲,是因为其时他们独占了华丝的对欧输出局面。当17世纪荷兰称霸海上后,这种垄断局面就由荷兰人取而代之。

荷兰人最初靠袭击葡西商船获得中国丝及丝织品。1603年荷兰殖民者在柔佛港外劫掠了葡萄牙商船圣凯撒林号,船上载有生丝1 200大捆,这些生丝在阿姆斯特丹市场上卖价高达225 000荷兰盾。③ 1617年,在荷兰几种可能销售商品的价值中,17人委员会认为一年至少可销售中国生丝72 000磅。1619年荷兰东印度公司估计在欧洲生丝的总销售量是600担。1621年,荷兰东印度公司

① 《清高宗实录》卷五四四,乾隆二十二年八月丁卯,第15册,第15521页。

② C. R.博克:《来自澳门的大帆船》,转引自全汉昇《明代中叶后澳门的海外贸易》,《中国文化研究所学报》1972年第5卷第1期。

③ 黄文鹰等:《荷属东印度公司统治时期吧城华侨人口分析》,厦门大学南洋研究所1981年版,第74页。

在宋卡购买了中国生丝 1 868 荷磅,每磅买价 3.81 盾,而至欧洲售价为 15.9 盾,毛利达 317%;1622 年在台湾购买生丝 1 211 荷磅,每磅买价 4 盾,在欧洲每磅售价 16.88 盾,毛利高达 322%。在欧洲市场上,中国生丝也远比其他国家的生丝卖价高。以 1624 年荷兰涵塘拍卖价为例,意大利丝每荷磅值 5.4 盾,波斯丝值 9.6 盾,而中国丝则值 16.2 盾,是意大利丝的整整 3 倍,波斯丝的 1.69 倍。中国生丝如此走俏,贩运生丝利润奇高,因而荷兰殖民者想方设法获得中国生丝。东印度公司董事会在一项指令中说:"我们必须用一切可能来增进对华贸易,首要的是取得生丝,因为生丝利润优厚,大宗贩运能为我们带来更多的收入和繁荣,如果我们的船只无法直接同中国进行贸易,那么公司驻各地商馆就必须前往中国船只经常来往的地区(北大年等地),购买中国生丝。"[1]此后董事会又两度训令巴达维亚总督必须设法直接向中国购买生丝。

1619 年荷兰殖民者创建的巴达维亚殖民贸易点,为其直接购买中国生丝提供了可能。17 世纪 20—30 年代,每年大约有 5 艘船驶抵巴达维亚。1644 年 8 艘中国帆船载运 3 200 吨货物抵达巴达维亚。[2] 这些船只载来了荷兰殖民者最需要的蜚声欧洲的生丝。荷兰殖民者则从巴城输出胡椒、檀香木、香料、象牙等,购入中国生丝运回欧洲。范·勒尔认为,每年由印度人、波斯人和阿拉伯人从中国运到西方的生丝数量达 1 500—2 000 担,而经由荷兰东印度公司运走的丝、绸缎有几千匹,进口到印度尼西亚的丝绸数量为

---

[1] 上引黄文鹰书第 74 页。

[2] 包乐史:《荷兰东印度公司时期中国对巴达维亚的贸易》,《南洋资料译丛》1984 年第 4 期。

1万—2万匹。① 可见荷兰在早期中欧丝绸贸易中起了十分重要的作用。如前所述,荷兰殖民者在17世纪20年代侵占台湾后,巴达维亚之外又以台湾为基地从事丝绸贩运,只是于1662年被郑成功逐出台湾后,才以巴城一地继续这种贸易。1693年,他们从中国商人手里购入价值109 923银元的丝、丝织品和瓷器等,而出售了价值194 891银元的胡椒和纺织品。据统计,到达巴达维亚的中国帆船1690—1700年平均每年为11.5艘,1700—1710年平均每年为11艘,1710—1720年平均每年为13.6艘②,个别年份超过20艘。如1694年就有20艘中国帆船抵达巴城,据说公司从中获得的利益比派5艘公司的船只到中国沿岸大得多。对此,当时访问过巴城的英国人伍德斯·罗杰斯评论道:"荷兰人支付给运到那里的所有中国商品的代价比他们自己到中国去贩运更便宜。由于荷兰人在香料贸易中处于有利的地位,运来的中国商品都落入他们的手中。"③不消说,落入荷兰人之手的中国丝及丝织品最后由他们运回了欧洲。

英国于1600年成立东印度公司后,在17世纪30年代一再试图与中国直接贸易,但始终没有成功。在清廷开海前,英商只能在澳门、厦门,以及越南、东京获得远少于期望值的中国商品,与清朝中央政府还无直接贸易。直到1700年,英国的商船才在广州购得了69.5担生丝和价值13 000余两银的丝织品及其他商品。此后贸

---

① 范勒尔:《印度尼西亚贸易与社会》,转引自李金明《明代海外贸易史》。
② 李金明:《清康熙时期中国与东南亚的海上贸易》,《南洋问题研究》1990年第2期。
③ 《环球航行》,转引自包乐史《荷兰东印度公司时期中国对巴达维亚的贸易》,《南洋资料译丛》1984年第4期。

易额连年上升。这个时期输出的中国商品,丝及丝织品占最大比重。1717 年,由安徽、江西及湖南等省运入广州的茶叶开始代替生丝成为贸易中的主要货品。1730 年,为满足英商缩小体积的要求及保持光泽,生丝及丝织品由箱装改为包装。1736 年,英国商船"里奇蒙号"在广州购得"南京布"10 374 匹,"诺曼顿号"购得"南京布"2 560 匹,从此"南京布"成为又一重要商品。但直到 1745 年,英国在广州的贸易仍未超过法国或荷兰。① 1757 年,英商为了以较低的价格搜购绿茶和生丝,又要求前往宁波贸易,未获正式允准。②

与上述国家差不多同时或稍后,法国、丹麦、瑞典的东印度公司也纷纷派船到中国直接贸易,普鲁士、西班牙的商船也驶抵广州。1784 年,第一艘美国船"中国皇后号"由纽约驶达广州。③

1727 年,清廷宣布废除南洋禁海令,更加速了西方各国同中国的直接贸易,各国展开了抢购以茶、丝及丝织品为主的中国商品的竞争。1736 年和 1737 年两年,各有英国、荷兰、法国、丹麦、瑞典的 12 只船在广州贸易。1738 年,在广州,各国有 14 只船;在澳门,西班牙有 3 只,葡萄牙有 1 只,另外还有属于澳门的 5 只。1739 年,上述七国在广州和澳门共有 27 只船。1741 年,英、法、荷、瑞、丹五国在广州购买生丝 278 担,丝织品 31 574 匹,南京布 15 699 匹。1753 年,在广州的各国商船多达 27 只,其中 1 只属普鲁士,而英国

① 马士:《东印度公司对华贸易编年史(1635—1834)》第 1 卷,第 96、156、204、251—254、297 页。以下简称《编年史》。

② 马士:《编年史》第 5 卷,第 476 页。参见《清高宗实录》卷五四四,乾隆二十二年八月丁卯,第 15 册,第 15521 页。

③ 马士:《编年史》第 1 卷,第 417 页。

东印度公司 8 只船中的 6 只就载运生丝 1 192 担。①

　　乾隆二十二年（1757），清廷又规定对外贸易点减少为广州一地。于是原来由厦门、宁波、上海等地出口的丝货也转向广州，但这并不影响江南丝绸的出口。据奏报，"外洋各国夷船到粤，贩运出口货物，均以丝货为重。每年贩买湖丝并绸缎等货，自二十万斤至三十二三万斤不等。其货均系江、浙等省商民贩运来粤，卖与各行商，转售外夷"②。丝货交易额，如《乾隆上谕条例》第 108 册所载，"闽省客商赴浙江湖州一带买丝，用银三四十万至四五十万两不等。至于广商，买丝银两动至百万，少亦不下八九十万两。此外，苏杭二处走广商人贩入广省尚不知凡几"。两相对照，大体符合。洋商大量购买中国丝货，导致中国生丝价格大幅度上涨。自康熙末年到乾隆前期短短 40 年中，丝价大约上涨了将近 50%。这种增长速度是以往从来没有过的。为抑制丝价，确保国内丝织生产，如前所述，清廷先是严禁丝及丝织品出口，后因未能奏效，又改为只能搭配一定量的土丝和二蚕粗丝出口。在广州者，原为 5 000 斤，后又增为 8 000 斤，两广总督苏昌一边说此额已"有盈无绌"，一边又奏请"准再各船各加带粗丝二千斤，连尺头一万斤为率"③。而且仅限一船搭载数而不限出洋船数，丝货出口数是无法限制住的。因此，对欧美贸易同对日本的贸易一样，禁令只是一纸具文，很难说有什么约束力。

①　马士：《编年史》第 1 卷，第 246、283—284 页。
②　故宫博物院文献馆编：《史料旬刊》第 5 期，李侍尧奏。
③　苏昌：《奏为请准运往东南丝斤数量折》，乾隆二十九年三月四日，《历史档案》1983 年第 4 期载史料《乾隆二十九年的丝斤出口》。

禁令之所以无效,不但在于禁令本身有漏洞,而且在于欧美各国对丝绸的渴求。清廷限制丝绸出口之时,正逢纺织业的工业革命开始,织机上的飞梭已经发明,蒸汽动力织机不久也将用于纺织业。迅速发展的丝织业更需要源源不断的巨量生丝作原料。中国丝货出口数额不但无法限制,反而因需求增加和利益所刺激而越来越大。

自 1775 年到 1833 年,英国东印度公司逐年记录了各西方国家在广州载运的中国商品数,虽不完备,但可供参考。

今将涉及江南商品的生丝、丝织品、南京布的数量列表如下。

鸦片战争前由广州输往西方的丝绸布匹数量表

年次	生丝(担)	丝织品(担)	南京布(匹)
1775	3 724		
1776	1 861+?		
1777	3 719		
1780	3 591		
1781	2 264		
1783	1 325		
1784	1 089		
1785	2 305		
1786	3 565		372 020
1787	2 772		
1788	3 908		
1789	5 104		
1790	3 096		509 900

年次	生丝(担)	丝织品(担)	南京布(匹)
1791	2 000		
1792	3 400		402 200
1793	1 878		426 000
1794	2 702		598 000
1795	1 266		1 005 000
1796	1 974		820 200
1797	2 404		573 000
1798	1 608		212 500
1799	1 134		1 160 000
1800	1 164		1 471 300
1801	1 000		1 584 700
1802	582		1 050 000
1803	2 535		941 000
1804	656		1 720 000
1805	582		1 679 500
1806	1 360		860 000
1807	1 169		1 488 000
1808	1 727		775 000
1809	1 453		1 245 000
1810	1 635		1 038 200
1811	912	2 515	634 400
1812	1 962	360	418 400
1813	2 062	463	610 000
1814	3 093	542	763 500

续表

年次	生丝(担)	丝织品(担)	南京布(匹)
1815	642	3 169	678 500
1816①	659	427	441 000
1817	2 117	2 982	1 229 000
1818②	2 242		798 500
1819	4 120	6 119	3 359 000
1820	3 625	3 966	910 000
1821	6 032	336 614 匹	1 876 000
1822	5 248	419 272 匹	1 629 384
1823	3 211	371 000 匹	1 110 000
1824	3 690	612 052 匹	1 115 750
1825	325 171	7 530 担 653 326 匹	1 217 000
1826	4 446	363 885 匹	547 900
1827	3 837	460 494 匹	1 380 500
1828	7 576	301 310 匹	1 314 000
1829	6 467	278 403 匹	1 055 000
1830	7 053	378 457 匹	1 051 000
1831	8 560	318 177 匹	438 785
1832	6 795	273 902 匹	170 500
1833	9 920	66 550 匹	30 600

①仅英国船 67 只所载。

②仅英国船 51 只所载。

根据上表统计,西方各国从广州输出的生丝,自 1775 年到

1833 年的 59 年中,每年约 3 000 担;输出的丝织品,自 1811 年到 1833 年的 20 余年中,每年约 5 671 担①;输出的南京布,自 1786 年 到 1833 年的 48 年中达 4 400 万余匹,每年平均达近 100 万匹。其 中生丝自 1793 年至 1815 年的 23 年中,每年只有 1 543 担,只是此 前 15 年的一半,而自 1819 年至 1833 年的 15 年中,每年平均 8 629 担,是前者的 5.5 倍。导致生丝输出如此起落的原因,可能是自 1794 年直到 1833 年原来的购丝大户法国和荷兰商船大多数年份 不再出现在广州,少数年份有船也不购丝,自 1807 起,广州通常只 有英美两国的商船。自 1819 起,美国开始大量购买生丝,生丝输出 从而迅速增加。

输出中国商品,数量最多的是英国,其次是美国,其余国家只 占极小部分。英国东印度公司在它于 1834 年被撤销垄断贸易专利 前,输出的中国生丝高达 96%,美国商船在同期约占 3.4%。与很少 输出生丝相反,美国输出大部分的丝织品,自 1811 年到 1832 年的 20 余年中,输出的丝织品占总数的 76%,其中 1823 年到 1825 年连 续超过 90%。南京布几乎全由英美两国输出,尤以英国为主,但少 数年份美国占多数。可以说,从 18 世纪最后几年直到鸦片战争爆 发,江南的生丝绝大部分是由英国输出,而丝织品则主要由美国输 出,南京布是由英美两国共同输出的。

在中国和欧美早期贸易中,丝及丝织品、棉布这些江南商品一 直是畅销货,西方商人千方百计搜购这些商品。1694 年,英国东印 度公司指令其"多萝西号",除了购买粗重货物压舱,只投资于精细

---

① 马士:《编年史》第 1 卷,第 195 页。1728 年广州各类丝织品平均每匹重 37 两,即 2.3125 斤,这里以此折合成斤计算。

货品,而生丝在"每磅不超过 6 先令的价钱内,尽量买入将你的船装满"①。1736 年,该公司又指令"特别努力去搜购南京布,就是要真正在南京纺织的产品"②。在交易中,中国商人通常居于较为主动的地位。西方商人常常抱怨丝价昂贵,中国商人要价过高。为了得到他们急需的生丝,他们常常不得不预付大部分货款,有时还得以较低的价格出售其商品,而中间人如能为他们"获得丝,就是对公司帮了大忙"③。

西方商人在广州以逐年增加的规模大量输出中国的茶叶、生丝、丝织品、南京布及瓷器等,却无相应的商品来交换。从英国运来的毛织品,数量既少,又很难脱手,一直因为滞销而亏本。铅较受欢迎,但用量有限。直到 18 世纪中叶,从英伦开出的商船只有 1/10 是"王国生长、生产或制造"的货物,而其余主要是白银。所以《东印度公司对华贸易编年史(1635—1834)》的编者马士说:"在那个时期,我们现在叙述的每艘船,从英伦运出的资金是白银","而中国则不需求英国的东西"④。直到 19 世纪初年,中西贸易基本是单向的货银对流,中国向西方输出大宗生活品,而西方各国向中国输出白银。其间虽然英国自 18 世纪中叶开始向中国输出印度的棉布,但仍改变不了这种趋势。白银单向流向中国的情形,直到西方殖民者大量走私鸦片进中国后才逐渐有所改变。

综述明清时期江南对国外的商品流通,其流向基本是单向的。

---

① 马士:《编年史》第 1 卷,第 84—85 页。
② 马士:《编年史》第 1 卷,第 432、412 页。
③ 马士:《编年史》第 1 卷,第 432、412 页。
④ 马士:《编年史》第 1 卷,第 66—67 页。

即江南对外输出生丝、绸布、书籍等大宗生产资料和日用手工业品，而输入银币、金银铜币材及各种矿产和形形色色的特产品、奢侈品，尤以硬通货及各种币材为主。乾隆《乍浦志》记录江南自海外输入物品为，"货自日本、琉球、安南、暹罗、爪哇、吕宋、文郎马神等处来者，则有金、银、铜、锡、铅、珠、珊瑚、玛瑙、琥珀、水晶、玻璃、龙涎、伽楠、沉檀、速降、安息、黄熟、丁香、紫檀、花梨、铁力、乌木、苏木、黄白藤、象牙、犀角、虎骨、羚羊角、牛黄、熊胆、玳瑁、螺壳、孔雀、翡翠、倒挂鸟、红白鹦鹉、哆啰呢、羽毛纱、猩猩毡、哔叽缎、嘉文席、燕窝、海参、鲨鱼翅、黄蜡、胡椒、豆蔻、槟榔"①。这些商品虽然对江南经济的发展和人民生活都有重要意义，对参与贸易的各方也都有好处，但毫无疑问江南生产的商品价值量占有绝对的优势，使得中国长期保持着商品出超的主动地位。

---

① 乾隆《乍浦志》卷一《城市》。

第三章　江南的商品市场

商品流通有赖于流通市场。明清时期，江南市场发育程度较高，大中小市场齐全，层次分明，各种商品市场，包括劳动力市场、货币市场兴盛发达，时人目之为市肆喧阗的热闹"马头"、都会之地，作为市场主体的商业资本活动频繁，实力雄厚，市场机制较为完善。江南市场既自成体系，又成为全国各区域市场中的一个重要市场。本章仅拟对江南市场的各个层次和主要类型作些考察。

第一节　江南市场的层次

对于市场层次，学者们的表述不尽相同。吴承明在考察明代和清代前期全国市场时，将市场分为：第一，地方小市场，即墟集贸易，后来发展成初级市场；第二，城市市场；第三，区域市场，如通常"岭南""淮北"这些概念中的市场，以及多数省区范围内的市场；第四,突破区域范围的大市场,亦可称为全国性市场。[1] 魏金玉在探讨自然经济与封建经济的关系时,将市场分为基层市场、集散市场和中转市场,并认为大城市多是转手贸易和集散贸易的市场,中等城镇多是集散贸易的市场,小市镇基本是直接供需贸易的市场。[2] 刘秀生在考察清代全国市场时,分为商品收购市场、商品集散市场和商品零售市场三级市场结构。[3] 陈忠平考察明清时期苏松常杭嘉湖地区市场,分为市镇初级市场、城镇专业市场、城市中心市场。[4] 龙登高考察宋代东南市场,分为村落小市场、县镇市场、中心市场、地方市场、区域市场。[5]

　　各家论述角度虽不相同,或着眼于商品流通过程,或立足于区域范围,或大体上参照行政区划,强调点各有侧重,都有利于问题的探讨和研究的深入。鉴于陈忠平的考察时段和地域范围与本书所论大致相符,而且其分层"按照商品贸易场所的规模及其内部商品关系的层次",比较易于说明问题,又因为"吴越之间市集之大者谓之镇"[6],市镇与市场有着十分紧密的内在联系,所以本章的市场层次分类参照他的看法。但是江南市场是全国市场的重要组成部分,其市场层次既要能够反映出江南的特色,也要能够反映出它在全国的地位,而且对于"市镇""城镇""城市"等概念也须有所限定。为全面反映明清时代江南市场的各个层次及其在区域经济乃

---

① 吴承明:《中国资本主义与国内市场》,第 218—220 页。

② 魏金玉:《封建经济·自然经济·商品经济》,《中国经济史研究》1988 年第 2 期。

③ 刘秀生:《清代中期的三级市场结构》,《中国社会经济史研究》1991 年第 1 期。

④ 陈忠平:《明清时期江南地区市场考察》,《中国经济史研究》1990 年第 2 期。

⑤ 龙登高:《宋代东南市场研究》,第 203—210 页。

⑥《罗溪志》钱大昕序,光绪《罗店镇志·罗溪文征》。

至全国经济中的作用与地位,本节将江南市场分为乡村小市场(即小市镇初级市场)、地方专业市场、区域中心市场和全国中心市场四个层级,并附带考察各地的庙会等特殊市场。

一、乡村小市场—小市镇初级市场

乡村小市场是指人口规模在千户以下、一般商业活动较为频繁及普通商业设施基本具备的小市镇初级市场,商业活动主要是由小商小贩、小生产者及中间牙人进行的本地商品购集与外来商品散售贸易。该级市场是随市镇附近农家经济的商品化,适应其出售本地农副手工业产品与购买外来生活、生产资料的交易要求,从而突破农家调剂余缺的集市原始市场的水平发展起来的。民国《新塍镇志初稿》卷首《疆域总说》称:"盖前世镇之户口未多,其后商市日繁,户口渐多,村镇交易,各就其便。于是某村常赴某镇交易者,即曰'某镇之某村'。此由地理之近便,而成自然之区别,固未有行政之统辖也。"江南的地方小市场就是以小市镇为范围形成和展开的。

这类市场的贸易范围,据陈忠平研究,农家距市场的最大贸易半径一般在平原地区仅为 2—7 公里,即使在山区也只有 5—9 公里。平原区的农家只需花费清晨的一段时间,就可早市早回,"既充一日之用,又不妨一日之功"①。山区的农家也只需花费半天时间,就可往返市镇一趟。因此,这样的市场也就大多体现为"黎明

---

① 乾隆《嘉定县志》卷一二《风俗》。

而集,日中而散,不过贸易食货"①,与农家经济生活保持着最为密切的联系。

这类基层市场,遍布江南农村,在明后期约 250 个,在清乾嘉时期约 400 余个(参见明清江南市镇数量表)。当地农家所需的日用工业品完全依赖这类市场由外地或更高级市场输入。所谓凡近市之民,"有而求售焉者,无而求市焉者,盖不俟籯粮负囊操舟驰骑远赴都邑,而不日之间已遂其所求焉"②。农家在附近的小小集镇即能基本满足生产生活的全部需要,"不日之间已遂所求"。所以地方官上奏说:"浒墅关北二三百里以内,民居生齿日繁,积终岁辛勤血汗所出之米麦、豆粮、花布、鸡豕,完租办赋,养老育幼之贵,以有易无,此往彼来,熙熙攘攘,无日蔑有。"③这是一幅在附近市镇完成"以有易无"交换活动的自然经济的典型图景。常熟的民间日用品多从苏州贩运,康熙时县令奏称,"常熟一邑,僻处海隅,地非冲要,从无远商巨舶往来。而民间日用油粮杂货,俱从苏郡搋贩"④。市镇日用工业品取自苏州,农村所需则就近取之于市镇。如江阴东南各镇因更接近常熟,"各乡农民仅以土产载赴常熟易银,以为公私应需之用"⑤。即使稍具规模的市镇,如明后期的甫里镇,"其民习耕捆织外无他业,间有贸易,亦不过转输邑市之货,规蝇头利而已"⑥。鸦片战争前的黎里镇,"四方商贾不至,市无珍货,啬于

① 乾隆《唐市志》卷上《风俗》。

② 道光《璜泾志稿》卷七《文征》。

③ 王允谦:《上督抚各宪请裁浒墅关口岸折稿》,乾隆《金匮县志》卷七《增辑》。

④ 苏州博物馆等编:《苏州碑刻》,第 246 页。

⑤ 道光《江阴县志》卷四《关榷》。

⑥ 康熙《吴郡甫里志》卷三《风俗》。

用财,男耕女织,称仁里焉"①。这些有着数百户居民的市镇如此,其他数十户百来户的小市镇,其市场功能更属有限。四里一市,五里一镇的分布格局本身就说明这类市镇是乡村小市场,从而形成区域市场的一个个支撑点。

这类小市场,因为是在农家副业手工业生产基础上产生的,因此同时又是副业手工业产品集中的起始点,棉花、棉纱、棉布、生丝、低级丝绸等产品就主要是在这种乡村小市场收购而输向更高级市场的。如木渎产麻,"四乡多织夏布,村妇以绩缏为业者,朝市每集虹桥"②。又如居民数百家的棉布市镇里睦镇,"以日出为市",原来布市甚早,"五更则庄列风灯,抱布者已联络不绝,至晓庄收,然后以货物交易",道光时"收布亦在日出后矣。惟新花出时,牙行为客收买零花,为时独早,乡间牙行,且高悬标灯,其早可知,平时亦不甚早也"③。"户口不及千"的布业市镇外冈镇,"卖纱卖布者必以黎明。至于花豆成熟时,牙侩持灯而往,悬于荒郊要路,乘晦交易。询之父老,谓蚤市蚤回,既充一日之用,又不妨一日之功"④。金泽镇,"肆中收布之所曰花布纱庄,布成持以易花,或即以棉纺易,辗转相乘,储其余为一家御寒具,兼佐米盐"⑤。俗务纺织的盘龙镇,"里妪抱布入市,易木棉以归,明旦复然……东乡日用所需,都从此出"⑥。无锡城东的安镇,"市店多花庄米铺,络绎求

① 嘉庆《黎里志》凡例。
② 民国《木渎小志》卷五《物产》。
③ 道光《里睦小志》卷上《杂志》。
④ 乾隆《续外冈志》卷一《风俗》。
⑤ 道光《金泽小志》卷一《风俗》。
⑥ 光绪《盘龙镇志·风俗》。

市者,十数人为群,虽二三十里外,小舟捆载而来,易木棉籼米去。一晨或得布万匹云"①。其他中小型棉布市场,交易方式大多类此。从农家副业手工业产品的出售而言,这类基层市场又与广大乡村农户特别是丝棉织业地区的农家有着密切的经济联系,农家倚为对外经济联系的重要渠道。

可见,这种市场"一方面输入并直接向附近农民家庭散售外来的生活资料及生产资料,以满足其经济生活的正常需要;另一方面,购集并为更高层次市场提供本地的农副产品及手工产品,以保证市场商品流通的继续进行"。因此,小市镇初级市场"既是整个市场体系渗入乡村的终点,也是全部乡村经济连结市场的起点,它是整个商品流通网络的基本网结"②。

二、地方专业市场

地方专业市场是指人口规模较大,少则千余户、多或万户左右,非农业人口较多的一种或几种专业性商业活动繁荣及专门性商业设施较为齐全的专业市镇市场。商业活动主要是大商小牙在专业区内进行的大宗专项商品的集散贸易。一般的府县城也因其商业规模高于乡村小市场但低于区域中心市场而属于这级市场。马克思说:"这些各不相同的产品的主要市场在各个中心地点形成,这些地点所以成为中心地点,或者由于进出口的关系,或者是

---

① 乾隆《无锡县志》卷一一《物产》。
② 陈忠平:《明清时期江南地区市场考察》,《中国经济史研究》1990 年第 2 期。

由于它本身要么是某种生产的中心,要么是这种中心的直接供应地。"①江南地方专业市场正是随江南地区内部的区域分工扩大及其生产专业化发展,适应各专业区大宗专项商品中长途贩运贸易的需要,并将小市镇初级市场上某些商品的贸易进一步集中与专门化的基础上形成与发展起来的。

这类市场就是棉纺织业市镇如朱泾镇、枫泾镇、三林塘镇、诸翟镇、朱家角镇、黄渡镇、南翔镇、罗店镇、江湾镇、大场镇、章练塘镇、鹤王市、梅李镇、支塘镇、华墅镇等;丝织业市镇如震泽镇、盛泽镇、王江泾镇、南浔镇、王店镇、濮院镇、乌青镇、菱湖镇、双林镇、临平镇、塘栖镇等;陶业市镇如蜀山镇、千家窑镇、炉头镇、瓶窑镇等;流通型市镇如洛社镇、浒墅镇、枫桥市、平望镇、刘河镇、乍浦镇、福山镇等;竹木山货市镇如上陌镇、湖汶镇等;以及出产丝绸的湖州、嘉兴府城和出产棉布的上海县城等等。

在这类市场中,集中了较多的外地批发商,并相应设有为之购售专项商品服务的各种字号行铺,甚至还有相应的工商业会馆公所,以及一定规模的雇佣劳动力市场。地方专业市场虽然也保留小市镇初级市场的商品交换对象、内容、方式、范围及其基本功能,但主要还是作为批发商人、牙人组织与小商小牙之间商品交易的场所,以本专业区所产及其所需专项商品的大宗批购、批售贸易为特色。

地方专业市场所拥有的商品贸易范围较之小市镇初级市场更

---

① 马克思:《政治经济学批判》,《马克思恩格斯全集》第 46 卷(上),人民出版社 1972 年版,第 238—239 页。

为广阔。

在江南内地的水乡,地方专业市场以专业市镇为中心,向周围及邻近地区展开,包括了该市镇影响波及的广阔专业化生产区。如盛泽镇作为绫绸专业市场,不但吴江、震泽二县所产绫绸"皆聚于盛泽镇",每日收至盛泽牙行出售①,而且距其较远的嘉兴府秀水县的新塍镇也有"绸船常趁盛泽夜市"②。嘉、道时,盛泽镇的丝绸贸易范围甚至向南扩展到桐乡县濮院镇周围的桑作丝织生产区,以致当地"绸市渐移于江苏之盛泽镇,而濮市乃稍稍衰息"③。从太平天国后的发展看,盛泽丝绸市场影响所及,地域范围不断有所扩大。其所需原料生丝的收购范围也广及好几个县,"东则嘉善、平湖,西则新市、洲钱、石门、桐乡,南则王店、濮院、新篁、沈荡,北则溧阳、木渎,由丝行趸买分售机户"④。作为地方专业市场,盛泽发挥出特别重要的作用。濮院镇的丝,除了当地所用,还销向苏、沪、杭、绍、宁、镇及盛泽,"如客帮需货而丝价提高则远如石湾等处乡丝亦麇集于镇"⑤。常熟的梅李镇则汇集了常熟东部数乡的棉布,整批量销向闽广。以产丝出名的南浔镇,镇东百里沿海高田大半植棉,镇西百里地多冈阜而多茶栗竹木山场,镇周围农家大多纺纱织布,新棉出市,镇上商贾以银购棉,以棉换易附近乡民棉布,而镇西之人出售土产,以银购布。这是因为自然和专业分工形成的互补性贸易,也正好反映了南浔镇的市场贸易范围。这东西百里

---

① 乾隆《吴江县志》卷五《物产》;道光《黄溪志》卷一《风俗》。

② 咸丰《新塍琐志》卷二《物产》。

③ 咸丰《桐乡县志》卷二引《树泾濯锦图记》。

④ 沈云:《盛湖杂录》。

⑤ 民国《濮院志》卷一四《农工商》。

之内,存在着不少乡村小市场,但多在南浔镇的涵盖范围内。在棉织业专业市镇的贸易范围内也存在同样情形。嘉定娄塘镇集中了周围乡镇所产布匹,所以"客商鳞集,号为花布码头"。而且各专业市场之间的贸易联系也是十分密切的。以濮院镇为例,作为对外交通工具的航船,因丝绸生产的需要,清前期每天到苏州有六班,到杭州有三班,到嘉兴除了早中晚三班还有夜航,日航载人,夜航载货,其他到青镇、南浔、硖石、盛泽都有航船,"良由丝绸所聚,非是无由利涉耳"①。在这些地方,夜航船几乎成了对外经济联系的代名词。由此可见,地方专业市场完全囊括了广阔的专业化生产区以及境内众多的小市镇初级市场。

在濒江沿海地带,地方专业市场的贸易范围大致包括地处港口专业城镇腹地的专业化生产区,个别对外贸易港口市镇则与海外市场也有联系。华墅、青旸是江阴"列肆繁盛,百货皆备"的大镇,"濒江各乡贸布者午夜坌集,率明灯列市,习俗已久"②。乍浦镇是浙海关的分关,自闽广输入松、杉、楠、靛青、茉莉、糖及各种水果,自浙东输入竹、木、炭、铁、盐、鱼、笋干、番薯等,从沿海输入海带、洋菜、海参、鲍鱼、冰鲜、腌货等,从山东、关东输入豆饼等,从江北输入牛骨等。这些商品都转输往太湖流域各地。乍浦又向沿海各地输出江南的棉布。刘河镇由华北、东北及苏北每年输入的上千万担豆也散售于苏、松、嘉、湖丝棉专业区。这些濒江沿海港口,通过与腹地专业生产区的贸易,沟通了江南与南北洋航线乃至海外市场的联系。

---

① 乾隆《濮院琐志》卷一《地宇》。
② 道光《江阴县志》卷二《镇保》。

在苏南浙西山区,地方专业市场的贸易范围包括地处干流专业市镇的上游河源或陆路所达的专业化生产区。如武康县的上陌镇,地处湘溪,其贸易范围囊括了山区数县的茶竹(笋)木纸炭制作生产区,"西南余杭、安(吉)、孝(丰)货陆运者,皆出于市。省会郡城操奇赢者,胥来市购焉,而悉达于镇市之河"①。其他近山各镇如前所述,"俱有茶笋山货行发售,名目不一,或以时,或以地,或以形,或以色,繁不胜记"②。宜兴的湖汊、张渚等镇,"茶、笋、梨、栗、竹、木等产,不胫而走遍天下。故其商贾贸易,廛市山村,宛然都会"③。这些市镇的贸易范围都包括了附近相应的地域。

在运河沿线,地方专业市场又以转输外地货物为主要功能,其贸易范围大体仅仅涵盖了所在地的乡村小市场。如浒墅镇,号称"十四省通衢",在鸦片战争前可以说是全国经济的窗口,不但各地的货物通过这里转输全国,而且本镇周围的农副产品也赖以集散。当地盛产的草席,周围乡民赴市出售,"每日千百成群,凡四方商贾皆贩于此,而宾旅过关者,亦必买焉"④。但因为相对于生产型市镇,流通型市镇商品生产不甚发达,市场的延伸范围并不广。

从总体上来说,上述各种地方专业市场所具有的经济功能,陈忠平阐述得相当简明清晰:"即在一方面,通过本区所产或其所需大宗专项商品的批购批售贸易,满足了地域广阔的专业区内集中的生产与消费需求,保证了该区域社会再生产活动顺利进行;另一

---

① 刘守成:《开湘溪市河记》,乾隆《武康县志》卷八《艺文》。
② 同治《湖州府志》卷三二《舆地略·物产上》。
③ 嘉庆《荆溪县志·分境图说》。
④ 道光《浒墅关志》卷一一《物产》。

方面,通过专业城镇与基层市镇商牙组织之间的联系,将本区贩入和贩出的专项商品化整为零或集中成批,实现商品流通的中转及市镇初级市场与较高层次市场的联系。"因此,地方专业市场"作为广阔专业区内大宗专项商品集散、贩运贸易的中介与转站,在整个地区商品流通网络中起着集结市镇初级市场基本网结的骨干网纲作用"①。

地方专业市场与更高一级市场的联系又表现为两种途径:一种是与区域中心市场的联系,另一种是直接与全国中心市场的联系,而江南商品流通的结构(如大宗输出绸布而大量输入粮食)和全国中心市场的存在,又使得它以后一种联系为主要途径。如各专业市场与苏州的联系就是如此。盛泽绫绸、湖州湖绉,都要运到苏州染色后整理。南浔生丝到苏州染色者也不少。双林的包头绢、濮院的濮绸在苏州都有专门的批发市场。王店织成的布匹多运苏州。甚至湖州西部山区各市镇的竹、木、茶、笋山货也常直接贩往苏州。松江各专业市场的布匹大多运往苏州集中踹染加工,所谓"布店在松,发卖在苏"②。如前所述,濮院镇每天开往苏州的航船多达六班,较之杭州、嘉兴都多。菱湖镇到苏州装货的船称"装船"。清代罗店镇上的慈善机构"雇舟装载棉花、布匹、豆麦,路由昆、新至苏销售后,停泊阊门,置办木料砖灰材药堂中应用等物",历20余年不变。③ 清前期刘河镇上各商"设有长庄字号,赴苏

---

① 陈忠平:《明清时期江南地区市场考察》,《中国经济史研究》1990年第2期。
② 上海博物馆图书资料室编:《上海碑刻资料选辑》,上海人民出版社1980年版,第84—85页。以下简称《上海碑刻》。
③ 光绪《罗店镇志》卷三《营建志下》。

置销货物为便",巨额的大豆交易,银两却解往苏州。[1] 鸦片战争后,南浔、菱湖、双林出口的大量湖丝,也是直接运往全国最大的通商口岸上海的。[2] 专业市场基于其经济结构,与全国中心市场保持直接的紧密联系,成为江南市场网络的一个重要特征。

三、区域中心市场

区域中心市场是指一定区域范围内集中了较多的工商人户,各种商业设施较为齐全,商业活动繁盛,并在其周围形成大小市场的区域中心。其商业活动不仅面向该市场本身,而且还面向周围的大小市场以及其他区域的市场。在这类市场上活动的商人,不仅有铺商行商牙商,还有众多的长途贩运商。地区专业市场的对外流通主要是专业性的,而区域中心市场的对外流通主要是区域性的。该级市场是随江南内部各区域社会分工扩大、区域内及与全国其他区域之间的经济联系日益加强发展起来的。这类市场包括苏、松、常、杭、嘉、湖地区的苏州、杭州和宁镇地区的南京、镇江,以及清中期后的上海、无锡。

杭州是著名的工商城市,某种程度上与苏州齐名,时人往往苏杭并称。元末明初人称"陆海之府,鱼盐蜃蛤之所产,羽革竹箭之所生,象犀珠玉之所聚","陆海之饶,甲于天下"[3]。明中期的杭州,"接屋成廊,连衽成帷,市积金银,人拥绵绣,蛮樯海舶,栉立街

---

[1] 金端表:《刘河镇记略》卷五《盛衰》,清道光稿本。
[2] 如菱湖"载丝往上海者曰丝船",光绪《菱湖镇志》卷一一《物产》。
[3] 徐一夔:《始丰稿》卷三《序灌园生》,卷四《真率斋铭》,《文渊阁四库全书》本。

衢,酒帘歌楼,咫尺相望"①,是一个繁华都会。万历时的当地人张瀚说:"嘉禾边海,东有鱼盐之饶,吴兴边湖,西有五湖之利,杭州其都会也。……桑麻遍野,茧丝绵苎之所出,四方咸取给焉。"②王士性也称"杭州省会,百货所聚"③。高攀龙甚至誉称"城中阛阓之盛,自金陵而下,无其比已"④。清代地方文献称,"杭郡为东南一大都会……闽商海贾,吴、楚、燕、齐、秦、晋百货之交集"⑤。杭州成为东南地区的重要区域市场,市场规模可观。在明代,"北湖州市,南浙江驿,咸延袤十里,井屋鳞次,烟火数十万家,非独城中居民也"⑥。市场中商品来自全省乃至全国各地,所谓"五方辐辏,无廞不售,盖物盛所聚,何必自其地产哉"⑦。其中尤多湖州的丝,嘉兴的绢,绍兴的茶、酒,宁波的海味,处州的瓷器,严州的漆,衢州的橘,温州的漆器,金华的酒,因而"温州、处州、台州、严州、绍兴、宁波等浙江以南商舶俱会,樯竿如簇"⑧。杭州最突出的是杭、嘉、湖丝绸集聚、外输的重要中心市场,违禁走私出口的江南丝绸大多是由杭州输出的。杭州还以杭扇、杭线、杭粉、杭烟、杭剪"五杭"名品享誉于世。江南与浙东闽广地区的联系也主要依赖杭州。

然而杭州只是江南南部的区域中心市场。"南柴北米,东菜西

① 崔溥:《漂海录——中国行记》卷二,葛振家点注,社会科学文献出版社1992年版,第100页。
② 张瀚:《松窗梦语》卷四《商贾纪》,第75页。
③ 王士性:《广志绎》卷四《江南诸省》,第67页。
④ 高攀龙:《武林游记》,《武林掌故丛编》本。
⑤ 康熙《钱塘县志》卷三《里市》。
⑥ 王士性:《广志绎》卷四《江南诸省》,第69页。
⑦ 万历《钱塘县志·纪》。
⑧ 崔溥:《漂海录——中国行记》卷二,第102页。

鱼",副食供应就近依靠四周地区。由雍正《北新关志》可知,明代杭州纳钞牙行50行,清代杭州附近18县四季牙行300多行,绝大部分经营的是农副产品和日用必需品,在杭州停泊的货船也绝大部分是运载当地农副产品的中小型船只。① 即使最为繁盛的湖州市,据说"因湖州物货汇集,即以名市",余杭塘也"因余杭舟楫往来,即以名塘",城东北的笕桥,清前期列肆二里有奇,但汇集的都是"四近物产",其中"绵茧、药材、麻布尤所擅名,客货都于此居积致远"②。区域中心市场的色彩极为浓厚。

南京是明初的都城,迁都后的留都,清代江苏的省会,南半个中国的中心,政治地位、地理位置十分重要。张瀚称南京"北跨中原,瓜连数省,五方辐辏,万国灌输。三服之官,内给尚方,衣履天下,南北商贾争赴"③。南京有着通往江南及全国各地的商路,《天下水陆路程》登录的南京到全国各地的商路多达12条,到南直隶各府的商路7条。万历《歙志》将南北两京列为当时全国最大的都会。为都城时的南京,人口在全国城市中最多。市集贸易、铺户贸易、长途转运贸易都很发达,来自全国的商人十分活跃,"斗门、淮清之桥,三山、大中之街,乌俾、白圭之俦,骈背项兮交加,日中贸易,哄哄咤咤"④。海内外商品琳琅满目,"万艘云趋,千廪积粮;贡琛浮舫,既富且强……荆江之粟如云,吴浙之粳如雾。舳舻载之,蔽江而赴,舸舫输之,溯流而聚"⑤。毫无疑问,其时的南京,堪为全

---

① 雍正《北新关志》卷一一《季钞》,卷一四《船则》。
② 翟灏:《艮山杂志》卷二,《武林掌故丛编》本。
③ 张瀚:《松窗梦语》卷四《商贾纪》,第74页。
④ 桑悦:《南都赋》,《明文海》卷一,《文渊阁四库全书》本。
⑤ 余光:《两京赋》,康熙《江宁县志》卷一四《艺文志下》。

国中心市场。

然而永乐时迁都,至清代时由留都降为省会,南京全国中心市场的地位随着全国政治中心地位的丧失也一去不复返。南京由嘉、湖地区输入生丝,成为江南乃至全国最为重要的几个丝织业城市之一,由江西、福建地区输入纸张等刻书印书原料,成为有名的刻书印书、折扇中心,有着颇具规模的丝绸、书籍和折扇市场。凭借交通便利、南北中心的有利地理条件,南京成为转输长江上中游木材的最大港口。清前期,南京人口已逾百万,因而粮食市场也具规模。南京城市商品贸易向称发达。正德时就至少有100多种铺行。嘉、道时,会馆林立。鸦片战争前后,南京共有商业铺行52类。但是南京的木材只是转输,米粮为了供应庞大的人口,南京对周围乡村辐射功能极弱,南京在全国的经济地位也属平平,在全国商品大流通的明后期到清前期,南京仅是江南的区域中心市场,它地处江南西北,沟通了江南与长江上中游及皖北、河南等中原地区的经济联系。

上海原是棉布业专门市场,清开海,沿海贸易兴起,嘉、道时期因运河运输的衰落和海运的日益兴盛,替代刘河镇而成为江南最大的饼豆油杂粮市场。其时"南北物资交流,悉藉沙船。南市十六铺以内,帆樯如林,蔚为奇观。每日满载东北、闽广各地土货而来,易取上海所有百货而去"[1],到鸦片战争前夕,更成为"商贾云集,帆樯如织"五方杂处的都会之地。全国各地商人转而云集上海展开商业竞争。上海在鸦片战争前已开始显露出全国中心市场的发

---

[1] 秦润卿:《五十年来上海钱庄业之回顾》,中国人民银行上海市分行编《上海钱庄史料》,上海人民出版社1960年版,第6页。

展趋势,只是当时沿海有南方的大城市广州,内地在其旁有全国中心市场苏州,所以其中心市场的地位还未完全确立。直到辟为通商口岸,上海是以江南区域中心市场的面貌沟通江南与沿海南北市场联系的。

无锡作为江南区域中心市场之一兴起较晚。清前期无锡是有名的"布马头",主要集中了周围农村特别是县城东北乡村的副业产品棉布,与此相应的城中易换布匹的棉布庄也较有规模,粮食市场也较兴旺。到了近代,随周围农村商品经济和对外运输业的发展,无锡又兴起颇具地位的茧市、丝市以及大型粮食加工市场,其作为江南区域中心市场的作用发挥得更加典型。

镇江号称"商贾辐辏""百货云集"①,在清前期有"银马头"之称,以铸银和交易量著称。但当地手工业生产不发达,交易的商品来自其他地区。镇江作为区域市场,主要体现为转输各地商品。顺江而下输入苏、松、常地区的大量木材就是由镇江转输的。作为南京市场的延伸,镇江沟通了江南与长江中上游地区的经济联系。

江南的这些区域中心市场,连同既为区域中心又为全国中心市场的苏州,互相联络,彼此之间也有着日益频繁的较大规模的商品流通。在这些市场活动的全国各地域商人,时而于此,时而至彼,而且互为奥援,互通信息,更促进了这些市场之间的联系。各个区域市场是大小不等、各具特色的中心,联结一体又是一个在全国举足轻重的区域大市场。

---

① 张泓:《岛船志略》,《清经世文编》卷八三,第 2047 页。

四、全国中心市场

既为区域中心,并代表了该区域的经济水平和市场特色,又具有跨区域的经济功能,反映了全国性某种或若干种商品流通规模和水平,已经成为全国市场的重要部分,与海外市场也有或多或少联系的市场,则是全国中心市场。这类市场是在全国各区域社会分工扩大、经济联系加强与商品贸易量不断增加的基础上逐步形成并得到不断发展的。在这类市场中,全国各地商人,特别是那些在经济活动中执牛耳的著名大商帮长期经营,并展开激烈的竞争。明后期的苏州,就是这类市场。

苏州是全国最为著名的工商城市,因其经济地位、地理位置和在全国经济中发挥的作用,明后期起代替南京发展成为全国性中心市场。苏州既是物货所出之地,又是物货所聚之地,盛产丝绸、布匹、书籍、各种日用品和工艺品,输向全国乃至海外,又从全国各地输入各种手工业原料、居民食粮和工业用粮,又担负着转输全国各地商品的职能,与海外市场也有着频繁广泛的联系。

苏州东半城为手工业生产中心,西半城为商业区,基本上就是一个大市场,不但市集贸易兴旺、铺户贸易繁盛,而且大批量、多品种的长途转运贸易极为发达。明后期,阊门北码头抵胥门五六里间,居民栉比,牙侩丛集。自南濠至枫桥将近十里,人烟凑集,商贾杂沓,"凡上江、江北所到菽麦、棉花大贸易咸聚焉"①。人称"凡四

---

① 嘉靖《吴邑志》卷一二《城外河渠》。

方难得之货,靡所不有……天下财货莫盛于苏州"①。直到明末,城中月城市,为"两京各省商贾所集之处"。上塘、南濠则"为市尤繁盛",当地人称阆市"错绣连云,肩摩毂击,枫江之舳舻衔尾,南濠之货物如山"②,或称"若枫桥之米豆,南濠之鱼盐、药材,东西汇之木簰,云委山积"③。入清后,苏州经济地位更加上升,"四方万里,海外异域,珍奇怪伟,希世难得之宝,罔不毕集,诚宇宙间一大都会也"④。清前期,苏州与北京、汉口、佛山同为"天下四聚"。刘献廷记了这"四聚"后发议论道:"然东海之滨,苏州而外,更有芜湖、扬州、江宁、杭州以分其势,西则惟汉口耳。"⑤其实这"四聚"中,佛山仅以铁冶胜,汉口仅以转输米盐胜,北京凭借政治、文化中心的地位才成大都会。嘉庆时,一位不愿透露姓名的人就说:"繁而不华汉川口,华而不繁广陵阜,人间都会最繁华,除是京师吴下有。"⑥工诗善画的刘大观在遍游江浙名胜后也说:"杭州以湖山胜,苏州以市肆胜,扬州以园亭胜。"⑦苏州虽然也有令人心醉的山水和流连忘返的园林,但仍以繁盛喧阗的市场最为时人注目,正显示了它作为全国中心市场所具有的影响力。乾隆时人孙嘉淦甚至认为苏州之繁盛更在京师之上,他说:"阊门内外,居货山积,行人水流,列肆招

---

① 郑若曾:《枫桥险要记》,康熙《吴县志》卷二六《兵防》。

② 崇祯《吴县志》王心一序。

③ 崇祯《吴县志》卷一〇《风俗》。

④ 乾隆《吴县志》卷二三《物产》。

⑤ 刘献廷:《广阳杂记》卷四,中华书局1957年版,第193页。

⑥ 不著撰人:《韵鹤轩》卷一《杂著·戏馆赋》,清光绪铅印本。

⑦ 李斗:《扬州画舫录》卷六《城北录》,江苏广陵古籍刻印社1984年版。

牌,灿若云锦,语其繁华,都门不逮。"①19 世纪前期游历过苏州的法国调查团成员耶德(Hedde)更誉称苏州为"世界最大的都市"。他在其《万物讲解》中写道:"谚语说,天有天堂,地有苏杭,特别是苏州更是了不起。在那里耀眼的迷惑人的东西无一或缺。这儿是高级趣味的工艺和风靡全国的风尚的源泉地。这儿一切东西都是可爱的、可惊叹的、优美的、高雅的、难得的美术品。这个都市是江南茶丝之邦的首府,不仅是美术与风尚之女王,而且是最活跃的工业中心,又是最重要的商业中心,货物的集散地。"②概括地说,苏州有着全国最大的丝绸、棉布、书籍市场,以及丝棉织物染整加工市场,位居前列的粮食市场、金融市场和极为突出的日用品、工艺品市场,还是全国商品的重要集散地。因此只有苏州才是工商业全面发展的综合性大都市。

苏州与杭州同为工商城市,但苏州中心市场的地位远在杭州之上。早在弘治初年,一位朝鲜人在经过苏、杭后说,苏州"海陆珍宝,若纱罗绫缎,金银珠玉,百工技艺,富商大贾,皆萃于此。自古天下以江南为佳丽地,而江南之中以苏杭为第一州,此城尤最"③。明中期苏州就已远比杭州繁盛。乾隆时人杭世骏说:"吾杭饶蚕绩之利,织纴工巧,转而之燕,之齐,之秦晋,之楚、蜀、滇、黔、闽、粤,衣被几遍天下,而尤以吴阊为绣市。"④杭州盛产丝绸,却以苏州为

---

① 孙嘉淦:《南游记》,《小方壶斋舆地丛钞》。
② 宫崎市定:《宫崎市定论文选集》(上),中国科学院历史所翻译组编译,商务印书馆 1963 年版,第 233 页。
③ 崔溥:《漂海录——中国行记》卷二,第 108 页。
④ 苏州博物馆等编:《苏州碑刻》,第 19 页。

丝绸市场。不独如此,即使其他进出杭州的商品,也多以苏州为集中之地。清中期人就曾比较二城说,苏州阊门外"为水陆冲要之区,凡南北舟车,外洋商贩,莫不毕集于此……其各省大贾,自为居停,亦曰'会馆',极壮丽之观。近人以苏杭并称为繁华之郡,而不知杭人不善营运,又僻在东隅。凡自四远贩运以至者,抵杭停泊,必卸而运苏,开封出售,转发于杭。即如嘉、湖产丝,而绸缎纱绫,于苏大备,价颇不昂"①。这正是苏州作为全国中心市场发挥作用的结果。

苏州不但如前所说与江南特别是苏、松、嘉、湖的各专业市场以至基层初级市场保持着不同程度的联系,而且与江南乃至全国各区域市场也有着紧密的联系。在苏州辏集的长江上中游地区的米粮,转输到杭、嘉、湖乃至福建等地,苏、松、杭、嘉、湖地区从长江上中游经由南京、镇江,从浙东、福建经由乍浦,从新安江经由杭州输入的各种竹木,绝大部分都是在苏州集中的。两浙盐场的盐,在苏州南濠"众艘聚焉,转输村镇,施及旁邑,莫不赖之"②。可以说,苏州以整个太湖流域为纵深的市场腹地。苏州更是全国经济的窗口。绾其口的浒墅关,"无论冠盖走集,商贾辐辏,而大农之粟,少府之钱,岁输以巨万亿计,舳舻相衔,邪许之声不绝"③。由浒墅关和刘河口进出的商品,来自全国各个区域。苏州将整个江南地区各级市场结为一体,保持着与全国各区域市场的紧密联系,在江南

---

① 纳兰常安:《宦游笔记》卷一八《江南三·南厂货物》,台北广文书局1971年影印本,第950—951页。

② 嘉靖《吴邑志》卷一四《物货》。

③ 申时行:《赐闲堂集》卷一七《浒墅关修堤记》,明万历刻本。

市场群体中起着中心枢纽作用,并以东南地区最重要的区域市场的地位跻身于全国中心市场行列。

五、特殊市场——庙会及集市

明清时期,除了上述各个层次的大小市场,江南由迎神赛会而形成的庙会市场并没有消失,反而随着乡村商品经济的发展而日趋兴盛,传统的特种商品交易的市集也一直保留了下来。

江南人尤信烧香拜佛,迎神赛会成为人们文化、经济、娱乐生活的重要内容,大小神会也构成了大大小小的定期市场。这种定期庙会市场大致可分为跨区域和乡镇范围两个等级。

跨区域的庙会市场以杭州香市最为著名。

杭州香市,明后期始于花朝,止于端午,前后历时两个多月,清代起始时间早则正月底,迟则二月初,结束于开始养蚕时,前后一月多,由于农事,延续时间较短。香市地点在昭庆寺、天竺寺、岳王坟、湖心亭、陆宣公祠等处,而尤以城内昭庆寺、城外天竺市最为热闹。香市期间,昭庆寺"无日不市","殿中边甬道上下、池左右、山门内外,有屋则摊,无屋则厂,厂外又棚,棚外又摊,节节寸寸"。进入香市的商品,"凡胭脂簪珥、牙尺剪刀,以至经典木鱼、伢儿嬉具之类"以及香烛等物外,甚至连"三代八朝之骨董,蛮夷闽貊之珍异,皆集焉"[1]。杭、嘉、湖"各村乡民,男女坐船而来杭州进香,均泊于松木场……其船何止千数之多"[2],远则"山东进香普陀者日

---

① 张岱:《陶庵梦忆》卷七《西湖香市》,西湖书社 1982 年版,第 86 页。
② 范祖述:《杭俗遗风》,《小方壶斋舆地丛钞》本。

至,嘉、湖进香天竺者日至"①,"苏、常各路来香客络绎而至"②。交易的盛况是,"数百十万男男女女老老少少,日簇拥于寺之前后左右者,凡四阅月方罢"。所以张岱感叹,"恐大江以东断无此二地矣"③。单是僧房出售香烛,以及回收的残烛,价值就很可观。常熟人郑光祖描写道,在上天竺,"每岁二月至五月,计百日进香者,无日不拥挤塞途。天方晓,即争烧头香起,直至初昏,大殿上一同戏场签摇三五十具,犹争待应用。人舍香钱数文,总计甚夥。夜不胜盘,校架巨秤于殿,百斤一袋,约钱十五千五百,一一扛入僧房。剩下残烛,非有意置不点,实烛架不胜插也。残烛中最高者曰蚕花蜡烛,斤卖钱九十二文,其余剔下者,斤钱八十文,可用还作。庙内开巨店,真不二价。每日烛钱多寡,必与香钱相埒。当春最盛之时,一日即可得若千数。总计百日,殊觉重大。闻每岁津贴云林二千,省中应用二千。上天竺主持僧乃石门人,一切不出面,皆委方丈。然方丈实延来卓锡,岁得修金二百四十两"。僧房在香市期间还开设旅客,供香客居住,至"庙门外及照墙后各有客寓,僧所开也。共二十四房,以留香客。其余各店,皆赶节场生意,与昭庆寺及松木场同"④。也有人称点残蜡烛,"仓中散放,更不知其几千万斤也"。由此僧房大做生意,秤量计较,广开客寓,收入不资,可见商品经济已深深浸淫佛门清净之地。社会各界也抓紧时机销售商品。即如做竹篮的李姓竹匠,"每逢春夏,一家可致千余串钱生意。即此而

---

① 张岱:《陶庵梦忆》卷七《西湖香市》,第86页。
② 不著撰人:《杭俗怡情碎锦》,清光绪刻本。
③ 张岱:《陶庵梦忆》卷七《西湖香市》,第87页。
④ 郑光祖:《一斑录》杂述三。

推,各式生意诚有不可胜计者"。以至清人称"城中三百六十行生意,夏秋冬三季,不敌春香一市之多"①。可见这样的香市,既是跨地域的大规模的香客宗教旅游活动,又是江南最大规模的以香烛用品为中心的旷日持久的大型贸易市场,而由清代香市结束于开始养蚕时,赶香市之人又多买照蚕之用的大蜡烛和寓意护蚕的泥猫等物来看,香市也是江南蚕农在正式养蚕前的一次集中采购活动,与养蚕事业有着密切关系。

江阴的观音会市也是跨区域性的大型庙会。会市"在乾明广福寺中,吴会、金陵、淮楚之商,迎期而集,居民器用多便之。既月而退。岁六月十九日以为节"②。江阴杨舍镇的大士诞会,"自二月望迄二十日,自香烛外,凡家用耕织食玩各物及江湖卖技奇兽珍禽,无货不赢,无物不有"③。很明显,这种会市实际上是当地人采用或利用宗教节日形式而展开的各地土特产品交易的市场。交易的商品可能大多是当地不产或较少而又不可或缺的外地特产品。这种市场形式,由于定向生产,专门运输,集中出售,商业成本较低,价格当相当优惠,这对深受数道营销环节逐级市场趸贩价格层层加码之苦的乡农最切实用,也最受欢迎。

各乡镇的庙会,除了农事节序烧香、聚会庆贺、饮赏娱乐,宗教内容日益减少,就其市场功能而言,主要是满足当地或附近农民对以农具为中心的器用之物的需要。如嘉定黄渡一带的猛将庙会,"八月十八前后数日,远近烧香者争趋之,田家器用毕聚成市。至

---

① 范祖述:《杭俗遗风》,《小方壶斋舆地丛钞》本。
② 嘉靖《江阴县志》卷二《市镇》。
③ 光绪《杨舍堡城志稿》卷二《市集》。

晚自烧香归,各携农织具络绎于路"①。松江、嘉兴交界处的朱泾镇,"八月初一日东林寺开香市,寺中货卖杂物列肆而居。至中秋前后,四方男妇填街塞巷,杂沓而来,佛殿几无容足之区。直至九月杪方止"②。为桐乡、嘉兴、秀水三县共辖的濮院镇,康、雍之际,每年中元节翔云观的三官会,前后十余日,"远近诸货骈集,技巧杂陈,居人停业游观,百货为空"③,"自寺前至新桥,珠玉骨董、书坊奁具之类,所设殆遍,商贾云集,俨然都市"。乾隆中期后,"所鬻悉儿辈戏玩之物"④。江阴申港,四月十三日(或云四月二十五日)季子生日神会,"四方商贾大集","商贾辐辏,买农具者悉赴"⑤。这样的市场,范围不广,商品多为农具和吃食玩物,交易额有限,但作为日市的补充形式,仍为终年辛苦的乡民所需要。

江南无论跨地域性的大型庙会,还是偏于一隅的乡镇庙会,其盛衰直接反映了社会治乱、经济起落。如杭州香市,因明末山东战事,曾一度"香客断绝,无有至者,市遂废"⑥。相反,江南清初始兴的东岳会,在濮院镇,"康熙以来,绸业日盛,民殷物阜,竞尚奢侈,几于举国若狂矣"⑦。明清时期兴盛的迎神赛会活动,正是江南商品经济不断发展的产物。江南不少工商经济发达的地方,也是神社活动兴盛的场所。《莼乡载笔》载,"枫泾镇为江浙连界,商贾丛

① 咸丰《黄渡镇志》卷二《风俗》。
② 嘉庆《朱泾志》卷一《风俗》。
③ 乾隆《濮镇纪闻》卷一《风俗》。
④ 乾隆《濮院琐志》卷六《习尚》。
⑤ 光绪《江阴县志》卷九《风俗》。
⑥ 张岱:《陶庵梦忆》卷七《西湖香市》,第87页。
⑦ 民国《濮院志》卷六《风俗》。

积。每上巳,赛神最盛,筑高台,邀梨园数部,歌舞达旦,曰神非是不乐也"。所谓"神非是不乐",恐怕只是谋利的商人寻求生意使出的手段。实际上,不少迎神赛会活动或者由商人发起,或者由商人推波助澜,多少带有商业化的味道。如濮院等地,"其服贾得利者,率于腊月、正月遍赛各神"①。而三月三日的嘉兴佑圣会、吴江五方贤圣会,"碎剪锦绮,饰以金玉,穷极人间之巧,糜费各数千金,舣舟万计,男女咸集,费且无算"②。从迎神准备到神会举办期间的各种消费,本身就是一次大的商业购物活动。清中期常熟人郑光祖就曾认为,"又吴地最多神会,好事者有所利而岁时牵率,每多繁费"③。无锡的城隍诞神赛会,盖"由北塘商贾所集,出钱易也"④。因此,这种日盛一日、各地互相攀比的庙会活动,某种程度上也是经济发展的产物,甚至系由商人促销所致。

在江南的不少地方,特别是在常州、镇江等府,除了日市和庙会,还有每旬一次或二次的定期集市,乡民约定俗成,集中交易农具或六畜。如江阴县,"他如农田各器、耕牛豚豕等畜,春夏间某乡某镇俱有集期,有古交易而退、各得其所之风焉"⑤。而且相邻乡镇的集期都是错开的,十分便利于乡农耕养活动。这种定期市集并没有随日市的兴盛而消失,而是历久不衰地一直延续至今。这不是地方基层市场发育不健全的表现,而恰恰是乡村基层市场网络细密化、完善化的体现。

---

① 民国《濮院志》卷六《风俗》。
② 谢天瑞:《鹤林玉露补》,民国《濮院志》卷六《风俗》。
③ 郑光祖:《一斑录》杂述三。
④ 黄印:《锡金识小录》卷一《备参上》,清光绪刻本。
⑤ 道光《江阴县志》卷九《风俗》。

江南各地大大小小的名目繁多的庙会和集市的存在,并不断发展,在各个层次的市场网络中,或拾遗补缺,或专门单一,使得江南市场的形式更为多样,贸易方式更加多姿多彩,市场机制更加完善。

第二节 江南市场的类别

我们已从市场网络角度对江南的各种市场作了层级及其相互关系的考察,现在再从商品角度进一步考察其类别,以分析江南的商品流通在其起点或终点的运营情形。由于流通商品的具体数量已在第二章中有所涉及,本节仅考察各类主要商品市场本身。

一、以米和豆为中心的粮食市场

"民以食为天",江南的粮食市场广泛分布于各层级市场中,并依次形成大小不等的市场规模。光绪四年(1878)的《盛泽米业公所碑记》是这样排列吴地米业市场的:"吾吴为万商麇集之区,六陈负贩,及外省商舶往来,本以枫桥、无锡为最盛,平望、铜里(即同里——笔者)等镇次之。"①综合各种材料,这一看法大体是符合当时情形的,但与清前期以前颇为不同。

大体说来,江南的粮食市场分为两类,一类是大中城市以及沿江沿海的大型市场,另一类是中小城镇的小型市场。

---

① 江苏省博物馆编:《江苏碑刻》,第 452 页。

苏州城中连同各城门都有米市。城郊的枫桥镇,运河所经,是明清时期江南最大的米粮转输中心,人称"大多湖广之米,辏集于苏郡之枫桥,而枫桥之米间由上海、乍浦以往福建"①。如前所述,乾隆、嘉庆之际,枫桥一带米行多达200余家。早在康熙年间,洞庭西山米商与其他地域米商和当地米牙的竞争就相当激烈。苏州城中斗斛也以枫桥米斛为准②,可以反映枫桥米粮市场的规模及其影响。苏州米业为统一价格,规范市场行为,每天清早到茶馆议价交易,称茶会。这种茶会,娄门、齐门在迎春坊,葑门在望汛桥,阊门在白姆桥及铁岭关"③。苏州米业同行之间的竞争是有序的。

南京米市、米铺随处多有,主要集中在上新河、聚宝门及通济门一带。城中米粮除了四乡所产如南乡江莲、北乡观音门籼米仅敷数日民食,主要靠从湖广、四川和安徽北部鲁港、和州、庐江、三河等地输入。米粮贩运商将米粜于米行铺户。康熙四十七年(1708),因岁饥而被抢的米铺就有三四十家。④ 富商则开设砻坊,加工稻米。道光时,"聚宝门外窑湾之砻坊三十二家",每家粮都在万石左右。⑤ 杭州明清时期呈现为"北米南柴"格局,米粮主要是由苏州转输的长江上中游的籼米,也有当地产的"团米"。米市,成化前多在武林门外与城内各地,成化间则在江涨桥、通济桥一带,清代多在艮山门外,尤其集中于湖州市、米市桥、黑桥等处,据说遍地"皆接客出粜内外诸铺户",米粮业几乎成为仅次于丝绸贸易的

① 蔡世远:《与浙江黄抚军请开米禁书》,《清经世文编》卷四四,第1065页。

② 郑光祖:《一斑录》附编一《权量》。

③ 顾震涛:《吴门表隐》卷二〇,江苏古籍出版社1986年版,第347页。

④ 中国第一历史档案馆编:《康熙朝汉文朱批奏折汇编》第2册,第285页。

⑤ 包世臣:《安吴四种·齐民四术》卷二六《答方葆岩尚书》。

重要商业。①

　　刘河镇是康熙开海后到嘉庆中期江南最大的豆、饼杂粮市场。山东、关东、山西、苏北青口、通州、泰州、安徽徽州、浙江海宁,以及邻近商人设立的豆货、杂货字号多达近百家。"盖为字号者,俱系身家殷实之人",交易时,"凡货之高下,价之贵贱,俱可随字号以定"。为了纳税方便,确保税额,港口特设保税行。担当保税人者,是土商中的领袖,与刘河本地人休戚相关,又与关东等地海商长期熟识。而且充任保税者,连名互保,地邻出结。船商运货入港,先到保税行报明来历,保税行即禀报海关,插仓纳税,投行发卖。由于外地船商与内地商人互不熟悉,也不一定了解商情,于是经官府批准,领帖开张豆行、牙行的当地人专门招接内商,"视其货之高低,定其价之贵贱,使内外商人各无争竞,而扣用一二厘以供用度,而外商之银惟牙行是问"。由于"万商云集,或拥货而无银,或有银而无货",又由于"内外之商彼此不相谋面,中间有行以主之",因此买卖双方银货并不直接交割,而是"售货者惟行,收银者亦惟行"。又由于交易量大,银额巨大,为了方便,货银定有标期,一月三标,以六为度,交易随时,但按期付银。既简化了手续,又确保银货两讫。这是目前所知鸦片战争前江南商品交易最为发达完善的货银交割形式。可见由于商品产销的专门化,交易的分工日趋细密完善,市场要素配置日趋合理,商品交易日趋便利有效,商人购销商品的商业成本也可能不断下降。刘河港每年进出的豆石船约为一二千只,如嘉庆三年(1798)十月到十二月3个月中仅停泊刘河和

---

① 陈学文:《明清时期的杭州商业经济》,《浙江学刊》1988年第5期。

违例越泊上海的赣榆县豆船就多达275只，可知交易的豆粮达四五百万石。这种交易的繁盛局面直到嘉庆十三年（1808）豆船获准改泊上海后才结束。①

上海自嘉、道年间起成为江南最大的豆、饼、杂粮市场。时人概称，"緊惟上海为阜通货贿之区，其最饶衍者莫如豆。由沙船运诸辽左、山东，江南北之民，倚以生活。磨之为油，压之为饼，屑之为菽乳，用宏而利溥，率取给于上海"。"其积贮贩卖之所，名之曰行，诸同人皆良贾□业于豆者也"。② 油豆饼同业于道光二十三年（1843）在南市城隍庙建立了公所萃秀堂。据《上海豆业公所萃秀堂纪略》称："上海为海疆严邑，昔时浦江一带，登、莱、闽、广巨舶，樯密于林，而尤以南帮号商与北五帮号商之沙船、卫船从关东、山东运来豆子饼油为大宗生意。吾业行商为买卖机关，分销各省，营业为全市冠。"③萃秀堂碑记所言并非虚誉，同治七年（1868），上海县勒石也以萃秀堂为上海"二十一业之领袖"。上海市面上商品贸易通用的豆规银也因为豆、饼交易而得名。其具体交易场所，称采菽堂，俗呼豆市，在豆市街万端弄，为同业与运输豆饼的号商论市交易之所。④

无锡在清后期兴起为大型的江南米粮市场。光绪十八年（1892）的《创建积余堂记》称："迄今惟吾米豆一业甲于省会，国朝雍、乾间为尤盛。其所由盛者，北来则禁海为关，南去有浒墅之限，

---

① 金端表：《刘河镇记略》卷五《盛衰》，清道光稿本。
② 上海博物馆图书资料室编：《上海碑刻》，第282页。
③《上海豆业公所萃秀堂纪略·市情之沿革》，上海谢文益1924年印本，第3页。
④ 民国《上海县续志》卷三《建置下》。

皖、豫米商纷然麇集,浙东籴贩靡不联樯。此米豆一业吾邑所以为大宗称也。"今人多认为"无锡米市"在清前期即已形成。其实《创建积余堂记》的说法是以当时况往昔,而且所持米市兴盛原因也不能成立。清前期并没有因为海关而影响华北、江北豆麦南下上海,也没有因为浒墅关而影响长江上中游米粮、豫皖杂粮源源输入苏州散向两浙。雍正、乾隆时期,无锡附近只有当地"每岁乡民持布易粟以食,大抵多藉客米,非邑米也"①,而绝大部分州县足敷食用,如果北来粮食不过浒关,销路颇成问题。即使当地依赖客米,贸易量也不会大,根本不可能形成人们形容的日后那种四大米市之一的"无锡米市"。无锡虽在万历县志中已有"米市在北门大桥"的记载,但那大概只是供应城中居民的一般市场,对邻近州县发生较大影响的米市则是较晚的事。《无锡储业公会改建议事室记》(碑在吴文化公园内)载:"洪杨以后,漕米多向无锡采办,于是皖、赣、湘、鄂之米云集无锡,而储栈业以因时需要,遂益发展,为全盛时代。"看来清廷镇压太平天国后,南漕全由上海海运进京,征输最多的江南漕粮主要集中在无锡采办,成为无锡米市迅速发展的契机。年交易量据说在 600 万—750 万石之间。② 光绪九年(1883),无锡米行业发展到八段,即北门外的四段:三里桥、北塘、黄泥桥、北栅口;南门外的三段:伯渎港、南上塘、黄泥埭;西门外的一段:西塘。米行也由当时的 80 余家增加到 1910 年的 143 家。光绪十五年(1889),无锡、金匮两县成立了米豆业公所,光绪十八年(1892)建成"积余堂"新屋,以为"集议之所"。其后正式设米市、茶会于三里

---

① 黄卬:《锡金识小录》卷一《备参上》,清光绪刻本。
② 无锡市粮食局编:《无锡粮食志》,吉林科学技术出版社 1990 年版。

桥堍蓉湖茶楼上，每天上午八段米行持货样交易，成为无锡米市固定的交易场所。随米市发展而兴盛的配套行业堆栈业，据光绪三十三年（1907）《锡金堆栈现行规条》记载已有 30 家，仓廒 16 080 架，仓库容量 150 万余石，碓坊 32 个，牛砻 99 台，晒场 64 块，已具备代客存粮、抵押贷款、砻臼加工等多方面功能。[1]

江南为数众多的中小城市与市镇，因消费人口众多，也有着或大或小的粮食市场。前述油料加工业，大多集中在流通型或米粮产区的市镇中。

吴江平望为"粟米之所聚"，有着仅次于枫桥、无锡等地的米粮市场。不但当地盛产"冬春米"，而且"里中多以贩米为业"，转贩湖广、江西等处籼米，因此一镇"以米业为大宗"，有"小枫桥""小长安"之称。米市在镇中后溪。籴粜之所称米行，加工米粮的作坊称砻坊、碓坊，坊中储米之所称栈。加工的籼米有黄籼、蒸籼、白籼，当地的米有法白、蒸白、店白等名目。镇上"米商所集，人争趋之，廛市几无隙地"。太平天国前，各地商贩到平望籴买，其后平望米市衰落，"米市散布各处，往往载米至各处粜卖"。光绪时，长江上中游的籼米由轮船载运上海，平望米市更形萧条。[2] 盛泽镇，虽然"务米业者仅居十之二三"，由于工商人口多，"自乾、嘉至道光年间，米市之集，犹不亚于平望诸镇"。光绪四年（1878）建立米业公所时，开张和已闭捐款的米号仍多达 45 家。[3] 同里镇四乡产米，商

---

① 社会经济所编：《无锡米市调查》，1935 年版。
② 道光《平望志》卷一二《生业》；光绪《平望续志》卷一《风俗》。
③ 江苏省博物馆编：《江苏碑刻》，第 452 页。

贾四集。嘉庆时，镇中专营米业的有"官牙七十二家"①。黎里镇，百货贸易以东栅为最盛，而"米及油饼为尤多"②。道光初年，东栅旁又新增官荡后上桥、后底、九成汇三处市场，"米饼各货咸集于此贸易"③。常熟城，南门外为"米马头"④。

　　棉业巨镇南翔，康熙时"米之上下，动以万计"。搬运米粮的脚夫各分地段，把持抢夺，甚至"米客受其笼络，米店受其凌虐，米牙受其挟制"⑤，米粮交易规模不小。青浦章练塘镇，镇东米市"上海米舶及杭州、常熟之来米谷者泊焉"⑥。丝业巨镇南浔，"本地所产之米，纳粮外不足供本地之食，必需客米接济"，镇上米市"喧阗亚于丝市"。米市在西栅下塘，俗称米廊下或米棚下，"乾隆以前此地米市最盛"，因而得名，后来米市移于西木行。⑦ 长安镇的米市在杭嘉湖地区最为著名。明清时代的长安，是"商旅聚集，舟车冲要"之地，称"储粮之要地，通运之总枢"⑧。米市位于石塘湾、兴福、高桥等处，"江南、川楚之米无不毕集"⑨。德清县的新市镇，四乡盛产优质粳米、糯米，尤以西乡、北乡为多，每年冬季，近镇四乡及长兴县所产之米聚集于镇，"贩夫商客籴而转卖他郡者，络绎于道……

---

① 嘉庆《同里志》卷八《物产》。
② 嘉庆《黎里志》卷二《形胜》。
③ 光绪《黎里续志》卷一《里巷》。
④ 郑光祖：《一斑录》杂述六。
⑤ 乾隆《南翔镇志》卷二《营建》。
⑥ 民国《章练小志》卷一《形胜》。
⑦ 咸丰《南浔镇志》卷二四《物产》、卷四《衢巷》。
⑧ 同治《修川小志》卷首序。
⑨ 同治《修川小志》卷下《物产》。

籴粜盛时,呼米行"①。双林、乌青、濮院等镇,米粮与豆麦杂粮统称为六陈,凡是镇之四栅都有以米铺为主的六陈行。如双林镇,"米肆率在四栅之侧,盖因客船、乡船停泊之便。代客卖买者曰行,另粜者曰店。冬季糙米市,五六月冬春米市,四月菜子市,六七月襄饼市,其余豆麦皆归米行买卖,总谓之曰六陈粮食"②。乌青镇的米行经营的是乡间所产米,"运销硖石为多数,其次如无锡、奔牛、嘉兴等处"③。

此外,仁和塘栖镇、桐乡皂林镇、嘉兴王店镇,都有颇具规模的米市,长洲黄埭镇、昭文巴城镇,四乡盛产稻米,米粮交易也较兴盛。可以说,凡是稍具规模、手工业人口和一般居民较为集中的市镇,米业市场大多兴旺。

以上叙述表明,明清时期江南的粮食市场,其粮食既有来自外地的,也有来自江南本区域内的,外地粮食主要集中在大型的城市粮食市场和交通型市镇米市中,供城市居民食用和转输到缺粮地区,附近农家提供的冬春米等晚粳主要集中在市镇米市中,供市镇居民食用和附近农家调剂余缺。参与流通的粮食数量虽难估算,但种种迹象表明,除了上海、苏州、刘河,其他市场江南当地产的粮食占主要比例,则可肯定。20 世纪 20 年代末,缺粮最为突出的苏州城区,每年从各地输入糙粳、糙籼、糙元米约 65 万石,其中由城四周吴县提供的多达 37.5 万石,其次是无锡、昆山、吴江三县,共约 15 万石,其余的十几万石也全部是宜兴、武进、常熟、丹阳、金坛、溧

---

① 正德《新市镇志》卷一《物产》。
② 民国《双林镇志》卷一六《物产》,参见民国《濮院志》卷一四《农工商》。
③ 民国《乌青镇志》卷二一《工商》。

阳等邻近州县提供的。① 清前期实际情形类似。乾隆十三年（1748），因市集米价高于往年，沿海各县遭灾，青浦县朱家角镇、吴江南门外、吴江盛泽镇分别发生了聚众阻粜事件，阻止米铺出粜米粮给外地商民。② 由案件可知米粮都是当地所产。这些地区分别是丝棉织业区，号称产不敷食，其他地区可想而知。正常年景，江南的食粮当是靠内部"彼此相通，以资接济"的。江南粮食市场的兴旺，只能说明粮食对民生食用和社会经济的重要影响，而不一定能说明江南缺粮的严重程度。

以上叙述同时表明，江南粮食市场大小齐全，分布在沿河、沿江、沿海以及区域内部各城镇，形成一个广而密的流通网络。经营主体有米商、米行、米铺、米牙，并有同行议价的固定形式，后来更普遍建立了粮食同业组织，粮食自采购运输到加工分销或中转，形成了完整的体系，附属行业如仓储、装卸等业也颇为发达。

虽然目前还不能通过城镇各级市场的粮价差异来具体说明其程度，但因收成丰歉而直接影响城镇米价，并影响到外地粮食把注的数量，而外地粮食的投入也直接影响到江南的粮价，因各地各级市场之间的驳运籴粜，江南城镇米价趋向同步涨落则极为明显。乾隆十三年（1748）江南各地遏籴的事件就是典型事例。因此，江南的粮食供应与粮食价格基本上不会出现湖北、四川那些省区粮食大型市场如汉口、重庆之间流通畅达而城市与相邻农村的流通也许壅滞的现象。从这个意义上说，粮食市场在江南范围内的"整

---

① 《吴县》附刊城区《吴县城区农林园业蚕桑状况调查表》。

② 故宫博物院文献馆辑：《史料旬刊》第 29 期《江苏苏松等处聚众阻粜案》，谭行义折。

合"作用也许是明显的。

但是江南粮食市场与外地粮食市场之间的整合就要复杂得多,季节性价格变动,各地粮食前后供求状况的变化,非经济、非市场因素的干扰等,都会影响到所谓的市场整合。乾隆十二年(1747),署理苏州巡抚安宁传谕城内绅士"减价出粜,绅士畏惧,将所贮粮食悉行私卖,以致栈米所存无几,价值因而愈昂"①。这种政府的大力度市场干预,与市场整合无涉。而这种市场干预各地始终严重存在。道光三年(1823),林则徐在苏州,"招徕川湖来客,亦赖有枫桥王露庵、浒墅、望亭诸行户咸听指挥,叠雇捷足,赍信分赴川湖各总口,告以米价正高,速来必获大利,迟恐价落。因是贾舶麇集,彼此争售,价不禁而自跌"②。米价趋平,看似市场整合,实乃人为因素使然。实际上,长江各粮食流通口岸的价格,并不一定存在市场整合理论所要求的长距离运销商路的合理的价格差。雍正、乾隆之际,南京"米价常昂于苏"③。南京离稻米输出区较苏州近而米价比苏州高,就不能用市场整合论来解释。米价高低既与供需状况有关,也与流通成本有关,苏州流通系统完善,粮食流通规模大,运输成本较低,足以抵销距离较远的不利因素,所以米价反低。南京、苏州同处江南,尚且如此,至于苏州与汉口,各地丰歉信息的掌握,供求平衡的努力,均多限制,市场整合作用恐怕就更有限。乾隆二十年(1755),常熟等地颗粒无收,湖北黄州却囤积充

---

① 故宫博物院文献馆辑:《史料旬刊》第 29 期《江苏苏松等处聚众阻粜案》,尹继善折。

② 林则徐:《覆姚春木》,佚名《清代名人书札》。

③ 晏斯盛:《上制府论布商易米书》,《清经世文编》卷四七,第 1143 页。

溢,苦无售处,商贩居然很少。乾隆六十年(1795),重庆白蜡价贱,仅纹银 24 两一担,苏州却贵至 108 两一担,两地价格相差 4 倍多。[1] 黄州和重庆都是百货云集的流通中心,沿江可以直下江南,却有如此大的地域价格差和商品供求差,似乎反映出市场还没有整合。

二、以棉和布为中心的棉纺织市场

1.棉花棉纱市场

棉花无论当地所产,还是由外地输入,都需农户纺成纱,织成布,因而棉花市场主要集中在中小城市和广大市镇,又因不少不产棉花的州县也盛行纺纱织布,所以棉花的市场范围比棉布生产区要广,而经济实力单薄使得农户将收获的大部分棉花出售,又陆续购进纺织所需的绝大部分棉花,棉花市场愈益兴旺。

在棉花收获的秋季,农家出售商品棉,棉花市场兴旺。如嘉定县乡镇,"市中交易,未晓而集,每岁棉花入市,牙行多聚少年以为羽翼,携灯拦接,乡民莫知所适"[2],贸易竞争激烈。而收购棉花的行户,"晨挂一秤于门,俟买卖者交集户外,乃为之别其美恶而贸易焉。少者以篮盛之,多者以蒲包,一包如盘,两包如合"[3]。嘉定县城东门外是有名的花市,后来花市移往西门。太仓鹤王市是远近

---

① 郑光祖:《一斑录》杂述六。
② 万历《嘉定县志》卷二《风俗》。
③ 褚华:《木棉谱》,《丛书集成初编》本。

闻名的棉花交易市场,四方售花者,广达周围数十里,"每岁木棉有秋,市廛阗溢,远商挟重资自杨林湖泾达,而市之沃饶甲于境内"①,其交易额一季即达白银数十万两。太仓沙溪镇,乾隆中期棉花牙行多至一二十家,闽广商人赴镇收买,每日装载"动必一二十担"②。奉贤县的益村坝,"木棉盛时,商舶纷集";金汇桥,"木棉收获时,市最繁盛";刘家行的蔡家桥等地,"地产木棉独胜他处,远方商人多舣舟采买焉"③。青浦县的七宝镇,以种植棉花为主,所产"以供纺织,且资远贩,公私赖之"④。南汇县的周浦镇,棉花朵大衣厚,质量特优,棉花贸易冠于全县。江阴县西城外的望来亭,"八九月间棉花市颇盛",北城外则有崇明、苏北通州等地的棉花过境,青旸镇就集中了北来的棉花。⑤ 小农的商品棉花通过这些棉花市场输往邻区乃至闽粤缺棉区。

在不产棉而织布或纺纱的州县,棉花由邻近地区或外地输入,农家以布易棉或以纱易棉,棉花市场外还有棉纱市场。在不产棉而布利独盛的无锡,农家到花布行以布易花。嘉善、嘉兴、海盐、平湖等县纺户大多以纱易棉,从事摇纱生产,形成如魏塘那样的棉纱市场。

---

① 道光《增修鹤市志略》卷上《原始》。

② 乾隆《沙头里志》卷二《物产》。

③ 乾隆《奉贤县志》卷二《市镇》。

④ 民国《七宝镇志》卷一《物产》。

⑤ 道光《江阴县志》卷二《镇保》。

2.棉布市场

棉布市场广泛分布于江南棉织区,其范围之广,市场布设之密,对于农家的经济意义,可以称为江南商品市场之最。几乎每一个棉布业市镇及其周围农村,就组成了一个一定规模的棉布市场,而一些棉布业生产特别发达的城镇如上海县城、南翔、朱泾、枫泾等又成为周围几十里范围内的区域棉布市场。广大乡村生产的棉布先集中在附近的中小棉布市场。如里睦镇,原来布市甚早,"五更则庄列风灯,抱布者已联络不绝。至晓庄收,然后以货物交易",道光时"收布亦在日出后矣"①。这些中小棉布市场的棉布通常情况下再集中到上述区域棉布市场整染加工。这种加工中心明代多设在枫泾、朱泾等市镇,清前期南翔也有不少踹染作坊,但大多转移到了染色技术最高的苏州,从而形成松江最大的坯布市场和苏州最大的青蓝布市场。从市场角度而言,棉布市场更趋向规模化和专门化了。

区域棉布市场的贸易额也相当大。苏州不论,即如南翔镇,棉布批发商在市镇中最多,清代棉布踹坊也常多达一二十家,棉布营业额在嘉定一县中遥遥领先。又如以出产标布著名的朱泾镇,明后期标行林立,是明代踹坊最为集中的两个镇之一。每到秋季,"富商巨贾操重资而来市者,白银动以数万计,多或数十万两"②,因而有"小临清"之称。另一标布贸易中心朱家角镇,万历年间号

---

① 道光《里睦小志》卷上《杂志》。
② 叶梦珠:《阅世编》卷七《食货五》,第157—158页。

称"商贾辏聚""京洛标客往来不绝",是洞庭布商的重要活动场所。娄塘镇因"所产木棉布匹,倍于他镇,所以客商鳞集,号为'花布马头'。往来贸易,岁必万余,将载舡只,运以百计"①。由清前期的"沙船之利实缘布市",可知棉布交易价值超过其他任何商品。

沟通棉布市场与外地客商联系的则是棉布牙人。在明代,客商往往委托布牙收购布匹。如上海人褚华的从六世祖就是一个大布牙,他"精于陶猗之术,秦晋布商皆主于家,门下客常数十人,为之设肆收买。俟其将戒行李时,始估银与布,捆载而去,其利甚厚"②。而投肆售布的,除了织户就是活跃于布匹产地和集中地之间的小商小贩或小牙人。如"张少司马未贵前,太翁已致富累巨万。五更篝灯,收布千匹,运售阊门,每匹可赢五十文,计一晨得五十金,所谓'鸡鸣布'也"③,就是一个典型的小布商。入清后,棉布加工字号改用"出庄"的形式分赴各地棉产市场直接收购棉布。如朱家角镇的"本色布,南翔、苏州两处庄客收买;青蓝布,估客贩至崇明南北二沙"④。庄客收布,已积累起一套"一防接机,二防面糊头,三防短布,四防破边,五防笑机,六防坏篦"的成熟经验。⑤ 苏州"庄客"坐镇于不少棉布市场。这说明其时棉布市场的竞争更趋激烈,棉布的流通渠道也更加便捷,效率更高了。

市场上的棉布价格则既受江南棉布对外销路的影响,也受粮价棉价的影响。清前期,江南棉布内外销路畅达,匹布羡米五升,

① 上海博物馆图书资料室编:《上海碑刻》,第96页。
② 褚华:《木棉谱》,《丛书集成初编》本。
③ 许仲元:《三异笔谈》卷三《布利》,《笔记小说大观》本。
④ 嘉庆《珠里小志》卷四《物产》。
⑤ 《布经·收门庄要诀》,清抄本。

生产利润较高。嘉庆、道光年间开始,棉价粮价持续上涨,而布价没有相应上涨,生产成本加大,生产利润下降,又面临洋布的冲击,不少地方又改棉种粮,布产总量下降,布业市场有所萎缩。

3.纺织机具市场

与棉织市场相应的是江南的纺织机具也有较固定的市场。如前所述,金泽镇以出产纺车、锭子著名,"东松郡,西吴江,南嘉善,北昆山、常熟,咸来购买。故金泽锭子谢家车,方百里间习成谚语"①。与金泽锭子媲美的是朱泾锭子。《朱泾志》说:"铁锭,朱泾最良,时有'朱泾锭子吕巷车'之谚。近数尤御亭及骆姓家,远近争购。"程超诗曰:"鳞比人家纺织勤,木棉花熟白于银。邻家买得尤家锭,缫出丝丝胜绮纹。"②布机则以黄渡所出最有名,徐家布机"坚致而利于用,价亦稍昂,机之横木必书某年月某房造"③。纺车市场则在七宝镇,镇有"纺车街,以此街中人多制纺车售卖也。其长约三百余步"④。

---

① 道光《金泽小志》卷一《土产》。
② 嘉庆《朱泾志》卷一《物产》。
③ 咸丰《黄渡镇志》卷二《物产》。
④ 民国《七宝镇志》卷一《街弄》。

三、以丝和绸为中心的丝织业市场

1.桑秧市

至迟到明中叶,桑秧就已成为商品。嘉靖时黄省曾说:"有地桑出于南浔,有条桑出于杭之临平。其鬻之时以正月之上中旬。其鬻之地以北新关内之江将桥。旭旦也,担而至,陈于梁之左右,午而散。大者株以二厘,其长八尺。"①桑秧已有固定产地和销售场所。其后则桑秧市场更为众多,桑秧行在大的市镇多有。如在乌青镇,桑秧"其鬻之也,于冬之杪春之初,远近负而至,大者株以二厘,其长八尺,所谓大种桑也,密眼青亚之"②。又如在双林,"岁之正二月,东路贩客载桑入市,有桑秧行,亦有不就行而售之者"③。桑秧大小有多种,长不过一二尺者称桑乌,三四尺者称独条,七八尺而歧枝者称双枪,最小的广秧,产自苏州,扎数十株为一把出售。农家买桑秧而不自己培植桑苗,是为了缩短栽桑到采叶的时间。一般自己下桑籽培育桑树要七年才能采叶,而买桑秧却只要三年。这样,买桑秧就要比自留种合算得多。明清时期之所以能培育出几十种桑秧,与桑秧作为商品颇有关系。

---

① 黄省曾:《蚕经》,《丛书集成初编》本。
② 康熙《乌青文献》卷三《农桑》。
③ 民国《双林镇志》卷一四《蚕事》。

2.叶市

频繁而又大量的桑叶交易,使为数众多的叶市应运而生。王道隆《菰城文献》说:"立夏三日,无少长采桑贸叶,名'叶市'。"叶市所在多有,尤以乌青、双林、濮院等处为兴盛。人称"叶莫多于石门、桐乡,其牙侩则集于乌镇"①。濮院镇上的青叶行,"自晓至辰,放叶接叶,踵接肩摩"②。叶市一般是立夏后三日开市,有头市、中市、末市,每一市凡三日,也有的地方如双林镇是头市三日,中市五日,末市七日。即使一日之间,早市、午市、晚市,叶价也迥然不同。每当叶市开张时节,各地买叶者纷纷前往,"谓之开叶船"。通过叶市,石门、桐乡的桑叶大规模北运到苏州的吴江、震泽,有文献载,"采叶时,下乡客船买叶者云集。每日暮,如乌鸦野鹜争道而来"③。吴县洞庭山的桑叶则穿过太湖南贩乌程等县。乌程人说:"本地叶不足,又贩于桐乡、洞庭。"④按照明后期人的说法,蚕时奔忙于太湖中的船只,没有一只不是为运载桑叶服务的。入清后,洞庭桑叶继续南输,地方文献称,"蚕时设市,湖南各乡镇皆来贩鬻"。诗云:"洞庭山叶满船装,载到湖南价骤昂。"⑤道光时起,乌程县东的晟舍镇,"头二叶各店皆是半贩洞庭山桑叶来售于乡民,当育蚕

---

① 董蠡舟:《乐府·稍叶》。
② 乾隆《濮院琐志》卷六《习尚》。
③ 沈廷瑞:《东畬杂记》,清光绪刻本。
④ 朱国桢:《涌幢小品》卷二,第45页。
⑤ 金友理:《太湖备考》卷六《特产》。

时,帆樯梭织,人集如云,填街塞路,终日喧哗"①。可见桑叶流向大体未变。

在叶市上,囤积桑叶从事贩卖的牙人十分活跃。牙人以较为雄厚的资本,贱价收进桑户的桑叶,谓之"顿叶",又以高价出售桑叶给蚕户,转手之间顷刻而获厚利。《西湖蚕略》说:"蚕向大眠,桑叶始有市。有经纪主之,名青桑叶行,无牙帖牙税。市价早晚迥别。至贵每十个钱至四五缗,至贱或不值一饱。"②因而朱国桢说:"其叶价倏贵倏贱,谚至谓'仙人难断'。"③蚕从出火到大眠,生长最速,重量增加四分之三,需要桑叶最多。蚕农"轻舠飞棹,四出远买,虽百里外一昼夜必达,迟到叶蒸而烂,不堪喂蚕矣"④。鲜叶不易贮存,桑户就必须当日脱手。在这种情况下,无论蚕户桑户都只得任凭牙人上下其手而备受抑勒。他们的命运就操在这些投机商人手里。同样,牙人在控制小生产者的同时,也要受到价值规律的支配,他们经营桑叶,"营业顺利,骤可利市三倍,如卖空失败,即时破家"⑤,或以此起家,或因此倾家殒命。

这样的叶市,就不能视为仅是农家调剂桑叶余缺的场所。叶市既是种桑和养蚕户内部分工的产物,又是种桑区和养蚕区形成一定区域分工的产物,是蚕桑商品化和农户从事商品生产的必然结果。叶市的存在,又使这些专业化和商品化特征更为明显。透

---

① 同治《晟舍镇志》卷六《杂记》。
② 同治《湖州府志》卷三〇引。
③ 朱国桢:《涌幢小品》卷二,第45页。
④ 乾隆《海盐县续图经》卷一《方域篇》。
⑤ 民国《乌青镇志》卷二一《工商》。

过它,人们可以窥见小商品生产者追求消费价值外的利益而企求发财致富的动机与行为。

3.生丝市场

生丝市场主要分布在盛产蚕丝的市镇,著名者如南浔镇、双林镇、乌青镇、菱湖镇、石门镇、塘栖镇,以及苏杭宁城市丝织基地各处。

南浔镇是鸦片战争前后江南最大的生丝集中基地,以盛产七里湖丝而著称。江南各地产丝,有细丝、肥丝之分,细丝可为缎经,而肥丝只能织造一般的绸绫或用作纬丝。南浔周围所产主要是细丝。每当新丝出市,"商贾辐辏,而苏杭两织造皆至此收焉",或称"小满后新丝市最盛,列肆喧阗,衢路拥塞"。丝行业务也专门化,专门招接广东商人及载往上海与洋商交易者称广行,也称客行;专买乡丝者称乡丝行;买经造经的称经行。另外有小行买丝后趸给大行的称划庄;招接乡丝代为出售而稍抽微利者称小领头,俗呼白拉主人。据说"镇人大半衣食于此"①。五口通商后,洋商聚集上海,湖丝直接运售上海,"一日贸易数万金"②。

双林镇是明清之际江南最大的生丝集散中心。不但当地盛产蚕丝,有头蚕、二蚕、头二蚕丝之别,而且集中了乌青、菱湖等丝市上的生丝,因而"端午前后,闽广客商聚集于镇"③,形成唐甄所说

---

① 咸丰《南浔镇志》卷二四《物产》;康熙《德清县志》卷二《市镇》。
② 民国《南浔志》卷三一《农桑》。
③ 乾隆《东西林汇考》卷四《土产志》。

的"吴丝衣天下,聚于双林。吴越闽番至于海岛,皆来市焉"的繁盛局面。

菱湖出产生丝在湖州一府最多,"丝绢以湖郡为最,湖郡又以菱湖为最"①。菱湖前后30里内所出的蚕丝,小满后新丝市时,农家摇船载丝至镇,"投主交易而退"。牙行临河收丝,"乡人货丝船排比而泊"②,十分壮观。市场中分工细密,"接客贸丝,有丝行,各设市于阛阓,谓之丝庄;乡人持丝上街,带投市庄叙价,称为小领头;行家延工将丝整理,谓之修丝"③。

乌青镇新丝市时,"各处商客投行收买",平时则有震泽、盛泽、双林等处机户前往另买经纬丝。因当地产丝多而少织绸,丝价往往较为便宜。五口通商后,南浔镇一带专供出口的洋经,实际上用的生丝主要就是乌青镇出产的。

新市镇"蚕丝粟米货物之盛",地方文献誉称为德清县之冠,又称湖州一府所出生丝以新市镇"所得者独正,外此皆其次也"④。由档案材料可知,清代江南三织造购买的上用缎匹所需的经纬丝,都是购自新市镇的。可见新市有着最高档生丝的市场。

石门镇地必植桑,产丝也多。明人王穉登说,该处"地饶桑田,蚕丝成市,四方大贾岁以五月来贸丝,积金如丘山"⑤。人称"丝市之利胥仰给贾客腰缠,乃大驵小侩递润其腹,而后得抵乡民之

① 光绪《菱湖镇志》俞樾序。
② 天启《吴兴备志》卷二九《琐征》。
③ 同治《菱湖志》卷二《物产》。
④ 正德《新市镇志》卷一《物产》;康熙《德清县志》卷二《市镇》。
⑤ 王穉登:《客越志》,《广百川学海》庚集。

手"①,看来丝市规模不小。

塘栖镇是杭州府仁和县最大的丝产地。"遍地宜桑,春夏间一片绿云,几无隙地,剪声梯影,无村不然。出丝之多甲于一邑,为生植大宗"②,因而每到丝市,贸丝者云集。

苏州新丝市在城隍庙。顾禄《清嘉录》称,洞庭东山农人蚕事毕,"茧丝既出,各负至城,卖与郡城隍庙前之收丝客。每岁四月始聚市,至晚蚕成而散,谓之卖新丝"③。平时则阊门内丝行最多。杭州丝行原来主要分布在城外四乡,太平天国后移到下城东街、坝子桥、武林门及胭脂桥一带。④ 南京的丝行在清末总数约 120 家,市场分布在南门沙湾、新桥丝市口、北门桥至鱼市街一带三个地区。

4.丝绸市场

江南丝绸市场与丝绸生产相一致,大体上可分为高级绸缎市场和低级丝绸市场两个层次。前者集中在南京、苏州、杭州三大织造基地和镇江等地,后者集中在各丝绸专业市镇。

明清时期的江南,丝绸是价值量最大的商品。当时人一致认为,江南是丝绸之府。明人王士性论天下物货所聚,首列"苏杭之币"。张瀚观察东南之利,以三吴罗绮绢纻为最。徽商黄汴说苏州汇聚百货而缎匹为首。清末日人绪方南溟考察中国工商情形后指

---

① 康熙《石门镇志》卷一《市镇》。
② 光绪《塘栖志》卷一八《物产》。
③ 顾禄:《清嘉录》卷四《卖新丝》,江苏古籍出版社 1986 年版,第 92 页。
④ 浙江经济所编:《杭州市经济调查》下篇六,丝绸篇,1932 年版。

出,"绸缎为苏州至大之商业",杭州"商情以绸缎为第一"①。民国初年的日人更说"杭州府的绢织物是浙江省工艺品的大宗,其生产额之巨大具全国之冠"②。南京则明清时期一直以丝织品为大宗。整个江南,简直就是一个庞大的丝绸市场。

如南京,早在洪武时,城西上中下塌场为"屯集段(缎)匹布帛茶盐纸张等货处"③,丝绸贸易量于此为大。由前述正德时的众多丝绸铺户,可知其时南京的丝绸贸易相当发达。又如苏州,明后期当地人即自豪地说,丝绸"转贸四方,吴之大资也"④。乾隆时的一轴《盛世滋生图》,绘有丝绸店铺牌号十三四家,标出丝绸品种 24 个,江南各地的名产多出现在画中,外地丝绸名产也不少。怪不得清人纳兰常安叹羡:"绸缎纱绮,于苏大备,价颇不昂。"⑤再如杭州,在《金瓶梅》中有多处描写到西门庆派手下人携巨款赴杭州购买丝绸享用或开铺经营。清前期,"各路商贾来杭兴贩绸缎,一省有一省所行之货……西路所行之货,其绸匹至长至重,其绫纱绢□至轻至短",销场各有不同。商人为及时购到适销对路的丝绸,"预于四五月间,新丝初出之际,尽交牙人发散机户定货","例系预付牙行定织","标商所行之货,各有不同,若非发银预定,即不能合

---

① 绪方南溟:《中国工商业情形考》,清光绪刻本。
② 東亞同文會編:《支那省別全誌》第十三卷,第七编第二章。
③ 《洪武京城图志》,南京中社 1929 年版。
④ 嘉靖《吴邑志》卷一四《土产》。
⑤ 纳兰常安:《宦游笔记》卷一八《江南三·南厂货物》,第 951 页。

式,而货物不行"①。杭州丝绸市场通过牙人预付货银委托生产的定购方式,大体上是外地客商到江南大批量采购丝绸的通行做法,甚至江南三织造为西北各边疆民族代购的"贸易绸缎"和清后期江宁织造到苏湖一带收购上贡缎匹,也都是采用这一方式的。

各地专业市镇的丝绸市场,则集中了各具特色的中低档丝绸。盛泽镇绸市,清代兴盛时,"入市交易,日逾万金……一岁中率以为常"②,年交易额可达百万余两,成交丝绸当也在百万匹之谱。各种丝织品汇集市场中,或花或素,或长或短,或轻或重,各有定式。即如绫,清代产地不多,而盛泽花绫有庄院、西机、脚踏诸名,素绫有惠绫、荡北、扁织诸目;纱则花者居多,素者有米统、罗片、宫纱之类;绢有元绢、长绢等名。③ 盛泽不但丝绸山积,交易量大,而且服务机构齐全。镇中应丝绸交易而兴起的绸领头,分成花、素两帮,业务娴熟,办货迅速,无论哪类货,随人所指,即可办妥。濮院号称"以机为田,以梭为耒",因"日出万绸"而"日生万金"。在清初,"一镇之内,坐贾持衡,行商麋至,终岁贸易不下数十万金"④,市场规模与盛泽不相上下。镇中广设绸行,有京行、建行、济宁行、湖广行、周村行,"各以其地所宜之货售于客"⑤。尤以京行最为气派,

① 《杭州府仁和县告示商牙机户并禁地棍扰害碑》,康熙五十年;《杭州府告示商牙机户店家人碑》,康熙五十五年,转引自陈学文《中国封建晚期的商品经济》第120—122页所附碑文。
② 乾隆《盛湖志》仲周需跋。
③ 同治《盛湖志》卷三《物产》。
④ 雍正《浙江通志》卷一〇二引。
⑤ 嘉庆《濮川所闻记》卷三《织作》。

"京行之货,有琉球、蒙古、关东各路之异"①。交易分工明确,约定俗成。绸刚下机,就有接手介绍给绸行。接手收用钱若干。每日上午,绸行派验绸者到绸庄收绸,称为出庄,收绸人称看庄。绸收回行后,还要复验,称复庄。复庄后如有丝头未净,绸行还要修剪齐整,称修绸。如系生货,还要到专门的涑坊染练。经过这些收购和后整理过程,"于是绸无花素,各直省客商熙熙攘攘,按期采买,而可以衣被海内矣"②。黄溪等丝绸市镇的交易分工也很细,"凡销绸者曰绸领头,每日收至盛泽、王江泾牙行卖之……卖丝者曰丝领头,亦有大小之称。其开设牙行,招客来售者曰大主人,牵机户来买者曰小主人。经纬粗细,任机户自择,然后议价"③。牙行再将绸引售给绸行,绸行在固定的绸庄收绸,然后趸给商客。据说王江泾在明后期已两岸丝绸牙行林立,丝绸商人蜂攒蚁聚,挨挤不开,有着繁盛的丝绸市场。双林镇的包头纱市场销量不小,"量轻者曰海丈,销福建及温、台等处,沿海舟人用以裹头,盛时销至十余万匹;量重者曰狭贡、顶贡,妇女以之包头,江浙等处习用之,盛时所销产值十万元"④。种类繁多的丝绸,规模不等的市场,设施齐全的便利,吸引了各地商人,如安徽、宁绍、山西、陕西、山东、闽粤及江南当地的商人在市镇丝绸市场各建会馆,展开激烈的竞争(参见第四章)。

---

① 同治《濮录》卷二《衢巷》。
② 乾隆《濮院琐志》卷一《机杼》。
③ 道光《黄溪志》卷一《风俗》。
④ 民国《双林镇志》卷一七《商业》。

四、以木材为中心的竹木市场

江南木材严重缺乏，依赖外地输入，因而木材市场极为兴盛。江南的木材市场，据康熙年间木商言，"皇木、架木、椿木等项，向来凡奉文采办，首责省滩承值，而镇江次之，其余苏、常各属，不过零星小贩，且四季粮船拥塞，木少运艰……京口地处滨江，簰夫停泊亦多"①，江苏的木材市场，首为南京，其次为镇江，再次为苏、常等地。

南京城西郊的上新河，是明清时期江南最大的木材市场，赣、川、湘、楚、黔上游的竹木汇集而至，并转输到江南苏、松、常和苏北淮、扬一带。明时上新河，即是有名的大码头。大胜关和龙江关"数里之间，木商辐辏"②。清代上新河更"为木商所萃"，徽州木商建有会馆。木商的徽州灯会，盛称为"徽州灯"，由此可见南京木材市场的规模。苏州木材市场虽然比南京、镇江逊色，但也引人瞩目。市场主要分布在齐门东西汇和枫桥。如前所述，明清之际，"东西汇之木簰，云委山积"。康熙九年（1670），苏州有木商 9 人，木牙 9 人；康熙十九年（1680）有木商 42 家，木牙 6 人；康熙二十二年（1683）木商 38 人，木牙 11 人；康熙二十七年（1688）木商增到 132 家，木牙 9 人，木业市场臻于极盛。乾隆三年（1738）木商 94 家，木牙 5 人，后来木商、木牙稍稍减为 80 余家。经太平天国时兵燹，同治四年（1865）木商尚有 51 家，同治九年（1870）木商 40 家。

① 苏州博物馆等编：《苏州碑刻》，第 113—114 页。
② 沈启：《南船记》卷四《收料之例》，江苏巡抚采进本。

至迟在道光年间,木商已在齐门西汇建立了大兴会馆,同治四年又加重建。① 由于簰筏拥塞,每到漕粮征兑时令,往往与漕船停泊发生矛盾,致成讼端。苏州有限的港湾已无法满足当地日益增长的木材需求,限制了木材市场的发展。

杭州是皖南山区和浙东木材输入江南的集散地。乾隆年间,就建有徽商木业公所,候潮门外堆贮木竹之地广达三四千亩。

乍浦镇是福建、浙东木材在江南的集散地。兴盛时,镇上海盐弄向西直抵乍浦海关,"木班厂十余所,木商字号各占厂屋,其大者一号一厂,其小者两三号同一厂。凡木植上塘落河,各脚夫俱照厂头承值。木厂之北,南河滩之南,周围三里许,俱系木场。夏冬两帮木植齐到时,堆积几无隙地,并厂前塘口及沿塘海涂中,亦鳞比无数"②。这样规模的木材市场,在江南是罕见的。

江南各地的府、县城和广大市镇,都有数量不等的木行木铺。交易的本材除了部分山区产的少量竹木,基本上是从上述各个大中型木材市场上逐级转贩的。如道光《江阴县志》卷九《风俗》所称,"木行大者接西客,小者在郡垣接本郡贩客,或在金陵接上河贩客"。于是,与丝绸、棉布的购集贩运输向外地正好方向相反,江南的木材是从全国其他区域向域内各级市场层层输入的。

五、以典铺和钱庄为中心的金融市场

与商品经济的发展相适应,明清时期江南的金融市场也不断

---

① 散见苏州博物馆等编《苏州碑刻》。
② 道光《乍浦备志》卷六《关梁》。

发育,自成特色。典铺和钱庄构成江南金融市场的经营主体。

江南城镇乡村,商品化程度较高,贫富分化现象较为严重,城乡居民与市场联系紧密,贫困的农民、城市手工业者及小商小贩,迫于营生,往往将生产资料和必要的生活资料典押出去,从事典质当业务的典铺因而遍布于江南城乡。嘉靖、万历时期,仅南京一地当铺据说"不下数千百家",至少也有"五百家"①。嘉庆十五年(1810),江宁一府典铺有 171 家。杭州典铺也不少,"大者有姚家当、戴家当、倪国勋当二、胡士藏当、闵士先当、吴飞英当、朱玉符当"②。苏州经济最富庶,典铺数量也最多。乾隆元年(1736),苏州府属各县的典铺数为,吴县 137 户,长洲 80 户,元和 73 户,昆山 15 户,新阳 6 户,常熟 35 户,昭文 44 户,吴江 63 户,震泽 36 户,共为 489 户。③ 地方文献表明,这是苏州典铺最多的时期。嘉、道之际明显减少,为吴县 92 户,长洲 46 户,元和 55 户,昆山 7 户,新阳 5 户,常熟 19 户,昭文 19 户,吴江 41 户,震泽 35 户,共为 319 户④,仅是乾隆元年的 65%,而且各县无一例外都减少。松江府典铺兴衰情形相似,清前期共有 261 户,嘉庆二十年(1815)减为 146 户。⑤ 常熟典铺的增减颇具典型性。顺治年间,该县有典铺 18 家,康熙二十年(1681)至少达 37 家,乾隆元年就增到上述的 79 家(合常、昭二县),嘉、道时降至 38 家。方志笔记中的典商给人留下的大多是刻薄贪得无厌的形象,以往研究给人的感觉好像典当是城乡贫

---

① 周晖:《金陵琐事剩录》卷三,《国学珍本文库》第一集。
② 陈景钟等:《清波三志》卷中《志事》。
③ 乾隆《苏州府志》卷一一《田赋四》。
④ 同治《苏州府志》卷一五《田赋》。
⑤ 嘉庆《松江府志》卷二八《杂税》。

困化的象征。苏州典铺数量的前后变化以及相对集中于苏州附郭三县和城乡商品交易兴盛的吴江、常熟,说明典铺的发展与社会经济的发展程度相一致。一定程度上而言,典铺不是城乡贫困化的产物,而是社会经济盛衰的寒暑表。太平天国后,杭州典铺凋零,有人慨叹为"贫穷益无资藉"。而且开办典铺需要一定的经济实力,江南的典铺,架本银大者数万数十万两,小者也需几千两。双林镇上南浔人开的启泰典,架本银多至 20 余万元。① 乾隆中期以前,典铺多由外地客商开设,以后则土著居多,典铺实际上又反映了商业资本的盛衰。

典铺广泛存在于江南城乡,除了典当本身的特点,如典押手续简便,赎当不问姓名,不问押物原因,无须另找中证见人,无须知会亲房人等,仍然存在如期赎回原物的可能等②,关键在于它为民生所必需。典铺接受典押物,"衡子母之微利,实以通民须之缓急。原系便民,非厉民也"③。民间"凡遇钱粮急迫,一时无措,惟向典铺质银,下而肩挑负贩之徒,鳏寡孤独之辈,等钱一百、五十,以图糊口,取之最便"④。由于典铺的存在,民间在需用匮乏和青黄不接之时,将零星花布米麦之类质当,以解燃眉之急。

典铺存在有其合理性,主要在于典息较轻。明代凡开当铺,"自认周年起息二分"⑤。明后期的南京,闽商当铺本小,取利三分

---

① 民国《双林镇志》卷一七《商业》。
② 韦庆远:《清代典当业的社会功能》,《明清史新析》,中国社会科学出版社 1995年版。
③ 苏州博物馆等编:《苏州碑刻》,第 185 页。
④ 苏州博物馆等编:《苏州碑刻》,第 188 页。
⑤ 艾南英:《天佣子全集》卷六《三上蔡太尊论战守事宜书》,清光绪刻本。

四分,徽商铺本大,取利仅一分二分三分^①。康熙前期,江苏规定典
铺"无论钱数两数,二分起息"^②。康熙后期,江苏巡抚规定典铺起
息"自二分递减至一分五六厘不等"^③。雍正时,两江总督奉旨密
查,发现"江宁典铺利息甚轻"^④。雍正六年(1728),浙江总督李卫
调查湖州典铺当米,"每两取利不过一分以至一分五厘而止"^⑤。
清前期,湖州府典息"向例十两以上者,每月一分五厘起息;一两以
上者,每月二分起息;一两以下每月三分起息……后巡抚金公轸恤
民瘼,准行审勘断定,当概以一分五厘起息"^⑥。同治时濮院镇的数
家典铺多取息二分,高氏独减为大号1分6厘,小号1分2厘,而且
一直延续到民国初年,被人赞为"此于贫民生计大有裨益",甚至影
响到该镇商人间借贷利息均不超过1分2厘。^⑦ 清末双林镇上的
五家典铺,"月利率二分"^⑧。清中期的朱家角,"当铺起息十两以
上按月一分四厘,五两以上按月一分六厘,一两以上按月一分八
厘,贫民当不满两者,独按月二分",被人非议。^⑨ 各地典息在地方
政府一再干预下都不算高。典铺按规定三分起息,低则二分,通常
仅在1分5厘左右。这较之放私债的印子钱、鞭子钱或江南农村通
行的"一粒半"(借一石还一石半)、"转斗米"(耕时贷一石至冬还

① 周晖:《金陵琐事剩录》卷三,《国学珍本文库》第一集。
② 咸丰《紫堤村志》卷六《人物》附碑文。
③ 张伯行:《正谊堂文集》卷四〇《严禁典铺示》,清光绪刻本。
④ 《雍正朱批谕旨》卷二〇七上,史贻直奏折。
⑤ 《雍正朱批谕旨》卷一七四之八,李卫奏折。
⑥ 胡承谋:《吴兴旧闻》卷二引。
⑦ 民国《濮院志》卷一四《农工商》。
⑧ 民国《双林镇志》卷一七《商业》。
⑨ 嘉庆《珠里小志》卷三《风俗》。

二石)等翻倍利息要低得多,也要比同时期北方各地的典铺利率低得多。[①] 典押物品成了贫民最后的也是唯一的手段。只要利息不重,对于小生产者渡过难关,维持简单小生产是有一定好处的。

在江南农村,由于季节差价悬殊,农户深受高利贷资本盘剥,贫困小民也通常以典质物件减少损失。万历时,嘉兴的地方文献称:"迩来富商设米典,佃农将上米质银,别以下中者抵租,虽丰岁辄称歉收,迁延逋负。"[②]这种情形在养蚕区最为常见。雍正时,"每年新谷登场,凡有田之家,以及佃户小民,一时若有缓急,皆将所收之米随其多寡,当银用度。次年蚕麦成熟,新稻未收之前,赎回以济口食,较之现买,米价平贱,人以为便"[③]。在无锡织布区,农民也在秋收后将米当入质库,到来年五月赎取,称为"种田饭米"[④]。因典铺质当米谷等物对小民有利,所以乾隆时御史汤聘奏请严禁囤当米谷丝绵,部议允行,江南地方官却大不以为然。浙江布政使唐绥祖上奏:"惟是杭、嘉、湖民以养蚕为事,官粮及一切日用皆藉此立办。间遇丝客未到,需用孔亟,向典质银,价长赎回另售,起息甚微。倘概禁质当,富者尚可待价,贫者当新丝初出,正值官粮追呼,奸牙短估,售则亏本,留则无措。是欲禁囤积而牙商反得遂其居奇。臣请除大贾囤积,仍实力查禁,如有在数十斤以内,照当衣物例,分别多寡行息,庶商民两便。"[⑤]浙江巡抚方观承也认

---

① 据姜守鹏《明清北方市场研究》(东北师范大学出版社 1996 年版),明清北方典当利息率多为 3 分或 5 分。

② 万历《秀水县志》卷一《舆地志·风俗·岁时俗尚》。

③ 《雍正朱批谕旨》卷一七四之八,李卫奏折。

④ 黄印:《锡金识小录》卷一《备参上》,清光绪刻本。

⑤ 《清史列传》卷二二《唐绥祖传》,中华书局 1987 年版,第 1678 页。

为,"蚕丝之新出者价必贱,故亦以典当为待价缓售之计",主张"嗣后定限米在十石以上,丝在十斤以下,仍准民间典当"。[1] 实际上,对典铺当米当丝,雍正时李卫经调查利率甚低后就认为"实属利民,而非病民"[2]。农民米麦出市时质当,青黄不接时取出,扣除利息,要比贱售贵籴合算;蚕丝生产者在价贱时质当,价格合适时赎出再售,舍贱逐贵,或可减少损失,或可增加收入,都减少了市场风险。因此,典质成了小生产者抵御谷贱伤农或减轻高利盘剥的手段。正因如此,小商品生产特别发达的桑棉区,典当业也就特别发达。而由明入清,小生产者一直以质典作为减低受剥削程度的手段,而且获得了官府事实上的认可,更说明了典铺存在的合理性。典当这一原始金融市场成为广大贫困小民赖以为生的最后的资金来源,它随时随地与广大小农有着紧密联系,而决不像有人所说的那样离小农很远。[3]

由于典当业利率相对较低,商业经营者从而也以之作为周转经营资金的渠道,以谋取经营利润。《儒林外史》第 52 回描写杭州丝商陈正公在南京的经营,其侄陈虾子进言道:"阿叔在这里卖丝,爽利该把银子交与行主人做丝。拣头水好丝买了,就当在典铺里,当出银子,又赶着买丝;买了又当着。当铺的利钱微薄,像这样套了去,一千两本钱可以做得二千两的生意,难道倒不好?"这虽是小

---

① 方观承:《方恪敏公奏议》卷二《奏为民间当米当丝请分别示禁以便舆情事》,沈云龙主编《近代中国史料丛刊》第 11 辑,第 103 册,台北文海出版社 1966 年版,第137—138 页。

② 《雍正朱批谕旨》卷一七四之八,李卫奏折。

③ 主张典当离小农很远的说法可参见黄宗智《长江三角洲小农家庭与乡村发展》,第111—112 页。

说家言，但结合时人所论，利用典铺从事经营活动的事实当是常有的。濮院镇上的商人就常通过典铺贷借资金。生丝贩卖利润高于典当利息，商人便利用典铺周转资金，赚取季节差价。典铺成了中小商人融资的途径，其广泛存在的经济合理性也就更明显。中小商人向典铺融资，典铺在高利贷资本外就兼具有借贷资本的性质。

因为典铺与民生日用密切相关，太平天国后，地方官府有意识地发挥典当业"通有无，济缓急"的功能，将典当业作为稳定社会秩序、恢复发展经济的重要措施。江苏巡抚丁日昌札示布政司，"照得苏省典铺，从前取利以二分为率，当期以三年为满。自匪扰克复后，先经变通章程，招开公典，取利三分，一年为满。续经饬据前署司议定，自八年分起，当本三十两以上者，减为二分八厘，仍以十二个月为满，详经批准饬遵……惟查苏省典铺，逐渐增开，而月利未免较重，当期亦未免迫促，小民仍多受累。亟应酌仿旧章，赶紧减利宽期，以恤贫民"①。江苏地方官府为了招商，鼓励开典，不但倡设公典以示范，而且改定章程，允许提高典利，缩短赎当期限，在典铺逐渐增开收到成效后，又下令恢复原状。典当业作为基层信贷市场的主要行业为安定民生发挥了作用。

典铺在江南各地数量较多，利率低下，以及充分发挥作用的种种情形，表明当地的商业资本较为集中，资本额较为充裕，资本市场较为完善。米、丝及商业性典质，典赎周期都较短，商业资本通过加快周转速度，在低利率下仍可获得较高的利润回报。因此，典

---

① 丁日昌：《抚吴公牍》卷四七《饬司核减苏省各典当利息议复》，清光绪刻本。

铺确实起到了安部健夫、日山美纪等学者所说的"商业银行的机能"①,是与江南商品经济的发展相一致的。

诚然,典铺也往往重利盘剥,吮吸小民膏血。康熙年间,常熟的典铺重入轻出,"名曰二分起息,而实倍利矣"②。华亭县的豪恶典家,"重利殃民,粗重者加利五分,轻细者加利二分五厘。银钱当出则色潮平亏,搀搭私钱每百十文,入则纹银勒贬,九七重平兑作九五。更以一月逾十日之外,即苛两月之利。三年为满之期,竟以一年为绝,不准取赎,任意低昂,勒索虐害穷黎",遭到巡抚衙门查禁。③乾隆时昭文县支塘镇的典铺,乡民赎取麦花豆等原物时,典息之外,还"索要出栈钱每两二十文,如无,货包不放",以致贫民吁请政府干预。④典铺也往往将官府的勒索转嫁到典质者头上。这种种百般重利盘剥或额外诛求,又充分显示了高利贷资本寄生落后的一面,但其普遍存在,而且数量上经济发达地区多于落后地区又恰恰说明小生产者对高利贷资本的严重依赖程度。

钱庄是中国封建社会后期出现的信用机构,由银钱兑换业务发展而来。江南银钱兑换活动频繁,数额巨大,大宗贸易的大笔金额往来,市场行情的朝夕涨落,都需要有相应的金融机构为之服务,钱庄因而丛聚于城市中,形成了主要为商业经营活动服务而较典当业更高一级的金融市场。

---

① 日山美纪:《清代典當業の利子率に關する—考察——康熙～乾隆期の江南を中心として》,《東方學》第 91 辑,1996 年 1 月。
② 苏州博物馆等编:《苏州碑刻》,第 188 页。
③ 张伯行:《正谊堂文集》卷四〇《严禁典铺示》,清光绪刻本。
④ 苏州博物馆等编:《苏州碑刻》,第 190 页。

苏州和上海先后是江南钱庄最多的两个城市。苏州《山西会馆钱行众商捐款人姓名碑》载,自乾隆三十一年(1766)到四十一年(1776)的 10 年间,定阳公利钱行众商按抽厘银。此行大概只是众家钱行的总称。乾隆四十二年,它名下分列了铺号 74 家。此外,在同年代的另一块捐厘碑中,又记载了名称完全不同的铺号 52 家,以及捐银 3 697 两的联义会众商。在另一块《应垫捐输碑》中,又可见到与乾隆三十一年后名称又不同的字号 20 余家。这或许可以说明苏州钱庄字号很少有年代久远者,而且变易主人情形相当突出,或者是远远不止上述 130 余家。两种可能看来都是存在的,否则几十家钱号不会在一年之中全部消失。有理由认为,当时苏州钱铺可能多达 150 家至 200 家。① 清末,苏州大小钱庄仍有 60 余家。② 上海的钱庄,乾隆年间在城隍庙内园设立了钱市公所。乾隆四十一年到五十年间至少有 25 家,乾隆最后 10 年至少有 124 家。嘉庆二年(1797)光钱业董事就有 12 名。③ 光绪九年(1883),钱庄开始在里施家弄分设南市钱业公所,光绪十五年落成,取名集益堂,原钱市公所称为总公所。当时仅北市钱庄就“栉比鳞次,无虑数十百家”④。

钱庄的业务原来只是从事银两和制钱的兑换。因此清初人习惯把钱庄称为“卖钱之经纪铺”⑤。乾隆十年(1745)江苏巡抚陈大

---

① 江苏省博物馆编:《江苏碑刻》,第 372—374 页;苏州博物馆等编:《苏州碑刻》,第 333—337 页。
② 档案《改良钱业案》,苏州档案馆藏。
③ 上海博物馆图书资料室编:《上海碑刻》,第 254—257 页。
④ 上海博物馆图书资料室编:《上海碑刻》,第 401 页。
⑤ 《清文献通考》卷一三《钱币一》,商务印书馆“十通”本。

受在上奏中称,当地"兑钱虽有经纪名色,出入悉照时价,不能意为高下"①,可见其时钱庄经营业务如旧。到乾隆中期,江南地区的钱庄已突破了单纯兑换业的范围,而兼营体现借贷活动的存放款业务了。如在常熟地区,乾隆四十年(1775)便已"广用钱票"②。始用到广用有一个过程。又据咸丰九年(1859)上海钱业重整旧规声称,"上海各业银钱出入,行用庄票百余年矣"③。其始用钱票当在乾隆二十年左右。乾隆中期钱票已在江南普遍使用和流通了。乾隆、嘉庆之交,钱铺用票之风盛行。常熟人郑光祖说:"我邑常昭城市中钱铺用票,十千百千,只以片纸书数,即可通用,辗转相受,穷年不向本铺点取,日积而多,存贮盈万,该铺以此钱营谋生息……若乡镇店口,多小本经营,艳钱铺之射利,竟出百文钱小票通用。"④钱铺经营业务的扩大,兼营存放款业务,吸纳社会游资,使得金融市场更为活跃,对社会经济发挥出更大的作用。道光二十一年(1841),上海钱业商人声称:"钱庄生意,或买卖豆麦花布,皆凭银票往来,或到期转换,或收划银钱。"⑤由此可知,当时上海等地的"商品交易可以通过钱庄签发的票据成交,而且债权债务关系的清理,也可以通过庄票'到期转换,收划银钱'相互抵销"⑥。

钱铺放款,主要是对那些需要大额流动资金的经营活动者。现有研究已可说明,清代前期上海资力雄厚的钱庄大多与行走南

① 《清高宗实录》卷二三二,乾隆十年正月辛巳,第12册,第11182页。

② 郑光祖:《一斑录》杂述六。

③ 中国人民银行上海市分行编:《上海钱庄史料》,第20页。

④ 郑光祖:《一斑录》卷二《人事》。

⑤ 江苏省博物馆编:《江苏碑刻》,第485页。

⑥ 张国辉:《清代前期的钱庄和票号》,《中国经济史研究》1987年第4期。

北洋的沙船业主发生资金联系,或者钱庄贷款予沙船号,或者沙船业主投资于钱庄经营。道光年间,著名沙船商李也亭的久大沙船号因有钱业赵朴斋等人的资金融通,经营颇为顺手,不久渐成巨富。而李也亭致富后,赵朴斋组织钱庄时,即转而投资。① 大约同时期,著名的钱庄主经纬在上海开设仁元钱庄,据他儿子经元善记述,"沪南有陈有德沙船字号与元记钱庄往来矣"。上海开埠以后,"时局日新,商业日富,奇货瑰宝,溢郭填墌。而握其枢者,实赖资本家斥母财以孳息,俾群商得资其挹注,于以居积而乘时"②。钱庄更居于金融枢纽地位,影响工商百业发展,所谓"商贾云集,贸迁有无,咸恃钱业为灌输"③。钱庄等金融市场的发育为上海的崛起和发展发挥了不可或缺的作用。晚清江南丝业市镇上的钱庄也都与经营者有经济往来。丝行固定资本非巨万不可,濮院、南浔、硖石等地,"丝行无不与钱庄通往来,每有以钱庄之款务逗积者"④。钱庄力量渗透到了乡镇经济。

随着外国银元(俗称洋钱)的广泛使用,钱庄的兑换业务也有所扩大。明末清初,西属美洲的银元通过马尼拉大量流入中国,清代康熙开海后,到乾隆初,闽广遂有洋钱使用。但据说江南"乾隆以前市肆间皆用银",20年后"偶有洋钱,即俗所谓'本洋'者,尚不为交易用也,嗣后浸以盛行"⑤,也有称"至四十年时洋钱用至苏、

---

① 中国人民银行上海市分行编:《上海钱庄史料》,第734—735页。
② 上海博物馆图书资料室编:《上海碑刻》,第398页。
③ 民国《上海县续志》卷三《公署》。
④ 民国《濮院志》卷一四《农工商》。
⑤ 光绪《松江府续志》卷五《风俗》,参见诸联《明斋小识》卷一二《洋钱》。

杭"①。可见江南真正通用洋钱开始于乾隆中后期。洋钱名称甚多,在江南最通行的先是西属墨西哥铸造的本洋,有双柱、佛头等名称,后是墨西哥独立以后铸造的鹰洋,江南市面上俗称英洋。洋钱以其形制划一,银色固定(每元重漕平银 7 钱 2 分,合库平银 7 钱 3 分),以枚计银,携带结算方便,渐受欢迎。乾隆"五十年后,但用佛头一种,后以携带便易,故相率通用,价也渐增。苏城一切货物渐以洋钱定价矣"②。洋钱兑换中国银钱的比价也迅速上升。嘉庆二年(1797),洋钱一元兑制钱 1 100 文,到道光十六年(1836)林则徐等上奏称,"从前洋钱流入内地,其成色比纹银为低,其价值原比纹银为贱。因小民计图便利,日渐通行。未几而洋钱等于纹银,又未几而洋价浮于银价……近日苏松一带,洋银每元概换至漕纹八钱一二分以上,较比三四年前,每元价值实已抬高一钱,即兑换制钱,亦比纹银多至一百文以外"③。洋钱大量输入,比价上升,中国纹银大量流出,银钱兑换频繁,钱庄业务量大增,作用更加重要。有些钱庄甚至投机取巧,滥发庄票,所谓"今市廛交易莫不以鹰洋为率,而钱铺贸易,盖日出其狡侩。今上海钱铺有所谓空盘者,只凭空券,以角胜负,并有不用券而但凭空言者"④。只以钱票结算,若钱票发行超过准备金,就成为无法兑现的死票。银钱并用,外国银元的输入和中国纹银的流出,各种货币之间的兑换需要,正是钱

---

① 郑光祖:《一斑录》杂述四。

② 郑光祖:《一斑录》杂述六,参见嘉庆《珠里小志》卷三《风俗》。

③ 中国人民银行编:《中国近代货币史资料》第 1 辑(上册),中华书局 1964 年版,第 49 页。

④ 光绪《松江府续志》卷五《风俗》。

庄存在并不断增加的基本原因。"一切货物渐以洋钱定价",市面完全有赖钱庄的融通。开埠前后上海银钱兑换量远比他地为大,钱庄等银钱业在信贷活动上所达到的水平,也远比沿海其他城市和内地城镇为高。

　　江南金融市场就结算手段而言,最为发达的是会票的使用。早在嘉靖、隆庆年间,松江已见会票使用了。据范濂说:"先是,苏克温听选,以父恩善文贞公,故客其门。时有里人马姓者,携资客于京。克温觇知之,往纳交,叙乡情甚密。其人已写信克温,克温乘间绐之曰:'闻君将以某日归,而孤身涉数千里,得无患盗乎? 我当为君寄资徐氏官肆中,索会票若券者,持归示徐人,徐人必偿如数。是君以空囊而赍实资也,长途可帖然矣。'马姓乃深德克温,即以一百五十金投之。克温佯入徐肆,若为其入谋者,即持赝票示之曰:'资在是矣。'其人亟持归,付徐人,徐人以为赝,不与。"[1]这个故事说明,当时已有店铺开具会票作为信用证据,江南与北京之间已使用会票,会票有着特殊标志。但会票使用看来并不普遍,故事中的马某似乎不懂会票为何物,以致苏某要向他介绍"会票若券者"。

　　康熙初年,太仓人陆世仪记述苏州地区的缙绅与旅京的商人之间常从苏州向北京拨兑银钱的事例说:"今人家多有移重赀至京师者,以道路不便,委钱于京师富商之家,取票至京师取值,谓之'会票'。此即飞钱之遗意。"[2]看来其时江南与北京之间以会票来完成款项拨兑已较常见。可能成书于清初的《豆棚闲话》第三则

---

① 范濂:《云间据目抄》卷三《记祥异》,《笔记小说大观》本。
② 陆世仪:《论钱币》,《清经世文编》卷五二,第 1280 页。

《朝奉郎挥金倡霸》提到徽商汪兴哥到了苏州，"不一月间，那一万两金钱，俱化作庄周蝴蝶。正要寻同乡亲戚，写个会票，接来应手"。可知徽商已在苏州开展了会票的汇兑业务，会票可以作为信用凭证，在当地兑取现银。此后，在商业活动中会票屡见使用。1982年，北京前门外打磨厂日成祥布店遗留下来的自康熙二十二年到二十五年间（1683—1686）的23张会票实物被发现①，由会票所载内容，可知清初不同地区间的商人互相之间经常利用会票完成款项的拨兑以清算经济往来。乾隆四十三年（1778）发生了一起高朴私鬻玉石案，涉案的走私者张鸾在苏州售卖玉石后，除了交付合伙人李福现银，又有"会票四纸，共银一万七百九十两，系张鸾经手交付李福，会至京中声闻银号等店兑付"②。这个事例说明，由于不同地区可以会票汇兑，因此商人之间结算商务不必以现银而可以会票作凭。这个张鸾在苏州做绸缎生意，又曾于乾隆四十二年（1777）向老家山西右玉县"会回银一千两"③。由此又可知，当时苏州不但与北京，而且与山西等地也已存在汇兑业务，办理个人汇兑事项。

这就为日后票号的产生和运作创造了条件。只是这些不同地区的汇兑往来还是由钱庄等金融机构兼营的，还未发现如道光初年那样的专营汇兑的票号机构。而且江南与其他地区之间的汇兑地域上还有局限。乾隆年间，刘河镇的大额银豆交易，银两都由标行押运到苏州，似乎苏州与山东、东北之间汇兑业务还不发达。票

① 汪宗义、刘宣辑录：《清初京师商号会票》，《文献》1985年第2期。
② 故宫博物院文献馆辑：《史料旬刊》第20期，杨魁折二。
③ 故宫博物院文献馆辑：《史料旬刊》第22期，李承邺折二。

号产生后,这种状况才迅速改观。道光八年(1828),江苏巡抚陶澍在论到苏州的商业金融状况时指出:"苏城为百货聚集之区,银钱交易全藉商贾流通。向来山东、山西、河南、陕甘等处每年来苏置货,约可到银数百万两……自上年秋冬至今,各省商贾俱系汇票往来,并无现银运到。"①可见其时苏州与各地的资金拨兑,依靠汇兑已非常活跃极为普遍了。汇兑由钱庄兼营到票号专营,由个别地区扩大到广大地区,由仅为异地取款到置货用票,显示了江南金融市场随商品经济发展而不断发育壮大的过程。

---

① 陶澍:《陶云汀先生奏疏》卷二二《暂借局银平易市价折子》,《续修四库全书》本。

第四章　江南的商人商帮

　　明清时期江南商业的发展,市场的繁荣,对外商品流通的加强,都离不开商人的活动。江南作为全国经济最为发达的地区,吸引了全国各地商人风餐露宿,千里跋涉辐辏而至。各地域商人商帮在江南长袖善舞,各呈其长,展开了激烈的竞争。

　　在全国最著名的工商城市苏州,弘治时当地人吴宽称,"四方商人辐辏其地,而蜀舻越舵昼夜上下于门"①。隆庆时的徽商黄汴,曾"侨居吴会,与二京十三省暨边方商贾贸易"②。这是说明代苏州有来自全国的行商。郑若曾说在苏州"开张字号行铺者,率皆四方旅寓之人"③。这是说明代苏州坐贾多系外地人。乾隆《吴县志》说,"吴为东南一大都会,当四达之冲,闽商洋贾,燕齐楚晋,百

---

① 吴宽:《匏翁家藏集》卷七八《赠征仕郎户科给事中杨公墓表》,《文渊阁四库全书》本。
② 黄汴:《一统路程图记·序》。
③ 郑若曾:《郑开阳杂著》卷一一《苏松浮赋》,1932 年陶风楼影印本。

货之所聚,则杂处阛阓者,半行旅也。"①这是说清代苏州活跃着全国各地商人。《云锦公所各要总目补记》云:"吾苏阊门一带,堪称客帮林立……如祥帮、京庄、山东、河南、山西、湖南、太谷、西安、温台州帮……长江帮等等,不下十余帮。"这是说晚清苏州仍有不少外地商帮在活动。另一工商中心杭州,"百物辐辏,以贾云集,千艘万舳,往回不绝"②。在先为京城、后为留都、清为省会的南京,"天下南北商贾争赴"③,"斗门、淮清之桥,三山、大中之街,乌倮、白圭之俦,骈背项分交加"④。在交通要会镇江,"四方商贾群萃而错处,转移百物,以通有无"⑤。在商业都会上海,康熙开海后,"万商辐辏之盛,亘古未有"⑥,1842 年开埠后,更"为万商辏集之区"⑦。即使广大的市镇,如盛泽,"商贾辐辏,虽弹丸地,而繁华过他郡邑"⑧,康熙时,"富商大贾数千里辇万金而来,摩肩连袂,如一都会"⑨;如濮院,"远方大贾携橐群至"⑩。我们不必罗列更多的材料,便可概略地知道,江南是大小商贾云集角逐的重要场所。但是江南有哪些地域商人商帮,其具体活动情形、经营范围、势力盛衰如何,至今未见有专论涉及。本章拟透过以上描述,以省域为范

---

① 乾隆《吴县志》卷八《市镇》。
② 雍正《北新关志》北新关四境图说。
③ 张瀚:《松窗梦语》卷四《商贾纪》,第 74 页。
④ 桑悦:《南都赋》,《明文海》卷一,《文渊阁四库全书》本。
⑤ 康熙《江南通志》卷九《风俗》引。
⑥ 谢占壬:《海运提要序》,《清经世文编》卷四八,第 1155 页。
⑦ 上海博物馆图书资料室编:《上海碑刻》,第 406 页。
⑧ 江苏省博物馆编:《江苏碑刻》,第 446 页。
⑨ 康熙(二十三年)《吴江县志》卷一七《物产》。
⑩ 李培:《翔云观碑记》,嘉庆《濮川所闻记》卷四。

围,全面而又具体地考察商人商帮的有关问题。

第一节 各地商人商帮的经营活动

本节拟对各地商人商帮在江南从事的商业活动作系统的考察,以大致厘清这些商人商帮的活动线索,探讨这些商人商帮在江南所从事的行业和经营的商品。

一、安徽商人的经营活动

安徽商人在江南乃至全国活动者,主要是徽州府商人和宁国府商人。前者就是明清时期势力最大、一直备受学界重视的徽商,后者是与徽州毗邻、至今未见人提及的一支地域商人,因形成于历史上的宣州,故又称宣州商人。

明清江南是徽商最为活跃的地区。昆山归有光说,天下都会所在,连屋列肆,乘坚策肥,被绮縠,拥赵女,鸣琴踏屣,大多是新安商。① 这是泛言徽商无所不至,但徽商营利的最重要场所无疑是江南。明末清初时的常熟钱谦益说:"新安之富家行贾,多在武林。"②嘉庆、道光时的泾县人朱珔也说:"新安六邑,多懋迁他省,吴门尤夥。"③明清时期,无论苏、杭、宁、沪等号为都会之地的大城

---

① 归有光:《震川先生集》卷一三《白庵程翁八十寿序》,《四部丛刊》本。
② 钱谦益:《牧斋初学集》卷五九《汤孺人墓志铭》,上海古籍出版社 1985 年版,第 1440 页。
③ 朱珔:《小万卷斋文稿》卷一八《徽郡新立吴中诚善局碑记》,清光绪刻本。

市,还是镇江、常州、松江、嘉兴、湖州等中等城市,以及星罗棋布的广大市镇,乃至穷乡僻壤,无不留下了徽商奔走经营的足迹。

明初,江南已见徽商踪迹。婺源人朱基,"贸易江湖,常客于常郡。因元季世乱,家遭兵燹,不得归,迁居(无锡)让乡之许买布桥"①。永乐时,徽商程实"尝以木易粟至姑苏贷人"②。永乐、宣德间,善生殖的王福奴商游吴浙。

明中期,随着徽人四出经商,江南各地已多徽商利来利往。歙县许竹逸"挟资商吴、越、金陵间十余年"③。同县汪沅、江佩、黄明芳、许海、休宁程镶等辈,都在江南经营,家业日隆。弘治、正德之际,婺源商人李贤,在江南以勤苦起家,曾"奏除镇江沿河之积棍,立苏州上下之两牙",利商利课,颇得地方士民好评。歙县人郑崇学、许明大等曾在南京经商。歙县郑富伟,与兄及郑庸辈经商苏、松。成化末,松江有老人云"松民之财多被徽商搬去"④,可见徽商在苏、松人数之众。在杭州,有歙县王友权、黄谊、汪终慕、休宁汪当等在经营。在嘉兴,弘治间,因徽商刻剥贫民,崇德知县"捕之,皆散去,阖境称快"⑤,人数看来不少。

明后期,伴随着江南经济走向明清时期发展的第一个高峰,徽商在这个地区更为活跃。汪道昆《太函集》中的不少篇幅就述及了徽商在江南各地的活动,其余散见的例子更俯拾皆是。嘉靖时,阮

---

① 张海鹏、王廷元主编:《明清徽商资料选编》,黄山书社 1985 年版,第 231 页。以下简称《徽商资料》。
② 程敏政:《新安文献志》卷九〇《百岁程君实墓表》,《文渊阁四库全书》本。
③ 张海鹏、王廷元主编:《徽商资料》,第 164 页。
④ 不著撰人:《云间杂识》,《奇晋斋丛书》本。
⑤ 焦袁熹:《此木轩杂著》卷八,《此木轩全集》本。

弼、黄钟、潘汀州、江五公、汪季公、许尚质、吴用良、潘寿州、程澧、程次公等人,都在江南从事过大规模贩运贸易。休宁胡正言、汪以振,歙县蒋振民,婺源李延芳等,纷纷杂沓南京。明末,徽商以其人多财雄,合梨园中的兴化部和华林部为大会,"遍征金陵之贵客文人,与夫妖姬静女,莫不毕集"①。其声势之壮,徽商之能耐,可以想见。在苏州,徽商麇集。明后期苏州盛称徽州当,因年荒米贵被捣毁的米铺也往往系徽州人所开,说明徽商是苏州城中占据主导地位的商人。在杭州,明后期从事商业活动最突出的就是徽商。附籍应试,涉讼公庭,抢占风景胜地,徽商意气扬扬,甚为风光。在苏、杭、宁三大城市间的广大城镇,徽商的活动也极为频繁。休宁詹仰之孙从理、程锁,歙县张翰、方文箴、吴荣让、程正奎、许国的父亲等,或在镇江、松江、常州、嘉兴、湖州等府城,或在无锡、宜兴、嘉定、昆山、平湖等县城及市镇从事商业活动。仅嘉定县南的南翔镇,就"多徽商侨寓",罗店镇"徽商辐集"②。为湖州、嘉兴两府共辖的乌青镇,据报告,嘉靖年间徽州等处商人因事斗殴仇杀致命者,就不下百数人。杭州近郊的塘栖镇,"徽、杭大贾视为利之渊薮"③。可以说,随着明后期江南市镇的大量兴起,徽商也就以市镇为据点,开展商业活动。

入清以后,江南经济在一度衰落后,迅速走向复苏,并达到封建经济的鼎盛阶段,徽商在江南也数此时最为活跃。会馆等组织设施的创建则是其明显标志。徽商在江南所建会馆之多,其他任

---

① 侯方域:《马伶传》,《虞初新志》卷三,河北人民出版社 1985 年版,第 42 页。
② 万历《嘉定县志》卷一《市镇》。
③ 胡元敬:《栖溪风土记》,光绪《塘栖志》卷一八《事纪》。

何商帮不敢望其项背。在南京,马府街有新安会馆,太平街栏杆桥、上新河各有徽州会馆,钞库街有新安会馆。后徽商联合同省宁国府泾县、太平、旌德等县商人在油市街姚氏园建成安徽会馆,此馆鸦片战争后改为皖省公所。同治年间,光歙县商人就曾以 12 300余两的巨资,创建了歙县试馆,作为士子乡试住宿之所。看来,清代南京的徽商主要以歙县和婺源两县人为众。在苏州,乾隆二十三年(1758)大兴人曹旗诓骗银两,徽商受骗的达 50 余家,徽商之多可见一斑。乾隆三十五年,徽商创建徽郡会馆。乾隆三十八年续建时,捐款者多达 94 人,显示出雄厚的实力。道光八年(1828),徽商又费银 1 300 余两购地创设善堂。同治初年,徽商联合宁国府商人,扩建成安徽会馆,"以敦睦其乡党"①。光绪初,徽商又与同省商人一起在北濠城根建有安徽码头,专供安徽商人装卸货物之用。在鸦片战争后最大的商埠上海,"五方贸易所最,宣、歙人尤多"②。早在乾隆十九年,徽商联合宁国商人置买民田 30 余亩,建立了徽宁思恭堂,栖棺停枢,设立义冢,掩埋无力盘回棺骨。嘉庆二十二年(1817)又添建房舍 30 余间。善后公堂如此规模,徽商自不在少数。在杭州,清代的外地商人仍以徽商为多。乾隆时,据说歙县人"为贾于浙之杭、绍间者尤多"③。钱塘江滨,有登岸之所,因上下多系徽商,故号称"徽州塘"。由于众人麇集,徽商在乾隆年间建立了徽商公所。嘉、道年间,杭州徽商创立善后机构惟善堂,道光十八年(1838),堂中司事多达 68 人,杭州城乡徽商捐款者多

---

① 江苏省博物馆编:《江苏碑刻》,第 381 页。
② 上海博物馆图书资料室编:《上海碑刻》,第 232 页。
③ 道光《黟县续志》卷一五《艺文》。

达 1 600 余人。太平天国后,惟善堂修复,同治四年至九年(1865—1870),当地徽商仍有 389 人次捐了款。①

上述大城市以外,在广大中小城市及市镇也多徽商的组织及公共设施。在嘉兴府平湖县,杭州府海宁州、富阳县,湖州府德清县,常州府江阴县等县城,徽商都建有会馆。在常熟,徽商洪瑞峰等置田,"以葬客死无归者",到乾隆末年扩建成存仁堂,嘉庆初年扩建成梅园公所,以为议事恤贫之所。② 在嘉兴府城,徽商有广仁堂。在丹徒,道光年间徽商筹款修筑江口二闸,"比工告竣,水波不兴,如涉平地",看来人数也多。在吴江县的盛泽镇,早在康熙三十八年(1699),新安人张佩兰因"念新安居斯土者不下数十家,力不能尽延师",乃在东肠圩建起新安义学,以课徽人读书。以后经乾隆三年(1738)拓建,到嘉庆十四年(1809)扩充为徽宁会馆。其他如乌程县南浔镇,秀水县濮院镇,归安县菱湖镇,德清县新市镇,长兴县四安镇,南汇县新场镇等,徽商都建有会馆类建筑。在归安县双林镇,德清与仁和二县共辖的塘栖镇,桐乡县石门镇,嘉定县南翔镇,昆山和长洲二县共辖的甫里镇,甚至在地势较偏的苏州城西北的长洲县黄埭镇等,徽商都置有义园、义所或旅亨堂、敬梓堂之类公共设施,以安葬无力归乡棺柩。会馆等公共建筑和设施是商人数量发展到一定阶段的产物,徽商此类建筑及设施遍布江南城乡,不仅表明徽商人数在不断增加,而且标志着徽商是在用商人集团也即商帮的力量从事商业活动。

综上所述,"遍地徽商"之语用之于明清江南是最符其实的。

---

① 《新安惟善堂征信全录》,清光绪刻本。
② 苏州博物馆等编:《苏州碑刻》,第 349 页。

诚然,明清时期的徽商同其他商帮一样,大多并不固守一地,而是随时而逐,因地而迁。如正德、嘉靖年间歙县许海,即"挟资往来吴越燕赵间"①;程辅以松江为基地,而"往来三吴二越之间"②;汪佩,既贾吴越,再贾淮扬,后又徙梁、徙楚、徙南京;郑石陵,"南游楚,东入吴,北涉淮泗、陈豫,几半天下"③。嘉靖、万历时休宁人查杰,经商"往来吴越扬楚间三十余年"④。乾隆时婺源人洪德胜,先商吴头楚尾,后贾金陵。⑤ 清代黟县人杨春元经商"遍历吴越闽楚关陕间"⑥;孙遴"贾于苏浙江湖间,所如操胜算"⑦。这些徽商不但逐利于江南各地,而且或以江南为中心,或以江南为一端,远涉全国各地。活动区域如此之广,对于转输的行商来说是必不可少的,而对那些坐贾也多适用。如休宁商人王礼元就极具典型性,他一生"创有宜兴福德桥一店、小东门一店,武进洛阳桥一店、虞桥一店,镇江紫院一店共五处,营运资本"⑧。汪道昆描写黄氏"贾婺、贾台、贾甄(瓯)、贾括、贾姑孰、贾淮海、贾金陵,卜地利则与地迁,相时宜则与时逐"⑨。徽商江叔先对其胞弟则言,"良贾务转毂四方,吾侪墨

---

① 许国:《许文穆公全集》卷一三《良源公行状》,明万历刻本。

② 张海鹏、王廷元主编:《徽商资料》,第 142 页。

③ 张海鹏、王廷元主编:《徽商资料》,第 220 页。

④ 张海鹏、王廷元主编:《徽商资料》,第 62 页。

⑤ 张海鹏、王廷元主编:《徽商资料》,第 62 页。

⑥ 嘉庆《黟县志》卷七《人物》。

⑦ 同治《黟县三志》卷六《人物》。

⑧ 《休宁巴氏置产簿》,转引自李文治《论清代前期的土地占有关系》,《历史研究》1963 年第 5 期。

⑨ 汪道昆:《太函集》卷五六《明故新安卫镇抚黄季公配孺人汪氏合葬墓志铭》,明万历刻本。

守一隅,非策也"①。因此,"卜地利则与地迁,相时宜则与时逐""转毂四方",可以视为徽商在活动区域上的一个特征。我们说徽商活动于某地,是就其主要活动区域而言的,同时也只是为了行文的方便。

宁国商人主要是泾县和旌德二县商人。作为地域商人集团,大约初步形成于嘉靖、万历时期。其主要活动地域在长江中下游,而尤其集中在江南、江西和汉口。在苏州,到康熙三十六年(1697),"缘乡人既多,不可无会馆以为汇集之所",宁国商人即以泾县商人为主体在阊门外建立了宛陵会馆,"而旌德、太平之好义者复醵金若干,广置义冢"②。乾隆初年扩充为宣州会馆;嘉庆间,泾县、旌德、太平各县商人各设公所附属其下。同治六年(1867)又同安徽其他商人合建成安徽会馆。在吴江盛泽镇,也汇集了宁国商人,特别是旌德商人。嘉庆十四年(1809)起,旌德商人同徽商兴建涵括二府七县的徽宁会馆,道光十二年(1832)捐款的 55 个商人中,就有 10 个是旌德人,捐款 25 千文,占总数 174 千文的整整 1/7。在南京,宁国商人以旌德县商人最多。旌德商人自称:"从来旌人之为贾也久矣。或托业于荆楚,或贸迁乎吴越,或散处于蜀山易水之间,而荟萃于金陵者,尤为夥焉。"③乾隆四年(1739),旌德商人即设立了旌德会馆,后来发展为党家巷、竹竿巷、油市大街三处会馆,经太平天国期间战火毁坏,同治三年(1864)又合并为一。嘉庆十四年,党家巷会馆扩建,捐款者达 183 人,次年捐款者更多达团

---

① 汪道昆:《太函集》卷五〇《江叔先蘗葬墓志铭》,明万历刻本。

② 叶长扬:《宛陵会馆壮缪关公庙记》,乾隆《吴县志》卷一〇六《艺文》。

③ 任治沅:《金陵旌德会馆志》,1928 年铅印本。

体 13 个、个人 380 人。道光二十一年(1841),捐款者为团体 6 个、个人 79 人。一县商人在南京建有三所会馆,为旌德商人所独有,该商在宁人数之众可以想见。泾县人在百花巷也建有会馆。在溧阳,泾县人"服贾者麇萃",道光十年在城西南购地三亩,建成义冢敦义堂。① 在常州,太平天国前,宁国商人在尉史桥下设有泾旌太会馆,毁于兵燹后,同治五年(1866)又改建于察院衙。② 在上海,如前所述,宣歙人并称,乾隆间宁国商人与徽商合建了思恭堂。在湖州双林镇,早在康熙年间就有泾县会馆。该县朱、胡、洪、郑、汪五姓长年在湖州经商的大族立有式好堂,以作公益善举。③ 在镇江,有旌太会馆。在杭州,有安徽会馆,不少宁国商人捐款。此外,旌德吕纶、吕成暇在高淳置义冢,赈济灾民;泾县郑世洪贸易溧水,朱琛兄弟与朱安池在嘉定兴复育婴堂,吁请有司打击埠头骚扰。可见,宁国商人在江南各城镇是相当活跃的,理应引起我们的重视。

安徽商人在江南经营的行业极为广泛,所谓"其货无所不居",但主要集中在形成江南拳头产品的几个行业中。

1.棉布业及其加工业

江南除了湖州全府,苏州府的西部,嘉兴、杭州的部分生产丝绸的地区,几乎都产棉布,而主要集中在松江一府、苏州府和常州府的大部、嘉兴府的部分地区。光松江一府,每当秋季棉布上市,

---

① 朱琦:《小万卷斋文稿》卷一八《溧阳新设泾县义冢碑记》,清光绪刻本。
② 光绪《武阳志余》卷三《善堂公所》。
③ 朱琦:《小万卷斋文稿》卷一八《式好堂兴复上坊义渡碑记》,清光绪刻本。

每天交易达 15 万匹，号称"衣被天下"。运销途径，"溯淮而北走齐鲁之郊，仰给京师，达于九边，以清源为绾毂；出长江之口，经楚、蜀而散于闽、粤、秦、晋、滇、黔诸郡国，以芜关为绾毂"①。这样庞大的商品贸易量，为徽商活动提供了极为有利的先决条件。

棉布主要产自广大乡村，市镇是其集散地。徽商在棉布业市镇如南翔、罗店、外冈、钱门塘、诸翟、娄塘、纪王庙、唯亭、枫泾、朱泾、支塘、唐市等，往往设有布庄，发银收布，与其他地域布商展开激烈竞争。

坯布织成后，需要染整加工，因此徽州布商又主要集中在苏、松、无锡和枫泾、朱泾、南翔等棉布加工技术较高的城镇。加工棉布的布店字号在明代几乎全部分布在松江地区，特别是华亭县的枫泾镇、朱泾镇，入清后除了嘉定南翔镇尚有少量留存，大多集中到了染整技术最为高超的苏州，徽州业布者也更众。在苏州，康熙九年(1670)有字号 21 家，三十二年 76 家，四十年 69 家，五十四年 72 家，五十九年 43 家；乾隆四年(1739) 45 家；光绪三十三年(1907)仍有 44 家。这些字号绝大部分系徽商所开，甚至主要系休宁商所开。乾隆十三年(1748)，重建渡僧桥捐款的 8 个布商，就有 6 个是休宁人。道光时布店字号成立的同业公所，直接称为新安公所。休宁程氏的益美字号，在康熙和道光年间的碑刻中曾多次出现过，就是徽州布商的典型代表。在南翔镇，乾隆四十年布商字号至少有 10 家，也主要由徽商所开。② 无锡是苏、松以外的又一个棉布集散地。当地所出之布，城中"坐贾收之，捆载而贸于淮、扬、高、

---

① 陈继儒：《陈眉公全集》卷五九《布税议》，明刻本。
② 上海博物馆图书资料室编：《上海碑刻》，第 99—100 页。

宝等处,一岁所交易不下数百万",徽商称为"布马头"①。此话既然出于徽商之口,徽州布商在江南又十分活跃,则无锡当有徽州布商。在常州,据说首先开设色布号的也是两位安徽人胡郎甫和汪怡兴。

2.丝绸业

丝绸贩运可以获取高额商业利润,徽商经营丝和丝绸业也就显得十分活跃。如许縠,"贩缯航海,而贾岛中,赢得百倍"②。嘉靖时,徽商王直等屡屡逾禁贩海,所载货物最主要的就是丝绸,据说一时"兴贩之徒,纷错于苏杭"③。以徽商为主的贩运商甚至勾引倭寇,大举骚扰江南城镇。徽商经营丝绸虽无系统材料,但不乏记载。天然痴叟《石点头》第八回中有王某在苏杭买了几千两银子的绫罗绸缎前往四川发卖的描述。《龙图公案》卷三中有宁龙带了仆人到苏州收买价值千余两的缎绢到南京发卖的故事。祁门张元涣,"筐厥绮纨,通于豫章"④,将江南丝绸贩运到江西。歙县胡梧贩运湖绢也获利甚丰。前述徽商建有会馆或同乡同族善举机构的盛泽镇、南浔镇、濮院镇、菱湖镇、新市镇,都是江南的湖丝或丝绸名镇,徽商在这些市镇相对集中,则丝绸当为其首业。如盛泽镇,到康熙年间,"善生理"的仲氏已居住数世,可见他家经营丝绸业已

---

① 黄印:《锡金识小录》卷一《备参上》。
② 张海鹏、王廷元主编:《徽商资料》,第432页。
③ 顾炎武:《天下郡国利病书》卷八四《浙江二》。
④ 张海鹏、王廷元主编:《徽商资料》,第91—92页。

历有年数。① 《徽宁会馆碑记》载,该镇"凡江、浙两省之以蚕织为业者,俱萃于是。商贾辐辏,虽弹丸地,而繁华过他郡邑。皖省徽州、宁国二郡之人服贾于外者,所在多有,而盛镇尤汇集之处也"。同碑还称,道光时,盛泽附近的新塍、王江泾、黄家溪等镇的同乡也乐善捐输②,说明安徽商人云集盛泽等地,是志在从事丝绸贸易。太平天国以后,盛泽绸业更为重要,浙江南浔、王江泾等镇的丝织工匠络绎迁徙于此,"以丝绸为大宗,所入尤巨"③,安徽商人在那里经营丝绸的规模当更为可观。绩溪人程树槐,于咸丰年间在镇上专事贩绸。近代上海的丝绸商,不少是安徽商人。因不甘于利柄操于洋商而倾尽财力囤丝与之抗争的红顶商人胡光墉,原籍就是徽州。以生产包头绢与包头绉著名的丝绸重镇双林,加工作坊皂坊就是由宁国的朱、胡、洪、郑、汪等姓绢商开设的。

3.米粮业

如前所述,南京、无锡、苏州、杭州等城市,以及浒墅、枫桥、黄埭、平望、周庄、盛泽、塘栖等镇形成了大大小小的众多米市,徽商就在这些米市中扮演了重要的角色。

苏州是米粮转输中心,徽商丛集。万历四十八年(1620),因遇籴米价昂贵,曾发生饥民强借徽商之米,官府镇压,万人屯聚府门毁牌殴役的骚乱。崇祯十三年(1640),监生姚天倪以低价售米予

---

① 汪琬:《尧峰文钞》卷一五《仲翁墓志铭》,清康熙刻本。
② 苏州博物馆等编:《苏州碑刻》,第356—357页。
③ 光绪《吴江县续志》卷三八《杂志》。

徽商,被邻人闻知,一抢而光。说明苏州城中的米商主要是徽商。入清以后,徽州米商势力更大,他们与浙江米商共建了仓王阁,以供奉香火,光绪三年(1877)更扩建成米业公所,每月捐资"济帮伙中失业贫乏孤独无依一切丧葬之费"。

松、嘉、湖是徽州米商在江南的又一活动中心。松江遍种棉花,粮食奇缺,徽州米商不时出没。崇祯十三年,歙县米商吴民仰,载麦千石路经松江,见饿殍载道,"尽以舟麦散饥人,人各给一斗",救活饥民无数。歙县胡仁之,"贾嘉禾,年饥,斗米千钱,同人请杂以苦恶,持不可。俄而诸市米家群蚁聚食,山独免"[①]。休宁刘淮,"客于嘉、湖。岁饥,有囤廪出,或言可乘时获利。淮不可,曰:'孰若使斯土之民得苏之为利大也。'乃减价以贸,又为粥以食饥者"[②]。这些都是讲究商业道德的徽州米商。自然,以次充好,乘时射利之徒当大有人在。

广大市镇是徽州米商丛集的据点。盛泽镇,米市盛于清前期,"自乾、嘉至道光年间,米市之集,犹不亚于平望诸镇"。经太平天国兵火,规模远不如前,但在极其萧条的光绪初年,米业字号仍有44家,其中光汪姓字号就有11家[③],当主要属徽商。平望镇是仅次于枫桥的米食市镇,"米商所集,人争趋之,市几无隙地"[④]。康熙时,徽商多往来其地。前述徽商建有旅亨堂的黄埭镇,生产稻米,米商当也不少。塘栖镇,徽杭大贾"开典顿米"者辐辏。

① 李维桢:《大泌山房集》卷七三《胡仁之家传》,明刻本。
② 张海鹏、王廷元主编:《徽商资料》,第 198 页。
③ 江苏省博物馆编:《江苏碑刻》,第 234—235 页。
④ 光绪《平望镇志》卷一〇《集文》。

4.盐业

明清江南除江宁(明为应天)一府行淮盐外,其余皆行浙盐。杭州是两浙盐的批验所所在地,因此盐商主要集中在杭州。目前所知杭州徽商也以盐商为最多。汪道昆的曾祖、祖父始徙武林,营盐业,自此而"业骎骎起"①。其他如明代歙县汪才生,休宁汪当;清代歙县鲍立然兄弟、鲍直润父子、鲍简锡、鲍雯;绩溪章氏家族;黟县汪廷俊、汪玉琦等,都在杭州或附近苏松嘉湖地区从事盐业。前述万历年间被允准附试杭州者,皆系盐业子弟。光绪五、六两年(1879、1880),盐商向杭州惟善堂捐款,分别达 387 和 352 千钱,仅次于茶商。② 由此可知浙盐由徽商主销,盐商之多于此也可见一斑。

5.木业

江南平原,殊少木材。建筑、生产工具、木器制造、海塘修筑等所需的大量木材主要靠外地输入。徽商又在江南大力经营木业。江南木业几为徽商垄断。徽商经营木业,由长江来者,主要集中在南京、镇江和苏州一线,而尤以南京为最。在南京,每年四月初旬都天会,徽州木商遍张徽州灯,其"旗帜、伞盖、人物、花卉、鲜花之

---

① 汪道昆:《太函集》卷三九《世叔十一府君传》,明万历刻本。
② 《新安惟善堂征信全录》,清光绪刻本。

属,五色十光,备极奇巧。阖城士庶往观,车马填闉"①。杭州是徽商经新安江贩运木材而至的中心。乾隆间,婺源人江扬言即在候潮门外创建徽商木业公所。其子来喜,为购自闸口至秋涛宫间堆贮木竹之地3690余亩,曾与当地人涉讼公庭。结果布政司不敢得罪人多财雄的徽州木商,将这数千亩沿江之地划归木商。婺源人叶明绣和歙县凌日荣等,都曾在杭州等地经营过木业。清后期,杭州的徽州木商也有实力,向惟善堂屡屡捐款。

南京徽州木商的灿烁灯火和杭州徽州木商的打赢官司,显示出了木商群体的强大力量,而木商个体的财力也甚雄厚。业木自采伐到运输,资本要巨,劳动力要多,因而木商资本十分可观。隆庆时,"有徽商积木数千荃在岸侧,皆为所卷,无复孑遗"②。这个木商一次连运木头至少有数千根。王天俊等更是"广挟金钱,依托势要,钻求札付,买木十六万根,勿论夹带私木不知几千万银,即此十六万根木,税三万二千余银,亏国课五六万两"③。采买官木16万根,夹带私木更不知底数,则非百万资本不可。清代仍是如此,"徽多木商,贩自川广,集于江宁之上河,资本非巨万不可,因有移家上河者,服食华侈,仿佛淮阳,居然巨室"④。有巨万资本之木商,点燃千百盏彩灯,自然小事一桩。

木商又多为婺源人,所谓"婺源服贾者,率贩木"⑤。婺源几部

① 甘熙:《白下琐言》卷四,1926年刻本。
② 谢肇淛:《西吴枝乘》卷下,《说郛续》卷二六。
③ 贺仲轼:《冬官纪事》,《丛书集成初编》本。
④ 张海鹏、王廷元主编:《徽商资料》,第179页。
⑤ 康熙《婺源县志》卷二《风俗篇》。

县志中记载了不下上百个木商分别在南京、镇江、丹阳、常州、无锡、苏州、上海、杭州等地经营的事例,其他不知名姓而业木者更不知凡几。为《齐溪小志》作序的单镇,其家就是于嘉、道年间由婺源迁居苏州东汇经营木业的。

6.典当业

江南商品经济发达,商业资本显得十分重要,高利贷资本也就无时无地不体现出它的功能。可以说,典业是徽商在江南所从事的一个面广量大的行业。苏、杭、宁大城市是徽州典商最为集中之地。前述嘉靖、万历年间,南京"不下数千百家"至少也有"五百家"的当铺主要由徽商和闽商所开。① 人们动辄以徽州当为例,如在《拍案惊奇》中,凌濛初就描写了一个徽州卫姓典商百般昧心取利,短短三年将陈秀才典当的价值千金之产盘剥过来的形象。至清代,南京徽典仍盛。程址祥说:"近来业典者最多徽人。其掌柜者,则谓之'朝奉'。若辈最为势利,观其形容,不啻以官长自居,言之令人痛恨。"②嘉庆年间,南京还有典当121家。苏州的徽典,《二刻拍案惊奇》卷三九写道:"公子分付亲随家人,同了一伙人,走到徽州当内,认着锦被,正是元物。"小说中写苏州当铺直称徽州当,可见苏州徽典之多,名气之大。清代徽州当更有名气。《豆棚闲话》称,苏州"是个货物码头,市井热闹,人烟凑集,开典铺的甚多",而且3 000两银只能开个小典,至少须万两银子才能像个样子。也有

---

① 周晖:《金陵琐事剩录》卷三,《国学珍本文库》第一集。
② 程址祥:《此中人语》卷三《张先生》,《笔记小说大观》本。

的徽商,开典数量特别多。如金瑞,阊门外的典铺大约一半是他家的。在杭州,明代徽商"广开典铺,纵蓄少艾,遂为杭州富人"①。清后期,典业是向惟善堂捐款的重要行业,光绪五年(1879),捐款者有17家典铺。②

江南中小城市是徽典开张兴旺之处。在江阴,明末徽商程璧一人,就开有典铺18处。③ 据说该县在清初"质库拥资挈息,大半徽商"④,直到乾隆时,典业皆由徽商把持。在常熟,"其阛阓之贾客、典客多非土著"⑤,非为土著即多系徽商。早在顺治时,常熟即有典商18家,多系徽人。康熙二十年(1681),向常熟县吁请禁止扰累典铺的徽籍典商则有37家。在镇洋县,"行盐、质库皆徽人"⑥。在昆山,雍正十三年(1735)典商汪正泰铺内失火,烧去贮包当楼18间,尚有旁楼12间未烧。这个当铺规模大至30间房屋,是目前所见江南当铺最为气派者。在太仓,清代"质库及市中列肆,安徽闽、浙人居多"⑦。在嘉兴、吴江、乌程、石门、高淳、溧阳等县徽典都居主导地位。

几百个市镇是城市与农村的纽结,徽州典商也充分活动。清代太仓州璜泾镇,休宁人陆远湖开宏亨典,有主计者。清代濮院镇,"典当司柜多徽州人"⑧。其他如外冈、平望、木渎、塘栖、支塘、

---

① 钱希言:《狯园》第七回《小韩负恩报》,《知不足斋丛书》本。
② 《新安惟善堂征信全录》,清光绪刻本。
③ 黄明曦:《江上孤忠录》补遗,《丛书集成初编》本。
④ 康熙《江阴县志》卷二《风俗志》。
⑤ 康熙《常熟县志》卷九《风俗》。
⑥ 乾隆《镇洋县志》卷一《风俗》。
⑦ 光绪《太仓直隶州志》卷六《风俗》。
⑧ 乾隆《濮院琐志》卷七《杂流》。

绿溪等镇,都有徽州典商。道光十八年(1838),向杭州惟善堂捐款的就有在海盐与德清各镇及枫桥、南翔、长安等地的典商。

综上所述,明清时期活跃于江南的徽州典商几乎随处随时可见。而歙县许氏质库之多堪称典商中之佼佼者。据载,其家巨富,质库多达40余所,江浙间在在有之,掌计伙计等管理人员近2 000人,资本达数百万两。然而,"典商大多休宁人,歙则杂商五,醝商三,典仅二焉。治典者亦惟休称能。凡典肆无不有休人者,以专业易精也"①。而且休宁典商尤以汪姓居多。清中期钱泳有言,"今大江南北开质库,或木商、布商,汪姓最多,大半皆其后人,当为本朝货殖之冠"②,则休宁典商超过或等同于许氏者当不乏其人。典业如此之盛,反映了江南贫民受高利贷资本摆布的程度。

在江南地区,徽商除了上述几种主要行业,几乎无业不营。如墨业。徽墨为新安四宝之一,名扬天下,江南文人辈出,经营墨业有着良好的市场,徽人业墨者所在多有。如书籍业。江南是全国有名的藏书刻书中心,徽商业此者甚多。明末南京颇负盛名的十竹斋主,就是休宁人胡正言。明时杭州盛行雕版画,据说"殆无不出歙人手"③。如茶业。安徽产茶,驰名远扬。近代上海茶商,不少即是安徽商人。杭州的徽州茶商势力也较大。如药业。新安保和堂丸散名闻几百年,清时保和堂后裔"足迹几遍天下,而江浙闽广间,全活不可胜计"④。如颜料业。附属于染业的颜料业也多安徽

---

① 张海鹏、王廷元主编:《徽商资料》,第155页。
② 钱泳:《登楼杂记》,转引自谢国桢编《明代社会经济史料选编》(中册),第100页。
③ 张海鹏、王廷元主编:《徽商资料》,第206页。
④ 张海鹏、王廷元主编:《徽商资料》,第210页。

人经营。乾隆年间,因官府无偿取用银朱颜料,苏州的徽籍颜料铺户 33 家联名呈请督抚勒石示禁。如漆业。苏州漆器同扬州漆器独居鳌头,安徽商人多有经营漆业者。道光十六年(1836),徽人吕松年买房 13 间,设立性善局,以为漆业行善举。次年,捐款伙友559 人,这其中多数应为安徽商人。杭州的漆业徽商是与茶业一起向惟善堂捐款的。如烟业。江南烟业几乎是由宁国商人垄断的。前述宁国商人在苏州建立的宣州会馆,也被人称为烟业公所。太平天国后,"苏、松、太城乡各处,新开烟铺,所雇伙匠,多系泾、太人氏"①。同治三年(1864),宣州会馆再建,又是烟业首先倡议捐资的。此外,安徽商人在江南还经营瓷业、油业、干果业、纸业、铁业、酱业、南北货业、航运业、麻业、绳业,以及近代新式轻工业等。

同经营地域并不固守一地一样,徽商在经营行业上也不拘守一业,而大多兼营数业。如明歙县黄谊,"转毂于温、于杭及汴、扬都会之区,盐与子钱并举"②,是兼业盐与典当的商人。郑澧,"东吴饶木棉,则用布;维扬在天下之中,则用盐策;吾郡瘠薄,则用子钱"③;潘汀州,"家世用陶,公独与时逐,或用盐盬,或用橦布,或用质剂,周游江淮吴越,务协地宜"④。他们是兼业布、盐、典的商人。婺源人李大皓,"贾于云间、白下,又醯贾于皖城,又质贾于姑孰。传教于受承者曰:'财自道生,利缘义取'"⑤,看来是个兼业布、木、

---

① 江苏省博物馆编:《江苏碑刻》,第 382—383 页。

② 张海鹏、王廷元主编:《徽商资料》,第 75 页。

③ 汪道昆:《太函集》卷五二《明故明威将军新安卫指挥佥事衡山程季公墓志铭》,明万历刻本。

④ 汪道昆:《太函集》卷三四《潘汀州传》,明万历刻本。

⑤ 张海鹏、王廷元主编:《徽商资料》,第 273 页。

酒、典的商人。这些徽商在江南区域内因时制宜,不断改业,而且将眼光放在全国广大地域,兼顾几业。"务协地宜",数业并举,可以说是徽商在经营行业上的一个特征。

二、福建商人的经营活动

福建商人是明清时期活跃于江南的一支重要的地域商人。张瀚说福州、建宁和福宁等地"民多仰机利而食"①。何乔远说,泉州府安平一镇,"其民啬,力耕织,多服贾两京都、齐、汴、吴、越、岭以外,航海贸诸夷"②。雍正元年(1723),署江苏巡抚何天培论到苏州治安时说:"福建客商出疆贸易者,各省马头皆有,而苏州南濠一带,客商聚集尤多,历来如是。查系俱有行业之商。"③苏州织造胡凤翚也惊奇地发现,"阊门南濠一带,客商辐辏,大半福建人民,几及万有余人"④。从闽商在江南的经营情况看,这些论断是符合实际的。由松浦章根据《同文汇考·漂民部》的统计研究,从雍正元年到道光十六年(1836),福建商人经营沿海贸易失事的就有从福建到江南的 4 例,从江南到北洋的 3 例,从天津到苏州 1 例。⑤ 福建商人在江南确实很多。福建商人在江南不但人数众,而且来源地域分布广,全省八府皆有,并都建有会馆。

---

① 张瀚:《松窗梦语》卷四《商贾纪》,第 74 页。
② 何乔远:《镜山全集》卷五二《杨郡丞安平镇海汛碑》,清抄本。
③《雍正朱批谕旨》卷二〇〇,雍正元年五月四日何天培奏。
④《雍正朱批谕旨》卷二〇〇,雍正元年四月五日胡凤翚奏。
⑤ 松浦章:《清代における沿岸貿易について》,小野和子編《明清時代の政治と社会》。

在苏州,福建各府商人就都建立了会馆。万历年间,以福州商人为主体的闽商兴建了三山会馆,并经康熙三十五年(1696)和道光十年(1830)等相继修葺,规模不断扩充,"中有陂池亭馆之美,岩洞花木之奇,为吴中名胜"①。道光十年捐款者多达 110 余号人。漳州会馆始创于康熙三十六年,增建于乾隆二十二年(1757),共费银万余两。落成之日,蔡世远欣喜地说:"吾漳人懋迁有无者,往往奔趋寄寓其中,衣冠济盛,不下数十百人。"②兴化府商人因"莆、仙两邑游贾运者多"于康熙年间建立了兴安会馆。③ 泉州的温陵会馆也于康熙年间建于城西。邵武会馆建于康熙五十年,"虽地势稍隘,未若三山各馆之宏敞,而结构精严,规模壮丽"④。汀州一府"贸迁有无遨游斯地者不下数千人",会馆始建于康熙五十六年,落成于雍正七年(1729),共耗银三万余两。⑤ 延平、建宁二府的延建会馆建立最晚,始于雍正十二年,落成于乾隆九年,但"宫殿崇宏,垣庑周卫,金碧绚烂"⑥,不让其他府会馆。

在上海,福建商人也越来越多。乾隆二十二年(1757),泉州同安和漳州龙溪、海澄二府三县商人在咸瓜街建立了泉漳会馆,"其规模之宏远,气象之堂皇,横览各帮,洵无多让"⑦。其后泉、漳商人的势力不断发展。根据道光十一、十二年(1831、1832)的两块碑

---

① 余正健:《三山会馆天后宫记》,乾隆《吴县志》卷一〇六《艺文》。
② 蔡世远:《漳州天后宫记》,乾隆《吴县志》卷一〇六《艺文》。
③ 廖必琦:《兴安会馆天后宫记》,乾隆《吴县志》卷一〇六《艺文》。
④ 谢钟龄:《邵武会馆天后宫记》,乾隆《吴县志》卷一〇六《艺文》。
⑤ 黎致远:《汀州会馆天后宫记》,乾隆《吴县志》卷一〇六《艺文》。
⑥ 林鸿延:《延建会馆天后宫记》,乾隆《吴县志》卷一〇六《艺文》。
⑦ 上海博物馆图书资料室编:《上海碑刻》,第 244 页。

文,当时商号有 56 家捐款者有商号 43 家,近 50 艘的各式船的船主以及司月等,共捐银元 1 633 元,拥有各处房产 226 间,田产 26 亩。咸丰七年(1857),还有商号与个人 32 家 54 艘船的船主捐了款,多达银 7 110 两、银元 204 元。光绪二十六年(1900),会馆拥有 50 处房产 651 间。① 会馆还附设泉漳公墅、公学、义冢等。延宁、汀州两府商人于嘉庆初在董家渡兴建了同庆堂,道光五年(1825)移建于翠微庵西南,为建汀会馆。咸丰时,李鸿章以会馆为征战行辕,看来规模不小。建宁商人又和福州商人一起于光绪二十三年(1897)建立了三山会馆(又名福宁会馆),并置立了闽峤山庄义地。汀、泉、漳三府从事花、糖、洋货的商人还于道光初年在豫园东北隅建有点春堂,光绪七年(1881)又增筑和煦堂。

在嘉兴府的乍浦镇,以沿海贸易著称的福建商人有着独一无二的实力。康熙四十五年(1706),福州商人江联公等在南门内建立三山会馆。乾隆十三年(1748),兴化商人陈文芹等在南门外萧山街建立莆阳会馆。乾隆十四年,汀州商人何元瑞等在总管弄建立鄞江会馆。② 在一个镇上一个省的商人建有三所会馆,在整个江南于此仅见,可见福建商人人数之多。

福建商人在南京水西门大街、杭州羊市街、镇江城外马路等地都建有会馆。在嘉兴县称家圩,崇祯年间已建会馆③;在湖州府南浔镇,光绪年间也建了会馆④;在嘉定县回春桥南,嘉庆八年(1803)

---

① 上海博物馆图书资料室编:《上海碑刻》,第 233—249 页。
② 乾隆《乍浦志》卷一《城市》。
③ 光绪《嘉兴县志》卷一〇《坛庙》。
④ 民国《南浔镇志》卷二《公署》。

建有沈溪会馆①。

在江南的广大城镇中建立这么多会馆，仅次于徽州商人，正是福建商人人数众多、实力雄厚的反映。

福建商人在江南主要经营福建盛产或紧缺的商品，其行业大致如下。

1.棉及棉布业

江南是全国最为发达的棉纺织中心，一方面由华北等地输入棉花，同时又向福建输出优质棉花，而从事棉花输出贸易的，现在看来基本上就是闽商。吴伟业说："隆万中，闽商大至，州赖以饶。"所谓"福州青袜鸟言贾，腰下千金过百滩。看花人到花满屋，船板平铺装载足"②，就是闽商大量收购太仓棉的形象写照。清初一度福建棉商不至，苏松棉区农民生活无着，"门里妻孥相向啼"。康熙五年（1666），闽中棉商又挟重资到太仓，"举州叹为祥瑞"③。此后因为太仓鹤王市所产棉花特佳，"闽、广人贩归其乡，必题'鹤王市棉花'。每岁航海来市，毋虑数十万金"④。褚华也说："闽、粤人于二三月载糖霜来卖，秋则不买布而止买花衣以归，楼船千百，皆装布囊累累。盖彼中自能纺织也。每晨至午，小东门外为市，乡农负

---

① 光绪《嘉定县志》卷二《营建志》。
② 吴伟业：《梅村家藏稿》卷一〇《木棉吟》，《四部丛刊本》。
③ 王时敏：《西庐家书》丙午七，《丙子丛编》本。
④ 乾隆《镇洋县志》卷一《风俗》。

担求售者,肩相磨,袂相接焉。"①可见自明至清,太仓一带的外销棉主要是由福建商人贩运回老家的,而且直接影响到了棉农的生计。直到清后期,江南棉花一直在向福建输出,据说仅 1845—1846 年间,就有值价 134 911 美元的上海棉花被福州帆船装运回境。福建虽能织布,但并非如褚华所说只买花不买布,而是大量输入棉花的同时也输入棉布。万历年间,洞庭商人席端樊、端攀兄弟将江南棉布南贩闽广,闽商大量收棉,当也经营棉布。昭文县支塘镇,"居民善织作,闽贾至江南贩布,以赤沙所出为第一,远近牙行兢于布面钤'赤沙'字样焉"②。这种赤沙布"纫而密",因而为闽商所抢购。太仓州的沙头镇,出产沙头布,"闽人到镇收买,寒暑无间……牙行获利者恒累数万"③。嘉定黄渡镇,直到道光之季,"里中所产土布,衣被七闽者,皆由闽商在上海收买",当地布商孙时杰等为打破闽商垄断,倡议自收自运由海道销布福建。④ 毫无疑问,福建需要大量江南棉布,而且几乎全是由闽商经营的。

2.木材业

福建盛产木材,清中期后成为江南输入木材的主要来路,乍浦镇上三里范围内堆积几无隙地,而十分之九来自福建的木材,主要是由福州商人运达的。余正健说:"闽省之贸迁于乍城者不一事,

---

① 褚华:《木棉谱》,《丛书集成初编》本。
② 乾隆《支溪小志》卷一《地理志》。
③ 乾隆《沙头里志》卷二《物产》。
④ 宣统《黄渡续志》卷五《人物》。

而业杉者十居二三。"①福建木商在木植辏集之地南台镇开设字号，请人坐庄，以便陆续置办。专办福宁州宁德、福安两县木材者称宁德福安帮，输税出口，将木材运到乍浦上塘后，"一应买卖木植必由板木行家经手成交"②。乾隆四十年(1775)，福建木商联合其他地域木商建成木商公所，而且颇具实力。

3.靛蓝业

福靛由乍浦输入江南，经营者主要是闽商和浙东商。汀州商人何元瑞等于乾隆十四年(1749)建的鄞江会馆，俗名靛青会馆，靛商都汇集其中。会馆旁因而形成靛青街，街南西至洋场，东至参将署，"俱系靛青园，客伙房及靛青行家多在其处"③。据说嘉庆、道光以前福建上杭县出外经商者"以靛青业为最著"④。福建靛商经营家乡特产，十分活跃。

4.丝及丝绸业

福建商人经营丝及丝绸的不乏其人。泉州的许氏，自明正德直到清康熙年间的八世200年间，主要从事丝绸贸易，其活动范围北至包头，南至江、浙、闽数省，并有不少人常驻南京，将江南丝绸

---

① 余正健:《三山会馆记》,道光《乍浦备志》卷二。
② 道光《乍浦备志》卷六《关梁》、卷三《城池》。
③ 道光《乍浦备志》卷三《城池》。
④ 民国《上杭县志》卷一〇《实业志》。

贩运到全国各地。乾隆二十年(1755),英国商人选择福建的"殷实铺户林广和郑得林二人先领番银五万圆带往苏州购办货物"①。英商所购苏广货物主要是江南的丝绸,林、郑二人为英商购货,当因其熟悉该业所致。道光十年(1830),苏州的三山会馆捐款时,就有丝帮 29 号/家,捐银 487 元,大笔捐款和捐资额都仅次于洋帮,可见福建丝绸商是有实力的。

5.米粮业

清代福建缺米,地方政府一面严禁米粮出洋,同时又令商人赴苏州等地买米。流经枫桥的长江上中游米粮,不少就是转输往福建的。康熙后期巡抚张伯行因闽地米价踊贵,"遣人往广东、苏州、江西买米,期平市价"②。这是商人为官方运米。康熙四十五年(1706),苏州收成甚好,而米价忽然腾贵,每石卖至一两三四钱,苏州织造李煦细心打听,原来"各行家有揽福建人买米,每石价银一两八钱,包送至乍浦出海"③。这是闽商在苏州大力经营米业引起米价高涨的事例。雍正五年(1727)春,福建官员两次派人到苏买米 1.1 万余石,麦 9 000 石,商人买米六次计万余石,其后"闽商仍复接踵来苏",以致引起江苏巡抚陈时夏的惊慌。

---

① 故宫博物院文献馆辑:《史料旬刊》第 12 期,乾隆二十年十一月十五日福建巡抚钟音折。

② 张伯行:《正谊堂文集》卷三四《特饬官民平粜檄》,清光绪刻本。

③ 故宫博物院明清档案部编:《李煦奏折》,康熙四十五年三月奏,中华书局 1976 年版,第 30 页。

6.洋货南货业

闽、粤多珠玑、犀象、苏木、糖、铁、海货、各种鲜果等,闽商在江南也以经营这类产品为多。如李贽的族人林肖静之贩运糖,泉州商人单龙溪之贩运荔枝、龙眼等。上海的果橘三山会馆,就是因"运果橘者渐盛"而成立的。[①] 在苏州,据道光十年(1830)的《重修三山会馆捐款人姓名碑》,可知当时光福州商人就有洋帮 32 号,干果帮 14 号,青果帮 16 号,花帮 20 号,紫竹帮 3 号。区区一府,就有这么多人经营闽省特产,说明福州商人是以经营洋货南货业为主的商人。

7.纸张书籍业

福建出纸,而将闽纸贩向江南者主要是闽商。《杜骗新书》卷一中就有大安商人贩运闽纸到苏州的事例。据今人调查,连城县的四堡乡从明中叶起便以造纸刻书并负贩于天下而闻名于长江以南各地。[②] 这些书商到江南大致往北下闽江,入江西,到九江,沿江而下抵南京、无锡、湖州、苏州和杭州等地。如邹氏和马氏宗族的不少人曾将家乡的书籍纸张贩运到江南。[③] 康熙五十七年(1718),

---

① 上海博物馆图书资料室编:《上海碑刻》,第 359 页。
② 张海鹏、张海瀛主编:《中国十大商帮》,黄山书社 1993 年版,第 304 页。
③ 陈支平、郑振满:《清代闽西四堡族商研究》,《中国经济史研究》1988 年第 2 期。

上杭县六串纸帮在苏州集资创建会馆,"其实为上杭纸业之一部分也"①。一县中的部分纸商就可独立建起会馆,福建纸商势力实非同一般。光绪中,会馆因毁于兵燹,上杭纸商联合同府的永定皮丝烟帮耗资万余两重建,说明到清末上杭纸商仍相当活跃。可以推定,汀州商人在江南主要经营纸张书籍、靛业和烟业。

闽商还经营其他各业。如烟业。前述乾隆年间在苏州设立公和烟帮码头的就是福建商与河南商。闽商经营烟业的主要是汀州永定县商人,称永定皮丝烟帮,他们曾拟在苏州建立龙冈会馆。光绪中,该帮联合上杭纸商合建了汀州会馆,而且承担了费用的主要部分。至其人数,同治时,仅苏州一地还有烟商 15 号/家。民国八年(1919),苏州的 11 家建烟铺号,10 家由福建人开。如炭业。乾隆五十年(1785)乍浦设立的咸宁公所,俗名炭公馆,就是由闽、浙两省炭商合建的。如典当业。嘉靖、万历时期南京"不下数千百家"的当铺,主要系闽商和徽商所开。闽商在江南还经营茶业、棕业、山地货业、海鲜业、芋业等,范围相当广泛。

三、广东商人的经营活动

广东商人是较早在江南活动的外籍地域商人。蓝鼎元说他们春夏之交扬帆北上,秋冬之际顺流南下。② 广东商人在江南活动者主要是广州与肇庆、潮州和嘉应府三帮商人。

---

① 江苏省博物馆编:《江苏碑刻》,第 358 页。

② 蓝鼎元:《鹿洲初集》卷一二《潮州海防图说》,清雍正刻本。

广州商人早在万历年间就在苏州阊门外山塘建立了岭南会馆。康熙年间又事修葺,扩而新之。雍正七年(1729)更大事兴筑,捐款者除了两个官员,还有多达 226 号/人。该府的东莞商人又于天启五年(1625)在岭南会馆旁开始兴建东官会馆(后改名宝安会馆),康熙十六年(1677)又经改建。新会商人则于康熙十七年在宝安会馆东建立了冈州会馆。区区一府商人差不多在同时建立三所会馆,这在苏州是独一无二的。在上海,广州、肇庆二府商人于同治十一年(1872)设立广肇公所,并有广肇山庄、义学等公共设施。租界迤东就是广帮聚市处。即使小小顺德县的商人,康熙年间有翁祖珩在杭州、松江等地活动,乾隆中期有黄德成、德柔兄弟在苏州经商。其时顺德商人在整个江南据说"无不货殖其中"①。

潮州商人也于明代在南京建立了潮州会馆,清初迁到苏州北濠,康熙四十七年(1708)又移到阊门外山塘。自后,潮商万世荣说:"凡我潮之懋迁于吴下者,日新月盛。"②自康熙四十七年到乾隆四十一年(1776),会馆先后购置房产 18 处,费银 30 665 两,其中一处在北京。这么多房产,在苏州的外地商人中是很少见的,显示出清前期潮州商在苏州的兴盛程度。清代潮商在上海也很活跃。海阳、澄海、饶平三县商人于乾隆四十八年(1783)在洋行街设立潮州会馆,以"万世丰"命名。而潮阳、惠来二县商人于道光十九年(1839)在振武台城壕北设立潮惠公馆。清后期,上海的潮惠帮又以潮阳商为主体。同治五年(1866),会馆移建于黄浦滩西南,馆基广达 9 亩多,前后共耗银 6 万余两。捐款的有潮阳帮 73 号,惠来帮

---

① 嘉庆《龙山乡志》卷四《风俗》。
② 江苏省博物馆编:《江苏碑刻》,第 341 页。

2号,款银共达 73 661 两,其中捐 5 000 两以上者 3 号,最多的达 6 420两。这么雄厚的实力,在上海的县级商人中是很少见的。揭阳、普宁、丰顺三县商人先于潮惠帮将厘银自抽自用,光绪十二年(1886)在里马路建立了揭普丰会馆。太平天国后,上海的潮州帮与广州帮向清廷踊跃捐输,自咸丰十一年(1861)至同治六年(1867)共捐解军饷 837 555 两,在上海各帮商人中最为突出。潮州商人之不断获得发展,据说乃因特别具有"商业冒险进行之精神"①。

　　嘉应府商人在苏州也有一定人数,其自称"吾嘉一郡五属,来此数千里而遥,坐贾行商,日新月盛"②。嘉庆十七年(1812)在胥门外枣市街建立了嘉应会馆。道光二十年(1840),共有 81 个商人向会馆捐款,道光二十六年(1846)会馆又修葺一新。嘉应帮在上海、镇江等地都有一定实力。

　　广潮嘉三府商人还在苏州城外莲花兜专门建有"海珠山馆",作为贮货上下河岸之用。③ 到光绪八年(1882),苏州的广东商人联合广西商人扩建成两广会馆。在南京的邀贵井也有两广会馆,说明清代广东商人在南京仍不可小觑。广东商人在乍浦镇也相当活跃。

　　广东商人在江南从事的行业较为广泛。屈大均说:"又广州望县,人多务贾,与时逐,以香、糖、果、箱、铁器、藤、蜡、番椒、苏木、蒲

---

① 徐珂:《清稗类钞·农商类》"潮人经商"条,中华书局 1984 年版,第 2333 页。
② 江苏省博物馆编:《江苏碑刻》,第 351 页。
③《禁民类船在粤籍海珠山馆河面停泊》碑抄件,道光二十二年五月十五日,南京大学历史系藏。

葵诸货,北走豫章、吴浙,西北走长沙、汉口。"①还有广商经营锡、笔、墨等商品。可见大凡南货洋货粤商都经营,但其中最主要的是如下几业。

1.糖业

输入江南的广货可能以糖为最,而这些糖就是由潮州商人经营的。前述褚华所言"闽、粤人于二三月载糖霜来卖",盖即指此。道光《乍浦备志》则具体指出:"乾隆朝,广东糖约居三之二,比来多泛至江南之上海县收口,其收口乍浦者,较之福建糖转少其半。广东糖商皆潮州人,终年坐庄乍浦。糖船进口之时,各照包头斤两经过糖行家报关输税。"②潮州糖商在江南是相当活跃的。嘉庆十四年(1809)六月,"澄海县界客船陆拾余号,各装糖包,满载或三千包,或四千包,连船身计之,一船值银数万,将往苏州、上海等处"③。仅此一行,价值即达百万两。嘉庆、道光年间,潮州糖商前往江南途中遇风出事者就有好几例。④

2.烟和鸦片业

潮州人又业烟,上海潮商的烟捐与糖捐最巨。鸦片战争前,潮

---

① 屈大均:《广东新语》卷一四《食语》,第371页。

② 道光《乍浦备志》卷六《关梁》。

③ 黄蟾桂:《晏海湄论》,清光绪十一年抄本。

④ 参见松浦章《清代潮澄商船的沿海活动について》,《松村先生古稀記念清代史論叢》,汲古書院1994年版。

商就在业烟的同时走私鸦片了。道光十八年（1838），据奏报，"上海县地方，濒临海口，向有闽、粤奸商雇驾洋船，就广东口外夷船，贩买呢羽杂货并鸦片烟土，由海路运至上海县入口，转贩苏州省城并太仓、通州各路，而大分则归苏州，由苏州分销全省及邻境之安徽、山东、浙江等处地方。"①道光禁烟时，别帮商人因而不满，潮阳、惠来商人于是另为一帮。咸丰后期鸦片弛禁，潮人"业此骤起"，势力日盛一日，形成"上海贩售烟土之华商皆潮州帮"②的畸形格局，在西方殖民者用鸦片毒害中国人民的罪恶活动中扮演了不光彩的角色。

3.棉及棉布业

前述褚华所言闽粤商春天载糖到江南，秋天装棉花返乡，实际就是这些商人既营糖又营棉。《廉命公案》卷上《人命类》中载，揭阳县二人各携银百两到南京买布。宝山县江湾镇出产刷线布，"雍正间销路浸广……粤商争购，务求细密，不计阔长，需棉少而布价昂"③。道光《乍浦备志》卷六《关梁》专门提到"置办出口之装载布匹者闽、广船"，说明广东布商与福建布商同样活跃在江南。

---

① 蒋廷黻编：《筹办夷务始末补遗（道光朝）》第 2 册，北京大学出版社 1968 年版，第 637—641 页。
② 徐珂：《清稗类钞·农商类》"上海土业"条，第 2318 页。
③ 民国《江湾里志》卷四《风俗》。

4.丝及丝绸业

江南的丝绸城镇中到处有粤商的踪影。《杜骗新书》"傲气致讼伤命"条载,富冠一省的广东商魏邦材在湖州买丝100担,在杭州雇了大船,转往本省去卖。盛泽镇有不少"闽、粤、滇、黔商人"。清后期的盛绸,"行销地著者,川陕、汉口等处,而以广东为大宗"①。濮院镇所产濮绸,"粤人之所尚,每岁收买抵金闾"②。鸦片战争前,双林镇的辑里湖丝就已由广州输向国外,每年"端午前后,闽、广客商聚贸于镇"③。镇中专设有"广行",一过小满,"闽、广大贾投行收买,招接客商"④。南浔镇同样设有交易"广行","招接广东商人及载往上海与夷商交易者"⑤。广东等地商人云集其地,人称"就中分列京广庄,毕集南粤金陵商"。粤商在将江南丝绸输向广东乃至海外过程中发挥了重要作用。

5.钱庄业

粤商中的潮州商还以经营钱庄出名。光绪二十三年(1897)上海发生钱庄倒闭风潮,其起因就是由于潮帮协和钱庄创行贴票业务,以高利吸收存款。这些钱庄多因发票过多而倒闭,大钱庄受牵

---

① 沈云:《盛湖杂录·绸业调查录》。
② 光绪《桐乡县志》卷五《风俗》。
③ 乾隆《东西林汇考》卷四《土产志》。
④ 同治《双林记增纂》卷九《物产》。
⑤ 董蠡舟:《卖丝》。

连而歇业的也不少。[①] 到清末民初，潮州商人更将经营鸦片所得投资于大钱庄，成为钱业中的后起之秀。[②]

6.扇叶业

《桐桥倚棹录》卷十称山塘数十家扇肆中的芭蕉扇叶“多贩于粤东之客”。新会盛产的这种葵叶，将它贩运到苏州的就是新会商，所以新会商建立的冈州会馆，又称为扇子会馆。

广东商人在太平天国后还用夹板船大力经营运输业。

四、山西商人的经营活动

山西商人的主要驰骋天地在北方，但商品经济发达的江南也是他们活动的重要场所。[③]

明中后期，山西商人在江南就较为活跃了。正德、嘉靖时人林希元说，在南京的山西商人“挟资大者巨万，少者千百”[④]。嘉靖初年，平阳府襄陵人高瓒“贾游江淮”[⑤]。蒲州人沈江“携巨资游关陇、扬越间”；席铭曾“历吴越，游楚魏，泛江湖，懋迁居积”[⑥]；张遐龄经商，“南历五岭，抵番禺，往来豫章、建业诸大都会”，其侄四教

① 参见李瑚《清代的钱庄》，《清史研究通讯》1987 年第 2 期。
② 参见《上海钱庄史料》有关章节。
③ 参见张正明《晋商兴衰史》，山西古籍出版社 1995 年版。
④ 林希元：《林次崖先生文集》卷二《王政附言疏》，清刻本。
⑤ 吕楠：《泾野先生文集》卷三一《明怀远将军潞州卫指挥同知高公墓碑》，明刻本。
⑥ 韩邦奇：《苑洛集》卷六《大明席君墓志铭》，清道光刻本。

服贾远游,"南及姑苏、吴兴之境"①;王现经商,曾"沿长江,下吴越"②;陈碧山,江南有其手下经营之人。汾州府汾阳县商人贾守亭活跃于江浙。朔平府人马禄行商于苏州。而且其时晋商在江南人数已不少。隆庆元年(1567)倭寇压境时,"贾人孙镗……纠集山、陕诸商协力御之"③。天启时东林党人周顺昌被逮系,在苏州的绛州富商张国纪等"倡诸贾欲敛钱缗贿缇骑,毋为忠介苦"④,有一定的影响和号召力。

在江南经商的这些山西商人,大多来自那些以经商著名的地区。地方文献称,平阳府,其民"服劳商贾";汾州府,民"多商贾"⑤。郭子章说蒲州等地,"浮食者多,民去本就末"⑥。张四维概括蒲州人经商,"南帆扬越,西历关陇","址历甘凉瓜鄯姑臧之境,南涉江淮"⑦。张瀚则说,山西"独蒲坂一州富庶尤甚,商贾争趋"⑧。王士性说:"平阳、泽、潞豪商大贾甲天下,非数十万不称富"⑨。明代山西商人财力雄厚,蒲州又独富于山西,正与经商江南有一定关系。

① 张四维:《条麓堂集》卷二八《处士山泉徐公暨配王孺人合葬墓志铭》,《明威将军龙虎卫指挥金事三弟子淑墓志铭》,《续修四库全书》本。

② 李梦阳:《空同集》卷四四《明故王文显墓志铭》,《文渊阁四库全书》本。

③《明穆宗实录》卷一二,隆庆元年九月戊寅,第 345 页。

④ 乾隆《绛州志》卷一一《人物下》。

⑤ 万历《山西通志》卷七《物产》。

⑥ 郭子章:《郭青螺先生遗书》卷一六《圣门人物志序》,清光绪刻本。

⑦ 张四维:《条麓堂集》卷二八《毅斋沈公暨配孺人张氏合葬墓志铭》《义官南桥韩公暨配薛孺人合葬墓志》,《续修四库全书》本。

⑧ 张瀚:《松窗梦语》卷四《商贾纪》,第 73 页。

⑨ 王士性:《广志绎》卷三《江北四省》,第 61 页。

自明入清,晋商在江南更日趋众多。明末清初南京报恩寺大藏经补刻,出资者系山西人。[1] 顺治二年(1645),为清军守卫苏州城的山西商仅善射者就有数十人。[2] 康熙帝首次南巡,发现江南晋商特别多,说"朕行历吴越州郡,察其市肆贸迁,多系晋省之人,而土著者益寡"[3]。按照康熙帝的说法,江南似乎成了晋商的天下。清代晋商在苏州、上海、南京、镇江等地共建立了七个会馆。建于乾隆年间的苏州的全晋会馆,勒于碑石的商家多达 150 余号。道光时,山西地方官奏报说晋商因在南省等处贸易,日久沾染吸食鸦片恶习。[4] 同治九年(1870),晋、陕、豫三省商人在苏州设立北货码头,参与其事的山西商号仍有 25 家。直到清末,还有晋商在江南活动。[5]

山西商人在江南的经营行业主要如下。

1.棉布业

明代北方边镇集结了大量军队,隆庆时开始与蒙古族互市,"缎布买自江南"。开市倡导主持者王崇古既是蒲州人,亲属又多为富商,山西商人擅长北边贸易,布业当是明代晋商经营的重要行业。清人褚华说,明末他的从六世祖"精于陶猗之术,秦晋布商皆

---

[1] 转引岩井茂树《1988 年日本清史研究综述》,华立译,《清史研究通讯》1989 年第 4 期。

[2] 叶绍袁:《启祯记闻录》卷五,《痛史》本。

[3] 《清圣祖实录》卷一三九,康熙二十年正月乙卯,第 5 册,第 4386 页。

[4] 《清宣宗实录》卷一八四,道光十一年二月戊子,第 35 册,第 37638 页。

[5] 光绪《崇明续志》卷一一《人物》。

主于家,门下客常数十人,为之设肆收买"①。清初上海人叶梦珠也说,明代松江标布"俱走秦晋京边诸路","富商巨贾操重资而来市者,白银动以数万计"②。看来秦晋布商是相当出名的,财力也相当雄厚。清中期江南棉布的北方市场日益收缩后,仍有晋商在经营。元和县周庄所产小布细密匀洁,据说"凡西客必于镇是求"③。江南棉布相当长时期是晋商重点经营的商品。

2.丝绸业

张瀚说:"虽秦晋燕周大贾,不远数千里而求罗绮缯币者,必走浙之东也。"④经营绸布的山陕商人称标商。康熙年间,"四方商客来买绸绫纱绢者,西标为最"。康熙后期仅杭州一地的丝绸标商就有梁日升等三四十家。⑤ 在丝绸名镇盛泽,晋商就建有山西会馆。乾隆四十三年(1778)发生一起特大的玉石走私案,案犯之一张鸾(张名远)即系山西右玉县人。他两年前辞了归化城三义号布业,与临汾县人卫全义和汾阳县人冯致安合伙,同在苏州做绸缎生意。次年到叶尔羌贩买玉石后,乾隆四十三年串通高朴家人苏州人李福私运价值 12 万余两银子的玉石到苏州,又从苏州购回缎匹。这个轰动全国的私鬻玉石案,案犯多是山西商,而且经营丝绸有年。

---

① 褚华:《木棉谱》,《丛书集成初编》本。
② 叶梦珠:《阅世编》卷七《食货五》,第 157—158 页。
③ 嘉庆《增辑贞丰拟乘》卷上《土产》。
④ 张瀚:《松窗梦语》卷四《商贾纪》,第 75 页。
⑤ 《杭州府告示商牙机户店家人碑》,见陈学文《中国封建晚期的商品经济》所附碑文。

这些事例说明,江南丝绸业是晋商大力经营的行业。

3.钱业

晋商多营钱业,在江南的晋商也不例外。前述苏州乾隆中后期多达 150 至 200 家钱庄就全部是由山西人经营的。有人说,长江以南的钱庄"多为江浙人所开设"①,看来不符合苏州的情形,至少清中期前不是如此。晋商因以经营钱业出名,给人留下了刻剥贪利的形象。② 在江南的晋商也多放债收利者。如康熙初年,常熟人翁叔元埋葬双亲时,"贷山西客债十金,俗称'马头债'也"③。浙西有张姓者,侨寓南京,"负西客百余金,岁暮莫偿,而客坐索不去。生不得已,谬以告贷他出。至此自经"④。这些都是刻剥晋商的典型。

4.毡皮业

各地商人在江南,"晋人以皮"。万历时,有晋商在南京三山街卖毡货,遭人暗算,贿银 3 000 两,毡业由此而废。康熙时,汾州府人张应元在江西发卖毡货后到苏州,舟泊浒墅关,被强盗劫去资本。⑤ 明清两代都有人在江南贩卖毡绒皮张,可见此业主要由晋商

---

① 石毓符:《中国货币金融史略》,天津人民出版社 1984 年版,第 145 页。
② 参见纪昀《阅微草堂笔记》,《笔记小说大观》本。
③ 翁叔元:《翁铁庵年谱》,清嘉庆刻本。
④ 雪樵居士:《续板桥杂记》,《香艳丛书》本。
⑤ 董讷:《两江疏草》卷二《题参张应元被盗敕防武职》,清刻本。

经营。

晋商在江南还经营他业。如染料业。江西赣县，"城南人种蓝作靛，西北大贾岁一至，泛舟而下，州人颇食其利"，晋商将江西靛青贩往江南。清中期有晋商在吴楚经营十余年，有一年贩运红花至苏州，待价而售，因事急归，将本钱5万两银的红花委托南京陶姓商人代卖，子母共得26万两。[1] 如盐业。明代实行开中制，因纳粟中盐而崛起的晋商也在江南支盐贩运。[2] 如铁业。天启间东林党人被逮进京时，在苏州的山西铁商曾捐银资助。如沿海运输业。嘉庆十三年（1808），在太仓的各地海商联合呈请豆船改泊上海，倡率者就有山西商。道光时，西帮4家沙船商号又与山东20家同业议定条规，可见清前期山西海运商也有一定实力。

五、陕西商人的经营活动

陕西商人的活动重点在西北和四川地区，但同山西商人一起，往往被称为秦晋或山陕商人，也在江南活动。[3]

明中期起，江南已多陕商。成化年间吴中大饥，长安张通即"转籴襄汉"，运销江南。凤翔毛雄，"游江南诸奥区，且贾且学"[4]。嘉靖时人寿官张某，人称良贾，"不二价，不欺人……名满邑里及姑苏，以而翁之义之货市于邑里及姑苏，而邑里姑苏人信之也"[5]。看

---

① 张培仁：《妙香室丛话》卷一《金陵陶翁》，《笔记小说大观》本。
② 张正明：《晋商兴衰史》，第18—19页。
③ 参见张海鹏、张海瀛主编《中国十大商帮》第二章《陕西商帮》。
④ 康海：《康对山先生全集》卷四二《凤翔处士毅庵毛君墓志铭》，清乾隆刻本。
⑤ 温纯：《温恭毅公文集》卷八《寿张居士六十序》，《文渊阁四库全书》本。

来长年在苏州经商,颇著良声。朝邑徐宁明,经商"遍江淮、吴越、湖湘间"①。宗室朱惟焋,"以子钱择人及戚属贫者,使贾吴、越、燕、晋而宽其力不能偿者……贾伙至数十百人"②,手下人在江南经营者不少。官至左都御史的三原人温纯,曾为家乡商人写了不少墓志铭,曾说其家乡"商贾衣饰大率袭吴越广陵"③,其子温自知也说,里人"晚近牵车服贾,贸易江淮,靓服艳装,稍染吴越之习"④。既已深染上吴越习尚,经商江南年代当久,人数也众。清代这种影响更明显。康熙初年屈大均观看了泾阳东岳庙会后说:"陕地繁华,以三原、泾阳为第一。其人多服贾吴中,故奢丽相慕效","妇女结束若三吴"。⑤ 乾隆年间,陕西人史茂在苏州《新修陕西会馆记》中说:"吾乡之往来于斯者,或数年,或数十年,甚者成家室,长子孙,往往而有。此会馆之建所宜亟也。"⑥亟建会馆,说明经商者已多。乾隆二十年(1755)始建,二十六年,陕商在苏州建成会馆,不久南京的会馆也告落成,势力已很盛。同治九年陕(1870)商与晋商、豫商合建北货码头时,参加者就有 14 家。

陕西商人在江南主要经营如下行业。

---

① 马自强:《马庄公集选·散官徐守明合葬墓志铭》,清同治刻本。
② 温纯:《温恭毅公文集》卷一一《明永寿府辅国中尉友槐公墓志铭》,《文渊阁四库全书》本。
③ 温纯:《雅约序》,乾隆《三原县志》卷一六《艺文》。
④ 温自知:《海印楼文集》卷三《重修三原土王庙碑记》,1936 年铅印本。
⑤ 屈大均:《翁山文外》卷一《宗周游记》,《续修四库全书》本。
⑥ 江苏省博物馆编:《江苏碑刻》,第 375 页。

1.棉布业

明人称绸布商,往往秦晋连称,已如前述。秦商业布者确也很多。如嘉靖时三原王一鹤、一鸿兄弟,贷人子钱,"市布邑及吴越间",从而起家。① 同时同地人员伯子,也"贾吴鬻布"②。师从政,"自舞象之年操钱千市布崛起,人以君椎也,多赍子钱,贾吴越,往来无宁日"③。这么多人几乎同时集中在苏松经营布业,说明秦商同晋商一样是经营江南棉布的主力,而且根据温纯的"三原俗相矜市布"可以推定,陕西布商主要是三原人。上述布商又多在经营布业起家后转到江淮经营盐业。看来明后期江南布业成了秦商起家的重要途径。布业可赚稳利,却利润不丰,因此当资本积累到一定程度后秦商又转营别业了。

2.丝绸业

秦商在盛泽建有华阳会馆,显然是为了经营丝绸。绸、布二物正是西北边地不产而用量巨大的商品,秦商经之营之,既是情理中事,又较为便捷,容易成功。乾隆时,就有陕西商人购买濮院绸贩往陕西的事例。④

---

① 温纯:《温恭毅公文集》卷一〇《明寿官王君暨配墓志铭》;卷一一《明寿官峨东王君墓志铭》,《文渊阁四库全书》本。

② 温纯:《温恭毅公文集》卷一一《明员伯子墓志铭》,《文渊阁四库全书》本。

③ 温纯:《温恭毅公文集》卷一一《明寿官师君墓志铭》,《文渊阁四库全书》本。

④ 故宫博物院文献馆辑:《史料旬刊》第 20 期,杨魁折十二。

3.绒皮业

据说江南人喜欢的兰州绒,明中期就有陕西人伍氏到南京等地开店出售了,以后一直延续到清末。[1] 康熙时,陕商贩运皮货到江南出售,通常在春天卖凉藤帽于铺家而不收帽款,到秋天又贩皮货南来,方收春间所散帽银,再于明春贩帽南来,又收上年皮货价银,"连环交易,相率为常"[2]。在泾阳加工的皮张,也源源运到江南销售。据说"江宁人又买氂毛于陕西,而织为毯罽之属,类西洋所制之紧密,其货贸亦远"[3]。南京人购买羊毛,陕商有地近之便,当也会涉足其间。

此外,陕商在江南还经营烟、染料等业。皋兰水烟畅销全国,将其输到江南的当主要是陕商。民国八年(1919),苏州城中 6 家西烟业,就有 3 家是陕西人经营的。陕西盛产染料红花,盛泽镇上的华阳会馆又名红花会馆,说明那里的陕商将江南丝绸贩运回乡的同时,又将家乡的红花贩销到了江南。

六、山东商人的经营活动

山东与江南,凭借运河与海道,明清时期保持着特别频繁的经

---

① 陈奕禧:《皋兰载笔》,《小方壶斋舆地丛钞》第六帙。
② 中国第一历史档案馆编:《康熙朝汉文朱批奏折汇编》第 5 册,苏州织造李煦折,康熙五十三年七月十三日,第 690 页。
③ 嘉庆《江宁府志》卷一一《物产》。

济联系。明中期起山东商人就在江南活动了。① 如经济落后的武定州海丰县,成化、弘治年间就"有市货辽阳,贸易苏杭者"②。隆庆时,输资佐军,在江南率领各地商人及里中健儿抗击倭寇的就是青州府营州人孙镗。到万历时,据说武定州人"或贩梨枣,买舴艋下江东,争逐什一,农事不讲久矣"③。入清以后,山东商人在江南,特别是太平天国前在苏州,其后在上海,尤其活跃。所谓"惟吴饶鱼卤之津,诚利数也。而我齐以泱泱大国,俊采星驰,纷投于金玉财宝之乡"④。顺治年间,山东商人就在上海与关东帮合置了公所、义冢,乾隆年间在苏州与苏北商人共建了江鲁会馆,并在苏州、南京、上海、杭州、吴江等地皆建有会馆。具体说来,山东商人在江南经营者主要有如下四帮。

一是东齐帮,即登、莱、青州三府商人,因其集中于山东半岛,所以又称为胶东帮。山东地方文献称,登州府人"或挟重资,南抵苏广,北赴辽沈,舟航之利,捷于他郡"⑤。该府莱阳县人"货之饶者,置货于京师、金陵、苏杭、淮杨(引者按:当作扬)"⑥。莱州府胶州"商大者曰装运,江南、关东及各海口皆有行商"⑦。在江南,也以这帮商人实力最强。顺治间,他们在苏州山塘建造了东齐会馆,而且"经营精致,殿陛宏壮"。乾隆四十二年(1777),重修会馆捐资

---

① 参见张海鹏、张海瀛主编《中国十大商帮》第四章《山东商帮》。
② 康熙《海丰县志》卷三《风土》。
③ 万历《武定州志》卷二《地理志上》。
④ 江苏省博物馆编:《江苏碑刻》,第 369 页。
⑤ 光绪《登州府志》卷六《风俗》。
⑥ 康熙《莱阳县志》卷三《民业》。
⑦ 道光《胶州志》卷一五《风俗》。

的登州、青州、潍县、诸城、胶州众商多达 290 人。这是我们所知当时在苏州人数最多的一个商帮。

二是济宁帮。康熙十六年（1677），济宁商就在盛泽镇西肠圩开始建造金龙四大王庙，营造济宁会馆（又称任城会馆），直到康熙五十九年（1720）才全部竣工，"其规模迥别，眼界聿新，有非寻常诸庙所得而伦比者"。在盛泽所有神庙中，"惟大王一庙，尤为巨丽"①。最为壮丽的会馆，显示了济宁帮的实力。会馆在乾隆三十年（1765）到嘉庆二十二年（1817）的短短 53 年中就续修了 7 次，同样显示了济宁商帮的兴盛。嘉庆二十二年，区区一镇，济宁商号多达 27 家，为他帮商人所不及。

三是济南帮。济南帮实力逊于上述两帮。他们于嘉庆中期也在盛泽镇大适圩建造了济东会馆。太平天国后，济宁会馆大半坍颓，金龙四大王像移供于济东会馆。盛泽一镇建有两所会馆的仅此山东商人，而且规模只有山西会馆稍可与埒，足见山东商人在盛泽镇上是独占鳌头的。怪不得民国初年山东人贾孝璆感慨地说："吾乡之商于斯者之多，概可想见。"②

四是东昌帮。乾隆年间，东昌帮与河南及苏州当地的枣商在阊门外鸭蛋桥共建了枣业会馆，盛极一时。但枣通常由粮船运苏，存储胥门外枣市，商人就近活动，会馆逐渐荒弃。嘉庆初年火灾后，只剩大殿头门，基地渐被侵占。太平天国后，东昌帮贩枣改由轮船从海运枣抵沪，转运苏州。宣统元年（1909），东昌枣帮在苏州

---

① 江苏省博物馆编：《江苏碑刻》，第 442 页。
② 江苏省博物馆编：《江苏碑刻》，第 454 页。

仍有德恒毓等14家。①

山东商人经营的行业较为集中。东昌帮经营以枣为中心的南北货业。济宁帮和济南帮都集中在丝绸巨镇盛泽镇，说明他们经营的主要是丝绸业务。《杜骗新书》"京城店中响马贼"条就有山东人董荣到南京廊下买丝绸的故事。胶东帮在江南麇集最多，主要从事粮食及海货业。清前期，关东、山东豆船定例停靠太仓刘河镇，而各地海船"惟关、山东商船居多"，船主"俱系身家殷实之人"，设有字号，委托土商保税，代为交纳商税。这些海船主，"要不过登、胶、莱、汇，登有字号十六七家，胶有二十余家"。登州帮的永兴、合兴，胶州帮的吉顺、正义、义成与各地商帮的12家字号还委托了"精于会计、善于判断"的张洪声代管字号，用帮伙三人专事笔札应酬。胶东帮还获得地方政府支持，从藩库中领出鸟枪、火药及其他兵器，又从山东聘请教师，保护标银送往苏州。"是时送标之船，每标动以廿万，又立钱票船四只，以八为期。此独登、胶二帮之银奉宪护送者"。其余字号则雇人传送或自行押送。② 如此看来，在江南的海商中，清代前期胶东帮的交易额是最大的。北洋沙船移到上海收口后，胶东帮仍然颇具实力。道光七年（1827），胶帮至少有6号，登帮有7号，文莱帮有5号，诸城帮有2号，他们与西帮一起议定了规条。此外，山东商人也从事其他行业。如在苏州近郊的唯亭镇上，"有山东客来坐庄收布"，或谓"山东归客尽腰缠，浜

---

① 华中师范大学历史研究所、苏州市档案馆合编：《苏州商会档案丛编》第1辑，华中师范大学出版社1991年版，第596—608页。
② 金端表：《刘河镇记略》卷五《盛衰》，清道光稿本。

布收来架上悬"①。乾隆十三年(1748)苏州重建渡僧桥捐款的 8 个布商,就有一个赵信义是山东章丘人。乾隆五十五年(1790),海阳县商人于官嗣兄弟在刘河开张布店,亏欠各号货银 9 000 余两,潜逃回家。②《聊斋志异》金陵女子篇则描写过沂州府沂水县商人赵某贩药到南京的情形。明代山东棉花畅销江南,山东商人当也经营棉花,与棉布往返贸易。

七、河南商人的经营活动

河南商人在明代已有活动于江南者,如开封府杞县有二人"合了本钱,同到苏松做买卖,得了重利"③,但其活动主要在北方,活跃于苏州只是清中期的事,是一支较为后起的地域商人,而且主要来自彰德府的武安、涉县两县。《涉县志》云,"西人善贾,涉民慕之,远出逐什一之利,苏杭、关东无不至"④,认为涉县人是受了晋商影响才远出经商的。清前期,河南商人在南京糯米巷建立了中州会馆,后岁久倾圮,嘉庆时由江宁知府河南人吕燕昭重修。同治九年(1870)豫商与山陕商一起在苏州设立北货码头时,捐款者竟有 44号家,比晋商或陕商都多,显示出河南商人相对雄厚的实力。

河南商人输出当地的棉花、煤炭、椒柿和北方的皮毛,输入江南的丝绸。武安商人自称,"武安一帮,向在苏城置买绸缎运汴销

---

① 道光《唯亭志》卷二〇《杂记》,卷一《都图》。
② 《乾隆嘉庆案件批底》,南京大学历史系藏抄件。
③ 凌濛初:《二刻拍案惊奇》卷二五,明崇祯五年刻本。
④ 嘉庆《涉县志》卷一《疆域》。

售,因店号众多,未能划一",于是在光绪十二年(1886)购房 10 间,创建了武安会馆。[1] 他们以苏州和开封为贩运的两端,专门从事绸缎生意。《武安会馆碑记》载:"吾豫武安之业锦绮纨縠者,置邸大梁,贾贸埠鬻于苏。"[2]光绪十五年(1889),武安商人向会馆捐款的共有 31 家铺号。这么多武安商人经营丝绸,说明在清后期的苏州丝绸贸易中河南商人起了重要作用。清末上海新闸大王庙后的丝绸业公所,就是由河南与山东两省丝绸商共建的,以主销山东茧绸。可见河南商人在清后期的江南确实以经营丝绸为主。也有材料称,汴人以经营药材为特色,关税档案也显示了河南药材大量输入江南,说明药材业也是河南商人的重要行业。河南在明代向江南输出棉花而输入棉布,清代向江南输出豆石,则河南商人同山东商人一样,当也从事棉、粮业。

八、江西商人的经营活动

张瀚描写江西道:"地产窄而生齿繁,人无积聚,质俭勤苦而多贫。多设智巧,挟技艺,以经营四方,至老死不归,故其人内啬而外侈。地饶竹、箭、金、漆、铜、锡,然仅仅物之所有,取之不足更费,独陶人窑缶之器为天下利。九江据上流,入趋市利。南、饶、广信,阜裕胜于建、袁,以多行贾,而瑞、临、吉安尤称富足,南、赣谷林深邃,实商贾入粤之要区也。"[3]这是说江西人因自然条件限制而从商。

---

① 江苏省博物馆编:《江苏碑刻》,第 388—389 页。
② 江苏省博物馆编:《江苏碑刻》,第 389 页。
③ 张瀚:《松窗梦语》卷四《商贾纪》,第 75 页。

王士性则认为江西人但凭机巧，"其出也，能不事子母本，徒张空拳以笼百务，虚往实归，如堪舆、星相、医卜、轮舆、梓匠之类，非有盐商、木客、筐丝、聚宝之业也"①。这是说明代江西商人的经营规模小，资财也有限。明代江西商人的活动重点在云贵、湖广、四川地区，因系小本买卖，在江南恐怕难以与财大气粗的徽商、秦晋商人竞争。

明代江西商人在江南的活动也只有一二零星材料。如《醒世恒言》载："张权同浑家商议，离了故土，搬至苏州阊门外皇华亭侧边开了个店儿。自起了个别号，去那白粉墙上写两行大字道：'江西张仰亭精造坚固小木家火不误主顾。'"②正是当时闻名的江西小木铺。又如汤显祖《送人去吴下卖橘》云："此地荣千橘，他乡富八蚕。"③大约是江西人以土产柑橘输回江南丝绸。万历年间，饶州府有罗姓米商装米贩往枫桥。崇祯末年，杭州有江西商人。清代江西商人"遍天下"，吉安人"商贾负贩遍天下"④，在江南也逐渐活跃。在苏州，康熙二十二年（1683），江西商人营建江西会馆，"规模亦颇宏敞深密"。到康熙四十六年（1707），因"岁远渐倾，艰于修葺，几有风雨莫蔽之叹"⑤。会馆年久失修，意味着此时江西商人很不景气。但自康熙后期起，江西商人似乎势力大增。据汤倓说，当时江西人"挟资来游此地，各货云集"。雍正十二年（1734）修建万

① 王士性：《广志绎》卷四《江南诸省》，第80页。
② 冯梦龙：《醒世恒言》卷二〇《张廷秀逃生救父》，上海古籍出版社1992年版，第256页。
③ 汤显祖：《汤显祖集》诗文集卷四《送人去吴下卖橘》，中华书局1962年版，第104页。
④ 江苏省博物馆编：《江苏碑刻》，第333页；同治《吉安府志》卷二《风俗》。
⑤ 江苏省博物馆编：《江苏碑刻》，第325页。

寿宫,光白麻一业"按每担抽赀四分","一岁之内即可集费八百两有余"①。则当时江西商人白麻一业的年交易额就有 20 万担,人数不众是无法开展这样大批量的交易的。在上海,江西商人"藏于其市者,实繁有徒"②,并于道光二十一年(1841)建立了会馆。咸丰二年(1852),向会馆捐款者有 92 家商号和 6 个董事。在南京,有江西商人厚资娶归金陵才女的事例。嘉庆、道光间,在评事街建立的会馆,"大门外花门楼一座,皆以瓷砌成,尤为壮丽"③。同治、光绪间,南京元宵节灯市,只有江西会馆等二三处仍然繁盛。这些都显示了江西商人的实力。在嘉兴,江西商人于乾隆十二年(1747)在秀水县创设了会馆,后经乾隆间两次鸠工改造,粗具规模。④ 在杭州、镇江、常州等地,江西商人都建有会馆。看来江西商人在江南有后来居上之势。

江西商人从事的行业极为广泛。嘉庆元年(1796)苏州重建江西会馆捐银的有麻货众商,捐银 1 200 两;枫桥镇饼行众商,捐银700 两;南昌府纸货众商,捐银 700 两;炭货众商,捐银 650 两;丰城县漆器众商,捐银 460 两;山塘花笺纸众商,捐银 300 两;瓷器众商,捐银 150 两;德兴县纸货众商,捐银 105 两;桐城县纸商捐银 80 两;永福众烟商,捐钱 85 千文;管城帮众商,捐钱 64 千文;镯桐山布商,捐钱 50 千文;漆货众商,捐银 32 两。共 12 个商业帮 11 种行业。

---

① 江苏省博物馆编:《江苏碑刻》,第 359 页。
② 上海博物馆图书资料室编:《上海碑刻》,第 336 页。
③ 甘熙:《白下琐言》卷二,1926 年刻本。
④《重建江西万寿宫会馆碑记》,陈学文《嘉兴府城镇经济史料类纂》,1985 年印行,第 418 页。

此外,还有不知商帮名称和经营行业的101人号,其中光丰县熊立兴号就捐输了100两银,比桐城一县纸商捐银还多。咸丰二年(1852),上海江西会馆捐款者,以棕、花、杂货、茶帮为主。光绪《续纂江宁府志》说"豫章以瓷器、竹、纸"为主。清中期,南京状元境的书坊多达20余家,"大半皆江右人"①。松江小布明末清初"单行于江西之饶州等处",康熙八年(1669)后"饶商不至,此种小布遂绝"②,说明经营这种小布的就是江西商人。同治《清江县志》卷二《风俗》称,"民勉贸迁,恒徒步数千里,吴、粤、滇、黔、楚、蜀无不至焉,惟木筏、药材之利甲诸郡"。这种概括是符合实际的。江西药材商在江南颇多踪迹,江西木材也主要靠江西商人输向江南,宣统元年(1909),设立于常州的洪都会馆,就是由该县木商创设的。综合这些材料,可知江西商人在江南主要经营麻、纸、书、炭、瓷器、烟、竹木、药材、茶,也经营布、漆、米、靛、果等商品,绝大部分是江西出产之物,说明他们是将江西商品输入江南的主力。

九、湖广商人的经营活动

湖广人不善经商,但出没于江南的也不乏其人。如《古今小说》卷一载,成化二年(1466)襄阳人曾把广东的珍珠、玳瑁、苏木、沉香之类送至江南。明末,湖广商曾与徽商等一起粘贴冤揭控诉董其昌家族。③ 顺治六年(1649),户部尚书巴哈纳题奏说,楚上十

① 甘熙:《白下琐言》卷二,1926年刻本。
② 叶梦珠:《阅世编》卷七《食货六》,第158页。
③ 不著撰人:《民抄董宦事实》,《中国内乱外祸历史丛书》第七辑。

一府商人迂道从江西袁州登陆,运至鄱阳湖,直下江南,任意漏税。[1] 入清以后,湖广商人在吴头楚尾的贸易中较为活跃。清末民初苏州的商人中,就有湖南帮和长江帮等。

湖广是明到清前期江南输入木材的最主要地区,各种材木板枋多达上百种。[2] 湘黔交界出产楠木,"大者既备官家之采,其小者土商用以开板造船,载负至吴中则拆船板,吴中拆取以为他物料"[3]。这是无力贩木而以造船形式贩运木料的明代湖南商。湖南之鱼,"其鬻种于吴越间者为鲢鱼,最易长,然不种子。或云楚人来鬻者,先以油饼饵之,令不诞也"[4]。这是专门经营鱼苗到苏州等地贩卖的明代湖南商人。如此说来,明代湖广商人主要从事的是一二种土特产品,而非大宗商品的贩运活动。入清以后,吴楚之间的粮食贸易规模空前,商业利润可观,湖广商人利用其就地取货的优势,也加入了商品粮贩运的行列。据楚商自称,"向或自船自本,贩米苏买。或揽写客载运货来苏。是米济民食,货利国用。苏省之流通,全赖楚船之转运"[5]。如果所言属实,则两湖米商在清代也是很值得注意的一支地方商人。由嘉庆十五年(1810)的碑刻可知,当时湖南、湖北都有独自的粮帮。江苏巡抚林则徐就曾于道光三年(1823)招徕川湖米客贩运至苏。看来湖广米商确有一定力量。湖广人除业米粮,还业煤炭。同治年间湖南会馆修建表忠祠,捐银的

① 巴哈纳等题本,顺治六年十月十八日,《顺治年间设关榷税档案选》(上),《历史档案》1982 年第 4 期。
② 参见刘洪谟《芜关榷志》卷下《大小抽分九款》。
③ 王士性:《广志绎》卷四《江南诸省》,第 96 页。
④ 王士性:《广志绎》卷四《江南诸省》,第 97 页。
⑤ 苏州博物馆等编:《苏州碑刻》,第 389 页。

就有煤商。

十、浙江商人的经营活动

浙江商人之于江南，或系家乡，或系邻封，因而相当活跃。他们主要是浙东的宁波、绍兴商人、龙游商人、金华商人和浙西的杭州商人、湖州商人，温州、台州、嘉兴商人也不乏其人。宁绍商人在江南，甚至在全国是一支后来居上、蒸蒸日上的地域商人。王士性说宁、绍、温、台人"以有海利为生不甚穷，以不通商贩不甚富"，又说"宁绍人什七在外"[①]；李卫说绍兴一府凡有才能之人"俱远出在外"[②]；清末宁波人自称"四出营生，商旅遍天下"[③]。这些话都形容了宁绍人经商比例之高和涵盖地域之广。而"商旅遍天下"的宁绍人实际上又以江南最为集中，特别是在通商口岸上海，势力最为雄厚。在上海，宁波商人于嘉庆二年（1797）设立了四明公所，义冢广达30余亩。嘉庆二十四年（1819）又设立了浙宁会馆。到光绪二十二年（1896），四明公所已置有大型市房产业16幢，每年举办长生会等善举。光绪十二年（1886），向长生会捐款的商人多达179家。宣统元年（1909），捐款者仍有143家。绍兴商人早在乾隆年间就在上海建立了浙绍公所，嘉庆十二年（1807）又公捐560千钱设立中秋会，不久又有42家铺号捐款16余千钱、银58两。道光十一年（1831）为购置义地，绍兴各业商人209家向公所捐款，捐资合

---

① 王士性：《广志绎》卷四《江南诸省》，第68、70页。
②《雍正朱批谕旨》卷一七四之二，雍正四年十二月初二日李卫奏折。
③ 光绪《鄞县志》卷二《风俗》。

银 5 000 余两。公所设有料理善后事宜的永锡堂,同治十三年(1874)捐款者多达 486 家商号或个人。光绪元年(1875),关帝诞辰典礼,捐款者又有 114 人。① 这一次次捐款,参与人数之多,捐额之巨,充分显示了在上海的绍兴商人日益壮大的实力。光绪二十八年(1902)上海成立商业会议公所时,其成员的地域分布就以浙江籍占主要比重。② 上海以外,宁波绍兴商人通常以宁绍商帮形式出现,不但在苏州、杭州、湖州、常州等大中城市,而且在德清县、常熟县、硖石镇、濮院镇、王店镇、王江泾镇、双林镇、南浔镇、四安镇、盛泽镇等小城镇,都单独建有会馆。可以说,在最为富庶的苏、松、杭、嘉、湖五府之地,宁绍商人是足可以与徽商匹敌的一支外地商人,当徽商势力到清后期逐渐消退后,宁绍商人不断抢占商业领域新的制高点,成为近代上海最重要的外地商人势力。

龙游商人包括了衢州府属西安、常山、开化、江山和龙游五具的商人,因龙游商人最多,经商手段较为高明,故冠以龙游商。龙游商帮兴起较早,明中期已活跃在江南了。万历间有"遍地龙游"之谚③,富庶的江南自是其征逐地域。万历间,江山县人游扬就曾"身带资本前往南京生理"④。

金华商人在江南是仅次于宁绍商人的一支浙江商人。金华人说,"金华号'小邹鲁',处浙东偏,地瘠人稠,远服贾者居三之一。

---

① 上海博物馆图书资料室编:《上海碑刻》,第 259—274 页。
② 徐鼎新、钱小明:《上海总商会史(1902—1929)》,上海社会科学院出版社 1991 年版,第 48 页。
③ 万历《龙游县志》卷五《风俗》。
④ 万历《新刻皇明诸司廉明公案》卷四《汤县志告给引照身》,转引自韩大成《明代社会经济初探》,第 323 页。

每岁樯帆所之,络绎不绝……故吾乡贸迁亦于苏为多",又说该府
"人士或从懋迁之术,或挟仕进之思,莫不往来于吴会"①。看来金
华商人主要集中在苏州。该府的兰溪县志就说县人到苏杭或两京
服贾者比比而是。乾隆四年(1739),金华商人在苏州谋建会馆,到
乾隆十五年(1750)落成,前后历时十余年,说明势力有限。苏州以
外,金华商人还在上海、杭州、湖州以及德清县、乌镇、震泽镇等地
建有会馆或地域性公所。

台州商人在明中后期即"或商于广,或商于闽,或商苏杭,或商
留都"②。如黄岩李仲良嘉靖年间就在南京"居息日赢,齿于上
贾"③。光绪二十八年(1902),台州商人在上海斜桥西建有台州
公所。

杭嘉湖商人虽处财富之乡,但形成商帮大概要到清代。杭州
商人于乾隆初年在苏州建有杭线会馆,乾隆二十七年(1762)又建
成钱江会馆。该府的海宁商人于光绪二十八年在上海建有地域性
的海昌公所。湖州商人于乾隆五十四年(1789)在苏州建有吴兴会
馆,在南京也建有吴兴会馆,在邻地宜兴经营者也有不少。嘉兴商
人于光绪三十二年(1906)在上海建有嘉郡会馆。

浙江商人经营的行业大致如下。

---

① 江苏省博物馆编:《江苏碑刻》,第366—367页。
② 嘉靖《太平县志》卷三《食货志·民业》。
③ 汪道昆:《太函集》卷五五《明故处士李仲良墓志铭》,明万历刻本。

1.丝绸业

浙商经营丝绸势力最大的是杭州人。杭州系丝绸之府,所产丝绸精品与苏州、南京齐名。杭世骏说:"吾杭饶蚕绩之利,织纴工巧,转而之燕,之齐,之秦、晋,之楚、蜀、滇、黔、闽、粤,衣被几遍天下,而尤以吴间为绣市。"[①]表明杭州丝商活动最频繁的据点是苏州。杭州绸商原与锡箔业一起,附于杭线业下,寄顿在杭线会馆内。乾隆初年,杭州绸商议创会馆,到乾隆二十七年(1762)建成钱江会馆,为屋130余间,耗银7 200两。[②]急急于建馆,说明杭州丝绸商在苏州的力量较之过去为强。自乾隆二十三年(1758)到乾隆四十一年(1776),26家丝绸店号共捐银达1.1万余两,可见其丝绸营业盛况。经营丝绸业的其次为湖州人。他们在苏州建有吴兴会馆。据称该馆"系乾隆五十四年浙湖闵峙庭中丞抚苏时建造。虽为绉、绸两业集事之所,而湖人之官于苏者,亦就会馆团拜宴请,以叙乡情。故不曰公所而曰会馆也"[③]。看来吴兴会馆仕商共建共有,与钱江会馆声明只作贮存商货之用不同,湖州绸商似无杭州绸商那么大的气派。但湖绉基本是由湖州商人垄断的。民国八年(1919)苏州的5家湖绉铺,全由湖州人经营。经营丝绸者再次为宁绍商人。他们在苏、杭、嘉、湖的广大城市及丝绸市镇建立会馆,与其他地域丝绸商争雄。道光二年(1822)创建濮院镇绍兴会馆的

---

① 江苏省博物馆编:《江苏碑刻》,第24页。
② 苏州博物馆等编:《苏州碑刻》,第19—20页。
③ 苏州博物馆等编:《苏州碑刻》,第45页。

金孝昭就"以踏绸为业"。民国八年苏州 15 家杭绸业铺户绍兴人就占了 8 家,比杭州人的 3 家多得多。浙江绸商可以说遍布江南各地。道光后期,职监胡寿康设局捐济绸缎同业,议定"其各店消货捐厘",苏城及吴县、吴江、震泽三县"仍交浙庄按数扣交公局"①,可见浙江绸庄的地位非同一般。在近代的盛泽镇,绍兴商人把持垄断了踹、染等丝绸加工行业。

2.杭线业

杭线为杭州特产"五杭"之一,天下闻名。经营杭线的是杭州人。乾隆初年即建杭线会馆,连绸、箔两业附属在内,"斯时生意之盛,甲于天下。是以创始之初,规模宏大"②。杭线生意超过绸、箔,则杭线商人当不在少数。道光后期因黄河水决,杭线生意大衰,绸、箔两业也早分立在外,以致会馆日形颓败。但直到极不景气的民国初年,业杭线者仍有 40 余号。杭线商人实是活跃于苏州的浙江商人中的重要力量。

3.烛业

苏州烛业几乎全由绍兴人经营,宁波人也间有从事者。道光初年,绍兴人"在长、元、吴三邑各处开张浇造烛铺,城乡共计一百

---

① 苏州博物馆编:《苏州碑刻》,第 26—27 页。
② 苏州博物馆编:《苏州碑刻》,第 221 页。

余家"①,在苏城建有东越会馆。道光八年(1828)仍有烛业店号49家。清代后期,上海的烛业也是由宁绍帮垄断的。

4.煤炭业

苏州煤炭行业主要由宁绍商人经营。宁绍人说:"惟我业煤炭,皆系籍隶宁、绍,在苏开张者多。"②清代末年,因原料价格日涨,销路日减,引起内部互相倾轧,以致多有亏本者,于是同业24家创立了坤震公所,整顿行规,以期振作。

5.书籍纸业

杭州府余杭、钱塘、富阳等县产纸。苏州纸业多由杭州人经营,书籍业多由衢州府龙游人、湖州府人经营。龙游书商四出奔走。明代归有光说:"越中人多往来吾吴中,以鬻书为业。"③他提到的童子鸣,即世为龙游人。清初,"龙游余氏开书肆于娄,刊读本四书字画无伪,远近购买"④。龙游书商在苏城似乎人数更众。康熙十年(1671),浙江书商在苏州建崇德公所,"为同业订正书籍讨论删原之所"⑤。道光二十五年(1845)复立行规以约束同行。清

---

① 苏州博物馆编:《苏州碑刻》,第 267 页。
② 苏州博物馆编:《苏州碑刻》,第 278 页。
③ 归有光:《震川先生集》卷九《送童子鸣序》,《四部丛刊》本。
④ 民国《太仓州志》卷二五《杂记》。
⑤ 江苏省博物馆编:《江苏碑刻》,第 74 页。

中期书商又以湖州人居多。道光时蒋光煦说:"三吴间贩书者,皆苕人。"而且经营之术甚为高明,"转辗贸易,所获倍蓰"①。湖州书商胡书城等即在苏州以贩书画为业,成了暴富。另一书商钱景开,在虎丘开书铺,财雄擅书法。又如贫士沈骆士的两个儿子都以鬻书籍为业,舟载贩卖于苏杭。苏州书肆众多,纸坊也不断获得发展。乾隆二十一年(1756)坊主共有 34 家,同治九年(1870)议创公所。两年后,蜡笺纸业又独创为绚章公所。后因"人众业繁,为贸易中之上等",终于光绪三年(1877)建成两宜公所。② 专门经营粗纸箬叶一业的浙江商人则在南濠建成浙南公所,"为同帮议公宴会之区"。咸丰时毁于兵燹,同治十一年(1872)重建时仍有商号 44 家。③ 为方便纸商的活动,苏州城中专门有纸栈,寄顿客货,而且货源充足,纸客盈门。

6.钱庄业

近代上海的上百家钱庄,实际上主要由绍兴帮、宁波帮、苏州帮(含洞庭山帮)、镇扬帮、广东帮、上海帮和安徽帮开设,而其中最有势力、数量最多的就是宁绍帮,而且占绝对优势的趋势日益明显。④ 早在道光十一年(1831),向浙绍公所捐款最多的,除了炭业和豆业就是钱业。道光十七年,光绍兴帮的钱庄,至少有元孚等 4

① 蒋光煦:《拜经楼藏书题跋记跋式》,吴寿旸《拜经楼藏书题跋记》,《丛书集成初编》本。
② 苏州博物馆等编:《苏州碑刻》,第 97—101 页。
③ 苏州博物馆等编:《苏州碑刻》,第 363 页。
④ 中国人民银行上海市分行编:《上海钱庄史料》,第 769—770 页。

家。而且传说上海之有钱庄,就是由南市的绍兴商人开设的煤炭店专门兑换银钱放款于店铺船帮而逐渐扩大形成的。[1] 将钱庄兴起归于一店显然不太可靠,但反映了绍兴帮在钱业兴起中的地位。在上海一地,宁波镇海方家于道光十年(1830)左右即开设了履龢钱庄,到辛亥革命爆发,先后设立了24家钱庄,其他如同县李家设过6家,叶家至少有3家,同府慈溪董家至少3家,宁波秦家至少1家。有的宁波钱庄主还在杭州、南京、镇江等地开设过钱庄。宁绍钱业商人以外,湖州许家也曾和宁波叶家、苏州洞庭山席家合开过数家钱庄。早期的这些钱庄还具有共同的特点,即创办人都由别项商业起家。如方家最初在上海经营食糖买卖,继而设立糖行和丝号,李家最早开设钱庄的李也亭以经营沙船起家,叶家以经营五金起家,秦家以经营颜料起家,许家以经营洋货起家。商业为他们开设钱庄提供了必要的启动资本。这实际上又从另一个侧面反映了宁绍商帮在上海开埠前已为商界翘楚了。

浙江商人在其他各业也较活跃。如炭业。如前所述,乾隆五十年(1785)浙江炭商曾与福建炭商在乍浦联合成立炭会馆。自道光十一年(1831)到道光二十三年(1843)上海的绍兴商人向浙绍公所捐款,数量最多的就是炭商,道光十七年(1837)捐款的28家商铺,至少有4家是炭栈。可见清代前期江南的绍兴商人是以经营钱庄、煤炭、豆石等业为主要行业的。如水木作业。道光二十三年,宁绍水木业就与上海同行建鲁班祠,凡江浙水木、雕锯、清水、石方、棕榈各匠作共同崇祀。同治十年(1871),仅宁波木作就达

---

[1] 中国人民银行上海市分行编:《上海钱庄史料》,第8页。

630 家,后又有 319 家。光绪五年(1879),宁波木业独立长兴会,专门办理该帮同业善后事。如钢铁机器业。光绪三十四年(1908),光宁波人经营此业者,就多达 315 家。如内河小轮业。经营此业的以宁波帮势力最大,宣统二年(1910)多达 90 余家。如硝皮业。江南经营硝皮业的主要是宁绍商和南京商。宁绍商人在上海从事硝皮业的,道光二十五年(1845)多达 46 家,而且捐款时颇具实力。如洋广衣业。根据碑刻资料,清后期的上海洋广衣业以宁波六县和苏州一府商人为主。男式西衣一业,基本是由宁波商人垄断的。如马车漆业,光宁波人在上海经营此业的,光绪三十一年(1905)就有 26 家。上海的宁绍商人还以经营豆石业、肉业、竹业、酒业出名。浙江商人在整个江南还从事锡箔业、布业、咈染布业、寿衣业、南北货业、药业、米业、酱业(如吴兴商人以业酱著名)、玉业、番薯业(如温台商人业此)、靛青业(如乍浦靛业经营者闽商以外即是浙商)、腌腊业(金华商人多业此)、豆饼业(台州商人业此)、茶业、糖业、银楼业等①,范围很广,在清中期特别引人注目。

十一、江苏商人的经营活动

江苏商人之于江南,同浙江商人一样,基本就是家乡,但两省商人都最为活跃之地苏州和上海,对浙商来说是邻省,而对苏商来说却是本省。应该说,苏商较之于浙商,从活动地域的重点来看,更具行政地域上的便利。活动于江南的苏商,主要可以分为以洞

---

① 散见《上海碑刻》《江苏碑刻》和《苏州碑刻》所收有关碑文。

庭商人为主体的苏州商人,以句容商人为主体的南京商人,以无锡商人为主体的常州商人,镇江商人,江苏北部的扬州、海州、徐州、淮安和通州等地的苏北地区商人。

洞庭商人是形成于太湖中洞庭东山和西山的商人集团,行政地域范围仅是吴县的几个乡,可以说是明清时期涵盖地域最小的一个商帮。但因其形成早,财力雄,活动地域广,经营有特色,明后期就以"钻天洞庭"著称于世。洞庭商人活动范围虽然号称"靡远不到",但其发迹地却在家乡江南,而且始终以江南为大本营和依托地。详细情形请参考范金民、罗仑所著《洞庭商帮》①。包括洞庭商人在内的苏州商人还于光绪十三年(1887)在上海新闸路建立了平江公所。光绪十九年(1893)到光绪二十一年(1895),多达140余户商号与个人向公所捐了款,而且出手大方,动辄一二百元,最多的个人陈养泉捐了 700 元,捐资总额规元 6 500 两,洋银 600元;光绪二十一、二十二两年捐款者更达 336 户,合银 7 680 余两,近代上海的苏州商的实力可见一斑。

南京人直到万历时还被乡绅顾起元视为不善经商的笨伯,因此所谓南京商在清前期以前主要是指句容商。句容商人兴起于明中期,是一支至今仍未被人重视的地域商人。弘治县志说,句容"因地窄人稠,于勤农之外,商贾工艺尤众"②。明代该县周怡如就曾往浙江南浔经理。康熙府志则说句容"自勤农之外,列肆而居者若鳞次,然其贸易于外者尤众"③。胡景洛则说"句容民好贾,而南

---

① 范金民、罗仑:《洞庭商帮》,(香港)中华书局 1995 年版。
② 弘治《句容县志》卷一《风俗》。
③ 乾隆《句容县志》卷一《风俗》引康熙《江宁府志》。

乡为尤甚"①。句容商人正是在清代更获得大发展,而且以擅长开设店肆闻名的。介绍坐商知识的《生意世事初阶》,就是由句容人王秉元编集的。根据句容地方文献,句容商人在苏州、上海、常州等地经营的较多。在吴江盛泽镇,顺治时南京商人就营建了三义殿。康熙年间,又以经营所得的千分之一重修,道光二十五年(1845)再次修葺。在苏州城中,南京商人"贸易于兹者,尤指不胜屈焉"②,在鸦片战争前就建立了地域性的元宁会馆。同治年间会馆重建,民国初年改为江宁会馆。太平天国期间,南京人"散走遍天下",而到上海者尤多,"因而街市之间肩摩趾接"③,上海成为南京商人的新天地。南京商人于光绪五年(1879)在上海建立了江宁公所,并有善后设施六义堂;在杭州木场巷建有江宁会馆;在湖州府城、德清与南汇县城、双林镇、南浔镇,都建有会馆或公所。

苏北地区商人在江南的经营活动主要在清代。康熙后期,海州、扬州和淮安商人即联合安徽泗州等地商人在苏州建成高宝会馆。嘉庆二十二年(1817)会馆经众商"油漆焕然一新"④。其中高邮一县商人早在康熙十七年(1678)就建有大王宝阁,为该县"客商置货停船之所",屡经修葺,到嘉庆二十二年又有 34 家商号捐款修葺。乾隆四十六年(1781),徐州、淮安商人又联合苏州及山东兖州等地商人建成江鲁公所。光绪末年又在齐门外下塘设立了江北航业公所。在太仓刘河镇,乾隆二十年(1755)挑浚东转河,"吕四船

① 光绪《句容县志》卷六《风俗》。
② 江苏省博物馆编:《江苏碑刻》,第 148 页。
③ 上海博物馆图书资料室编:《上海碑刻》,第 397、398 页。
④ 江苏省博物馆编:《江苏碑刻》,第 409 页。

商踊跃公捐",后来通州船商创建了天后宫,香火昼夜不绝。① 嘉庆中期后,青口豆船转泊上海,这些商人又转向上海。道光二年(1822),青口镇商人倡议沙船商建立了祝其公所;清末建立了通如崇海会馆、淮扬公所。在杭州也有扬州会馆。

常州商人于宣统二年(1910)在上海设立了常州八邑会馆,该府的无锡商人于乾隆二十七年(1762)在苏州创建了毗陵会馆,清末在上海设立了锡金公所。镇江商人于同治八年(1869)在上海建立了京江公所,于宣统二年在苏州与扬州商人一起建成镇扬公所。这些地域商人虽有一定实力,但活动时间大多较晚。

江苏商人在本省的苏南和浙江杭嘉湖地区主要从事下列行业。

1.丝绸业

江南是全国最大的丝绸生产基地,江苏商人中的苏州商人和南京商人在丝绸经营中丝毫不让其他地域商人。洞庭西山商人活跃于长江沿线,"上水则绸缎布帛,下水惟米而已"②,视经营这两种商品为最稳当的生意。江南丝绸销向长江流域广袤地区,西山商人可能是最重要的力量。南京商人活跃于苏、杭、嘉、湖广大丝绸市镇显然是经营丝绸的。每当新丝上市,"南京贸丝者络绎而至"③。南京盛产绸缎而不产生丝,所需生丝可能主要就是由南京

---

① 金端表:《刘河镇记略》卷七《古迹》,清道光稿本。
② 王维德辑:《林屋民风》卷七《公店》,清康熙刻本。
③ 乾隆《安吉州志》卷八《物产》。

商人经营的。他们于康熙二十一年(1682)在北京创设了元宁会馆,其中"东馆为缎行酬神议事之所"①,也是专门销售南京绸缎的。南京丝绸商虽未必能与徽州、浙江、山陕、山东丝绸商匹比,但经营时间早,分布广,又有地利之便,实不容忽视。清代苏州"花素缎机生业,向分京、苏两帮,各有成规,不相搀越"②。嘉庆后期,硖石镇的纱业主要由吴江商人和当地商人一起经营。民国八年(1919),苏州城的 62 家纱缎业全是当地人,织缎业 14 家全是江南人,京缎业 3 家有 2 家是吴县。可见清后期起苏州丝绸主要是由苏州、南京商人经销的。

2.棉布业

明代将江南棉布销向广大的北方市场的最主要力量,除了徽商、秦晋商,就是洞庭东山商人。关于洞庭东山商人经营棉布业的详细情形,请参见本人与罗仑合著《洞庭商帮》一书。

3.米粮业

清前期江南每年由长江输入的 1 000 余万担米粮是由徽商和以洞庭西山商人为主体的苏商等一起经营的。乾隆年间,枫桥一带米行多达 200 余家,时人用"云委山积"来形容米、豆之多。而这"云委山积"的米石,可能大多是由洞庭西山商人长途贩运而至的。

---

① 李华编:《明清以来北京工商会馆碑刻选编》,文物出版社 1980 年版,第 90 页。
② 苏州博物馆等编:《苏州碑刻》,第 46 页。

所以西山人自豪地说:"枫桥米艘日以百数,皆洞庭人也。"①关于洞庭西山商人经营米业的详情,请参见《洞庭商帮》。句容商人也大多活跃于长江沿线,当也与米粮贩运有关,如清中期杨际校就曾"枭米姑苏"。嘉庆时戴宏义也在重庆与诸兄买米数百石以快舟顺流疾下。② 由此我们可以说,清代所谓江苏米商,实际主要就是这些洞庭商和句容商。民国八年(1919)苏州米业 36 家,除了二家系安徽人,其余全是以苏州商人为主的江苏商人。

4.豆石(含海货腌腊)业

豆石、腌腊等货来自苏北、山东、东北等地。早在天启年间,应天等府商人向苏州知府控告南濠牙户截抢商货,列名"揭本贩卖海蜇鱼等货,奉例报关输税"航海运苏的船商就有 14 户,说明南京商人有贩运南北海货者。根据苏北商人与山东商人合建的江鲁公所的章程,"当因公所并无恒产,公议凡属贩运腌腊、鱼、蛋、咸货等货,花生、北货等货,到苏投行销售,按章提厘,由行扣存,作为公所供奉香火,并岁修一切公用"③,可知苏北商人主要经营腌腊海货和北货。苏州咸货店铺众多,货源充足,乾隆七年(1742)经营此业的商人多达 240 人,其中不少当系苏商,特别是苏北商人。前述苏北商人在江南建立了不少地域性会馆公所,活跃在苏州、太仓和上海,经营沙船业,实际主要是从事豆石及海货贩运的。青口豆船对

---

① 王维德辑:《林屋民风》卷七《民风四》,清康熙刻本。
② 光绪《句容县志》卷八下《人物》。
③ 苏州博物馆等编:《苏州碑刻》,第 289 页。

渡太仓,赣榆商人占了较多比例。江苏沿海运输商,除了苏北等地商人,太仓、上海地区因为习俗、地利之便,从业的也复不少。康熙后期的上海船户张元隆开张洋行,"每年陆续或有五六十只,或有七八十只客船报到行里做生意",自己置有洋船六只,还"立意要造洋船百只"①。这是个船行主兼具沙船主的航海商,常年揽装商品往返于北洋海面。如这样的船户,运载豆石北货量是相当可观的。清前期刘河镇上委托他人代管业务的 12 家豆石字号中,就有唐永裕、赵泰源二家是上海商船户。嘉庆、道光年间上海的三千五六百号沙船中当有不少是江苏商人的船只。可见每年从北洋输入江南的千万担豆石,江苏商人特别是沿海商人成为与山东、闽浙海商不相上下的重要经营力量。

5.钱庄业

江苏商人经营近代江南钱庄业,主要是苏州帮、镇扬帮和松江帮,是仅次于宁绍帮的重要钱业力量。在上海开办钱庄的,仅苏州帮就有洞庭东山严家、万家、席家、叶家,苏州程家等。严家在明末即以白墙门和花墙门著称。太平天国后,严兰卿任上海敦裕洋行买办后,即在上海、苏州、常熟、吴县木渎等地先后开设了近 10 家钱庄,在上海就开设了镇昌等 6 家钱庄。万家在上海开埠时有万梅峰者在洋货号当伙计,1861 年做白泥生意成巨富,后来自行设立恒兴洋货号,以此资本开设钱庄多家。到其子万振声时,又在上

---

① 张伯行:《正谊堂文集》卷二《海洋被劫三案题请敕部审拟疏》,卷三《题参承审张元隆一案迟延疏》,清光绪刻本。

海、苏州一带分设钱庄数家,信用卓著,洞庭人经营钱业出其门下者甚多。上海东山会馆创建时,他一人即捐 5 000 两白银。席家则是在充当外资银行买办的同时,利用资金优势和业务便利投资于钱庄,到辛亥革命前,席家至少独开和与人合开过 6 家钱庄。[1] 苏州程家在太平天国以前有程衡斋以典当业起家,其子卧云后携银 10 万两到上海开设钱庄。从 1876 年到辛亥革命,程家先后开设过四大系列十几家钱庄[2],在上海钱业中颇著名声。民国八年(1919),苏州尚有钱庄 17 家,但无一家外地人。可见江苏当地钱商清末民初已完全垄断了苏州钱业,正好与清前期山西钱商一统苏州钱市的局面完全相反。

6.玉业

江南的玉器制造业特别发达,其盛况是苏州与南京商人促成的。在苏州,玉业原来主要由苏州人经营,清中期后,南京玉工也很活跃,称京帮,建有玉业公所,光绪三十二年(1906)又筹建了从圣堂。京帮与苏帮相颉颃。据后人追溯,苏州玉业兴盛时,"业此者三数百,商而工则三千余人"[3]。乾隆时期,从新疆贩运到苏州的玉料,"大约均系苏州玉客贩往浙江卖者居多"[4]。在上海,玉业也由苏帮与京帮把持。同治十一年(1872),苏帮在老北门内设有珠

---

① 参见范金民、罗仑《洞庭商帮》。
② 中国人民银行上海市分行编:《上海钱庄史料》,第 738—741 页。
③《玉业商人代表杨吟梅呈苏州总商会》,民国八年三月二日,苏州档案馆藏档案。
④ 故宫博物院文献馆辑:《史料旬刊》第 20 期,伊龄阿折。

玉业公所。因两帮矛盾,光绪三十四年(1908)各设公所。

7.硝皮业

康熙时,硝皮业在苏州兴起,而经营此业的便是南京人。嘉庆间,他们在隆兴桥建有永宁公所,嘉庆二十二年(1817)公所经重修。同治十二年(1873)又建公所,筹办同业善举。光绪时再修公所,襄其事者共有110户。[①] 南京皮业商人与后来上海的宁波硝皮商先后辉映,垄断了江南硝皮业。

江苏商人也涉足其他行业。如钟表业。嘉庆二十一年(1816),开张钟表店的南京商人在苏州购地三亩设立义冢,说明业此者较多。如棉花业。贩运棉花是苏北商人中的通州商人的重要行业。乾隆十三年(1748),通州商人曹武周等因装运棉花到常熟福山港遭船埠之人强拉硬装而禀控官府。如肉业。乾隆二十七年(1762),经营猪肉业的无锡商人在苏州公建了毗陵会馆,人数达23人,后来一度发展到30余家。如面业。乾隆二十二年(1757),无锡面粉商人邀约同业购房建立面业公所,说明其时无锡面业商人就已很活跃。近代无锡面粉业的发达,是有着坚实的历史基础的。到光绪二十二年(1896),在苏州的无锡、常州面业商人至少仍有十余人。如盐业。明清时期苏、松、常、镇等府行浙盐,江宁府行淮盐,江苏业盐的主要是常镇商人。崇祯十五年(1642)镌刻在碑的两府盐商共有39人。此外,江苏商人在书籍、纸张、染料、竹木、冰

---

① 江苏省博物馆编:《江苏碑刻》,第175—176页。

鲜、药材、典当、银楼、铜铁器等业中也具有一定的实力。

考察各地商人在江南的经营活动,我们至少可以获得以下认识。

一、就活动的时代而言,明清时期在江南的各地域商人,盛衰起伏,有先有后,或领风骚于一时,或称雄商海几个世纪。明后期钻天洞庭遍地徽,全国势力最大的商帮和地域最小的商帮在江南都已崭露头角,秦晋商人、闽粤商人、浙江宁绍商人与龙游商人等随着南北经济交流的加强,在江南也展现出雄姿。清中期,江南当地的杭州商人、吴兴商人、南京商人、无锡商人、镇江商人等小商帮也日渐壮大,分享余润。从这些商帮诞生地的自然条件看,后者是远远优于前者的。前者之经商,最初动机可能纯粹出于谋生,后者则可能主要是商品经济熏陶的结果,发财致富的动机可能更多一点。

二、就各地域商人的实力而言,在江南的各地域商人,明末以前外地商人占绝对优势;清中期外地与当地商人都很活跃;清后期徽商已形衰落,秦晋商人近于销声匿迹,而当地商人却气势如虹,蒸蒸日上,江浙、闽粤、山东这些沿海商人的总体实力远高于内地商人,宁绍商人也替代徽商的鳌头地位,而足可以傲视群雄。

三、就活动的地域而言,鸦片战争前,各地商人在苏州最为活跃,南京、杭州其次。康熙开海以后,大规模海运兴起,上海的地位日渐重要,为各地商人所看好。上海开埠特别是太平天国后,江南其他城镇不同程度地遭受兵燹,各地商人纷纷转移,向上海集中,尤其是江浙商人中的宁绍商人、苏州商人和上海当地商人迅速发展。商人活动地域上的这种转移,实际上反映了苏州和上海两个全国经济中心城市地位的兴衰嬗替,商人活动的程度折射了城市经济发展水平及其相应的地位。

四、就从事的行业而言,各地商帮大多长期从事某种或若干种行业,在那些固定的行业中取得了优势,不少行业由一个商帮或几个商帮长期经营而把持局面。典当业徽商占绝对优势,闽商也有一定势力;布业由徽商、洞庭商人、秦晋商人和闽粤商人几个商帮竞争,徽商重在加工,洞庭商人利用家乡产地的优势,秦晋、闽粤商人奄有家乡销场,各展其长,各有特色;木业主要由徽商中的婺源商和闽商分途前后称雄,长江一线控制在婺源商手中,沿海一线操持在闽商手中,清前期前婺源商实力最雄,清前期起闽商逐渐扩大实力;米粮业由徽商和洞庭西山商长期竞争,前者财大气粗,行商坐贾双管齐下,后者专线经营,而且从运输到销售一条龙经营,因而难分伯仲,江西、湖广商人稍分余润而已;豆石业主要由河南、山东和江浙海商经营,前者扬产地之长,后者逞销场之强;纸业、蓝靛业主要由江西商人、福建商人经营,都利用了产地的优势;钱业鸦片战争前几乎由晋商独断,战后改由宁绍、苏州和镇江等江浙商人把持,风云际会,业与时迁;洋货广货,开风气之先,由闽粤商人垄断;烟业大体上操在宁国商人和汀州商人手中;烛业、煤业由宁绍商人独占;硝皮业先是南京商人,后是宁绍商人;玉业始终控制在苏州商人和南京商人手中,雕镂镌刻之工,唯此两帮为最;近代水木作内河小轮、钢铁机器、马车漆、成衣等业,都以宁绍商人特别是宁波商人为佼佼者。各个商帮在江南虽然实力有大小,术业有专攻,但各领风骚,不拘一格,各擅胜场。

五、就经营的商品而言,各地商帮大多经营与家乡经济有着紧密联系的商品,或系家乡的土特产品,或系家乡的紧缺商品,使得他们能够利用自身的优势,熟悉商品的来路或销场,控制商品运输的起点或终点,在群雄中站稳脚跟。徽商之经营茶、木、布、绸和米粮;秦晋商人之经营绸布、皮毛、红花;闽粤商人之经营蓝、纸、棉、布、丝绸、木、水果、花木、洋货、广货;江西商人之经营瓷、纸、麻;山东商人之经营棉花、豆石、梨枣;河南商人之经营棉花、汴绸、椒柿;洞庭商人之经营米粮、棉布、丝绸;宁国商人之经营烟、绸;南京商人之经营丝绸;杭州商人之经营杭绸、杭线;吴兴商人之经营湖绉、书籍;龙游商人之经营书、纸,类皆如此。经营商品的家乡化特点,使得各地商帮扬长避短,较易起步,并在一开始就居有优势,以便在激烈的竞争中占有一席之地。长期经营一二种行业,自然也有利于积累经验,聚集资本,但难免也会限制其进一步发展。要想成帮称雄,不断发展,只有不断开拓市场,甚至需要随机应变,开辟新的行业,寻求新的经济增长点。从经营商品与经济实力的关系来看,大凡长期称雄全国的徽商、晋商、宁绍商人等大商帮,都不仅仅经营一二种特色产品,还会经营那些与国计民生息息相关的大宗生活用品如米粮、丝布,经营那些在贸易中执牛耳的典当、钱业等金融业,前者拥有广阔的市场,为商业活动奠定坚实稳固的基础,后者为贸易活动源源输入资本,两者有机结合,互倚互持,相辅相成,有利于占领全国市场,甚至还会"随时而逐利""能变以因时",随时局和经济格局的变迁不断转换经营方向,调整行业结构,开辟新的投资方向。清代前期和后期苏州与上海城市中各地商帮兴衰隆替的不同结局清楚地说明了这一点。

第二节　地域商人商帮的组织——会馆公所

会馆公所一向是海内外学界较为重视的研究课题。如果将 19 世纪末年欧美旅华人士的有关调查算作会馆公所的研究,则相关的研究已经有了 100 多年的历史,而且直到现在仍显示出方兴未艾的势头。简单来说,大体上直到 20 世纪 70 年代末,海内外学者几乎众口一词,都将会馆公所视为西方中世纪那样的行会。在有关资本主义萌芽的长期讨论过程中,不少学者还认为会馆公所这种行会式的工商组织对资本主义的进一步发展产生了不小的阻碍作用。20 世纪 80 年代初,少数学者对会馆公所有市场垄断权力的说法提出质疑,并对比附基尔特的做法提出了批评,而且有学者第一次将会馆与公所加以区别探讨,认为"明清时期的会馆并非工商业行会"[①]。此论一出,先后遭到力主行会说学者的强烈批评。有人坚持,"商人会馆就是一种商人行会,而且是中国式的商人行会",商人会馆是商人行会的初见阶段,继续发展,其同业关系的性格就表现出来,而公所则是会馆的第三阶段。[②] 更有人说,明清时期的会馆并非工商业行会这一命题在逻辑上存在着明显的问题,显然不符合事实,对于会馆公所这一作为中国行会机构的名称不应再事怀疑、徒作无谓的争论。[③] 进入 20 世纪 90 年代以来,对会馆公所的研究又有了深化,它主要表现在三个方面:一是有学者不

[①] 吕作燮:《明清时期的会馆并非工商业行会》,《中国史研究》1982 年第 2 期。

[②] 汪士信:《明清商人会馆》,《平准学刊》第三辑(下册),中国商业出版社 1986 年版。

[③] 彭泽益主编:《中国工商行会史料集》导论,中华书局 1995 年版;参见同作者《中国行会史研究的几个问题》,《历史研究》1988 年第 6 期。

同意将会馆公所解释为行会,认为既有研究过分夸大了会馆公所的市场垄断作用,因而改称会馆公所为工商团体①;二是有学者把会馆作为一种基层社会组织,就全国范围对会馆的社会整合、会馆的内在运作、会馆的文化内涵等作了全面的研究②;三是将会馆公所与商会作了对比研究。③ 所有这些进展都令人欣喜,说明会馆公所同其他学术问题一样,并不是某人认为要不要争论的问题,而是是否值得争论的问题,问题不解决,争论必然难免,而且十分正常。

纵观会馆公所的既有研究,笔者认为尽管成果丰硕,并不断有所推展,但仍有值得探讨和研究的价值,它主要表现为:一、近年来人们更多地注重会馆公所的功能性质,而几乎未再具体考证其数量,利用的多是前人的研究成果,不少会馆公所特别是市镇会馆公所还基本上未被提及,数量不清,论述会馆公所盛衰,推断会馆公所功能,自然难以符合实际;二、会馆公所固然有相同的一面,但毕竟大异其趣,不加区分,混为一谈,恐怕不利于探讨的深入和问题的解决;三、对全国性的各种类型的会馆做全面研究固然必要,但如果仅用一两个大概念试图作全部涵盖,恐也有以全代点之嫌,不利于揭示各地各种类型会馆的特质;四、将会馆公所与商会比较研究必不可少,但取径和方法都需讲究,或着意贬低,或过度夸大,扬此抑彼,反会失去比较的客观与辩证。有鉴于此,本节将在这些方面作些尝试和努力。

---

① 邱澎生:《十八、十九世纪苏州城的新兴工商业团体》(硕士学位论文,1988年),《商人团体与社会变迁:清代苏州的会馆公所与商会》(博士学位论文,1995年)。
② 王日根:《乡土之链:明清会馆与社会变迁》,天津人民出版社1996年版。
③ 虞和平:《商会与中国早期现代化》,上海人民出版社1993年版;马敏、朱英:《传统与近代的二重变奏——晚清苏州商会个案研究》,巴蜀书社1993年版。

一、会馆公所数量考

诚如清人所称,"凡商务繁盛之区,商旅辐辏之地,会馆、公所莫不林立"①,会馆公所遍布江南的大中城市和工商市镇。但是由于苏州、上海的地位特别重要,材料也较为齐备系统,因而为人瞩目,讨论得特别多,南京会馆也偶有人提及,其他城镇则至今未见系统研究。而且即使对苏州、上海两城市的会馆公所的数量考察,近年也未有新的突破。根据已掌握的材料,江南各地会馆的数量大体已可作出初步统计了,而公所则因为民国年间迭有创设,基本上工商较为兴盛的市镇皆曾设立过,但常州、镇江、江宁等府的市镇材料十分匮乏,苏、松、太、杭、嘉、湖府州的市镇材料也难称齐备,无法揭示其全貌,所以下文对苏州、上海以外的江南城镇公所的数量考证难免挂一漏万,但作些基础性工作,作为分析的参考,也许仍是可行的。

(一)会馆数量考

苏州。笔者所见较早记载苏州会馆的文献材料,是乾隆《吴县志·艺文》所收有关漳州会馆、三山会馆、兴安会馆、邵武会馆、汀州会馆、潮州会馆、延建会馆、宛陵会馆、浙宁会馆的几件碑文,但以会馆字样冠于细目的则首见于刊刻于乾隆五十七年(1792)的陆

---

① 《旅常洪都木商创建公所碑记》,《常州市木材志 1800—1985》(油印本),第 35 页。

肇域与任兆麟的《虎阜志》,该书载有岭南、宝安、冈州、全秦、东齐、全晋6所会馆。稍后的顾禄《桐桥倚棹录》载有10所会馆。光绪间,海关报告记载了25所会馆。民国《吴县志·会馆公所》称根据《虎邱山志》和采访稿列出了29所会馆。《虎邱山志》系顾湄于康熙十五年(1676)编成,书中未提及会馆。民国《吴县志》所载所谓出自《虎邱山志》的6所会馆与《虎阜志》全同,且这6所会馆大多建于顾湄成书之后,可见民国《吴县志》根据的是《虎阜志》而非此前的《虎邱山志》。以上各书所载会馆具体名称均有不同。根据这些材料,我们大致可以胪列出30余所会馆。

20世纪50年代末,学者们经实地调查,汇编了《江苏省明清以来碑刻资料选集》,表列出苏州有会馆40所,蔚为大备,所列会馆内容常为人所引用。但因间有疏漏,也被个别学者诟病。如何炳棣在《中国会馆史论》中说:"如此综集碑刻资料,尚不能全无遗漏,如嘉庆《泾县志》卷十页三十六'宛陵会馆在苏州',至晚建于乾隆初年。"[1]何氏所言是有一定道理的,《江苏碑刻》只是收录了有碑文留存至今的会馆,自然不可能"全无遗漏"。但宛陵会馆就收在乾隆《吴县志》中,而且有创建年代,具体馆址,比《泾县志》寥寥七字要详赡得多。此会馆建于康熙十六年(1677),何氏断年虽无大出入,却不准确。20世纪80年代初,南京大学历史系师生再经实地调查,对照文献,在《江苏碑刻》40所会馆的基础上,又增加了东官、兴安、宛陵、江鲁、湖北和翼城6所会馆,后吕作燮根据家谱增

---

[1] 何炳棣:《中国会馆史论》,台北学生书局1966年版,第50页。

入洞庭会馆①,拾遗补阙,苏州会馆续有增加。但东官会馆后来改为宝安会馆,系广东东莞商人在原地改建,既有宝安,似不必另立东官;宛陵会馆即宣州会馆的前身,增宛陵则应去掉宣州。其余5所宜当增入,总数到了45所。只是冈州会馆吕文将其系为广西,《桐桥倚棹录》卷六称该馆由义宁商建,俗称扇子会馆,冈州、义宁即今广东新会,会馆即因新会商人经营葵扇而得名,故吕文有误。

然而笔者经检核两部碑刻集和有关文献,认为还有几所会馆被今人疏漏了。这就是海关报告中的浙嘉会馆,或称嘉兴会馆,毁于太平天国战火;民国《吴县志》所记南濠大街的震泽会馆和档案材料反映的位于阊门外鸭蛋桥的枣商会馆。这样,苏州总共至少应有48所会馆。

苏州除了城区会馆最多,其周围的市镇会馆也较多。根据碑刻集和有关地方文献所载,苏州府属县及市镇至少有16所会馆,分布在常熟、嘉定以及吴江的盛泽、震泽、同里和嘉定南翔等镇,其中盛泽一镇就集中了山东、山西、陕西、徽宁、宁绍、金陵商人建的8所会馆,一个镇上有这么多会馆,在江南市镇中只有乍浦镇大致相当。如果统计城镇,苏州一地会馆多达64所,不仅在江南为最多,而且在全国的同类地方城市中也是最多的。

上海。上海的会馆今人统计较多,但数量有限。道光十八年(1838)两江总督陶澍说,据地方官查明,当时"城内城外有江苏、浙

---

① 吕作燮:《试论明清时期会馆的性质和作用》,《中国资本主义萌芽问题论文集》,江苏人民出版社1983年版。

江、福建、广东、关东、山东、安徽、太湖各处商民共建会馆一十三处"①。但根据民国《上海县续志》《上海碑刻资料选辑》等书所载，鸦片战争前只有徽宁等7所会馆，即使加上四明公所和浙绍公所这两所地域性公所，也只有9所。如果扣除建于道光十九年（1839）的潮惠会馆，说明至少有5所会馆没有能够具体反映出来。可见实际会馆数要比我们所知多得多。同样根据上述各种材料，可知直到民国初年上海城区共有40所会馆。又根据《上海洞庭东山会馆落成报告》，民国四年（1915）洞庭西山人建有金庭会馆；根据光绪《南汇县志》，该县新场镇和周浦镇分别有新安会馆和浙宁会馆。这样，上海共有43所会馆，其数量与南京不相上下。

南京。关于南京会馆，海关报告仅记有安徽等11所。何炳棣依据甘熙《白下琐言》所记的19所会馆，注意到太平天国以前"与清季情形颇有不同"②。吕作燮利用各种文献资料，撰成《南京会馆小志》，详细考证出清朝南京的各种会馆共37所，比前人所述几乎多出一倍。③ 但吕文所列新旧两处中州会馆，后馆在废馆旁新建，视为一处即可。福建会馆当即全闽会馆。歙县试馆宜剔除。此外，《金陵杂志》记有位于张府园的普安会馆；《金陵旌德会馆志》所录碑文说旌德一县在南京原有三处会馆，同治十三年（1874）合而为一，而吕文只有一所。根据回忆材料，在上新河还有木材商的江汉会馆和江西临江商的临江会馆。这样，南京会馆删繁增漏，至

---

① 陶澍：《陶文毅公全集》卷一八《查核上海会馆并无囤贮私盐暨舟山地方产盐应归浙江经理折子》，清道光刻本。
② 何炳棣：《中国会馆史论》，第48页。
③ 吕作燮：《南京会馆小志》，《南京史志》1984年第5期。

少应有39所。其中旌阳会馆,吕文将其系为安徽,安徽无旌阳,江西商人会馆皆奉晋旌阳令许真君,此旌阳会馆当由江西商人建立。上述会馆虽大多未知创建确切年代,但由《白下琐言》所记和光绪《续纂江宁府志》所言"嘉、道中,海内无事……皆一时各建会馆",以及已知几所会馆多建于嘉、道间,可知绝大部分当建于鸦片战争前。经太平天国期间十年兵燹南京会馆可能毁者较多。

杭州。杭州会馆,海关报告只说各省几皆建有会馆,而未列其名,并称江西会馆为该省商人所建外,其余省馆均为各省旅杭士绅共建。何炳棣在介绍仁井田陞《中国社会和基尔特》引录《大中华浙江省地理志》"湖州、绍兴、四明(此何氏引文无,今经核对原文加入)、奉化、余姚在各省各有会馆"后,认为"此不过任举数例,并未详列,再加各郡邑试馆,总数必甚多"。① 何氏的推测是有道理的,但未增列任何一所会馆。《支那经济全书》第二辑列有江宁会馆等8所会馆,民国十年(1921)的《游杭日记》卷下列记了山东会馆等15所同乡会馆,而此前数年的《支那省别全志》卷十三列有18所会馆,加上湖州会馆,杭州城至少有近20所会馆。此外,在富阳有新安会馆,在海宁硖石镇有新安会馆和四明会馆。杭州城及附近的这22所会馆,以往几乎未被研究者提及。

嘉兴。嘉兴会馆今人只是偶尔提及零星的几所。据已掌握的府县志、镇志等有关材料,嘉兴一府有会馆13所,分布在府城和乍浦、王江泾、王店、濮院等镇。

湖州。湖州会馆今人基本未提及。《支那省别全志》载有徽州

---

① 何炳棣:《中国会馆史论》,第51页。

等 10 所会馆,其中 1 所在菱湖镇。笔者经检阅县志、镇志,得知还有 18 所会馆,分布在德清和乌程县及双林、乌青、南浔、四安、新塍等镇。这就是说,湖州一府共有会馆 30 所左右,主要分布在工商业市镇中。

镇江。镇江是物货转输中心,号称"商贾辐辏",又称"银马头",各地商人当很活跃,但有关会馆记载甚少。鸦片战争英国侵略者攻打镇江时,山西会馆被焚。海关报告则说"浙江会馆已有一百余年的历史"。可知鸦片战争前镇江已有浙江、山西等地会馆。太平天国后,直隶、山东、河南、山西、陕西北五省会馆修复①,广东、浙江、福建、庐州、新安、旌太、江西等 7 所会馆重建,既云重建,可以推断,太平天国前镇江至少有 12 所会馆,其后看来并未增加。

常州。常州会馆从未见人提及。笔者只知有 4 所,其中府城 3 所,即浙绍会馆、泾旌太会馆、洪都会馆,江阴 1 所,即徽州会馆。可能因为常州府的商品经济相对落后,府城的规模也十分有限,外地商人较少,也可能因为东有工商中心城市苏州,西有商品流通城市镇江,外籍商人建立会馆的必要性有所下降,所以在江南八府中,会馆数量最少。

(二)公所数量考

苏州。较早记载苏州公所的是顾禄《桐桥倚棹录》和顾震涛《吴门表隐》,前者载有镇江公所和磨坊公所,后者载有剖鳜公所等

---

① 张焕文:《修复京江北五省会馆纪略》碑文,碑存镇江焦山。

十几所公所。1933 年的民国《吴县志》卷三十《公署三》收录了七襄公所等 35 所公所。《江苏碑刻》依据详细的调查,列出了 122 所公所的目录,苏州公所数量始称大备。20 世纪 80 年代中,唐文权在《江苏碑刻》的 122 所公所外,加上"由会馆递变而来的九个","在查证中又发现二十六个",并表列了"新发现"的 26 所公所。①

　　笔者研读有关记载和两部《碑刻集》,去其重复,补其疏漏,共得公所 137 所。而唐文权所谓查证发现的 26 所,实际只有依据档案中反映的瑞凝公所、经纬公所、浙岩公所、浙台公所和 1930 年《吴县》所录的粉业公所、胲业公所是真正新"发现"的,其余 12 所是《江苏碑刻》的简目没有依据各种资料列入,另外 8 所则是很难定为公所的。这 8 所是猪业讨账公所、大兴公所、泾县公所、旌德公所、太平公所、永和公堂、集贤公所和四明公所。所谓猪业讨账公所,是经营猪业的毗陵会馆(《江苏碑刻》称毗陵公墅,《桐桥倚棹录》称猪行会馆)为货款的讨账方便设立的,"以资栖歇及猪价交易"②,不是独立于猪行会馆或公墅外的另一组织,不能视为与此会馆并存的又一个公所。大兴公所即大兴会馆,会馆碑记称设立会馆"以为木商集议公所"③,此公所实为公共场所之意,既列会馆,不能再列公所。唐文权根据碑文中"嘉庆间,泾旌太各县公所"又认为这三县各设有公所。实际碑文明载,宁国府人"在阊门南城下,设立公所宣州会馆。嘉庆间,泾旌太各县分设公所辅之。凡合

---

① 唐文权:《苏州工商各业公所的兴废》,《历史研究》1986 年第 3 期。
② 江苏省博物馆编:《江苏碑刻》,第 203 页。
③ 江苏省博物馆编:《江苏碑刻》,第 101 页。

郡义举仍以宣州会馆为总"①。这里的两处公所字样,均是公共场所之意,是指二县分设办事场所配合会馆,而非三县在府的会馆外各设了公所。不能一见公所字样,即归为行业性公所。永和堂为海货业办理善举的堂名,而非该业的行业性组织,当时海货业"并无专业,归入南北杂货,捐资给恤"②。这类慈善设施,各商各业很多,不能称为会馆或公所。笺扇业的集贤公所疑即扇面公所。四明公所,唐文权说光绪十三年(1887)创立于南濠,实际上早在乾隆以前,南濠王家巷即有浙宁会馆(见前所述),此浙宁会馆当即后来的四明公所。因此上述 8 所公所,似皆不宜列为公所。此外,民国《吴县志·会馆公所》记有三省公所,疑即浴业的三新公所之误写。这样,苏州公所总共为 142 所。这虽比唐文权所述数量要少,但如果剔除其重复者和与会馆重叠者,则实际数目要多,而且具体名称颇多相异。苏州府属城镇也多公所,为 21 所,分布在昆山、新阳、吴江、嘉定及其所属市镇。

在这 163 所公所中,有 11 所是地域性公所。

上海。上海公所的数量,论者统计较多。虞和平统计出到1911 年时,除了同乡会组织,上海共有工商业行会 92 个。③《近代上海城市研究》表列上海共有同乡同业团体 138 个。④ 笔者依据《上海碑刻资料选辑》、民国《上海县续志》、民国《上海研究资料续集》、根岸佶《上海的行会》等书统计,共得上海公所 110 所,如果加

① 江苏省博物馆编:《江苏碑刻》,第 383 页。

② 江苏省博物馆编:《江苏碑刻》,第 191 页。

③ 虞和平:《鸦片战争后通商口岸行会的近代化》,《历史研究》1991 年第 6 期。

④ 张仲礼主编:《近代上海城市研究》,上海人民出版社 1990 年版。

上前述 43 所会馆,共有 150 余所,要比既有统计多一些。此外,据光绪《南汇县志》载,南汇新场镇有金陵公所。在这 111 所公所中,有 26 所是地域性公所。

南京。《金陵杂志》记有 14 所,其中柳叶街的普安公所,当即普安会馆。据《江宁县缎机业行规碑》,太平天国前在南门外云机殿即有缎机业公所;据今人研究上新河有木业公所。这样,南京约有公所 15 所。

杭州。杭州公所《支那省别全志》载有 19 所,有关地方志书多缺失。只有光绪《富阳县志》载有四明公所和两浙公所。这样,该府共有 21 所公所,其中 2 所为地域性公所。

嘉兴。嘉兴公所有关记载特别少,但相当集中,17 所公所有 9 所在乍浦镇,5 所在濮院镇,其中有 1 所地域性公所四明公所,在鸳鸯湖有 1 所梨园公所。濮院镇上的公所有 3 所,称公会,成立时代在清末民初。

湖州。湖州公所《支那省别全志》记有 4 所,经查阅方志,另有 11 所分布在南浔、四安、新市、双林、乌镇等镇,其中 1 所地域性公所新安公所。

镇江。镇江公所目前只知在城西有 1 所钱业公所,在今中华路菜场南有建于光绪三十年(1904)的广肇公所,后者属地域性公所。

常州。笔者掌握常州公所的材料颇少,但至少有 12 所,其中 10 所集中在江阴县。根据《锡金二县酒业公所规定造酒坊家捐款标准碑》和《锡金两县纸业公所章程碑》,无锡于光绪三十一年(1905)建有酒业公所和纸业公所。

综合上述考证,江南各地至少有会馆 226 所,公所 356 所,共计 582 所,数量要比以往所知多得多。府城以上大中城市会馆为 173 所,公所为 293 所,县城以下的城镇会馆为 53 所,公所为 63 所,也要比以往所述多得多。①

江南各府会馆公所的数量,参见《江南会馆公所数量表》,其具体情形,参见《江南会馆公所地区分布表》。

由下附数表可知,会馆建立者的地域层次相当多,有一省者,有二省乃至三省五省者;有一府者,有二府以上者;有一县者,有二县以上者;最小的是洞庭东山会馆和西山会馆,仅为一个乡或两个乡;还有同一省内或同一府内几个行帮建立者,纷繁不一。这也从另一个侧面反映出,明清时期的所谓商帮,并无一定的地域界限,而是随经商地客籍商人人数的多少、势力的强弱,甚至行业的异同而转移。大致说来,在苏州、上海这两个前后经济最为繁盛的城市和广大的市镇,以府为范围较多,在杭州、湖州、镇江、南京等城市则以一省为较常见。江南县城以及广大市镇活动的地域商人主要是浙江、安徽和江苏商人,而且特别是其中的徽商、宁波商、绍兴商、宁国商、金陵商和金华商等。一两个府的商人的实力已足可建立会馆,说明江南城镇主要是江浙皖当地或附近商人活动的天下。清中期后,这种趋势愈益明显。

如果按省而论,在总共 256 所地域性会馆及公所中:浙江 68 所,如果加上与福建人合建的一所,为 69 所,数量最多,在江南八府都建有会馆的,只有浙江和安徽二省商人,而在浙江人的会馆

---

① 陈忠平《宋元明清时期江南市镇社会组织述论》(《中国社会经济史研究》1993 年第 1 期)一文统计江南市镇会馆 33 所,公所 50 多所。

中,由宁绍商人合建的宁绍会馆公所或独建的宁波会馆公所与绍兴会馆公所就多达 33 所,占了将近一半。安徽 51 所,其中由徽州商人建立的会馆公所多达 25 所,占了整整一半,若以府而论,徽商无疑是在江南建立会馆公所最多的商人,假如加上与宁国商人及全省商人合建的会馆,其数更多。江苏 39 所。福建 22 所,如果加上与浙商合建者 1 所,为 23 所,而且只有该省每一府都在江南建立了会馆。广东 11 所,如果加上两广 4 所,为 15 所。山东 8 所,如果加上与河南、与江苏商人合建的 2 所,为 10 所。江西 9 所。山西 7 所,如果加上与陕甘合建的 1 所,为 8 所。湖南 6 所。河南 4 所,如果加上与山东合建的 1 所,为 5 所。陕西 4 所,如果加上与山、甘合建的 1 所,为 5 所。湖北 4 所,如果加上三楚 1 所,为 5 所。河北、四川、云贵各为 2 所。各省会馆以及地域性公所的不同数量,实际上反映了各地域商人在江南的不同实力。各地域人士在江南各地所建会馆数,参见本章附表二:《江南分地区会馆数量表》。

二、会馆公所异同论

会馆公所是行会性组织,这是长期以来人们较为一致的看法。但吕作燮认为会馆并不是工商业行会,会馆与公所这种行会组织有着根本区别:前者是地域观念的组织,后者是同业的组织;前者有士绅、工商业者、农民等各色人参加,而后者的参与者仅限于工商业者;本地人不设会馆,而本地工商业者都参与一定的行会组织。新近的研究既有仍持原来看法主张会馆也是行会者,也有同意会馆并非行会但与公所没有根本区别也无截然界限者。试举数例。

《近代上海城市研究》认为,主张会馆是同乡的公益团体,不具有行会的职能,只有公所才是行会组织的看法,是拘泥于会馆公所的称谓,而忽视了对其实质的考察。就当时上海的情形而言,会馆公所的称谓,在一部分同业同行团体中是通称的,说明会馆公所的名称既不是划分同乡、同业团体的标志,也不是区别是否行会组织的依据。①

王日根认为,会馆与公所在很多场合往往不易区分,倘若真要说出二者的区别,其主要点当在于,会馆往往较多地讲究仪貌,公所则更多地注重实效。公所往往是中小商人谋求发展的处所,会馆则往往是大商人跻身于仕途或攀附仕途的根据地。而中小商人则既可栖身公所,又可寄居会馆。②

邱澎生认为,会馆、公所的成员,基本上都是自愿参与结社,并不是由政府或其他外力强迫结社,都具备一定规模的共同财产,并且制订征收经常性公积金的筹款办法,都经过向官府立案申请的手续,获得官府明令保护其共同财产而成立,所以都是一种"自发性""常设法"和"合理性"的新兴工商社团组织。因此以会馆代表同乡团体,而公所代表同业工商团体的说法,其实是不精确的二分法,失之粗疏。就语义上来说,会馆和公所都是商人用以称呼自己建筑物名称的现成名词。③

---

① 张仲礼主编:《近代上海城市研究》,第510—511页。

② 王日根:《乡土之链:明清会馆与社会变迁》,第54—55页。

③ 邱澎生:《十八、十九世纪苏州城的新兴工商业团体》(硕士学位论文,1988年),《商人团体与社会变迁:清代苏州的会馆公所与商会》(博士学位论文,1995年)。

　　以上各种看法都强调了会馆公所有着根本的共同点,所举例证也大多说得通,因而具有合理的地方,有一定的说服力。

　　会馆公所有着一定的共同点,这主要体现在两方面。一是当时人特别是会馆公所的建立者就认为在公共场所这一意义上会馆与公所并无截然界限。如道光中期陶澍就说,"会馆设在市廛,为众商公所"①。苏州的广东嘉应会馆的创立者说,当地人"将此房卖与广东嘉应府众仕商王仰莲等为公所"②。安徽宣州会馆的主人也说,"向来贸易苏省者……设立公所宣州会馆"③。上海的福建泉漳会馆的创建者说,"会馆者,集邑人而立公所也"④。上海的浙绍公所参与者说,"绍郡绅商,在沪贸迁,设公所以相晤语"⑤。在这些人看来,公所即公共场所,会馆就是乡人的公共场所,因此同乡的会馆与同乡的公所是一个概念。二是会馆与公所在名称上往往是相通的。如苏州的浙绍公所又称绍兴会馆,元宁公所又称元宁会馆,兰溪公所即兰溪会馆,上海的四明公所即四明会馆,锡金公所即锡金会馆,台州公所又称台州会馆,钱庄业有南市钱业公所和北市钱业会馆,乍浦的咸宁公所又称炭会馆,常州的洪都公所即洪都会馆,湖州四安镇的新安公所即新安会馆,南汇县新场镇的金陵公所即金陵会馆。同一会馆或公所在名称上前后也会变化。如上海的潮惠会馆,道光十九年(1839)创建时称公所,同治五年

①　陶澍:《陶文毅公全集》卷一八《查核上海会馆并无囤贮私盐暨舟山地方产盐应归浙江经理折子》,清道光刻本。
②　江苏省博物馆编:《江苏碑刻》,第 352 页。
③　江苏省博物馆编:《江苏碑刻》,第 383 页。
④　上海博物馆图书资料室编:《上海碑刻》,第 235 页。
⑤　上海博物馆图书资料室编:《上海碑刻》,第 260 页。

(1866)易地重建时称会馆。木商会馆咸丰八年(1858)初创时称公所,光绪二十四年(1898)易地改建后称会馆。茶业于咸丰五年(1855)与丝业合组称丝茶会馆,同治九年(1870)公所移办事处时称茶业会馆。诸如此类,较为常见。正因为会馆公所有这些互通处,所以民国《上海县续志》卷三《建置下》主张,"至或称会馆,或称公所,名虽异而义则不甚悬,故不强为区分"。清代中后期的同业组织大多以公所命名,大概也是出于公共场所之本意和基于会馆公所不相悬殊的事实。清末民初乃至直到20世纪50年代,欧美人、日本人都将会馆视为行会,大概也是基于会馆公所的共同点。

那么,会馆公所是否就没有区别可以等同视之,会馆公所的研究是否就可以到此为止不必再加深究呢?回答恐怕是否定的。

笔者以为,吕作燮以地域和行业为标准,过分强调了会馆与公所的异,过于绝对,故为人所诟病,而新近的研究则过分强调了会馆与公所的同,过于笼统,故仍有缺憾,个别论者更以大商人与中小商人来区分会馆与公所,更属牵强。要想真正认识会馆与公所的异同,如实揭示其客观历史实际和基本特征,我们既要突破会馆与公所的此疆彼界,又要在此基础上更进一步,透过会馆公所的字面意义,而考察其内部实质,这就是从地域或行业的角度,将会馆和公所分为地域性和行业性两大类,即地域性会馆公所和行业性会馆公所,会馆和公所都有地域性和行业性两类,但又有主次。这样,或许会更加接近历史的实际,或许更有利于问题的探讨。

附列的《江南会馆公所数量表》显示,苏州、上海、湖州等地的会馆既有地域性的,又有行业性的。苏州、上海、湖州、杭州、嘉兴等地的公所同样既有行业性的，又有地域性的。从这个意义上说，会馆公所相同论者的看法是说得通的。然而同表还显示，会馆即使表现为地域性的同时也表现为行业性，但地域性占绝对比例，在整个江南的 226 所会馆中，地域性会馆为 214 所，占 95%，行业性会馆仅为 12 所，仅占 5%。相反，公所即使表现为行业性的同时也表现为地域性，但行业性占绝对比例，在整个江南的 356 所公所中，行业性公所为 314 所，占 89%，而地域性公所仅为 42 所，占 11%。我们不能因为会馆公所字面意义并无大区别而忽视了它们的数量差别，并且应该由这种数量的差别注意到它们的内在区别。这就是从总体而言，会馆主要是地域性的社会团体，公所主要是行业性的社会团体。苏州的吴兴会馆碑记称："苏城吴兴会馆，系乾隆五十四年浙湖闵峙庭中丞抚苏时建造。虽为绉、绸两业集事之所，而湖人之官于苏者，亦就会馆团拜宴集，以叙乡情。故不曰公所而曰会馆也。"[1]碑记强调会馆的地域性。戴延年说苏州"贸易之盛甲于天下，他省商贾各建关帝祠于城西，为主客公议规条之所，栋宇壮丽，号为会馆"[2]，强调了会馆系"他省商贾"所建。可见当时人在会馆和公所的称呼上并不是全无区别的，而在地与业上毕竟是有所侧重的。一些公所可能是地域性组织，因其"虽不以会馆名实已举会馆之事"[3]，但会馆为行业性组织者究属偶然，不足以影响我们作总体分析。从这个意义上说，吕作燮的看法是有见地的。看来，将会馆公所的区别绝对化不尽妥当，但将会馆公所视为一体也

---

① 苏州博物馆等编：《苏州碑刻》，第 45 页。
② 戴延年：《吴语》，《小方壶斋舆地丛钞》第六帙。
③ 《洞庭东山会馆记》，《上海洞庭东山会馆落成报告》，民国石印本。

未究底蕴。

会馆与公所不但在侧重点上有所不同,而且在产生时间上也有较为明显的先后。就总体而言,江南的会馆自明后期产生后,康熙年间逐渐增多,乾隆时期大量增多,嘉、道时期臻于极盛。假如以太平天国为限,已知确切或大致时代的 126 所会馆,在前有 87 所,占 69%;在后则仅有 39 所,占 31%。江南的公所真正开始产生是在康熙十年(1671)的苏州,即印书业崇德公所,终康熙之世仅此一所,雍正年代仍只有零星的 13 所,乾隆时期稍有增加,但其高峰是在同治以后。若也以太平天国为限,已知确切或大致时代的 192 所公所,在前仅 55 所,占 29%;在后则多达 137 所,占 71%(参见本章附表三:《江南会馆公所时代分布表》)。实际上不知年代的会馆大多产生于嘉、道以前,相反不知年代的公所则绝大部分形成于太平天国以后,未列入时代分布表的上海公所,甚至大多是清末形成的。因此可以肯定地说,大多数会馆形成于太平天国以前,甚至是鸦片战争前,而绝大多数公所形成于太平天国以后。

就各地区而言,会馆公所的产生也有一定的时间差。大体而言,苏州最早,到乾隆时大多数会馆已经产生,到道光时公所也已形成不少;南京、杭州、湖州、常州、嘉兴等地会馆的兴盛期在嘉、道时期,所谓"嘉、道间,海内无事,商贾懋迁……皆一时各建会馆"[1];上海会馆较晚,大量产生是鸦片战争以后的事。各地会馆公所特别是会馆形成时间上的差异,说明不但会馆与公所的兴衰有前后的区别,而且各地之间也前后相继,或者说各地的经济兴盛期

---

[1] 光绪《续纂江宁府志》卷七《建置》。

有先后,特别是上海开埠后,由于特殊的地理和区位优势,表现得最为明显,其最为兴盛期已是江南其他城市的衰落期,会馆公所也从一个侧面反映了这一点。可见,不但会馆与公所不能混为一谈,无视其间时间上的差异,而且各地的会馆公所也不能笼统而言,看不到它们在地域上的差异。

三、会馆公所的功能性质

学界有关会馆公所的研究,恐怕莫过于对其功能与性质的探讨,成果也多。但以前似乎主要是讨论其性质,各抒己见,新近的重要研究成果如王日根《乡土之链:明清会馆与社会变迁》似乎又偏重在其社会功能。这些讨论或研究都是必要的,也是富有学术价值的。然而会馆公所既有地域性和行业性之别,其功能与性质当也有所不同,自不可一概而论;会馆既是以商人为主体的客籍人士的社会组织,经商要务当不会不讲,其经济功能自不能轻描淡写。

我们先讨论地域性会馆公所的功能与性质。

会馆公所的创建者和撰文纪事者为我们留下了大量有关内容的文字。蔡世远说苏州的漳州会馆之建,“以事神而洽人,联情笃谊,所系綦重”[1]。余正健说苏州的三山会馆“宫之建,不特为答神贶而资游览,且以敦乡谊,讲礼让”[2]。兰溪人戴曦则是这样表达在苏州创立金华会馆的目的的:“虽苏之与婺,同处大江以南,而地分

① 蔡世远:《漳州天后宫记》,乾隆《吴县志》卷一〇六《艺文》。
② 余正健:《三山会馆天后宫记》,乾隆《吴县志》卷一〇六《艺文》。

吴越,未免异乡风土之思,故久羁者,每喜乡人庱止,聿来者,惟望同里为归,亦情所不能已也","为想春风秋月,同乡偕来于斯馆也,联乡语,叙乡情,畅然蔼然,不独逆旅之况赖以消释,抑且相任相恤,脱近市之习,敦本里之淳,本来面目,他乡无间,何乐如之。"①史茂在苏州《新修陕西会馆记》中表达了完全同样的意思:"余惟会馆之设,所以联乡情,敦信义也。吾乡幅员之广,几半天下,微论秦陇以西,判若两省,即河渭之间,村墟鳞栉,平时有不相浃洽者。一旦相遇于旅邸,乡音方语,一时蔼然而入于耳,嗜好性情,不约而同于心。加以岁时伏腊,临之以神明,重之以香火,樽酒簋哺,欢呼把臂,异乡骨肉,所极不忘耳。"②上海的豫章会馆碑载,设立会馆,"凡事遇公私,集议其中,藉可时常亲近,未始非联属乡情之善举","俾春秋佳日,宴集谈心,不时聚首,虽处异乡,情同故里,一举之善,其快何如"③。其他如苏州的兴安会馆、汀州会馆、潮州会馆、江西会馆、浙宁会馆,上海的泉漳会馆,乍浦的咸宁公所(俗称炭会馆)等碑文,都表述了同样的内容。

可以说江南各地几乎所有的地域性会馆公所的创建者或修葺者都反复强调会馆公所的建立,旨在联乡谊,祀神祇。这可以说是地域性会馆公所最为常见的活动内容,最易理解的创设动机。客籍人士要在异乡托足,建立在地域乡邦基础上的扩大了的宗族姻亲势力是最可凭借和依赖的力量。而集结、联合、扩大这种力量,唯有通过叙乡谊、祀神祇的形式,以同宗同亲,同乡同风,共同的神

---

① 江苏省博物馆编:《江苏碑刻》,第 366—367 页。
② 江苏省博物馆编:《江苏碑刻》,第 375—376 页。
③ 上海博物馆图书资料室编:《上海碑刻》,第 336 页。

灵崇拜和宗教信仰来维系和感召。会馆公所这一建筑物本身就是
乡情亲情的表征。岁时令节,同乡之人,无论关系亲疏,熟识与否,
营业异同,语同音,食同风,拜乡土神,演地方戏,亲不亲,故乡情,
雍雍熙熙乐陶陶的气氛是会感染每一个人的,思亲之情,乡愁之
苦,于此也可得到慰藉。平时的互通信息,互相照应,互相周恤,互
相支持,更会使异乡孤客随时随地感受到乡党的可亲可爱。会馆
成为联络广大客籍人士强有力的纽带,同籍人士在客居地组成了
一个个小社会。

联乡谊是与祀神祇联系在一起的。各地商帮都崇奉固定的神
祇。福建、广东这些航海商帮,以及其他沿海商帮都崇奉蹈海救难
屡著灵验、保佑航海的化身天妃(天后)。在江南,天妃宫往往就是
这些商帮的会馆所在地,留存至今的材料不少就是天妃宫记。徽
商、宁国商人、山陕商人、江浙商人、山东东齐商人等崇奉忠义侠
胆、正义伟力的象征关公。山东济宁商、江淮商崇奉宋末殉节、能
庇佑河运的诸生谢绪为金龙四大王,江南的大王庙往往为这些商
帮所建。江西商帮崇拜旌阳令主许逊为许真君,有的会馆直接称
为旌阳会馆。这些神化了的忠义力量的化身,经历代渲染,都成了
护佑一定地域或某些行业的功德神,已经超出了乡土神的范围。
奉祀这些神祇,既祈求保佑平安吉利,又借以树立各地域商帮特有
的形象。正像各地民间普遍供奉诸多神一样,"许多会馆也并非以
仅供一神为满足"①。祀奉主神的同时,也配祀、配享一个或数个乡
土神或乡先贤。徽州、宁国商人在盛泽镇的徽宁会馆,正殿中供关

---

① 王日根:《乡土之链:明清会馆与社会变迁》,第282页。

羽,东供忠烈王,西供东平王,殿东行宫供奉朱文公朱熹。苏州的潮州会馆,始建仅有天后阁,后增建观音阁,观音阁中还建有昌黎祠(祀韩愈)。光绪八年(1882)落成的苏州的两广会馆,中间三间堂屋,"祀乡先生之官斯土者",明代为应天巡抚广东人海瑞,清代为江苏巡抚广西人陈宏谋。苏州的钱江会馆,外供关帝,内奉文昌。苏州的嘉应会馆供奉关帝以外,旁祀四尊,内楼供奉南华六祖。苏州的江西会馆主奉许真君外,后殿供奉天后。上海的建汀会馆,中奉天妃,"旁有数楹,或祀土神,或奉先董"[①],最为特别。上海的祝其公所,既奉关圣,又奉天后。上海的潮惠会馆前堂祀天妃,后堂祀关帝,左右祀财星、双忠。上海的商船会馆创设时仅奉天后,后增祀福山太尉褚大神于北厅,祀成山骠骑将军滕大神于南厅。徽商在乌程县眺谷铺还有祀朱熹的朱文正祠,又称新安乡祠。宁绍商人在归安县济川铺则有宁绍三贤祠,又称宁绍乡祠。由此可见,明清会馆神灵崇拜经历了由单一神到众神兼祀的发展演变,关圣天妃,财神土神,乡贤名宦,释祖先达,都可作为崇祀对象,反映了各地域商帮的企求是多方面的,相当宽泛和复杂的。

会馆公所要有持续有效的感召力,要使异地异业的众多同籍之人对会馆公所长久保持向心力,光凭联乡谊与祀神祇是远远不够的,因而大多公开声明将力行善举也即社会救济放在重要地位。加入会馆公所的仕商,共同集资为会馆积累资金。有些会馆如江西会馆还规定按经营所得抽取一定比例的资金。会馆公所通常置有房屋田产以收取租息。在这方面,徽州商人、潮州商人、宁绍商

---

① 上海博物馆图书资料室编:《上海碑刻》,第278页。

人等是较为突出的(参见第一节)。所有这些公积金及公产所得租息,大多用于救济本地域的贫病无依、失业及死亡者。会馆公所对同籍人士的生养死葬予以资助,失业者救济,年老不能经营者资助返乡路费,或者因病延医供应汤药。有的会馆还为同籍或同业诵经超度,祭祀设忏。在这方面,尤以宁波商人最为突出。四明公所内,木业有长兴会,肉业有诚仁堂,竹业有同新会,内河小轮业有永安会,马车漆业有同议胜会,钢铁机器业有永生会。会馆公所大多设有殡(丙)舍义冢,停放棺柩,埋葬无力返乡者。据笔者初步统计,各地域商帮在江南的这类寄柩所、义冢等身后慈善设施多达70余所,几乎遍布江南各地,特别集中在商人活动最为活跃的苏州、上海等地,创设者有安徽的徽州、宁国商人,浙江的绍兴、宁波、金华、湖州商人,福建的兴安、汀州、泉漳、晋惠、三山、福宁、建宁商人;江苏的洞庭、句容商人,以及山东、江西等地商人。其中以徽商的义冢等设施为最多,达24所。怪不得泾县人朱琦慨叹,"皖江多好善,所在辄置义冢"①。这些慈善设施,不少置于会馆建立后,但有不少早在会馆创立之前就购置了,甚至未设会馆的不少地方也有这类设施。有的会馆还设有义学,让本地域的贫寒子弟也能有读书识字的机会。各地域商帮举办这些善举,目的就是为了增加对内的向心力和对外的竞争力。在江南的各支商帮的实力似乎正是与会馆建筑善后设施相一致的。因此,就其实施社会救济而言,会馆公所又是力行善举的社会组织。

联乡谊、祀神祇和办善举表面上看起来构成了地域性会馆公

---

① 朱琦:《小万卷斋文稿》卷一八《徽郡新立吴中诚善局碑记》,清光绪刻本。

所的全部活动内容,也是创办者公开宣称、反复标榜的,但实际上这些活动既是社会意义的,也是经济意义的,而且最终恐怕还是为了更加讲究经营之道,维持和发展各支商帮自身的实力,以便在日益激烈的商业竞争中立于不败之地。

吴大澂在上海的潮惠会馆迁建记中全面地表述了会馆的功能:"会馆之建,非第春秋伏腊,为旅人联樽酒之欢,叙敬梓恭桑之谊,相与乐其乐也;亦以懋迁货居,受廛列肆,云合星聚,群萃一方,讵免睚眦,致生报复,非赖耆旧,曷由排解?重以时势交迫,津梁多故,横征私敛,吹毛索瘢,隐倚神丛,动成疮痏。虽与全局无预,而偶遭株累,皇皇若有大害,踵乎厥后。既同井邑,宜援陷阱,凡此皆当忧其所忧者也。纵他族好行其德者,亦能代为捍卫,而终不若出于会馆,事从公论,众有同心,临以明神,盟之息壤。俾消衅隙,用济艰难,保全实多,关系殊重。推之拯乏给贫,散财发粟,寻常善举,均可余力及之,无烦类数。此会馆之建,所不容缓也。"①说得很清楚,会馆不但联谊祀神拯乏,而且还要排解经营纠纷,对付各种苛索骚扰势力,捍卫和维护地域商人的利益。马登云也说,苏州的潮州会馆设立后,"凡吾郡士商往来吴下,懋迁交易者,群萃而憩游燕息其中"②。苏州的金华商人也曾声称,会馆建成后,"于是吾郡通商之事,咸于会馆中是议"③。乾隆四十一年(1776),当苏州的钱江会馆屡屡被仕宦借居引起该地商人不满,诉之公堂后,吴县令裁决,"查会馆为商贾贸易之所,……查商贾捐资建设会馆,所以便

① 上海博物馆图书资料室编:《上海碑刻》,第331页。
② 江苏省博物馆编:《江苏碑刻》,第344页。
③ 江苏省博物馆编:《江苏碑刻》,第367页。

往还而通贸易。或货存于斯,或客栖于斯,诚为集商经营交易时不可缺之所"①。会馆是商议经营事务之所,是堆贮商货、居停商客之所,也是从事贸易之所。客籍商人千里跋涉,云集到商品贸易极为发达的江南,自然不是为了叙乡情、联乡谊,而是为了谋利致富。会馆公所这种公共建筑正是利用集体的力量,切磋经营之道,商讨经营方针,互通贸易信息,采取联合行动的大好场所。《东齐会馆碑记》载,商人纷投于金玉财宝之乡,"然而钱贝喧阗,市廛之经营,不无参差。而奸宄侵渔之术,或乘间而抵隙,此非权量于广众稠集之候,运转于物我两忘之情,相勖以道,相尚以谊,不可也。会馆之设,义亦大矣哉"②。说到底,会馆是权量物候,商议商务的组织。联谊祀神也好,力行善举也好,对商人来说,多半都是为商业活动打基础,为恢扩经营服务的,而且这些活动本身便可视为商人活动的必要组成部分。因此,从商业发展着眼,会馆公所又是客籍人士广为联络,加强团结,自我保护,自谋发展,增强实力,开拓商务的乡邦团体。明中期起涌现出来的大大小小商帮,就是在会馆公所的旗帜下不断发展壮大的。

　　会馆既是地域商人在客籍地联络了大小商人自我管理、谋求发展的社会组织,也就成为地方政府加强治安管理特别是对外来人口管理的重要辅助力量。道光年间,有人明确提出在江南利用会馆管理都市人口的构想:"省垣五方杂处,易成朋党,易起衅端。此中查访难周,最难安放。窃意各省有各省会馆,各行有各行会馆,各归各帮,尤易弹压。宜于会馆中,择贤董数人,专司劝导,每

---

① 苏州博物馆等编:《苏州碑刻》,第22页。
② 江苏省博物馆编:《江苏碑刻》,第369页。

逢月朔日,各会馆宣讲馆约……三次不到,即屏斥,或资遣回籍。如此……虽五方杂处,亦不足患也。"[1]这种构想具体实行起来恐有难度,是否实行也不得而知,但会馆是地方政府加强治安的有力工具当可肯定。乾隆四十九年(1784),苏州的潮州会馆的碑记中有姚姓"客长"的署名,此"客长"大约就是专司管束客籍商人的。新安典商主张"倘遇不肖者出,会馆出场驱逐,俾贤愚勿混,一振规模"[2]。会馆自然地起到了加强治安的作用。

综上所述,地域性会馆公所是祀神祇的公共建筑,联乡谊的聚会场所,办善举的社会组织,谋商务的地域团体,甚至还是地方政府加强治安的辅助力量。这种地域性会馆公所,不是行业的组织,没有东伙之别,而是"人各异乡,居各异地",包括了一特定地域的各行各业全部客籍人士的地域组织,它对内并不互相限制、互相排斥,而在乡邦精神的号召下,"相勖以道,相尚以谊",提倡和力行互持互助,互相保护,对同乡的经营活动不加任何限制,以人数众多、实力不断发展为自豪;对外不搞垄断,而是鼓励发展,提倡竞争,讲究经营之道,展开与其他地域商帮的竞争。这样的地域性会馆公所,是工商业特别是商品经济发展到一定程度的产物,是各地域商人展开竞争的产物,在其形成和发展过程中,又不断地促进和推动了商品经济的发展。历史事实表明,商品经济最为发达的江南,工商业会馆公所最多,商品经济与工商会馆公所的发展是同步的。把这样的地域性会馆公所不加区分,一概说成是对内限制发展、对外排斥竞争的封建行会组织,确实从理论上和史实上都是站不住

---

[1] 余治:《得一录》卷一四《宣讲乡约新定规条》,清同治刻本。
[2] 佚名:《典业须知》,杨联陞辑,台湾《食货月刊》复刊 1971 年第 1 卷第 4 期。

脚的,也是不符合历史实际的。个别论者所谓商人会馆"举凡行会精神的主要方面,如垄断市场、统一售价、统一度量衡器、统一商品规格,乃至控制和排斥非本行会的商人,色色俱全"的看法①,实际上主要依据个别行业性公所而来,很难用来证实所要讨论的商人会馆的性质。

我们现在再来讨论行业性会馆公所的功能与性质。

行业性会馆公所是工商同业组织,大多有行规,对入行条件、商品价格、使用的度量衡、招收学徒、同业救助等有着相应的规定,称之为行会,未尝不可。但这样的行会,也有着中国固有的特色,与西欧中世纪的行会在内涵上和对经济的影响等方面都是有所不同的,不能拿西方的行会来随意框套。这是因为:

第一,江南的手工行业,直到鸦片战争爆发,并非如人所说都以行会为必要形式,都是行会手工业。有人强调,"在中国封建社会条件下,行会既是手工业者的封建组织形式,又是城市发展商品生产的必要形式"②。也有人说,"行会普遍存在于各行业",所以"直到 1840 年的鸦片战争以前,苏州的手工业仍然是行会手工业"③。还有人说,"手工业行会在明中叶至清前期已达到它的鼎盛时期","不仅如此,这一时期,行会已显现出逐步瓦解的迹象"④。这些各行各业都存在行会的说法,与历史实际的出入是很大的。由《江南会馆公所时代分布表》(本章附表三)可知,已知的

① 汪士信:《明清商人会馆》,《平准学刊》第三辑(下册)。

② 彭泽益:《鸦片战争前清代苏州丝织业生产关系的形式与性质》,《经济研究》1963年第 10 期。

③ 段本洛、张圻福:《苏州手工业史》,江苏古籍出版社 1986 年版,第 128、157 页。

④ 蒋兆成:《明清杭嘉湖社会经济史研究》,第 434 页。

江南行业公所康熙时才出现,直到鸦片战争爆发,也未"普遍存在于各行业",其绝大部分是鸦片战争后甚至是同、光年间才陆续产生的,而那些行业无疑是早在鸦片战争前就存在了。把尚未以公所为普遍形式的所有手工业都论断为行会手工业是缺乏说服力的。而即使是将公所理解为行会,称其方兴未艾日趋兴盛之势为"逐步瓦解",更是与历史事实大相径庭的。

　　第二,江南相当部分的行业性公所与中世纪西方的行会在产生目的、成立时的社会背景等方面都不一样。根据马克思、恩格斯的有关论述,中世纪西方社会城乡之间不断战争,农村领主贵族与流亡到城市的工商业者严重对立,商业很不发达,城市之间联系很不密切,城市居民稀少需求有限,城市中的工商业者为了在政治上组织力量反对封建贵族,在经济上为了维护同业利益限制同业竞争而结成了行会组织。由于市场的狭窄,在行会内部,各个劳动者之间根本没有什么分工,每个劳动者都熟悉全部工序,凭借专业和熟练的技巧,像生产艺术品一样生产有限的商品,每一个手工业者世袭地继承生产技术、行会特权,甚至顾客和销售市场。[①] 在中国,在工商业公所日益增多的鸦片战争前后,情况完全不是这样。中国向来城乡一体,城市统治乡村,城市工商业主与乡村地主也无截然界限,明清时期,全国范围的商品流通极为发达,商业贸易相当繁盛,城市之间联系紧密日益不可分,城市人口迅速膨胀,市场需求相当广阔,鸦片战争前后更面临着与西方商业势力的竞争。在这样的社会背景下,行业性组织公所的成立,就有着更复杂多样的

---

① 马克思、恩格斯:《德意志意识形态》第 1 卷第 2 章;马克思:《资本论》第 3 卷增补,《马克思恩格斯全集》第 25 卷,第 1019—1021 页。

动机和目的。

邱澎生在《十八、十九世纪苏州城的新兴工商业团体》一书中认为,那些会馆公所成立的动机至少有如下四种:特许商联合禁止非法业者进入市场营业,批发商联合对中介商人进行集体谈判,包买商或大作坊主联合与劳工进行集体抗衡,部分行业的工商业者联合建立寡占市场。他进而指出,在这四种经济动机中,只有第一种与第四种可与"限制自由竞争"扯上关系,第二种与第三种则根本不适用。而其中的第一种动机不是因为工商业团体本身的经济特权,而是来自政府法律对于中介商人的管理法令,工商团体不过是重申政府法律限制"自由竞争"的禁令而已,所以单举"限制自由竞争"为结社动机,有立论过于含混的弊病。这些看法是作者对鸦片战争前苏州的会馆公所作了较为全面深入的分类考察后得出的,没有倚轻倚重,力戒以偏概全,具有较强的说服力。

笔者以为,如果全面分析江南行业性会馆公所特别是鸦片战争后大量兴起的公所,探讨其产生原因,除了上述邱澎生所说的四种,至少还有如下几种。

不少行业设立公所是为了谋求官方保护。在中国封建社会,地方政府毕竟是维持秩序、稳定社会的力量。工商行业要想维持和获得发展,就必须获得官府的保护,以官衙的权威来对付各种不法势力的骚扰劫夺。大量行业公所成立时向官府备案就是出于这种动机。苏州豆米杂粮业就明确声称,"白拉名目,不论何业,均有此名称。既无公所,亦莫由官厅给示保护,布告禁止",如果营业受损,"不但国税攸关,而同业亦受其害"①。苏州成衣业公所也是为了应付无业游民、地匪游勇在其公产内酗酒赌博、任意作践而成立的。② 同西方行会与封建势力互相对立正好相反,中国的封建政府与工商业团体的利益从根本上来说是一致的。

不少行业创立或恢复公所是为了维护行业信誉和产品质量。如苏州酒行,因被无帖私牙领卖短减,担心分量价值短长不一,乃于道光二十四年(1844)设立醴源公所,置立公砠,各行仿设量卖,使无欺短之私。③ 苏州酱业,未曾注册的酱店往往"代牌营私,偷造酱货",以致质量低下,销售不畅,同业就于同治十二年(1873)创建酱业公所加以整顿。④ 苏州煤炭业,"因无公定规则,售价不一。甚有巧计营生,或跌价放秤,兜揽生意;或次货混冲,欺谎买客,种种技巧,奸伪百出……致买客疑窦丛生,外负重利之虚名,内受亏蚀之实害"。在这种情形下,同业创建了坤震公所以维持商务,筹办善举。⑤ 上海珠玉业新汇市公所成立后,"珠宝玉器各商入市贸易者,莫不以信实为之。故定章不论珠宝翠玉,凡属赝品,概不准携入销售,致为本汇市名誉之累"⑥。确保产品质量,反对假冒伪劣,提倡诚实经营,制订交易规则,完善市场设施,严禁不正当竞争,维护生产者和消费者利益,这是创造稳定有序的市场环境的必要措施或手段,所以得到地方政府的支持,也是我国传统商业的合理内

① 苏州博物馆等编:《苏州碑刻》,第 238 页。
② 苏州博物馆等编:《苏州碑刻》,第 225 页。
③ 苏州博物馆等编:《苏州碑刻》,第 258—259 页。
④ 苏州博物馆等编:《苏州碑刻》,第 260—261 页。
⑤ 苏州博物馆等编:《苏州碑刻》,第 278—279 页。
⑥ 上海博物馆图书资料室编:《上海碑刻》,第 369 页。

容,应该予以肯定。

　　不少行业创立或恢复公所是为了因应日益繁多的同业事务。工商行业生产经营者少,规模不大,事务稀少,没有成立同业组织的必要;同业发展,头绪纷繁,事务剧增,为了谋求发展,才需群策群力,聚会商议。鸦片战争后,江南社会经济形势发生了极大变化,工商各业联合起来共商事务尤为必要。不少公所就是在这种背景下成立或恢复的。如上海靛业,太平天国后,"各处靛市,有聚有散,而上海之盛,十倍于昔。靛之产自中土以及来自外国者不一,其名来者既多,去者亦远,非明定条约,何以昭信义,而广招徕乎",于是光绪三年(1877)才有靛业公所。① 其他如上海油麻业、鲜果业、冰鲜业,苏州寿衣业、洋货业等,设立原因大多如此。这些公所的创立,不是行业垄断的产物,而是行业发展的需要,不是经营者为了维护小生产局面的结果,而是同行业迎接新形势,因应日益繁多事务的结果,很可能不是为了垄断市场,而恰恰是为了扩大市场。上海等城市随着工商百业的兴盛,新行业增多,老行业扩大,公所迅速增加这一事实本身就说明了这一点。

　　更有不少行业创立公所是为了对付西方经济势力并与之展开竞争。如上述上海油麻业成立公所也在于当时出口既多,销场益盛,同业认识到天时、地利、人和三者为营业的关键,"彼外人之能以商战争雄者,惟其对于内则精益求精,对于外则同德同心故也"。公所成立后,"凡所以筹进行之方,图生利之策,协力经商,同心御侮者,胥在于斯"②。上海钱业也指出,"顾商战之要,业欲其分,志

---

① 上海博物馆图书资料室编:《上海碑刻》,第 371 页。
② 上海博物馆图书资料室编:《上海碑刻》,第 353 页。

欲其合。盖分则竞争生,而商智愈开,合则交谊深,而商情自固。公所之设,所以浚商智联商情也"①,于是光绪三十二年(1906)设立了沪南钱业公所。上海的水木工业公所认为,"且夫人必能自立,而后能自由;必能自由,而后能自强;必人人能自强,而后其国强,其种强",公所之设,"在捍御外侮而爱护其同类","杜联合心志,而切劘其智识材能"②。光绪三十二年,苏州银楼业修复安怀公所,旨在"联群情,结团体,互启新知,勿私小利,使吾业于商战界上,占进步而操胜算也"③。这样的公所,是为了团结同业,联合心智,切磋才能,以浚商智,联商情,应商战,与保守、封闭的西方中世纪行会毫无共同或相似之处,而是体现了中国工商界反对西方列强掠夺榨取的强大的团体力量,极大地推动了民族工商业的发展。

第三,绝大部分公所所起的作用与西方行会迥然不同。亨利·皮朗对中世纪欧洲行会的作用是这样论述的:"它的主要目的是保护工匠既免受外来的竞争,也免受同行之间的竞争。它把城市的市场完全保留给同业行会的工匠。它排斥外来的产品,同时又监视不使同行的会员因损害别人而致富。正是由于这个缘故,逐渐形成了许多详细的规定。""例如规定工作时间,规定价格和工资,禁止任何种类的广告,决定每一个作坊中的工具数量和工人数目,指派监督人进行最细致、最严格的监督。总而言之力求保证对每一名会员的保护,并且尽可能做到完全平等。这样,它的结果就用全体一致的严格的服从来保证每个人的独立。同业行会的特权

---

① 上海博物馆图书资料室编:《上海碑刻》,第 398 页。
② 上海博物馆图书资料室编:《上海碑刻》,第 322 页。
③ 苏州博物馆等编:《苏州碑刻》,第 175 页。

与垄断所造成的反结果,就是一切创造性的毁灭。任何人不得用较别人生产得更多与更廉价的方法来损害别人。"①美国新经济史学家道格拉斯·诺思是这样论述西方行会产生的原因的:"在非农业部分,这一危机最显著的后果是行会势力兴起,为保护当地手艺人而组织起来,以应付市场的急剧萎缩。在保护当地垄断者不受外部竞争侵犯方面,行会的力量经常得到国王和大领主的强制权力的支援";"由于14世纪和15世纪经济活动衰减,行会在法国城市的权力不断壮大。行会试图利用垄断限制来保护不断缩小的市场免受外部竞争"。② 江南的公所由于其创立宗旨和所处的社会背景与西方行会不同,也就决定了它起不到西方行会的那种作用。

江南的工商各业,不但多数成立公所时间很晚,如苏州的纱缎业、纸业、棉布加工业,南京的缎业、染业等,而且这些占有重要地位的主要行业,即使成立了公所也未必就有行规。如苏州印书业崇德公所,成立于康熙十年(1671),但直到道光二十五年(1845),该所还宣称,"缘刷印书籍,向无行规"③。上海的"油麻一业,咸丰六年以前,未立行规"④。苏州等地的丝织业,力主行会说的学者认为,那是自11世纪七八十年代起即形成的"一种很古老的行会手工业",但却不得不承认,"有关明代苏州丝织业行会组织活动和行规的具体资料,还没有可能见到",而且"直到现在,还没有见到有

---

① Henri Pirenne, *Economic and Social History of Medieval Europe*, London, 1936.亨利·皮朗:《中世纪欧洲经济社会史》,乐文译,上海人民出版社1964年版,第165—166页。
② 道格拉斯·C.诺思:《经济史上的结构和变革》,厉以宁译,商务印务馆1992年版,第132、147页。
③ 苏州博物馆等编:《苏州碑刻》,第95页。
④ 上海博物馆图书资料室编:《上海碑刻》,第349页。

关苏州丝织业的行规"。① 没有发现行规自然不等于一定没有行规,但对这些没有行规或还未发现行规的手工行业,我们怎么就能断定它们必是行会手工业,并从而认定它们实行垄断、限制竞争、防止内部分化、阻碍了生产力的发展呢? 实际上,在江南的丝织业中,其生产方式由明后期在"以机杼致富者尤众"的基础上的简单协作,发展到嘉庆、道光年间取得普遍形式的账房领织制,根本看不到所谓行会在起作用。② 如果是有限制竞争行规的行会手工业,为何对那些领有四五百张织机的李扁担、陈草苞、李东阳、焦洪兴等账房主不加任何限制? 棉纺织加工业是苏松地区的重要行业,在棉布收购、踹染、发售过程中竞争相当激烈,我们同样看不到行会干预的踪迹。清初,徽州程氏在苏州开张棉布益美字号,为扩大销售量,"密嘱衣工,有以本号机头缴者,给银二分",年销布百万匹,每匹赢利 100 文,获利 20 万两。十年后即"富甲诸商,而布更遍行天下",其后"二百年间,滇南漠北,无地不以'益美'为美"③。这种类似于今日利用优质品牌扩大生产和销售规模的竞争手段,前后持续了 200 年,居然没有遭到同业干预。其他如苏州的纸业、钱业、典当业,上海的运输业、水木作业、成衣业、洋货业,杭州的丝绸业,南京的丝业、丝织业等,经营规模前后变化较大,似乎都看不到行会势力的干预。无视这些事实,把没有行规或尚未发现行规的

---

① 彭泽益:《从明代官营织造的经营方式看江南丝织业生产的性质》,《历史研究》1963 年第 2 期;《鸦片战争前清代苏州丝织业生产关系的形式与性质》,《经济研究》1963 年第 10 期。

② 范金民、金文:《江南丝绸史研究》,第九章。

③ 许仲元:《三异笔谈》卷三《布利》,《笔记小说大观》本。

这些行业一概说成是限制竞争的行会手工业，自然难以服人，也不利于行会史研究的深入。

在我们所知的江南各业的行规中，主要是关于救助同业、捐资办法、工价给付、工匠管理、产品质量、禁止假冒、抵制不法牙行、对付地棍势力等内容，也有一些关于产品价格、开业条件、交入会钱、招收学徒年限等内容，而有关限制竞争、垄断市场的内容则很难见到，以至于力主行会说的学者也承认"根本不涉及买卖交易成规"①。既然如此，我们又何以断定公所一定限制了内部竞争，垄断了外部市场，严重阻碍了生产的发展呢？

至于那些为了控制生产规模、防止内部分化、保有经营特权的规定，似乎多存在于一些在经济生活中不占主导地位或技术要求特殊的行业中，如锡箔业、蜡笺纸业、玉器业、冶业等业中，而那些有关国计民生如米粮、木材、丝绸、棉布、纸张等生产和贸易行业就无相应的规定。即使是那些限制性行规，其实行也是颇成问题的。苏州蜡笺纸业行规规定六年准收一徒，捐足12千钱，而光绪时有戴传芝者，六年中收了六个徒弟，而且"非惟自名下抗不付捐……反敢捏饰诬蒙请示"②。看起来，这样的行规根本没有什么约束力。人们喜欢引用的苏州金箔作因违规收徒被同业咬死的事例，只因事主不但不听同业劝告，反而赴县禀控，称同业把持，得到县令"私立规条，本非国例，所当管办"的裁示后，更加有恃无恐，同业忍无可忍，才在"人少而利厚"的情形下作出了此极端之举，而且为首者

---

① 彭泽益：《中国行会史研究的几个问题》，《历史研究》1988年第6期。
② 苏州博物馆等编：《苏州碑刻》，第103—104页。

仍抵了命。① 同业把持是地方政府严禁的,所谓"把持行市,律有专条。若欲强分疆界,垄断居奇,万难准行"②。也就是说行规必须在不违反"把持行市"律条下才算合法。因此,这样的事例没有多少普遍典型意义,不能一见行规就以为实际生活中就必然如此。

纵观江南的公所,它们是得到地方政府保护的同业组织,其创立或复设,或因应付复杂的环境,或因谋划日益急增的同业事务,或因确保产品质量维护同业信誉,也有的为了与西方列强经济势力抗争。它们在救助同业、社会救济等慈善事业方面,在镇压工匠反抗、配合封建政府的基层统治方面,在保证产品质量、维护营业信誉、讲究经营道德方面,在整顿经营环境、抵制不法势力方面,在谋求工商发展、提倡公开竞争方面,在与列强抗争、发展民族经济方面等发挥了各种作用。江南行业性会馆公所的不断增多,实力的不断壮大,正是江南商品经济日益发展的标志,它们是江南商品经济发展的产物,又促进和有利于江南商品经济的发展。个别行业公所在招收学徒、生产规模、商品价格等方面的种种限制,束缚了同业的手脚,不利于行业的生产和发展,但这样的公所不占主流,发挥的作用更属有限,不能以这样的公所来理解和评价江南所有的公所。江南的公所是千姿百态的,其形成时的社会背景与西方行会迥然有别,产生时间前后延续了两个半世纪,产生原因复杂多样,不能用举例子的方式来以偏概全,也不能不作具体分析,一见公所甚至会馆公所即认定为欧洲式的行会,更不能凭概念、凭直

---

① 《申报》同治十一年十二月二十一日,参见黄钧宰《金壶七墨》逸墨卷二《金箔作》,《笔记小说大观》本。
② 苏州博物馆等编:《苏州碑刻》,第 139 页。

感,以中世纪欧洲行会的模式来准齐江南的公所。我们不能在用欧洲行会的特点框套江南的公所不符合时就说这是中国行会的特色,而在论述中国行会的作用时却又以欧洲行会来生搬硬套。从行业的角度理解,称江南的公所为行会未尝不可,问题在于其性质、作用和对经济的影响,与欧洲行会有很大的不同。这才是问题的关键。极而言之,即使把江南的行业公所全部视作行会,正如有的学者论述的那样,江南的行会与西欧中世纪行会在功能与结构上有着很大的不同,"中国的行会组织并没有对市场制度作出与西方相类的新的安排"①,根本起不到西欧行会那种严重阻碍生产发展的作用。

四、会馆公所和商会的区别与联系

会馆公所既然是工商业发展的产物,又与当地商品经济的发展基本合拍,不像西欧中世纪行会那样阻碍生产的发展而是促进了经济的发展,也就会适应经济进一步发展的需要,为新的工商业组织的创立和成长奠定基础。商会就是在它的基础上产生的。

会馆公所与商会之间到底是什么关系呢? 既有研究的分歧是相当大的。马敏、朱英认为,商会与传统行会存在着原则和本质的区别:它们的组织成员和构成判然有别;两者的基本职能迥然有异;落后封建性与近代民主性形成鲜明对比;中世纪封闭性和近代开放性的强烈对照。总之,行会属于封闭性、停滞型的社会组织,

---

① 虞和平:《商会与中国早期现代化》,第155—160页;刘佛丁:《中国和西欧传统市场制度之比较》,《中国经济史研究》1995年第2期。

商会则属于开放性、发展性的工商组织。因此,商会与会馆公所完全是两种性质截然不同的组织,前者是对后者的历史的否定,只是在传统行会已经无法应付新形势下出现的新问题时,近代商会才应运而生。①

虞和平和邱澎生等人不同意上述看法。他们认为,行会与商会并无本质的不同,而只有程度的不同。邱澎生还认为,将会馆公所和商会对立的二分法,根本简化了会馆公所的运作方式,不仅误解了会馆公所的发展过程,夸大了两类商人集团在内部组织上的差异性,也无法对商人团体和社会变迁间的复杂关系提供细致的理解。将"传统社会"和"现代社会"对立起来,完全看不到晚清以前来自中国社会内部发生的种种变化,这种重视社会变迁的结果而忽视社会变迁的复杂过程的研究取径大有问题。据此对清代社会变迁所做的推论也因而缺乏稳固的史实基础。②

笔者无意再对会馆公所与商会进行全面的考察和比较,在此认为有必要强调和申论以下几点。

一、会馆、公所和商会都是工商业发展到一定阶段的产物,都是以开展工商业活动为主的社会组织,都体现了工商业发展的程度。地域性会馆公所(以会馆为主)体现了明中后期到清前期特别是清前期江南商品经济的发展,江南与全国各区域之间商品流通规模和流通总量迅速增加,全国各地商帮云集江南征贵征贱的盛

---

① 马敏、朱英:《传统与近代的二重变奏——晚清苏州商会个案研究》;《浅谈晚清苏州商会与行会的区别及其联系》,《中国经济史研究》1988 年第 3 期。
② 虞和平:《商会与中国早期现代化》,第 45—54 页,160—161 页;邱澎生:《商人团体与社会变迁:清代苏州的会馆公所与商会》(博士学位论文,1995 年)。

况。行业性会馆公所(以公所为主)体现了清中后期特别是太平天国以后江南社会经济变迁,工商各业内部联合、融合、改组,商品经营者由人以地分向群以业分转变的现实。商会则体现了甲午战争后面临外国经济势力的更大压力,举国上下认识到各行各业必须联为整体以开商智、筹商策、应商战的意愿和实践。由会馆到公所到商会,其间没有截然界限,没有不可跨越的鸿沟,商会与公所只是众业与一业的关系,所谓"公所为一业之团体",而商会"为各业之团体"。正像公所大量兴起后会馆并没有消失也没有不再产生一样,自1904年起江南各地普遍成立商会后公所不但没有消失反而迭有创立并与商会并存,到民国成立逐步向同业公会过渡。既然如此,将前后延续了至少四个半世纪的工商业会馆或两个半世纪的公所与成立之初的商会进行前后对比,如果不对会馆公所进行深入的研究和赋予应有的地位,便遽而认定前者如何保守、封闭、落后、停滞,而后者如何开放、民主、发展,两者之间如何对立、排斥,确实在取径上和方法上是大有问题的。一种封闭的、停滞的社会组织在开放的、民主的、发展的社会组织产生后是断难继续存在并发展的,而一种开放的、民主的、发展的社会组织也不可能一朝建立在一个封闭、停滞的社会组织之上。会馆公所对商会,确有某种"潜在的适应性",它们之间,确有"某些相同和互相依赖的社会和经济功能",商会才能在容纳会馆公所的基础上建立起来。它们之间是发展与进一步发展的关系,而不是后者对前者的否定关系。

二、商会以会馆公所的行帮为基础。这主要体现在两方面。一是商会以行帮为主要的成员和议董来源。地域性会馆公所以原籍地的"帮"为组织原则,行业性会馆公所以经营地的"行"为组织原则,商会则是某一特定地域工商各业的联合体,组织范围不分畛域、不分行业,远比原来的行帮广大得多,但商会以会馆公所的行帮为成员基础,商会的议董大多是行帮的司事,离开了行帮,商会是无法建立起来的。苏州总商会向工商部的条陈明确说,商会"大都以各业公所、各客帮为根据"①。商会的成员结构也确实如此。光绪三十二年(1906),苏州总商会成立一年后发布公告称,"各商入会者,约有四十余帮,然未入会者,尚属不少"②。可见商会是以行帮入会为基干的。苏州商务总会首届会员名册,除了散帮各业31户,其余总共40个行帮、1 056户,都是公所及其所属行号。③ 直到1919年,苏州总商会在会会员共有752人,其中除了公司厂所16人、散帮各业117人和陈墓镇各业25人,其他来自31个行业的达594人,行帮成员仍占近80%。④ 上海商务总会的第一届会员,共有171人来自47个企业和行帮,其中出自公所的会员有139人19个公所,各占总数的81%和40%。⑤ 上海南市商会的第五届成员,共计54个单位、88人、17名会董,其中公所代表分别为44个单位、80人、12名会董,各占总数的81%、91%和70%。⑥ 资本主义工商业较为发达的上海、苏州尚且如此,毫无疑问,江南其他城镇的

① 《苏州商务总会呈工商部条陈》,民国元年六月五日,苏州市档案馆藏。
② 华中师范大学历史研究所、苏州市档案馆合编:《苏州商会档案丛编》第1辑,第44页。
③ 《苏州工商经济史料》第1辑,第35页。
④ 《苏州总商会同会录》,1919年版。
⑤ 东亚同文会编:《中国经济全书》第4辑,东京丸善株式会社1907年版,第70—76页。
⑥ 《沪南商会选举记》,《民立报》1919年2月16日,转引自虞和平《商会与中国早期现代化》,第148—149页。

商会当更以行帮成员为主体了。二是商会以行帮为主要的经费来源。上海商会"经费以各商每年年捐之款充用"①。苏州商会会费来源分为个别商人的"岁捐会费"和"各行帮每岁公捐会费"两类。依照《苏商总会试办章程》规定,各行帮商人捐款超过 300 元者,可推举会员一人,以三人为限。公司厂所捐款及推举方式相同。② 因此,行帮会员多,捐款总数也多,行帮入会费成了商会的主要经费来源。显然,将以行帮成员(包括领导阶层)为基础,以行帮经费为主要财政来源的商会说成是与会馆公所有着本质区别的组织,在理论上和史实上都是说不通的。

三、商会并没有替代会馆公所的作用,而且必须通过会馆公所才能充分发挥作用。商会是由政府劝立的,得到政府的支持,包罗工商各业,有总会,有分会,有分所,各地商会之间也遥相呼应,形成如人所说的"层级性联络网络"和"平行性对外网络"③,对外联系渠道畅通,在反映工商意愿,维护工商权益,沟通官商关系,协调行帮纠纷,交涉涉外事务,甚至在谋求工艺改良,促进商业发展等方面,更为便利,更有权威,也更有成效。行帮一般只有不同地区间的同籍商帮保持相应的联系,而同一地域的不同商帮之间、一地公所和异地公所之间,几乎没有什么协调联系,商会的建立可以打破这种局面。因此,各行帮需要商会发挥相应的作用。但是商会旨在处理涉及各帮利益而非单个行帮所能解决的事务和协调各个

---

① 天津市档案馆等编:《天津商会档案汇编(1903—1911)》,天津人民出版社 1989 年版。
② 华中师范大学历史研究所、苏州市档案馆合编:《苏州商会档案丛编》第 1 辑,第 18 页。
③ 邱澎生:《商人团体与社会变迁:清代苏州的会馆公所与商会》(博士学位论文,1995 年),第 109 页。

行帮之间的关系等荦荦大者,而寻常事务或各行帮内部事务概不受理。盛泽商务分会明确规定:"现议各该业目前未尽全体入会,嗣后寻常事务,仍由该公所业董照常办理。若该业遇有特别事情,或各业互有关系者,则由本会为之清理。庶明权限,而无推诿。"①因而商会之事在广,行帮之事在专。各行帮的本身事务(包括善举等),仍得由该行帮自谋解决。清末上海四明公所、潮州会馆与洋人发生地产纠纷,西方殖民势力欺凌华商,至宁波商人两度喋血争回利权,都是该帮商人独力处理的,商会未起什么作用。相反,商会处理事务,如传达政府政令,调查商事习惯,筹办商品博览会,代收税捐等,还需各行帮的配合、支持甚至参与,商会通过会馆公所才能真正发挥作用。这不但因为商会以行帮为基础,也因为商会成立前后行帮组织的职能也在发展变化。近人早就注意到这种变化,说"会馆有时行会议裁判等事,俨如外国领事馆;公所为各业之机关,俨如商业会议所。其始不过曰联乡谊、营慈善而已,浸假而诉讼冤抑之事为之处理矣,浸假而度量衡归其制定矣,浸假而厘金归其承办矣,浸假而交通运输之规则归其议决矣"②。由此可见,商会与会馆公所是相互依存、相辅相成的,而不是互相对立、互相排斥的。假如断言会馆公所为保守停滞而商会为开放发展,二者是有着本质区别的组织,开放而又发展的组织却需要保守而又停滞的组织的支持;既承认会馆公所与商会相互并存依赖,而又说后者是对前者的否定,在逻辑上也是说不通的。

---

① 华中师范大学历史研究所、苏州市档案馆合编:《苏州商会档案丛编》第1辑,第121页。
② 杨荫杭:《上海商帮贸易之大势》,《商务官报》第1册,1906年第12期。

第三节　商人商帮与江南社会各阶层关系

　　明清时期各地域商人商帮在江南长期活动,成为江南社会的重要组成部分,与江南社会各阶层形成了复杂而又微妙的关系。

一、商人与地方政府

　　在封建社会,商人与官府,关系极为微妙。商人既痛恨官府的抑勒苛取,又需要官府维护起码的经营环境,有些商人还企图获得官府赋予的经营特权;既痛恨官府利用各种机会鲸吞商人资产,剥夺商人资本,又需要官府承认其合法经营权益,保护其商业财产;既企图在竞争中出奇制胜,乃至垄断经营,又需要官府禁止不正当竞争,防止和严禁欺行霸市;既与生产者有着共同利益因而反对官府的横征暴敛,又需要官府镇压生产者的反抗。因此,商人既惧怕官府,痛恨官府,又需要倚靠官府,仰仗官府。但就总体而言,商人在官府面前通常是无能为力的,处于卑微、低下受抑勒受劫夺的尴尬悲惨境地。官府既力图堵塞一切漏卮,严防商人偷税漏税,以至关外设关,税上加税,骚扰铺户,勒索行商,鱼肉商人,又需要商人的投资和经营,繁荣地方经济,增加商税收入;既要防止和惩治商人垄断居奇,违禁取利,以维护生产者和消费者的利益,又必须承认商人的合法地位,一定程度上保护商人的利益;既力图限制商人群体的力量,又需要利用商人行帮的力量来加强地方治安特别是加强对外来人口的管理。因此,官府对于商人,既予取予夺,贱视之,役使之,有时又安抚之,利用之。可以说,商人是既遭抑勒,又受庇护。但是就总体而言,官府对商人,是居高临下,颐指气使,巧取豪夺。现在仅从商人的角度对商人与地方官府的关系作些考察。

一是商人需要官府维护、治理经营环境。商人在异地经商,时刻面临各种公私合法非法势力的干扰和威胁,不安定、不可靠的社会环境增加了商人的经营成本和经营风险,商人需要官府的权威,营造必要的经营环境。如对付地棍骚扰。各地商帮在江南建立会馆公所,通常在官府备案,目的之一便是在遇到地棍骚扰时谋求官府保护。我们现在所能见到的工商碑刻,不少就是这些内容。如禁止官牙恃强拦截,多收牙用,私牙借名冒充,扰乱秩序。为保证交易秩序,防止诓骗财物,封建政权颁有牙帖,指认专门牙户,揽接客户,而"客货到埠,均投行出售"[1],自投各行,赋予持帖官牙经营权利,但严禁恃强,打击私牙。如革除私充行头。行帮在官府备案,同业同帮推举的行首就得到官府认可,反之若未经同业认可,或借端科敛,或意在阻工把持,便是私立行头,官府一概禁革。苏州的木业、裘业、烛业、烟业、宋锦业,上海的烛业,杭州、盛泽的丝织业,都曾有过革除私立行头之举。如禁止脚夫把持行为。脚夫是江南各地城镇装卸商货的重要力量,为商品流通作出了贡献,但多索钱物,划分地界,盘踞一方的现象也严重存在,官府也不时作出抑制脚夫类似行为的规定。如禁止胥役的过度勒索。客商经营,既要面对地方各种社会势力的滋扰,更时时面对各级官府及其

---

[1] 江苏省博物馆编:《江苏碑刻》,第190页。

吏胥的百般索诈,而且后者更难对付、更难避免。官府对商客搜刮过甚,吏胥对商客贪得无厌,同样严重影响商业的存在和发展,于是官府不得不有所节制,对吏胥的过分敲诈稍加裁抑。大凡有作为的地方官都曾作出过相应的努力。但问题一直严重存在,说明收效甚微。

二是商人需要官府承认财产所有权,保护合法经营权益,打击假冒伪劣。商人的不动产是得到官府保护的。各地商帮一旦在江南建立了会馆,购买了房产,置立了义冢,总是在官府备案,以求官府的认可,以确认其所有权。在这一点上,官府几乎无一例外地全部体现了商人的意愿。会馆等商帮标志性建筑不必说,即使那些附属设施如商帮专建的码头也得到了官府的认可。在封建社会,没有像样的商业法规,有法不依,乃至无法可依的现象十分严重,商人之间尔虞我诈,假冒伪劣盛行。假冒商标名品就是典型事例。假冒不但扰乱了流通秩序,损害了商业信誉,助长了诈取的恶劣风气,而且严重影响了官府的商税收入,损害了消费者利益,地方统治者不能坐视不管。顺治、康熙、乾隆年间,在苏州、松江等地一再发生冒用布店字号案,道光至光绪年间在苏州、松江及汉口等地发生假冒裕庆堂戈制半夏案,宣统二年(1910)在南京发生赵姓织户盗织廖隆盛缎号案,地方政府都曾立碑示禁,有的予以严处。说明随着商业竞争日趋激烈,仅凭商业同行同帮的约束已难奏效,官府的干预程度不断加强,官府处理诸如此类事件的作用更日见重要。

三是商人需要凭借官府的淫威镇压生产者的反抗。各地商人不但要对付地方上的各种社会势力,还要防止和镇压内部生产者的反抗。这在以徽商为业主主体的踹布业中最为典型。徽商为了降低生产成本,最大限度地追求剩余价值,并将原料上涨、利润下降等因素转嫁到生产者头上,加紧对生产者的剥削,导致主雇矛盾到清前期日趋激烈。自康熙九年(1670)到乾隆六十年(1795),苏州踹布工匠至少前后十次开展过对布店字号要求增加工价或成立工匠组织的斗争。松江枫泾镇和嘉定南翔镇的踹匠也展开过多次类似的斗争。每次反抗斗争一发生,字号立即向官府禀控,以官府为后盾,凭借官府的势力,无情地压制工匠的斗争。对于工匠的工价要求也从不满足,即或勉强增加,数量也极为有限,远远赶不上物价上涨幅度。在苏州的蜡笺纸业、烛业、烟业,苏州、南京、杭州的丝织等业中,工匠也都展开过类似的斗争,无一例外地遭到业主和官府的镇压。这些事例表明,当工商业主与生产者发生矛盾时,官府总是站在业主一边,维护业主的利益,滥施淫威,禁止工匠的齐行叫歇,商人开展经营活动,也需要官府的权威对付雇工等广大生产者。

二、商人与江南民众

在自然经济条件下,是生产决定流通,生产规模决定流通的规模,而在商品经济条件下是流通决定生产,流通规模决定生产规模。商人的活动在很大程度上决定和深深影响了江南的商品生产,因此在发展生产和将产品转化为商品方面小生产者和商人有着共同的利益。商人反对税使税官的横征暴敛和社会邪恶势力的苛索骚扰,祈求官府整顿经营环境,清除商品流通的障碍,实际上也代表了生产者和地方广大民众的利益,得到他们的响应和支持。

　　商人因为经营需要,利益所在,也积极投身到经营地江南的地方公益事业中,从而颇得江南民众的好感。我们能够知道的有名姓的商人,主要是在地方文献的义行、懿行、孝友门和文人撰写的墓志铭中发现的。各地商人不是将经商所得资财浪掷于豪奢生活和风月场中,就是在桑梓或经商地域的赈饥恤贫公益事业中一显身手,江南地方兴办公益工程、赈灾救饥事业,城镇建设,每每见到各地商人的身影。

　　长期以来,论者在探讨商业资本的出路时,多认为这类活动不利于商业活动的展开,有碍于商业资本的积累。事实上,修建会馆公所主旨在开展商业活动,减价平粜,恐为了商业信誉;修桥铺路,建造渡口,原与商人经商有关,码头不备,河道失修,自然不利于商人的货物运输;即或那些赈灾恤贫、救死扶孤的善举,也多半是为了博取好名声,为日后的商务打基础,或为商人的誉衔之愿化缘。为富便有不仁之嫌,要在异地经商站稳脚跟,就要有义声、良贾之誉,如果遏籴居奇,米铺便会遭到抢劫。中国商业资本的这种出路是可悲的,却是很自然的。至于那些因好名贪誉而至倾家荡产者则另当别论。商人如此热心地方公益,既为自身经营服务,也有益于经商地民众的生活。商人以其具体行动,试图树立起良贾义贾形象,某种程度上也得到了江南民众的认同,被视为江南社区建设的重要力量。

　　但是,各地商人为经济利益所驱使,或者最大限度地牟取商业利润,肆意榨取广大生产者的血汗,或者违禁取利,垄断居奇,尽情损害广大小民和消费者的利益,因而与江南民众也存在着深刻的矛盾。南京、杭州,以及常熟、嘉兴、崇德、平湖等市县,都有不满典商重利盘剥的舆论。商人不择手段吞噬贫民膏血,必然使广大贫民怀有对立情绪。每当灾歉或米贵年成,商人米铺往往遭抢被毁,清代前期丝织业、棉布加工业、印纸业等行业工匠反对铺坊主的斗争,某种意义上来说,就是江南民众与商人对立和矛盾的产物。

江南物产丰盈,人文荟萃,市肆喧阗,交通便利,湖光山色,处处画景,平原沃壤,可耕可居,不少商人落籍江南,卜葬卜居。商人落籍江南,对于经济发展和社区建设,以及与外地的经济文化交流,都是有利的。但是商人挟其雄厚资财,抢购良宅沃壤、山水胜地,难免引起当地人的不满。万历时,杭州的徽商纷纷在西湖南北二山卜地营葬,"或毁人之护沙,或断人之来脉。致于涉讼,群起助金,恃富凌人,必胜斯已。是以山川被其破碎,秀气致于分离,士夫胤嗣为之损伤,膏腴室家为之凌替",被讲究风水的杭州人视为"罪同杀人而恶深掘冢"①。有迹象表明,由于地价悬殊,外地商人特别是徽商、宁国商人在江南寻找善后之地是带有普遍性的。② 这自然会激起江南人的愤慨却又无可奈何。

商人不但凭借雄厚的经济实力,在置办地产方面大显身手。如前述乾隆后期在杭州的徽州木商侵占当地民户粮田而官府偏护,而且声明"该处续有沙涨,亦不许人开垦"③,就是典型的事例。商人金钱开路,买通官府,欺压当地小民的事例更复不少。乾隆末,苏州知府曾因为"富户乘其厚资,每荡绳检"而罚"布商修府学

---

① 万历《杭州府志》卷一九《风俗》。
② 朱琦:《小万卷斋文稿》卷一八《双湖丙舍碑记》,清光绪刻本。
③ 张海鹏、王廷元主编:《徽商资料》,第184页。

至白金二十万"，一直传为美谈。① 商人类似的僭分逾制为非作歹事或常有，而一二官府采取这种惩罚措施，江南人"传为美谈"的这种心态，说明商人的各种不端行径又从另一个角度导致了他们与江南土著的矛盾。商人与经商地的民众，既有利益一致的一面，又有不相协调甚至对立的一面。

三、商人与江南名士

商人之与江南名士，各展其长，各有所好。文士是舆论的重要制造者和传播媒介，毁誉之间，较一般民众具有更大的影响力。商人因其地位，风雅之外，也多攀附，有些商人本身雅有儒风，具有一定的文化素养，更易与文士诗文酬唱；文人因商人多金，利之所在，故趋之若鹜。歙县黄明芳，以资雄懋迁，"一时人望如沈石田、王太宰、唐子畏、文徵明、祝允明辈皆纳交无间"②。歙县鲍简锡，经商杭州，"结纳四方名流，缟纻往还，几无虚日"③。歙县潘之恒，经商苏州，"以文名交天下士"④。婺源李贤，"乐与士大夫亲，故随所在，吴士大夫咸愿与之游"⑤。歙县方迁曦，"商于吴梁间，所至交纳豪杰，为江湖望，家业益以不振"⑥。婺源李廷芳，"与留都诸缙绅游，

---

① 包世臣：《安吴四种·齐民四术》卷二《为秦易堂侍读条画白门荒政》。
② 张海鹏、王廷元主编：《徽商资料》，第82页。
③ 张海鹏、王廷元主编：《徽商资料》，第144页。
④ 汤显祖：《汤显祖集》卷四一《有明处士潘仲公暨配吴孺人合葬志铭》。
⑤ 张海鹏、王廷元主编：《徽商资料》，第168页。
⑥ 张海鹏、王廷元主编：《徽商资料》，第439页。

皆以行谊相推重"①。名士笔下的诸如此类商人传,动辄称某商"乐与士大夫游","乐与士人游"。这是站在文人、士人角度,羞羞答答,硬撑面子。站在商人角度,则是"士人乐与之游"了。如歙县黄存芳,"虽为贾人,而言论风旨雅有士人标格,故缙绅辈乐与之交"②。在商人看来,文人只是以应酬篇什、涂鸦画作为结纳资。清初湖州商人濮淙,所交"皆拔俗名流,清风高节,皎皎出群之彦,咸藉诗篇为结纳资"③。"咸藉诗篇为结纳资",堪为文人结交商人的写照。对这一点,文人也偶尔供认一二。归有光就承认吴之士大夫都喜欢与徽商往来。浸淫于金钱世界、以货利为急的江南名流,与商人频繁往来,在收取一笔笔丰厚的润笔费的同时,更以之为受助对象。文史大家归有光、王世贞、陈继儒、钱谦益、归庄、汪琬辈都为徽商、洞庭商撰写过充斥褒美之辞的墓志铭,聂慎行更曾应邀与一帮文士赋诗为徽商胡某夺回戏子。董其昌、陈继儒、归庄以及曾任过吴县令的公安人袁宏道等,常以洞庭商人为居停主人,兼旬连月,流连忘返。周晖在《二续金陵琐事》中记了这样一则轶闻:"凤州公同詹东图在瓦官寺中。凤州公偶云:'新安贾人见苏州文人如蝇聚一膻。'东图曰:'苏州文人见新安贾人亦如蝇聚一膻。'凤州公笑而不语。"凤州公即王世贞,詹东图即詹景凤。江南文人蝇聚商人,才名之大、官位之崇、资产之厚如太仓王世贞也难避其嫌,为人所诟言。而商人蝇聚文人,则"家业益以丕振"。名士以商人

---

① 张海鹏、王廷元主编:《徽商资料》,第 139 页。

② 歙县《竦塘黄氏宗谱》卷五,转引自张海鹏、王廷元主编《徽商研究》,安徽人民出版社 1995 年版,第 315 页。

③ 释本黄:《濮澹轩先生集》,乾隆《濮镇纪闻》卷三《记传》。

为经济后盾,可以照样风雅,照样赋诗度曲;商人由名士捧场,奸贪说成义廉,俗物成为雅士,生意越做越大,与民众的矛盾也得以缓和。一文一商,相得益彰。王世贞与詹景凤的对话堪为商人与文人关系的写照。可见这商人与文士,原是相互攀结、互相利用、各得其所的关系。

附表一　江南会馆公所数量表

会馆公所\地区	会馆			公所			会馆公所		
	合计	地域性会馆	行业性会馆	合计	行业性公所	地域性公所	合计	地域性会馆公所	行业性会馆公所
苏州	64	62	2	163	152	11	227	73	154
上海	43	36	7	111	85	26	154	62	92
南京	39	39		15	15		54	39	15
湖州	28	26	2	15	14	1	43	27	16
杭州	22	22		21	19	2	43	24	19
嘉兴	13	12	1	17	16	1	30	13	17
常州	4	4		12	12		16	4	12
镇江	13	13		2	1	1	15	14	1
合计	226	214	12	356	314	42	582	256	326

＊太仓州在明代隶属苏州府,会馆公所数也并入苏州府。

附表二　江南分地区会馆数量表

会馆所在地 / 省别	苏州	松江	杭州	嘉兴	湖州	江宁	镇江	常州	小计
浙江	14	9	7	5	11	3	1	1	51
安徽	8	4	3	1	9	18	3	2	48
江苏	8	6	3		5	2			24
福建	9	4	1	4	1	1	1		21
广东	6	5							11
江西	1	1	1	1		3	1	1	9
山东	3	2	1			1	1		8
山西	3	2				1	1		7
湖南	1	2	1			2			6
湖北	1		1			1			3
两广	1		1			1	1		4
河南	2					1	1		4
陕西	2					1	1		4
云贵	1		1						2
四川						1			1
贵州						1			1
苏鲁	1								1
八旗奉直	1		1			1			3
河北		1					1		2
山陕甘			1						1
三楚						1			1
直鲁豫晋秦							1		1
浙闽				1					1
行业公馆	2	7		1	2				12
合计	64	43	22	13	22	39	13	4	226

附表三　江南会馆公所时代分布表

	地区	康熙以前	雍正	乾隆	嘉庆	道光	咸丰至光绪三十年	光绪三十年后	合计
会馆	苏州	19	1	16	5	3	8	5	57
	上海	1		3	2	5	14	7	32
	南京				15				15
	嘉兴	2		4	1	2			9
	湖州	1		1	2	2	2	1	9
	常州				1	1	1	1	4
	合计	23	1	24	11　15	13	25	14	126
公所	苏州	1	1	8	10	19	39	16	94
	上海			5	3	5	45	14	72
	嘉兴		1				4		5
	湖州		1			1	6	2	10
	常州						7	4	11
	合计	1	3	13	13	25	101	36	192

附表四　江南会馆公所地区分布表

（一）苏州会馆公所分布表

会馆公所名称	地址	建置者	始建年代
岭南会馆	阊门外山塘桥	广东广州仕商	万历年间
潮州会馆	阊门外上塘街	广东潮州商	清初建于北濠康熙四十七年迁此
东官会馆（后改宝安会馆）	岭南会馆东	广东东莞商	天启五年始建康熙十六年改建
冈州会馆（扇子会馆）*	宝安会馆东	广东新会商	康熙十七年
嘉应会馆	胥门外枣市街	广东嘉应仕商	嘉庆十七年
仙城会馆	阊门外山塘桥西	广东广州商	
三山会馆	万年桥大街	福建福州仕商	万历年间
漳州会馆（霞漳会馆）	阊门外南濠街	福建漳州商	康熙三十六年
邵武会馆	阊门外南濠街	福建邵武仕商	康熙五十六年
汀州会馆	阊门外上塘街	福建汀州纸商	康熙五十七年
兴安会馆	阊门外南濠街	福建兴化仕商	康熙年间
泉州会馆	阊门外张家花园南	福建泉州仕商	康熙年间
延建会馆（延宁会馆）	曹家巷	福建延平建宁仕商	雍正十一年
仙翁会馆	河沿岸长弄	福建纸商	乾隆五十八年
全晋会馆（白石会馆）	山塘半塘桥	山西钱商	乾隆三十年
翼城会馆（老山西会馆）	小武当山西	山西翼城商	

会馆公所名称	地址	建置者	始建年代
山西会馆	吴江盛泽镇	山西商	康熙五十年
陕西会馆 （全秦会馆）	山塘街毛家桥西	陕西西安商	乾隆六年
华阳会馆 （红花会馆）	吴江盛泽镇	陕西华阳商	乾隆年间
武林杭线会馆	宝林寺前	浙江杭州线商	乾隆初年
金华会馆	南濠街	浙江金华商	乾隆十五年
浙宁会馆	南濠街王家巷内	浙江宁波商	乾隆以前
钱江会馆	桃花坞大街	杭州绸缎商	乾隆二十三年
吴兴会馆	曹家巷	浙江湖州仕商	乾隆五十四年
东越会馆	阊门外三六湾	浙江绍兴蜡烛商	嘉庆年间
浙绍会馆	盘门新桥巷	浙江绍兴商	
宁绍会馆	吴江盛泽镇	浙江宁波绍兴商	乾隆三十二年
宁绍会馆	常熟虞山镇	浙江宁波绍兴商	乾隆五十七年
浙嘉会馆 （嘉兴会馆）	苏州	浙江嘉兴商	太平天国前
浙江会馆 （全浙会馆）	西园西长春巷		光绪三十一年
兰溪会馆	吴江震泽镇	浙江金华人	清末
东齐会馆	全秦会馆西	山东登青胶等商	康熙二十年
济东会馆	吴江盛泽镇	山东济南商	嘉庆年间
济宁会馆	吴江盛泽镇	山东济宁商	康熙十六年
宛陵会馆 （宣州会馆）	阊门外南城下	安徽宁国府仕商	康熙三十六年
徽郡会馆	镇抚司前	安徽徽州纸油枣商	乾隆三十五年

会馆公所名称	地址	建置者	始建年代
新安会馆	阊门外上塘街	安徽徽州商	
徽宁会馆	吴江盛泽镇	安徽徽州宁国商	嘉庆十四年
安徽会馆	南显子巷	安徽仕商	同治六年
徽州会馆	吴江同里镇		清末
中州会馆 （河南会馆）	天启桥西	河南商	乾隆三十七年
武安会馆	天库前	河南武安商	光绪十二年
江西会馆	留园五福路	江西仕商	康熙二十三年
两广会馆	侍其巷	两广仕商	光绪八年
湖南会馆	通和坊	湖南湘军	同治九年
云贵会馆	葑门内十全街		宣统三年
湖北会馆	西摆渡		光绪十年
八旗奉直会馆	东北街	奉天直隶八旗	同治十年
金陵会馆 （三义殿）	吴江盛泽镇	南京商人	顺治末年
大兴会馆	娄门外东汇 （原在西汇）	木商	康熙十九年
高宝会馆 （江淮会馆）	阊门外潭子里	江苏海州等商	康熙五十七年
毗陵会馆	山塘莲花兜	江苏常州猪商	乾隆二十七年
江鲁会馆	阊门外十一都	山东江苏苏北商	乾隆四十六年
宁吴会馆	阊门内尚义桥街	南京铜锡硝皮业	同治年间
江宁（元宁）会馆	中街路	南京人	鸦片战争前
洞庭会馆	苏州枫桥	江苏洞庭东山商人	康熙年间

会馆公所名称	地址	建置者	始建年代
丝行会馆	吴江盛泽镇	丝业	道光七年
金陵会馆	吴江震泽镇	南京句容镇江丹阳手工业工人	光绪末年
震泽会馆	南濠街		
沈溪会馆	嘉定县城回春桥	福建商人	嘉庆八年
宁绍会馆	嘉定县城圆通寺桥		
徽州会馆	嘉定南翔镇	徽州商人	同治末年
枣商会馆	阊门外鸭蛋桥	苏直鲁枣商	乾隆年间
崇德公所	尚义桥	印书业	康熙十年
梨园公所	镇抚司前	昆弋腔戏班	雍正十二年
剞劂公所	教场南	刻字业	乾隆四年
面业公所	宫巷关帝庙内	面馆业	乾隆二十二年
成衣公所	九胜巷	成衣业	乾隆四十五年
菜业公所	宫巷(后迁东美巷)	膳业	乾隆四十五年
磨坊公所	小武当山		乾隆五十五年
花商公所	山塘街下塘	花铺	乾隆年间
集庆公所	圆妙观雷尊殿内	炉饼业	乾隆年间
江鲁公所	阊门外十一都三十五图	腌腊等业	乾隆年间
江镇公所(整容公所)	马医科巷	剃头业	乾隆年间
圆金公所	蒲林巷	圆金业	嘉庆五年
时入公所	四摆渡东山庙南	煤炭树柴船	嘉庆十四年
小木公所	憩桥巷	小木	嘉庆十五年
南枣公所	枣市街	南枣等业	嘉庆十七年

会馆公所名称	地址	建置者	始建年代
柏油公所	闾二图信心巷	柏油业	嘉庆二十四年
珠昌玉业公所	石塔头宝珠庵内	苏州玉业	嘉庆二十五年
庖人公所	宫巷中	庖厨业	嘉庆年间
光裕公所	第一天门	弹词评话	嘉庆年间
永宁公所 （允金公所）	隆兴桥	硝皮业	嘉庆年间
咏勤公所	梵门里萧家园 （后移宝林寺右）	洋货业	嘉庆年间
膳业公所	金姆桥东高冈上	饭业	道光初年
丽泽公所	刘家浜	金业	道光十六年
云锦公所	祥符寺巷	纱缎账房	道光二年
七襄公所	文衙弄	绸缎业	道光五年
水炉公所	西北街石皮弄	水炉业	道光十一年
豆米公所	胥门水仙庙内	豆米业	道光八年
新安公所		布店字号	道光十二年
花商公所	山塘街下塘	花业	道光十二年
尚始公所	四摆渡官弄堂	土布店铺	道光十二年
嘉凝公所	合村坊巷	金线业	道光十四年
咸庆公所	西海岛第五弄	瓜帽业	道光十六年
承善公所	郡庙神道街	装修置器业	道光十七年
性善公所	斑竹巷	漆作	道光十七年
茶礼公所	社坛巷	礼茶业	道光十七年
明瓦公所	东海岛一弄	明瓦业	道光二十年
永和公所	盘门城桥北下岸	木柴业	道光二十年

会馆公所名称	地址	建置者	始建年代
霞章公所	乔司空巷	纱缎机工	宣统二年
文锦公所	圆妙观内	纱缎现卖机户	
文绚公所	平江路	染丝业	
经业公所	官太尉桥	丝经业	
丝业公所	祥符寺巷	丝业	同治十年
绒业公所	桐芳巷	织绒业	
丝边公所	西海岛第五弄	丝边业	
浙绍公所	阊门外山塘莲花兜	哦布染坊	同治九年
染业公所	阊门外半塘牛车弄		
踹布公所	阊门外四摆渡官弄堂	踹布业	
锦文公所	阊门内下塘街	绣业	同治五年
云华绣业公所	小王家巷	零剪顾绣业	
霓裳公所	官库巷前财神弄	戏衣业	
小机公所	河沿街更楼弄	贡带业	
彩章公所	桃花坞廖家巷	回须业	光绪年间
安怀公所	紫兰巷	银楼业	同治六年
玉业公所	天库前	金陵玉业	光绪二十八年
扇骨公所	桃花坞韩衙庄	扇骨业	
扇面公所	桃花坞后新衙	扇面业	
裕明公所	石塔弄	眼镜业	
艳容公所	东海岛二弄	香粉业	
裱业公所	西桂花弄	裱画业	
梳妆公所	桃花坞廖家巷	红木梳妆作铺	光绪十九年

续表

会馆公所名称	地址	建置者	始建年代
置器公所	因果巷	木器业	同治九年
集德公所	范庄前祭祀弄	方圆置器漆作业	
圆作盆桶公所	庆元坊	盆桶业	
橱柜公所	景德路杀猪弄	橱柜业	
丹护公所	宋仙洲巷横街	漆商业	
永华堂颜料公所	南濠街	颜料业	民国七年
纯青公所	阊门内下塘	翻砂业	民国八年
打铁业公所	北园老君堂内	打铁业	
钢锯公所	景德路杀猪弄	钢铁锯锉店业	光绪二年
积义公所	桃花坞西大营门	化铜业	
永义公所	景德路高井头	剪刀业	
锡善公所	桃花坞廖家巷	锡器业	民国九年
存仁公所	西大营门	铜丝业	同治九年
白铁公所	西大营门	白铁业	
水龙公所	文衙弄	水龙业	
梓义公所	清洲观前	水木匠业	道光三十年
石业公所	阊门外半边街	石作业	光绪三十二年
钱业公所	东中市	钱业	光绪二十九年
典业公所	清嘉坊	典业	
江北航业公所	齐门外下塘	江北运麦船帮	
赁贷公所	干将坊	人力车业	
巽正公所	齐门外西汇路	木商	同治九年
务本公所	东北街大唐家巷	锯木业	
大隆公所	东美巷	木业	

续表

会馆公所名称	地址	建置者	始建年代
竹商公所	干将坊	竹业	
裘业公所	梵门桥弄	硝皮业	
元宁公所	阊门内下塘官宰弄	皮业	光绪三年
云章公所	倪塔巷	估衣业	咸丰六年
惟勤公所	禾家弄	百货业	
领业公所	景德路	绒领业	咸丰七年
履源公所	东海岛一弄	鞋业	光绪三十四年
枭盈公所	景德路华岩寺内	弹花业	
旧业公所	阊门外杨安弄	旧业	
两宜公所	宝林寺前	纸业	同治九年
浙南公所 （浙右公所）	南濠街	粗纸箬叶业	咸丰十年前
梅红霞章公所	桃花坞双荷花池	梅花纸业	
绚章公所	桃花坞河西巷	蜡笺业	同治十一年
南北杂货业公所	阊门外大马路	南北杂货业	同治十二年
糖食公所	施相公弄	糖食业	光绪三十三年
青盐公所	南濠街	糖果业	
宜稼公所	中经路	粮业	
粟裕公所	东北街	粮业	
五丰公所	绿葭巷	粮食业	光绪四年
浙台饼业公所	北石子街	饼业	
酱业公所	颜家巷	酱坊业	同治十二年
腐业公所	大营门唐寅坟	腐业	

会馆公所名称	地址	建置者	始建年代
醴源公所 （醴泉公所）	胥门外大马路窑弄	酒行业	道光二十四年
猪业公所	齐门下塘	猪商	同治十三年
三义公所	施相公弄民智巷	肉店业	道光二十五年
兰溪公所	阊门外杨安弄	腌腊业	
厨小甲公所	东采莲巷	膳业	光绪元年
梁溪公所	养育巷海红坊	羊肉面店业	
梁溪膳业公所	景德路磨坊弄	饭铺业	同治四年
友乐公所	东美巷	酒馆业	光绪十三年
穗丰公所	旧学前书院弄	团业	
坤震公所	南濠街	煤炭业	宣统二年
东沤公所	阊门外山塘北浩弄	麻业	
采绳公所	西海岛第五弄	缠绳业	光绪二十三年
药业公所	阊门外药王庙弄	药商	
太和公所	旧学前	药材店铺业	咸丰四年
茶商公所	阊门外市福桥弄	茶业	
茶馆公所	神道街	茶馆业	
花业公所	虎丘山塘花神浜	花树业	
三新公所	蒲林巷	浴业	
信芳公所	龙兴桥	烟器业	
香业公所	北石子街	香业	同治十二年
花爆公所	北园齐王庙侧	花爆业	
经匠差局公所	蒲林巷	金箔业	
冥器公所	包衙前凤凰弄	冥器业	

续表

会馆公所名称	地址	建置者	始建年代
安仁公所	司衙前南采莲巷	寿器业	光绪二十三年
梨园公所	阊门外三六湾义慈巷	戏剧业	同治年间
镇扬公所	阊门外上津桥下塘	镇扬二府人	宣统二年
茶叶公所	神道街	茶业	
瑞云公所	李继宗巷		
存正公所		洋布业	咸丰十年前
崇礼堂公所	装驾桥巷口	金银丝抽拔业	光绪三十三年
瑞凝公所	李继宗巷	云白铜烟袋业	
经纬公所		经纬业	
浙岩公所		龙岩茶业	
浙台公所		台州茶业	
粉业公所		粉业	
胲业公所		胲业	
木匠公所	昆山县巡检弄		光绪四年
肉业公所	昆山县育婴弄		光绪五年
成衣公所	昆山县西街		光绪二十四年
米业公所	昆山县集街		光绪三十二年
米业公所	吴江盛泽镇		同治十年
钱业公所	吴江盛泽镇		
茶业公所	吴江盛泽镇		
剃发公所	吴江盛泽镇		
鲜肉公所	吴江盛泽镇		
药业公所	吴江盛泽镇		

续表

会馆公所名称	地址	建置者	始建年代
培元公所	吴江盛泽镇		光绪二十三年
米业公所	吴江震泽镇		清末民初
肉业公所	吴江震泽镇		清末民初
水龙公所	吴江平望镇		光绪六年
米业公所	吴江松陵镇		民国十二年
米业公所	吴江芦墟镇		清末民初
米业公所	吴江同里镇		民国初年
米业公所	嘉定西门外		光绪十四年
酒业公所	嘉定南翔镇		同治年间
布业公所	嘉定纪王镇		
宁绍公所	长洲县浒墅镇		乾隆十年

（二）上海会馆公所分布表

会馆公所名称	地址	建置者	始建年代
商船会馆	马家厂	沙船商	康熙五十四年
徽宁会馆	斜桥南	安徽徽州宁国人	乾隆十九年
泉漳会馆	咸瓜街	福建泉漳三县商	乾隆二十二年
潮州会馆	洋行街	广东潮州府三县商	乾隆四十八年
浙宁会馆	荷花池头	浙江宁波商	嘉庆二十四年
建汀会馆	翠微庵西南（原设于董家渡）	福建建汀二府人	道光五年
潮惠会馆	大关南	广东潮州府二县人	道光十九年

会馆公所名称	地址	建置者	始建年代
江西会馆	妙莲桥堍	江西人	道光二十一年
茶业会馆	二十五保二图	茶业	咸丰五年
木商公馆(咸丰八年始建时称公所)	生义弄	木船业	光绪二十四年
药业会馆	咸瓜街	药业	光绪三年
揭普丰会馆	里马路	广东潮州三县商	光绪十二年
湖南会馆	斜桥南	湖南人	光绪十二年
洞庭东山会馆	复善街(后移斜桥南)	苏州洞庭东山商	同治初
楚北会馆	二十五保十四图	湖北人	光绪十五年
沪北钱业会馆		钱业	光绪十五年
三山会馆	福州路	福建福州建宁二府人	光绪二十三年
山西会馆		山西人	道光二十一年前
山东会馆	吕班路	山东人	道光十八年前
嘉郡会馆(嘉兴会馆)	卢家湾	浙江嘉兴府人	光绪三十二年
常州八邑会馆	斜桥南	江苏常州仕商	宣统二年
徽州会馆	西门外南首	安徽徽州人	光绪二年前
绍兴会馆		浙江绍兴人	光绪二年前
沪南果橘三山会馆	火车站旁	福州果橘商	光绪末年
丝业会馆	盆汤弄		光绪二年前
东鲁公馆	虹口		光绪三十一年前
彩票会馆	老北门土地堂		宣统元年前
南海会馆	闸北冰厂桥路		宣统二年前

会馆公所名称	地址	建置者	始建年代
定海会馆	西门外		宣统二年前
通如崇海会馆			
湖州会馆			
舟山会馆			
顺德会馆			
全皖会馆			
晋业会馆			
顺直会馆			
淮安会馆			
苏州会馆			
钱江会馆			
浙绍会馆			
金庭会馆	陆家浜大兴街	苏州洞庭西山商	民国四年
新安会馆	南汇县新场镇	安徽徽州人	嘉庆十七年
浙宁会馆	南汇县周浦镇	浙江宁波人	咸丰七年
鲜肉业公所	豫园	沪帮肉业	乾隆四十八年
药业公所	药局弄		乾隆五十三年
钱业总公所	豫园	钱业	乾隆年间
浙绍公所	穿心街	浙江绍兴人	乾隆年间
京货帽业公所	豫园		乾隆年间
四明公所	二十五保四图	浙江宁波人	嘉庆二年
北货行公所	凝和路		嘉庆十四年
成衣公所	豫园东硝皮弄		嘉庆二十二年

会馆公所名称	地址	建置者	始建年代
祝其公所	里廊家桥	江苏赣榆县青口镇船号商	道光二年
花糖洋货公所	豫园	福建汀泉漳三府花糖洋行商	道光初年
油豆饼业公所	豫园		道光年间
花业公所	圣贤家东梅家弄		道光年间
布业公所	豫园		道光三十年
盛泾绸业公所	盛泽王江泾绸商		咸丰三年
腌腊公所	外咸瓜街施相公弄口		咸丰六年
洋布公所	租界昼锦里		咸丰六年
星江公所		安徽婺源茶商	咸、同间
先春公所	孙家弄	茶馆业	同治初年
乡柴行公所			同治七年前
铁钻业公所			同治七年前
沙柴业公所			同治七年前
鞋业公所			同治七年
旧花业公所	豫园		同治七年
酒馆业公所			同治七年
牛肉店公所			同治七年
米麦杂粮业公所	朝宗路		同治八年
京江公所	方斜路	镇江人	同治八年
米业公所	宝带门内	米店	同治年间
酒业公所	豫园		同治九年
纸业公所	福佑路		同治十一年

续表

会馆公所名称	地址	建置者	始建年代
广肇公所	二十五保三图	广州肇庆二府人	同治十一年
靛业公所	蔡阳弄		同治十二年
珠宝业公所	侯家路		同治十二年
浙金公所	二十五保十三图	浙江金华人	光绪六年
江宁公所	新闸西	江苏南京人	光绪六年
南市钱业公所	里施家弄		光绪九年
衣庄公所	道前街天灯弄		光绪十二年?
平江公所	新闸路	江苏苏州人	光绪十三年
裘业公所	曲尺湾		光绪十四年
(鲜)水果公所	小东门内		光绪十四年
南市糖业公所		南市糖店业	光绪十七年
花树业公所	二十五保十三图		光绪十七年
沙布公所		江苏南通海门棉业	光绪十七年
金银实业公所	薛弄底	银楼业	光绪十八年
竹业公所		宁波竹业商	光绪十九年
典业公所	侯家路西吴家弄		光绪十九年
参业公所	咸瓜街太平弄口		光绪十九年
酱业公所	福佑路		光绪二十年
售花公所		江苏南通棉商	光绪二十三年
汉帮粮食业公所	穿心街		光绪二十七年
海昌公所	新闸桥北夏家弄	浙江海宁人	光绪二十八年
台州公所	斜桥西肇嘉浜南	浙江台州人	光绪二十八年
铜锡公所	二十五保十二图		同治七年

会馆公所名称	地址	建置者	始建年代
沪城工艺公所		天主教徒业工艺者	光绪三十年
金业公所	二十五保二图		光绪三十一年
药业饮片公所	外仓桥北大街		光绪三十一年
书业公所（又称商会）	英租界望平街		光绪三十一年
蛋业公所	大生弄		光绪三十一年
浙宁水木公所		宁波建筑业	光绪三十二年
沪绍水木工业公所	福佑路		光绪三十三年
集义公所	晏公庙西	营运日本海产杂货业	光绪三十三年
丝厂茧业总公所			宣统元年
江阴公所	黄家阙路东	江苏江阴县人	宣统元年
砖灰业公所	金家牌楼		宣统二年
震巽木商公所	穿心街西高墩街	洋木业商	宣统二年
纱业公所	租界		宣统二年
丝绸业公所	新闸大王庙后	山东河南丝绸业	宣统二年
南北报关公所	蓬莱路		宣统三年
汇业公所	文运街		光绪二年
洋货公所	南昼锦里		
绉业公所	三马路		
油麻公所	大东门外太平弄	桐油苧麻业	同治七年
烟业公所	大东门吊桥塊下		同治三年
玉器公所	侯家浜	苏州珠玉业	同治十一年

会馆公所名称	地址	建置者	始建年代
烟业公所	老闸大桥北首		
南货公所	南门内也是园浜		
火腿公所	大东门外大生火腿店		
烛业公所	南门内也是园浜		
信业公所	咸瓜街南		
木作公所	新北门内硝皮街		
绪纶公所	大东门外		
冰业公所	后马路		
漆业公所	淘沙场		
书坊公所	四马路小花园		
淮扬公所	小南门外		
电政公所	老垃圾桥		
徙薪公所	薛家浜		
梓业公所	西门外高家弄		
乌木公所	福佑路		光绪十八年前
面业公所	小东山内锡弄		
袜业公所	花草浜		同治元年？
息影公所	新开浜		
锡金公所	海宁路		
煤炭公所	福佑路		
麻袋公所	大东门陆家宅		
金陵染业公所	新北门内		
海味公所	新北门内点春堂		

会馆公所名称	地址	建置者	始建年代
石匠公所	新北门内城隍庙后		
刻字公所	大东门城根		
鲜鱼公所	法租界洋行街		
蜀商公所	宝山路西首		
铁锚公所	县庙老公殿		
皮鞋公所	百老汇路		
踹业公会	老北门		
印刷业公义会	天通庵后		
中国水手公会	元芳路师善里		
日报公会	小花园		
通运公所	帕克路		
保险公会	四川路		
梨园公所	老北门内洗马桥		
金陵公所	南汇县新场镇	江苏南京人	道光年间

(三)南京会馆公所分布表

会馆公所名称	地址	建置者	始建年代
中州会馆	糯米巷	河南仕商	嘉庆间重建
江西会馆	评事街	江西仕商	
三楚会馆	赛虹桥	湖南湖北人	
陕西会馆	明瓦廊		
山西会馆	颜料坊		
全闽会馆 （福建会馆）	水西门大街天后宫		

续表

会馆公所名称	地址	建置者	始建年代
山东会馆	陡门桥		
浙东会馆	安德门关帝庙		
湖州会馆 （吴兴会馆）	牛市		
浙江会馆	牛市		
旌德会馆	一在党家巷	安徽宁国旌德商	乾隆四年
	一在油市大街	旌德商	嘉庆元年
	一在评事街	旌德商	道光十三年
	后合并为一	旌德商	同治三年
太平会馆	甘雨巷		
贵池会馆	石坝街黄公祠		
新安会馆 （歙县会馆）	马府街		
庐江会馆	窑湾北		
三河会馆	窑湾北		
石埭会馆	武定桥		
泾县会馆	百花巷		
崇明会馆	江东门		
金斗会馆	聚宝门外西街		
金东会馆	状元境		
婺源会馆	顾楼		
湖南会馆	钓鱼台		
安徽会馆	油市街		
洞庭会馆	水西门内陡门桥	苏州洞庭东山商	嘉庆四年

续表

会馆公所名称	地址	建置者	始建年代
庐州会馆	马道街		
徽州会馆	栏杆桥		
湖北会馆	水西门外		
新歙会馆	钞库街		
潜山会馆	东牌楼		
旌阳会馆	油市街南	江西南昌人	
两广会馆	邀贵井		
八旗会馆	九连塘		
四川会馆			
普安会馆	张府园	贵州普安县	
临江会馆	上新河	江西临江商	道光年间
江汉会馆	上新河	木材商	清末民初
钱业公所	绒庄		
缎业公所	三坊巷		太平天国前
尚始公所	古钵营		
普安公所	柳叶街		
米业公所	虹桥羊皮巷		
纸业公所	柳叶街		
扇业公所	九龙桥三茅宫旁		
锡箔公所	上元县街		
染业公所	雨花台下		
麸业公所	大膺府		
书铺公所	贡院西街		
酱业公所	牛市		

续表

会馆公所名称	地址	建置者	始建年代
茶业公所	教敷营		
木业公所	上新河		

(四)杭州会馆公所分布表

会馆公所名称	地址	建置者	始建年代
江宁会馆	木场巷		
山陕甘会馆	吴山		
常州会馆	吴山		
安徽会馆	柴垛桥		
奉直会馆	荐桥路		
奉化会馆	大东门		
湖南会馆	三元坊		
山东会馆	新开		
余姚会馆	方谷园		
江西会馆	西大街		
湖北会馆	金刚子巷		
绍兴会馆	许衙巷		
两广会馆	十五奎巷		
福建会馆	羊市街		
金华会馆	候潮门外		
扬州会馆	吴山		
四明会馆	方谷园		
云贵会馆	羊市街		
湖州会馆	杭州城		

会馆公所名称	地址	建置者	始建年代
新安会馆	富阳县上水门大街	安徽徽州商	乾嘉时
新安会馆	海宁州硖石镇	安徽徽州商	
四明会馆	海宁州硖石镇	宁波商	
丝业公所	艮山门内		
衣业公所	柳翠井巷		
铁业公所	柳翠井巷		
米业公所	湖墅		
肉业公所	枝头巷		
布业公所	布市巷		
箔业公所	湖墅		
机业公所	艮山门外		
纸业公所	祖庙巷		
木业公所	江干		
酒业公所	板巷		
柴业公所	江干		
洋货公所			
茶业公所	江干		
药业公所	望仙桥		
扇业公所	下兴忠巷		
绸业公所	银洞桥		
烟业公所	望仙桥河下		
典业公所	忠孝巷		
两浙公所	富阳县后河浜	绍兴商	嘉庆二十二年
四明公所	富阳县善长弄	宁波商	光绪八年

（五）嘉兴会馆公所分布表

会馆公所名称	地址	建置者	始建年代
三山会馆	乍浦镇	福州商	康熙四十五年或四十八年
莆阳会馆	乍浦镇	兴化商	乾隆十三年
鄞江会馆（俗称靛青会馆，又称乍川会馆）	乍浦镇	汀州商	乾隆十四年（或称雍正四年构基）
炭会馆（咸宁公所）	乍浦镇	浙闽炭商	乾隆五十年
海盐会馆	乍浦镇	腌货等商	道光前
福建会馆	嘉兴县城	福建仕商	崇祯年间
绍兴会馆	嘉兴县王店镇	绍兴商	道光三年
绍兴会馆	王江泾镇	绍兴商	
新安会馆	嘉兴鸳鸯湖	徽州商	
温台处会馆	嘉兴鸳鸯湖	温州台州处州人	
宁绍会馆	濮院镇	宁绍商	嘉庆年间
绍兴会馆	濮院镇	绍兴商	道光二年
江西会馆	秀水县城	江西商	乾隆十二年
木商公所（或称木行公所）	乍浦镇	木商	雍正十三年
蛟门公所	乍浦镇	番薯商	道光前
四明公所	乍浦镇	宁波商	道光前
米行公所	乍浦镇		道光前
药材铺公所	乍浦镇		道光前
染坊公所	乍浦镇		道光前
衣工公所	乍浦镇		道光前

会馆公所名称	地址	建置者	始建年代
泥石木公所	乍浦镇		道光前
丝业公所	嘉兴县王店镇	丝业	光绪二年
纸业公所	嘉兴鸳鸯湖		
木业公所	嘉兴鸳鸯湖		
梨园公所	嘉兴鸳鸯湖		
机业公会	濮院镇		民国三年
丝业公会	濮院镇		民国十年
绸业公会	濮院镇		光绪年间
米业公所	濮院镇		光绪十二年
六陈公所	濮院镇		光绪年间

(六)湖州会馆公所分布表

会馆公所名称	地址	建置者	始建年代
徽州会馆	湖州府城	徽州商	
丝业会馆	湖州府城		
金华会馆	湖州府城	金华商	
江华会馆	湖州府城	江山金华商?	
旌德会馆	湖州府城	宁国旌德县商	
宁绍会馆	湖州府城	宁波绍兴商	
南京会馆	湖州府城	南京商	
布业会馆	湖州府城		
新安会馆	湖州府城	徽州商	
泾县会馆	双林镇	宁国泾县商	康熙年间
金陵会馆	双林镇	江宁镇江商	

会馆公所名称	地址	建置者	始建年代
宁绍会馆	双林镇	宁波绍兴商	
金华会馆	乌镇	金华商	
徽州会馆	乌程县城	徽州商	乾隆二十年
宁绍会馆	德清县城	宁波绍兴商	嘉庆十四年
新安会馆	德清县城	徽州商	道光四年
金华会馆	德清县城	金华商	民国五年
金华会馆	新市镇	金华商	
金陵会馆	新市镇	江宁商	
古越会馆	新市镇	宁波绍兴商	
新安会馆	新市镇	徽州商	
宁绍会馆	南浔镇	宁波绍兴商	嘉庆中
新安会馆（徽州会馆）	南浔镇	徽州商	道光十一年
金陵会馆	南浔镇	南京商	光绪十一年
福建会馆	南浔镇		光绪年间
宁绍会馆	四安镇	宁波绍兴商	光绪十七年
新安会馆	菱湖镇	徽州商	
宁绍会馆	新塍镇	宁波绍兴商	
绸业公所（总管庙）	湖州府城		
茶业公所	湖州府城		
稼业公所	湖州府城		
丝业公所	湖州府城		
丝业公所	南浔镇	丝商	同治四年

会馆公所名称	地址	建置者	始建年代
新安公所	四安镇	徽州商	同治年间
丝业公所	新市镇		太平天国前
米业公所	双林镇		
药业公所	双林镇		
丝绢公所	双林镇		雍正四年
丝业公所	乌青镇		
布业公所	乌青镇		同治年间
药业公所	乌青镇		
泥木业公所	乌青镇		
剃发业公所	乌青镇		

(七)镇江会馆公所分布表

会馆公所名称	地址	建置者	始建年代
浙江会馆	镇江府城		乾隆时
两广会馆	镇江府城		
福建会馆 (古闽会馆)	镇江城外马路		光绪时
山西会馆	镇江府城		鸦片战争前
庐州会馆	镇江府城	安徽庐州人	
新安会馆	镇江府城	徽州人	
旌太会馆	镇江府城	旌德太平人	
江西会馆	镇江府城		
直隶会馆	镇江府城		
山东会馆	镇江府城		

会馆公所名称	地址	建置者	始建年代
河南会馆	镇江府城		
陕西会馆	镇江府城		
五省会馆	镇江府城		
钱业公所	镇江城西龙王巷		
广肇公所	镇江今中华路菜场南		光绪三十年

(八)常州会馆公所分布表

会馆公所名称	地址	建置者	始建年代
浙绍会馆（宁绍会馆）	常州东门外直街	绍兴人	嘉庆年间
泾旌太会馆	常州尉史桥（后移察院衙）	宁国府人	太平天国前
洪都会馆（洪都公所）	常州府城	江西南昌木商	宣统元年
徽州会馆	江阴城北门内庙巷	徽州人	光绪二十一年
集裕公所	江阴北门内	绸布业	光绪二年
锦云公所	江阴北门外	衣业	光绪十四年
钱土纱公所	江阴北门外	钱纱鸦片业	光绪三十一年
茧业公所	江阴青旸镇	茧业	光绪十七年
药业公所	江阴北门内	药业	光绪十四年
油业公所	江阴北门内	油业	光绪二十二年
澄布通惠公所	江阴东门内	（土）布业	宣统二年
东外米业公所	江阴东门外	东门外米业	道咸间

会馆公所名称	地址	建置者	始建年代
北外米业公所	江阴北门外	北门外米业	光绪年间
典业公所	江阴北门内庙巷		
纸业公所	无锡城内江尖口	纸业	光绪三十一年
酒业公所	无锡东门外酒仙殿	酒业	光绪三十一年

第五章　商业兴盛与江南社会经济

　　建立在当地商品生产发达和特殊的经济结构基础上的江南对外商品流通,虽然没有导致江南社会步入新的发展阶段,但也没有导致近年来有人力图论证的江南小农一直处于最低生活水准的局面。本章探讨商业发展与社会经济的关系,着重论述商品流通对江南的商品生产、城镇化和富庶的经济区产生的影响,同时讨论商品经济发展下的小农的生活状况,以估价商业发展在江南社会经济发展中所居有的地位。

第一节　商业发展与江南商品生产

　　明清时期,江南发达的商品生产为商业发展奠定了坚实的基础,而商品流通不断开拓市场,为商品生产开辟道路,促进商品生产,并制约着商品生产的规模和水平。

一、商业发展为江南商品生产提供了必要条件

明清时期江南的专业化生产得以持续进行,基本原因之一是由于商业的发展提供了必要条件。通过前几章的考察,我们已可获得这样的认识:江南棉纺织业发达,苏松布匹名扬全国,衣被天下,然而在明代就形成了"棉则方舟而鬻诸南,布则方舟而鬻诸北"的格局,布的流通终点在全国各地,而华北平原的棉花的贩销终点在江南,说明江南是全国最大的棉纺织基地而原料则相对不足,除了当地自产,每年还要从河南、山东等产棉区输入大量棉花。刘河镇、福山镇汇集的棉花就主要贩自北方。江南丝棉织业独步全国,当地所产染料产量有限,所需染料大多依赖外地,需从福建、江西、湖广以及浙东、江北各地输入。江南本身是产粮区,但由于人多田少,又由于商业性农业发展,种粮面积有限,而食用商品粮的工商人口却不断增加,更由于如烧酒等粮食加工业耗粮为数巨大,也由于地处交通要道,粮食被转输到浙、闽缺粮区,因此自明代后期起,江南缺粮越来越严重,无论丰歉,每年要从湖广、四川等长江上中游地区输入数百万石到上千万石米粮,从华北、东北等地输入数百万石杂粮,出现沿海布匹换杂粮和川米易苏布的局面。江南规模庞大的米市上的米粮就主要是来自湖广、四川等地的"白籼"。江南的各种手工业生产极为发达,而所需原料大多严重匮乏,如苏州小木器制造天下闻名,所需木料要来自长江上游川湘地区的深山老林;江南竹器制造也较普遍,需用竹木不少也要来自湘、赣、浙等地;苏州的玉器制造业在全国独占鳌头,但所需玉石多用新疆老山

石,要从西北边陲长途贩运;苏州硝皮业规模可观,而所需皮张多贩自塞北;江南城镇铜铁器加工业别具特色,但各种矿产也要由全国各地输入;江南人喜食糖,而所需食糖需从广东、福建等地输入。总之,江南一方面是商品生产的中心,另一方面又是原料输入的地区,这两方面都十分依赖大规模的商品运销活动。江南商品生产"两头在外"的格局,既依赖商品流通输出成品,也依赖商品流通输进原料或半成品。

江南市场上的原材料和各种日用品在清初因战乱曾一度供应短缺,因而影响到江南的种植结构。丝棉织物的加工原料靛蓝,顺治初年因为主要来源地福建还由南明政权控制,福靛难致,上海有人始种获利,种植大增,后来福建告平,福靛源源输入,土靛价贱,到康熙二十年(1681)前后"种者亦少"。烟草因为嗜吸者多,一时贩者辐辏。顺治初,江南"种者复广,获利也倍",后来因外地烟涌入,价格趋平,"此地种者鲜矣"①。靛青和烟草种植的前后变化,完全取决于流通。其他商品大多如此。江南市场上的纸,明末清初价格暴涨至六七倍,康熙六年(1667)回落到原来水平,福建耿仲明叛乱,价格又骤然上涨,乱平,纸价又回落如初。瓷器在顺治初也因江西兵燹未息,"瓷器之丑,较甚于旧,而价逾十倍",到康熙初窑器精美而价格不贵,三藩之乱起,盗贼蜂起,瓷器贵逾五倍,直到豫章底定,价平如旧。白糖在顺治初年每斤由三四分骤升至四钱,康熙中因流通畅达才复旧观。②

可以说,凡是需要由外地输入的商品都受流通的制约。江南

---

① 叶梦珠:《阅世编》卷七《种植》,第167页。

② 叶梦珠:《阅世编》卷七《食货六》,第160页。

耗用大豆、豆饼数百万担以上,如果输入受阻,农田收成总量必然大减,粮田面积必然大增,棉田面积与产量必然大减。江南由于输入上千万担的米粮,酿酒才有原料。清后期米价持续上涨,江南棉织区农家纷纷改棉田为粮田,也是棉价上涨棉布生产利润下降的一个原因。由此可见,不独江南人民的生活受到商业流通的制约,而且丝棉织等专业化生产也深受各种商品输入的影响,外地商品特别是原材料和初级产品的输入,才保证了江南商品生产在不改变生产结构的前提下持续进行。江南经济的发展必须有赖于对外商品流通,这也正是江南地区商业活动特别频繁、交易量十分惊人的基本原因。

二、商业发展促使江南商品生产不断推陈出新

马克思说:"在资本主义社会以前的阶段中,商业支配着产业。"[1]明清时期江南的商品生产,也是由商业支配着的,商业的发展程度决定了商品生产的程度。清人龚炜说:"吴中繁华气象迥胜于昔,其实多藉外方生色。"[2]此话足以说明商业流通在江南经济发展中的重要作用。

明清时期江南的专业化生产既然是商品生产,生产者生产什么商品,生产何种品种式样的商品,就完全取决于市场的需求。直到明后期,江南棉布在北方有着广阔的市场。入清后,由于北方棉织业的兴起,标客巨商罕至,势力也大不如前,但销向湖广、江西、

---

① 马克思:《资本论》,《马克思恩格斯全集》第 25 卷,第 371 页。
② 龚炜:《巢林笔谈续编》卷上《晋民富吴民贫》,中华书局 1981 年版,第 197 页。

两广等地的中机布转而热销,当年经营标布者,又改为经营中机布。单行于江西的小布价格也飙升,康熙八年(1669)以后因为"饶商不至,此种小布遂绝"①。值得注意的是,小生产者在这种布匹市场的转移过程中,始终处于被动被剥削的境地。叶梦珠形象地描写了布商在棉布产地人们心目中的地位:"牙行奉布商如王侯,而争布商如对垒。"②牙行如此,棉布小生产者生计所关,就更迫不及待。徐献忠的《布赋》描写棉布生产者渴望出售布匹的情形道:"腾口说而售我,思得金之如攫,媚贾师以如父,幸而入选,如脱重负。"这种情形,一如恩格斯所说,"从而一切商品生产者,都应该毕恭毕敬地匍匐在货币面前"③。整个江南产布区,"贸易财源赖布商",一凭布商定价,利源在人,生产者已经深深地陷入了商品经济的漩涡。

马克思曾说过:"商人资本的任何一种发展,会促使生产越来越具有以交换价值为目的的性质,促使产品越来越转化为商品。"④以交换价值为目的的商品棉布生产,必然受市场的支配,必然仰仗商人资本的活动。清前期江南棉布生产仍能呈现出较为兴旺的景象,就因为其时江南棉布还有闽广、浙东、苏北等地市场,康熙开海后又开辟了辽阔的东北市场,一度销售额可观的日本市场,后来在欧美的市场也有一席之地。加工布匹的字号兴盛一时,正表明布匹有着正常的销路。诚如地方文献所言,"苏布名称四方,习是业

---

① 叶梦珠:《阅世编》卷七《食货五》,第 158 页。
② 叶梦珠:《阅世编》卷七《食货五》,第 158 页。
③ 恩格斯:《家庭、私有制和国家的起源》,《马克思恩格斯选集》第 4 卷,第 162—163 页。
④ 马克思:《资本论》,《马克思恩格斯全集》第 25 卷,第 365 页。

者在阊门外上下塘,谓之字号,漂布、染布、看布、行布各有其人,一字号常数十家赖以举火。"①字号成了棉布加工工人和收布看布者的生计所在,而市场则成了棉布字号盛衰的决定因素。江南各种尺寸品牌的布匹,分别"行"于某地,并不是生产分工的结果,而恰恰是市场需求的反映。

　　丝及丝织品严重依赖市场的情形一如棉布。江南丝及丝织品销向国内各地,远至海外,所谓"转贸四方,吴之大资"②,要通过商人转贩四方,才有利于当地经济。万历二十九年(1601),由于税使广派税额,导致商贩稀少,机户歇业,织工生活无着,才爆发了大规模的织工暴动。濮院镇是丝织名镇,号称"日生万金","机业十室而九,终岁生计于五月新丝时为尤,寓者居积,仰京省标至,陆续发卖而收买机产"③,要依赖商人通贩。商人极为活跃的盛泽镇的情形更证明这一点。清初,"惟在镇之丰歉,固视乎田之荒熟,尤视乎商客之盛衰。盖机户仰食于绸行,绸行仰食于商客,而开张店肆者即胥仰食于此焉。倘或商客稀少,机户利薄而怨咨者多矣"④。因利薄而怨咨还不要紧,到清中期更是"倘商贩稀少,机户利薄则凋敝立形,生计萧索,市肆亦为之减色矣"⑤。双林镇上"各丝行均仰浔、震客,客不到,丝市即寂"⑥。丝织业越来越发展,而商贩的作用越来越重要,商人的活动直接影响到了小商品生产者的生产。日

---

① 乾隆《长洲县志》卷一一《风俗》。

② 嘉靖《吴邑志》卷一四《物货》。

③ 乾隆《濮镇纪闻》卷一《风俗》。

④ 顺治纂、康熙、乾隆增纂《盛湖志》卷下《风俗》。

⑤ 同治《盛湖志》卷三《风俗》。

⑥ 民国《双林镇志》卷一七《商业》。

本学者宫崎市定进而认为："苏州商业之所以日臻兴盛,可以说是由于徽州商人将该地的丝绸做为大宗商品向外输出,同时把外国商品输入而聚集于苏州之故。"①

为了产品能够脱手成为商品,生产者几乎就是在按商人的要求生产,而商人是在根据市场的需要订货。盛绸的生产,"花样轻重,必合北客意,否则上庄辄退"②。"北客"之意,自然根据市场。震泽镇的丝绸生产,"其花样逐时不同"③,按市场需要生产。如前所述,杭州的丝绸生产,因为"一省有一省所行之货","西路所行之货,其绸匹至长至重,其绫纱绢□至轻至短,例系预付牙行定织",机户接受商人的委托生产织造。明中后期起,江南各地纷纷改进织造方法,竞添品种纹样,更显示了市场这一只看不见的手的魔力。双林镇以生产包头绢著称,"正、嘉以前,南溪仅有纱绢帕,隆、万以来,机杼之家相沿比业,巧变百出,有绫有罗,有花纱、绉纱、斗绅、云缎,有花有素,有轻至三四两者,有重至(十)五六两者,有连至数丈者,有开为十方者,每方有四尺五尺至七八尺不等。其花样有四季花、西湖景致、百子图、八宝、龙凤,大小疏密不等。各直省客商云集贸易,里人贾鬻他方,四时往来不绝。又有生绢、官绢、灯绢、裱绢,俱付别工小机织造之。今买者欲价廉而造者愈轻矣。"④这段话虽然仅就双林一镇而言,但它大体上反映了明中后期开始

---

① 宫崎市定:《明清时代的苏州与轻工业的发达》,中国科学院历史研究所翻译组编译《宫崎市定论文选集》(上册),第 232 页。

② 道光《黄溪志》卷一《风俗》。

③ 道光《震泽镇志》卷二《风俗》。

④ 乾隆《东西林汇考》卷四《土产志》。由乾隆《湖州府志》引《双林镇志》可知,"五六两"应为"十五六两"。

的江南丝绸新品迭出的趋势，带有普遍性。如濮院镇，"万历中改土机为纱绸，制造尤工，擅绝海内"①。明末"时尚浮华，反谓质色厚重者乃非制"。杭州的蒋昆丑乃"易以团花疏朵，轻薄如纸，携售五都，市廛一哄，甚至名重京师，名曰'皓纱'"②。这些更是典型的事例。直到乾隆时，陈璨《西湖竹枝词》慨叹"年来杼轴更翻新"，而盛泽镇到清后期一直是花样叠翻新样③。丝绸生产这种叠翻新样、源源推出新品的盛况，显然是由国内外市场所驱动的。清代中后期，由于产区迭遭水旱，国内销场持续社会不宁，国外市场逐渐丢失，市场日益收缩，生产成本大增，利润微薄，江南丝绸生产从而日渐陷入困境。

市场的需要，成为江南丝绸棉布等商品生产的直接动力。人称"四方重吴服而吴益工于服，四方贵吴器而吴益工于器"④，或称"服之用弥博而吴益工于服，器之用弥广而吴益精于器"⑤。江南的商品生产创造了广阔的市场，而商品市场的开拓或收缩又影响着商品生产的盛衰。

三、完备的商业流通体系有利于商品生产

明清时期的江南，原料采购、商品出售，都有专门的市场，甚至各类商品，某一商品中的某种品种、某种花色，也有相应的市场，商

---

① 乾隆《濮镇纪闻》卷首《总叙》。
② 黄士珣：《北隅掌录》，《武林掌故丛编》本。
③ 同治《盛湖志》卷三《物产》。
④ 张瀚：《松窗梦语》卷四《百工纪》，第70页。
⑤ 章潢：《图书编》卷三六《三吴风俗》，《文渊阁四库全书》本。

品运输有固定的线路,便捷的运输工具,商品储存中转有一定的场所,各行各业中都活跃着介绍业务、代为交易、联系组织生产甚至代交税款的经纪牙人势力,商业服务有着配套设施。可以说已经建立起了较为完备的商业流通体系。这对商品生产的专门化、规模化或者多样化,都是极为有利的。

前述棉布收购自牙人到庄家到字号,丝绸收购自领头(牙人)到绸庄到绸行的逐级层次,显示了江南商品销售的顺畅情形。棉布织成,就有牙人拦路收购,丝绸刚一下机就有领头等介绍到相应的行家出售,小商品生产者虽不了解市场行情,却可以有目的地生产,无疑省去了大量盲目求售的时间,从而相应地增加了商品生产的总量。小商品生产虽是千家万户式的分散生产,却往往是在商业资本组织下的有序的生产。苏州的丝绸业,"商客之来,必投行主,而造作之家,恒由机户",商人不知向谁购货,而机户不知销货给谁,"两者相须,而一时未必即能相遇"①,于是纱缎经纪应运而生,组织起生产。明后期吴县富牙钦允言就是这种丝绸经纪,"其业主总商贾资本,散之机杼家而敛其端匹,以归于商。计会盈缩,低昂而出入之,刻时审度,彼此以济,皆信委帖服焉"②。清前期杭州的丝绸业,"商贾远来投寓店家,势必寻觅牙人,面同机户讲就价值,开定货色,将银交托牙人转付机户买丝,照定织交,此古来通例"③。明中期,南京曾经连续发生过几起外国贡使定织违禁缎匹

---

① 《宪恩便民息事定例禁碑》,乾隆七年,苏州碑刻博物馆藏。
② 祝允明:《怀星堂全集》卷一九《承事郎钦君墓志铭》,清宣统二年铅印本。
③ 《杭州府仁和县告示商牙机户并禁地棍扰害碑》,康熙五十年,转引自陈学文《中国封建晚期的商品经济》第120页所附碑文。

案,定织缎匹都是经由经纪牙人组织机户生产的。① 江南棉布,据称有 72 个品种,各地品种花色规格多有不同,自然也要依赖各种经纪势力的介绍或零购转售。各地以纱或以布易棉,由坯布到色布的生产加工过程,毫无疑问更要依赖完善健全的棉花棉纱和棉布流通体系才能持续有效进行。以往研究大多着眼于牙人经纪势力坑害生产者和商客、扰乱流通秩序的一面,而很少注意其有利于流通,协调、组织从而促进生产的作用。江南丝棉织业生产最发达,丝棉牙人也最活跃,其势力兴衰正与丝棉生产盛衰相一致,说明经纪牙人是生产和流通过程中不可或缺的重要环节。生产和流通各业无不活跃着大小牙人,正是江南商品流通体系完备的一个重要特征。

第二节　商品贸易与江南城镇化

马克思说:"城市工业本身一旦和农业分离,它的产品一开始就是商品,因而它的产品的出售就需要有商业作为媒介。这是理所当然的。因此,商业依赖城市的发展,而城市的发展也要以商业为条件,这是不言而喻的。"②明清时期江南经济发展的特点,最明显的可能就是商品化和城镇化。商品化必然带来城镇化,而城镇化推动促进着商品化。城市和乡镇手工业的持续发展,导致了江南商业的繁荣,而商业的繁荣又不断地推进着江南城镇化的步伐。

---

① 参见范金民、金文《江南丝绸史研究》,第 197—199 页。
② 马克思:《资本论》,《马克思恩格斯全集》第 25 卷,第 371 页。

一、商业贸易促使大量市镇兴起

　　明清时期江南市镇的大量兴起和迅速发展,既是江南商品经济发展的结果,又是江南商业繁荣的体现。其具体发展,大体上经历了三个阶段,即明正德、嘉靖年间,清乾隆年间和同治、光绪年间。第一阶段体现为大批市镇在村落的基础上迅速形成,第二阶段体现为市镇数量的增加和规模的扩大,第三阶段主要体现为数量的增加和内部结构的变化。无论哪个阶段,绝大部分市镇的兴起和形成,都是商品生产和商业发展的结果。以下列表显示鸦片战争前江南市镇发展的两个阶段。

　　下表是有严重缺陷的。为求标准一致,各府市镇材料依据的大多是省志、府志,而尽量不用县志,这就比各县县志载录的市镇数量要少得多;府志、省志所载内容大多移录于此前的县志,因此表中所列没有及时反映当时的市镇发展状况;苏、松的"行",江宁的"集",镇江的"沙",其性质与"市"类似,数量不少,为求统一,表中一概未收。表中所录,大多是较上规模的市镇。上述种种因素,使得表列市镇数远比实际市镇数为少。如表中所列江宁府的市镇,乾、嘉时只有 38 个,而实际市镇集多达 120 余个;表中乾、嘉时江阴县市镇仅列 7 个,而据道光《江阴县志》记载多达 36 镇。尽管有这些严重缺陷,但是我们不可能根据既有材料按照统一标准确切地统计出某一时期的市镇数量,所以表中所列作为考察江南市镇增加的大体趋势的参考还是可以的。

明清江南市镇数量表

地区	市镇数		地区	市镇数	
	嘉靖—万历	乾隆—嘉庆		嘉靖—万历	乾隆—嘉庆
吴	7	9	上元	4	5
长洲	8	7	江宁	4	3
元和		9	句容	2	3
吴江	7	9	溧阳	2	16
震泽		5	溧水	8	4
昆山	9	11	江浦	4	3
新阳		4	六合	3	3
常熟	13	12	高淳	5	1
昭文		24	江宁府	32	38
苏州府	44	90	仁和	10	21
太仓	14	12	钱塘	4	20
镇洋		9	海宁	7	26
嘉定	15	18	富阳	5	6
宝山		11	临安	6	11
太仓直隶州	29	50	余杭	6	9
华亭	22	8	新城	4	5
娄		11	於潜	/	/
金山		13	昌化	2	6
奉贤		8	杭州府	44	104
青浦		31	嘉兴	4	4
上海	22	15	秀水	4	4
南汇		15	嘉善	4	7
川沙		6	海盐	4	6
松江府	44	107	石门	3	3
武进	5	5	平湖	5	9
阳湖		2	桐乡	4	7
无锡	9	5	嘉兴府	28	40
金匮		5	乌程	4	6
江阴	14	7	归安	5	5
宜兴	6	2	长兴	5	5
荆溪		4	德清	2	2
靖江	5		武康	3	2
常州府	39	30	安吉	3	3
丹徒	10	8	孝丰	1	1
丹阳	5	5	湖州府	23	24
金坛		3			
镇江府	15	16			

资料来源:嘉靖《南畿志》卷四、一二、一六、一八、二〇,正德《姑苏志》卷一八,乾隆《苏州府志》卷一九,嘉庆《直隶太仓州志》卷五,嘉庆《松江府志》卷二,乾隆《江南通志》卷二五,嘉庆《江宁府志》卷一二,嘉庆《溧阳县志》卷二,光绪《金坛县志》卷一,光绪《丹阳县志》卷四,光绪《丹徒县志》卷四,万历《杭州志》卷三四,乾隆《杭州府志》卷五,万历《嘉兴县志》卷一,嘉庆《嘉兴府志》卷四,万历《湖州府志》卷三,乾隆《湖州府志》卷二二。

上表表明,江南市镇的发展在明代嘉、万时期形成第一个高峰,数量约 300 个,到清代乾隆时期形成第二个高峰,达到 500 个左右(实际可能在 600 个以上),将近翻了一番。其中以苏州、松江、杭州、嘉兴等府最为明显。事实上,常州府的市镇由明入清也获得了迅速发展。

试以苏州府为例。该府市镇在明代以吴江、常熟和嘉定等县最为突出。吴江《弘治县志》仅载二市四镇,正德年间增为三市四镇,嘉靖年间增为十市四镇,明末清初又增为十市七镇。其中庄村、盛泽、双杨、严墓、檀邱等,明初都是只有几十家居民的小小村落,到嘉靖时却发展到百家及至数百家,形成初具规模的市。该县市镇大多在那时即已产生。嘉定县市镇由正德年间的 15 个,增加到万历时的 3 市 17 镇,另有"行"6 个,几乎增加了一倍。常熟县市镇由正德年间的 14 个增加到嘉靖年间的 22 个,唐市、归市、徐家新市等,大抵都在明中期开始兴起,到正、嘉时成市。到乾隆年间,苏州市镇翻了一番以上。长洲县的蠡口镇、金墅镇、望亭镇,元和县的唯亭镇、徐庄镇、韩镇、章练塘镇,昆山县的千墩镇、吴家桥镇、杨及泾镇,常熟县的大河市、田庄市、范家市、鹿苑镇,昭文县的苏家尖市、陈家市、白茅新市,吴江县的黄溪市等,都是明后期后发展起来的。其中尤以常、昭增加为多，由明末的9市5镇增为乾隆时的34市8镇，增了整整两倍。①

再以松江府为例。比较正德和崇祯两部《松江府志》，可见该府在明后期市镇又增了一半。正德《松江府志》和嘉靖《南畿志》都载市镇为44个，而崇祯《松江府志》载市镇为65个，新增了21个，即莘庄镇、一团镇、龙华镇、北桥镇、陈家行、王家行、沈巷镇、刘夏镇、北竿山镇、郏店镇、魖魍镇、艾祁镇、古塘桥镇、金家桥镇、杨扇镇、黄渡镇、朱家角镇、王兴庄镇、双塔、王巷、杜家角。

江南市镇这种迅速发展的势头，完全是由商业发展促成的。江南市镇从其命名、性质、功能以及作用影响来看，都与商业发展有着十分密切的内在联系。正德《姑苏志》卷一八称，"商贾所集谓之镇"；正德《嘉善县志》卷一谓，"大曰都邑，小曰市镇，所以聚民而致货者也"；乾隆《乍浦志》也谓，"商贾贸易之所为市，远商兴贩所集为水陆要冲，或设官将以禁防焉，或设关以征税焉，为镇"，这些解释或描述，都将市镇与商业有机地联系在一起。所谓"无徽不成镇"，更揭示了商业流通商人活动在市镇兴起中的关键作用。新增加的市镇绝大部分就是随商品生产和贸易发展起来的。如吴江盛泽镇，明初是只有五六十户居民的青草滩，弘治《吴江志》所载2市4镇还无其名，到成化年间"居民附集，商贾渐通"，嘉靖间"以绫绸为业，始称为市"②。其形成完全是随丝绸生产而发展起来的丝绸贸易所推动的。再如青浦县的朱家角镇，直到嘉靖时，地方文献未

① 参见拙文《明清时期苏州市镇的发展特点》，《南京大学学报（哲学·人文科学·社会科学版）》1990年第4期。

② 乾隆《盛湖志》卷上《沿革》；乾隆《吴江县志》卷四《镇市村》。

见其名,明末"商贾辏聚,贸易花布,京省标客往来不绝,今为巨镇"。同县的唐行镇,因唐氏在那里"商贩竹木,遂成大市"①。该县的盘龙镇,因清初南京人陈君化徙居,"启质库及布庄,标客辏集,遂成市,为盘龙镇"②。昆山县的方泰镇,直到清初仍然居民鲜少,康熙时因陈、严"两家以猗顿之术起家,由是房屋陆续增添,街衢渐次改观,布庄开张,典商望风而至,百货骈集,遂成闹市……方泰镇之称,实始于此"③。江南市镇的形成原因、产生条件容有千差万别,但是最基本的,可以说都是奠立在商品流通、商业发展的基础上的。

二、商品贸易促使市镇规模不断扩大

商品贸易不但直接导致了广大江南市镇的兴起,而且持续推进着江南市镇由小到大、由兴到盛的不断发展过程。江南市镇一般都经历了由市到镇的发展过程。如常州府的江阴县,在嘉靖时有 21 市 10 镇,道光时清一色成为 36 镇④,就是突出的事例。即使同一市镇,其规模和经济作用前后也不一样,多数市镇日趋扩大,日趋繁荣,往往是生产越发展,商业越兴盛;市镇发展越迅速,规模特宏大。专业生产市镇几乎无不如此。

如我们一再提到的盛泽镇,因丝绸生产在明中期兴起后,到明

---

① 崇祯《松江府志》卷三《镇市》。
② 光绪《盘龙镇志·风俗》。
③ 嘉庆《方泰志》卷一《发凡》。
④ 嘉靖《江阴县志》卷二《市镇》;道光《江阴县志》卷二《镇保》。

后期近镇四五十里之间乡民尽逐绸绫之利。康熙时,"富商大贾数千里辇万金而来,摩肩连袂,如一都会",在苏州府"诸镇中推为第一"到乾隆时,"居民百倍于昔,绫绸之聚亦且十倍",出现了"薄海内外,寒暑衣被之所需,与夫冠婚丧祭黼黻文章之所用,悉萃而取给于区区一镇。入市交易,日逾万金。人情趋利如鹜,摩肩侧颈,奔走恐后,一岁中率以为常"的繁盛景况。① 当地人甚至自诩为并峙苏杭热闹等于苏州阊门。盛泽日新月异的变化过程,实际就是丝绸贸易的迅速发展过程。

杭州府仁和县的塘栖镇,元季开通运河,东西而贯,始见起色。明末有户2 200余,水陆辐辏,"财货聚集,徽、杭大贾视为利之渊薮,开典、顿米、贸丝、开车者骈臻辐辏","岁计食货贸迁,无虑数十百万,而他物不与焉"②。到鸦片战争前,烟火将近万家。

位于秀水、桐乡交界的嘉兴濮院镇,元末战乱,民房大半被毁,到嘉靖前,已是"机杼之利,日生万金,四方商贾负资云集"的雄镇,到万历中,"改土机为纱绸,制造尤工,擅绝海内",更成为丝织巨镇。当时居民已达万家,街市周围12里。清前期,"机业十室而九……至于轻重诸货,名目繁多,总名曰绸。而两京、山东、山西、湖广、陕西、江南、福建等省各以时至,至于琉球、日本,濮绸之名几遍天下"③。

归安菱湖镇,在明成、弘间,"商贾蕃辏,丝业尤甲一邑",入清

---

① 康熙(二十三年)《吴江县志》卷一七《物产》;康熙《吴江县志续编》卷一《市镇四》;乾隆《吴江县志》卷四《镇市村》;乾隆《盛湖志》仲周霈跋。
② 胡元敬:《栖溪风土记》,光绪《塘栖志》卷一八《事纪》。
③ 乾隆《濮镇纪闻》卷一《风俗》。

后,人称"小满后新丝市最盛,列肆喧阗,衢路拥塞"①。

双林镇,永乐间始兴,成化间人口倍增,清初有两万多人,衣庄70余所,乾隆时尚存十之六,"有'小苏州'之语"②。

位于苏、浙交界的南浔,明初镇内尚可筑坟,居民寥寥,发展到清中期,竟成"烟火数万家"的巨镇。

介于嘉、湖、苏三府六县,为乌程和桐乡两县共辖的乌青镇,元末遭兵燹,民庐寺观多为灰烬,可到嘉靖年间,已是"人烟辐辏,环带数千家",万历时居民近万。镇"当水陆之会,巨丽甲他镇,市逵广袤十八里……名为镇而具郡邑城郭之势"③。因为四乡产丝,"蚕毕时,各处商客投牙收买。平时则有震泽、盛泽、双林等镇各处机户另买经纬自织"④。

苏松地区的棉布业市镇也是如此。试举南翔镇,以概其余。南翔镇是江南少有的棉布生产、加工和集散巨镇。正德以前已成大镇,嘉靖间遭倭寇骚扰,一度萧条。隆庆、万历间因棉布业而复兴,"徽商侨寓,百货填集,甲于诸镇"⑤。后因徽商受无赖蚕食而"稍稍迁避",一时颇不景气。清初,南翔镇再度繁荣,"生齿日繁,廛舍日扩,镇东新街南、黄花场北、金黄桥外,渐次成市"。康熙时人誉称,南翔镇"盖东南一都会也。市井鳞比,舟车纷繁,民殷物庶,甲于诸镇"。其时的南翔,东西5里,南北3里,"四方商贾辐

① 同治《湖州府志》卷二二《村镇》;光绪《菱湖镇志》卷一《疆域》。
② 同治、光绪补纂《双林镇志》卷一五《风俗》。
③ 乾隆《乌青镇志》卷一《形势》。
④ 康熙《乌青文献》卷三《土产》。
⑤ 万历《嘉定县志》卷一《市镇》。

辖,廛市蝉联,村落丛聚,花、豆、米、麦百货之所骈集"。镇上从事棉布加工的踹坊字号多达十余家,人称"布商字号俱在镇,鉴择尤精,故里中所织甲一邑"①。

江南丝棉织业市镇从无到有,从小到大,从衰到盛,甚至衰而复盛的发展历程,十分清晰地显示了商品贸易在其中的重要作用。明后期到清前期,江南市镇日益繁荣的时期,也正是江南商品贸易日益兴盛的时期。

三、商品流通直接影响市镇兴衰

江南不少市镇的兴衰,直接受商品流通的制约,这以流通型市镇表现得最为明显。

上海县的乌泥泾镇,元时海运漕粮,在镇上建有粮库,因而"人民炽盛于他镇",到明前期因漕粮改由河运,商人罕至,镇"则鞠为草莽"。

同县的青龙镇,宋元间设有市舶提举司,"海舶辐辏,风樯浪楫,朝夕上下,富商巨贾,豪宗右姓之所会也。人号'小杭州'"。元末因海口淤塞,商流不通,"其市渐徙于太仓"②。

相形于青龙镇的衰落,则是刘河镇的兴起。刘河镇的兴盛已如前述。可是随着嘉庆中期进出刘河的沙船改泊上海,刘河镇的繁荣一落千丈,而且一蹶不振。嘉庆十三年(1808),兵备道颁发告示,允许商船自定泊地,"自此以后,刘河一口竟无一船之至矣,镇

---

① 嘉庆《南翔志》卷一《沿革》《疆里》,卷二《庙坛》《书院》。
② 弘治《上海志》卷二《镇市》。

之居民宛如涸鲋","是以南北商人皆席卷而去。向之所谓字号者，去者去而倒者倒矣；向之所谓保税行者，烧者烧而拆者拆矣；向之所谓豆行、杂货行者，死者死而绝者绝矣；向之所谓标船者，已将鸟枪兵器缴还藩库矣；向之所谓汇折开报者，今无一船进口……刘河之所有者，惟一天明月，两岸苇风，萧瑟之韵与啼饥号寒之声，如相赠答，而无限哀鸿飞栖无着，良可慨矣"①。刘河镇的空前兴盛在于开海后的商品流通，刘河镇的急剧衰落也在于海口淤塞后的商流不通。

与青龙镇、刘河镇的由盛而衰相反，常熟的梅李镇，在光绪年间因"洋纱盛行，小布出数愈多，浒浦流通，江海之沙船远集，盐铁塘浚，沪渎之洋货纷来，商贾辐辏，贸易颇盛"②。

沿运河和处于交通要道的市镇如枫桥、平望、王江泾、乌青等，嘉靖年间都遭倭寇蹂躏，有的后来还屡经明末清初的兵燹、太平天国期间的战火，然而由于地通南北，货畅其流，每次总能衰而复盛。如平望镇，明前期即呈现"商舶之走集无虚日，廛市憧憧，罗络旁午"的繁忙景象，人称"地为八省通衢，冲繁最剧，地方三里，居民千家，百货凑集如小邑然"。嘉靖时因为水灾和倭寇掳掠，"庐舍人烟荡焉欲尽"。嗣后数十年又因为"海宇承平"，商流"熙攘盈繁，屹为吴江巨镇"。到清前期，"居民数千家，物产毕陈，商贾辐辏，比之苏之枫桥，时人呼曰'小枫桥'"。后来经过太平天国时期长达十数年的拉锯战，"平望数十里片瓦无存"③。光绪时，长江上中游之米直

---

① 金端表:《刘河镇记略》卷三《创始》,卷五《盛衰》,清道光稿本。
② 光绪《新续梅李小志》。
③ 道光《平望志》附宣德五年卢瑛序,卷一《沿革》;光绪《平望续志》张大任序。

运上海,运河米流量大减,平望更萧条无生气。平望历经数次战火,屡劫屡复,商流不畅才成为灭顶之灾,有力地说明了商品流通对江南市镇兴衰的影响作用。

即使内地市镇,其兴衰也多受商品流通影响。明后期耿橘《水利书》说,常熟唐市,"东南水区,一遇洪涛,室庐漂荡,何有田畴?所恃唐市砥柱其中,商贾辐集,居民稠密,享有贸易之利,此民之得免于离散也"①。唐市在明清时期一直兴盛,全因"享有贸易之利"。嘉定外冈镇,经倭寇骚扰,居民逃亡几尽,万历时民渐稠密,"四方之巨贾富驵贸易花布者,皆集于此,遂称雄镇焉"②。外冈的衰而复兴,同样得力于商品流通。

江南市镇的盛衰及其大小规模,关键取决于商品流通,江南市镇的发展历程最清楚地说明了这一点。

第三节　商品经济与富庶的江南经济区

明清时期的江南,是全国最为富庶的经济区。而当时人即认为,江南富庶在于工商业的发达。张瀚说:"矧工于器者,终日雕镂,器不盈握,而岁月积劳,取利倍蓰;工于织者,终岁纂组,币不盈寸,而锱铢之缣,胜于寻丈。是盈握之器足以当终岁之耕,累寸之华足以当终岁之织也。"③商品生产收益远胜农耕。王士性说:"毕竟吴中百货所聚,其工商贾人之利又居农之什七,故虽赋重不见民

---

① 乾隆《唐市志》卷上《形胜》。
② 崇祯《外冈志》卷一《沿革》。
③ 张瀚:《松窗梦语》卷四《百工纪》,第70页。

贫。"又说:"浙十一郡惟湖最富,盖嘉、湖泽国,商贾舟航易通各省,而湖多一蚕,是每年两有秋也。"①清初唐甄也说,江南"虽赋重困穷,民未至于空虚,室庐舟楫之繁庶,胜于他所。此蚕之厚利也"②。稍后的徐献忠则说,湖州"田中所入与桑蚕各具半年之资",因而"其民虽无素封之奉,而饥疲困苦亦稍减少"③。江南由于工商业发达,因而较其他地区富实繁庶。

一、商品经济使江南农民得以维持较高的生活水平

无论单位工作日报酬是否如人所说日趋下降,江南农民由于广泛开展桑棉丝布及其他兼业化、专业化生产,直到嘉、道年间,其年收入或家庭总收入是稳定或增长的,其生活水平也是趋向不断提高的。

王士性说蚕桑区"闾阎既得过,则武断奇赢,收子母息者盖易为力"④。一年两有秋,带来了人民生活的相对稳定。蚕桑区农家虽然养蚕工本大多靠质贷筹措,但蚕丝之利尚可还贷谋生,所以农人认为"毕竟蚕桑是长算,不恨官私两迫促,但愿年年如此十分足,放胆且吃豪家粟"⑤。总体而言,蚕桑生产区经济条件较好。费南辉在《西吴蚕略》中说:"富室无论矣,贫家所养无多","利殊有限,丰收三五载,迄可小康。"甚者如杭州艮山门外一带,"人家世守蚕

① 王士性:《广志绎》卷二《两都》,卷四《江南诸省》,第 32、70 页。
② 唐甄:《潜书》下篇下《教蚕》,第 15 页。
③ 徐献忠:《吴兴掌故集》卷一二《风土类》、卷一三《物产类》。
④ 王士性:《广志绎》卷四《江南诸省》,第 70 页。
⑤ 陈梓:《养蚕词》,乾隆《濮镇纪闻》卷四。

织,是以村村富实"①。双林镇因为四乡农家织绢,据说"田功半荒
而衣帛食鲜"②。棉织区的情形大体相似。弘治时,王鏊赞上海
"重以土产之饶,海错之异,木棉文绫,衣被天下,可谓富矣"③。地
方文献称松江一府"视他郡虽劳苦倍之,而男女皆能自立"④。明
末,天下扰攘,江南也呈凋敝气象,而应天巡抚曹文衡在历数了江
南各府困顿之状后却说:"而松于属郡中斗僻一隅,桑麻鱼盐,沃野
绣塍。"⑤清中期,包世臣说松江府、太仓州一带,"士民仍得各安其
业,称东南乐土",正由于"凡所取给,悉出机杼"的缘故。地方文献
记载,松江府所产布匹,"雍正间,销路浸广……大抵系粤商争购,
务求细密,不计阔长,需棉少而布价昂。乾隆寅卯奇荒,机户无啼
号之惨,实赖有此耳"⑥。奇荒之年,织布农户仍未啼饥号寒,平常
年景生活当较稳定。如嘉定县,居民以花布为生,"男耕女织,冬夏
无间,昼夜兼营,食粝衣粗,仅堪资给"⑦。生活并不优裕,但看得出
还是过得去的。嘉庆时钦善听织户说:"昔一丈之布,羡米五升,而
今则二升有奇。"⑧原来斗米一斤花,织一匹布可获利一斗米钱,这
时只有四升。包世臣也说:"商贾不行,生计路绌。"⑨可见到了近

---

① 光绪《杭州府志》卷一七三《九记三》。
② 民国《双林镇志》卷一五《风俗》。
③ 弘治《上海志》王鏊序。
④ 正德《松江府志》卷四《风俗》。
⑤ 崇祯《松江府志》曹文衡序。
⑥ 民国《江湾里志》卷四。
⑦ 光绪《嘉定县志》卷八《风俗》。
⑧ 钦善:《松问》,《清经世文编》卷二八,第694页。
⑨ 包世臣:《安吴四种·齐民四术》卷二《致前大司马许太常书》。

代,江南棉布"货日滞,价日贱"①,销路不畅,价格连跌,农家才渐入困境。太仓因为盛产优质棉花,"远商海舶捆载而去,民以殷富。自嘉庆中刘河口塞,专售江右,每岁尚易数万金,故民间殷实之户犹多。咸丰初,粤寇蔓延,道途梗塞,商贾不通,价值甚贱"②。在棉花外销正常时,太仓经济堪称殷富。无锡县自然条件并不优越,当地人认为即使在常州府内,"山之利不逮宜兴,水之利不逮江阴",但是因为棉织业在全府最盛,而号为"壮县",故"虽遇凶年,苟他处棉花成熟,则乡民不致大困"③。小农因为从外地输入棉花,又织成布匹输出,所以能够维持简单再生产和过得去的生活水平。

那么江南农民究竟处于怎样的一种生活水平呢?康熙时,靳辅说:"臣访之苏、松、嘉、湖之民,知壮夫一丁,止可种稻田十二三亩,其岁收粒米,肥地不过三十余石,瘠地亦可得二十石。以每人每日食米一升科之,则三十余石者,可食九人,而二十石者,可食五六人。准古证今,原无异也。至农夫五等,牵上中下而合算之,每夫可食七人,内除本夫与本夫之母妻女,以及本夫之耄父幼子,约共食其半,计可余一半,以食他人。"④嘉庆时的钦善以江南当地人的口气说:"今夫平口计人,食米不及四石耳。松田四百万,松民二百万,即土孽不发,多秕厚糠,补短截长,犹不至困淫夷而死旱暵。"⑤同时期的包世臣说:"尝以苏州一府推之,而知酒之为害,不

---

① 光绪《嘉定县志》卷八《风俗》。
② 光绪《太仓直隶州志》卷六《风俗》。
③ 黄卬:《锡金识小录》卷一《备参上》,清光绪刻本。
④ 靳辅:《生财裕饷第一疏》,《清经世文编》卷二六,第642页。
⑤ 钦善:《松问》,《清经世文编》卷二八,第695页。

可胜言。苏州共辖九县,为天下名郡,然合九县之境,南至平望,北至望亭,西至广福镇,东至福山,截长补短,不过方百七十里。名城大镇,山水所占五分去二,得产谷之土方百三十里。每方一里,为田五百三十亩,方百三十里共计田九百十万亩。苏民精于农事,亩常收米三石,麦一石二斗,以中岁计之,亩米二石,麦七斗,抵米五斗,当岁产米二千二三百万石。苏属地窄民稠,商贾云集,约计九属,有人四五百万口,合女口小口牵算,每人岁食米三石,是每岁当食米一千四五百万石。加完粮七十万石,每岁仍可余米五六百万石。是五年耕而余二年之食,且何畏于凶荒。"①靳辅、钦善和包世臣的估算都过于笼统。三人都没有考虑经济作物种植面积,靳辅和钦善未算"春花",计算食米和余粮也不尽准确,农夫可耕田亩数不等于实有田亩数,包世臣以方圆面积匡算田亩,与当时在册田亩出入颇大,钦善的人口估算也过低。但三人所述亩产量和人均年用粮可以供我们参考。

大量地方文献和现有研究表明,明清时期江南稻田正常年景平均亩产秋熟中等收成约为 2 石米,春花 1 石,考虑到复种指数和麦的食用效率,春熟为 0.5 石是毫无问题的。直到人满为患的嘉庆后期,江南九府州在册耕地为 4 550 万亩,在册人口为 2 650 万,人均耕地 1.72 亩。按每亩产粮 2.5 石米计算,扣除经济作物种植面积 520 万亩,可产米 10 075 万石,扣除上交的本色米粮 300 万石,应为 9 775 万石。按人均年食米 3.6 石计,需食米 9 540 万石,如按人均年食米 3 石计,只需食米 7 950 万石。这就是说,直到人稠地狭

---

① 包世臣:《安吴四种·齐民四术》卷二《庚辰杂著二》。

极为突出的清中期,江南之粮仍足敷江南人口之食。即使以人均耕地紧张、副业手工业发达的苏、松、太、常、杭、嘉、湖七府州而论,所产之米以人均年食米 3 石计,也可敷食用。可见此前的将近 500 年间,江南所产之米用以当地糊口是没有问题的。江南缺粮是另有原因的(参见第一、二章)。这当然只是就江南各地各阶层人均拥有粮食量而言的。实际上,无论是靳辅说的每人每日食米 1 升岁食米 3.6 石,钦善说的平口计人年食米不及 4 石,还是包世臣说的大小牵算岁食米 3 石,较之旧中国苏南农民实际年均用粮数和新中国成立后人均分配口粮数都要高得多。[1]

江南"庐井相望,中多佃农"[2],"有田者什一,为人佃作者什九"[3],土地租佃制极为普遍,佃户耕种土地主要靠租田。时人曾论到这种租田佃户的生活状况。章谦存《文賸·通论》说江南佃农"工本大者不能过二十亩,为上户,能十二三者为中户,但能四五亩者为下户"。薛福保说:"往时江南无尺寸隙地,民力田,佃十五亩者称上农,家饶裕矣。次仅五六亩,或三数亩,佐以杂作,非凶岁亦可无饥。何者?男耕于外,妇人蚕织于内,五口之家,人人自食其力,不仰给于一人也。"[4]按照这些说法,佃田四五亩的户为小户,男耕女织,即可温饱;佃田 15 亩左右即可称上户,家境饶裕了。准

---

[1] 曹幸穗研究结果显示,产粮区松江县华阳桥农民 1939 年人均口粮为 2.67 石米,蚕桑区无锡县荣巷农户人均口粮仅为 262.5 斤米(《旧中国苏南农家经济研究》,中央编译出版社 1996 年版,第 216、212 页)。新中国成立后公社化时期苏南人均分配口粮大为 520 斤稻谷。

[2] 钦善:《松问》,《清经世文编》卷二八,第 694 页。

[3] 顾炎武:《日知录》卷一〇《苏松二府田赋之重》,黄汝成《日知录集释》本,岳麓书社 1994 年版,第 369 页。

[4] 薛福保:《江北本政论》,《皇朝经世文续编》卷四一。

之上述嘉庆时期七府州人均耕地 1.58 亩,即户均耕地近 8 亩,如果从事棉织丝布生产,可为中户,温饱稍有盈余了。如将这 8 亩耕地种植稻棉(棉田亩产百斤,收益相当于米 2 石,与种稻相当),按照江南平均亩产米 2 石的标准,可获米 16 石,去掉对半租还剩 8 石,春花自收,又相当于 8 石米,扣除大约一半的工本赋役费用[1],仍为 8 石米。五口之家年食米约 18 石。可见其时的佃农生活费用主要靠副业等其他收入。

　　江南棉织区,棉布销路正常时,"匹夫匹妇,五口之家,日织一匹,赢钱百文"[2],或"昔一丈之布,羡米五升",或"斗米三斤花"。十天可得 1 石米的收益。以农家全年棉织 200 天计,则一年可达 20 石,纺织收入远超种田收入。食米以外,还有一半左右收入可以用以盐菜及交际等开支。方行的研究也表明,农户织布所入远高于种田。他认为,农户年产米 15 石,约共为钱 13 125 文,如以每匹布卖钱 270 文计,农户年织布 80 匹,是共为钱 21 600 文。加上粮食收入,农户年收入共约为钱 34 725 文。[3] 他采用银钱折算办法,估算农户织布数量采用平均数,可能误差较大,但结论仍能成立。在蚕桑丝织区,如果农户织绸,濮院绸"大约轻绸日可一匹,重者二三日不等"[4];盛泽纺绸"每绸一匹织造时须二日至五日之工夫"[5]。据说抗战前吴江黄家溪农民织一匹花式绸可挣三元,其时大米每

---

① 光绪《嘉定县志》卷八《土产》称:"亩收棉百斤,以时价计之,可易钱四缗,除半抵工本赋役外,亩赢钱二缗。"

② 光绪《嘉定县志》卷八《土产》。

③ 方行:《清代农民经济扩大再生产的形式》,《中国经济史研究》1996 年第 1 期。

④ 乾隆《濮院琐志》卷一《机杼》。

⑤ 《中国实业志》第八编第一章第五节《盛泽之丝织业》。

石仅五元,吴江其他地区织一匹绸大致也可得三至五斗米钱。① 如以此推算,织造濮院绸或盛泽纺绸每天获利合米也在二斗以上。从事织绸的收入也应该远在种田之上。因此,根据当时的实际生活情形,八亩之家即可为中等佃户,维持说得过去的生活水平。而此前的近 500 年间,农户生活的总体水平当然更不成问题。

江南农家的实际耕种能力也从另一个侧面反映了农民的生活水平。李伯重新近的精细研究显示,到了清代中期,各地种稻农户的耕作能力的差别已变得很小,都趋向于每户 10 亩左右。② 清中期正是江南经济的最兴盛时期,人耕 10 亩或户均 10 亩,反映了江南农户的整体生活水平要比有人依据边际报酬递减理论而作的推算高得多。

江南农民的消费结构也体现了其生活水平的上升。崇祯《乌程县志》载:"油,湖人常食,多用猪油,惟斋素用豆油、菜油,间用芝麻油,而灯火止用豆油,妇女抹发则用菜油。"对此描述,晚清的汪日桢大为感慨道:"按菜油用油菜子所榨,豆油则用黄豆,二油价每相似,虽菜子为本地土产,而价与米等,原非贱物。不特斋素用之,即平时常得食油者,已为温饱之家。刘志云云,可想见当时民殷物阜也。"③由明清时期江南油坊之遍设,油料加工之兴盛,可以推见其时常得食油之家是相当普遍的。方行曾在比较了《补农书》与《租核》两书后发现,江南温饱型农民不但在清末比明末消费总支

---

① 吴江丝绸工业公司编:《吴江丝绸志》,江苏古籍出版社 1992 年版,第 105 页。
② 李伯重:《"人耕十亩"与明清江南农民的经营规模——明清江南农业经济发展特点探讨之五》,《中国农史》1996 年第 1 期。
③ 同治《南浔镇志》卷二四《物产》。

出增加,而且食物消费支出在其生活消费总支出中的比重也有所上升,但其中粮食支出占消费总支出的比例下降而副食支出却上升。方行的比较虽然未考虑明人的节庆费用,但总体结论却是有说服力的,这就是,"农民消费结构的这种变动,实际上反映着农民生活水平的提高"①。

　　江南农民的生活水平与其他地区农民相比,就更清楚。郭松义系统研究嘉庆十七年(1812)全国各省区的人均粮食拥有量,其中江苏 899 斤,浙江 849 斤,湖南 983 斤,湖北 969 斤,江西 965 斤,四川 933 斤,山东 688 斤,河南 625 斤,安徽 614 斤。② 江浙虽比两湖、四川、江西等粮食输出大省稍低,但远比山东、河南等粮食输出省区为高。我们姑且以郭松义考定的苏南粮食亩产稻麦 4 石,每石 135 斤计算,同时期江南九府州人均耕地 1.72 亩,人均粮食拥有量应为 923 斤。如此则实际上已接近各粮食输出大省了。众所周知的是,不但这些粮食拥有量较高的省区,甚至连那些粮食拥有量低得多的山东、河南等省区,都向江南源源输出粮食。经济发达地区人均消耗的生活必需品必然多于经济相对落后地区。江南实际人均拥有粮食最多,人均消耗粮食事实上也最多,无疑说明了江南人均生活水平在全国处于领先地位。

　　实际情形也有例证。全汉昇在探讨了雍正年间全国的米价后指出,东南地区的苏杭一带,人民所得最大,生活水准最高,长江流

---

① 方行:《清代江南农民的消费》,《中国经济史研究》1996 年第 3 期。
② 郭松义:《清前期南方稻作区的粮食生产》,《清代北方旱作区的粮食生产》,分载《中国经济史研究》1994 年第 1 期和 1995 年第 1 期。

域中部次之,西南最低。① 方行在比较了江南和四川农民收支情况后指出,浙江种桑养蚕的农民收入最多,江苏纺棉织布的农民次之,四川种植粮食的农民收入最少,在生活开支上四川农民也比江南农民为少。② 四川号称富足,农民生活较之江南仍相形见绌。清中期,江南人"向在淮北,见舟人以豆饼和赤籼炊饭饱餐,且盛称其滑美,南人则唯凶年偶取以济饥,平时无食之者"③。江南用豆饼壅田喂猪,淮北用豆饼和煮饱餐,两地生活水准差异相当明显。

江南的人口流向特点也从一个侧面说明了江南高于全国其他地区的生活水平。明初,由于赋役繁重,以苏、松为中心的江南农民"相煽成风,接踵而去","轻其乡而乐于转徙",纷纷迁移到全国各地。如太仓一州,洪武二十四年(1391)额编 67 里 8 986 户,到宣德七年(1432)造册只有 10 里 1 569 户,核实现户更只有 738 户。④江南这种严重的人口外移现象随着社会经济的恢复发展,一改而为明后期到清前期外地人口纷纷流入的局面。在苏、松、嘉、湖经济最为繁庶之区,重苦工种匠人多非本地人。清前期苏州城的 2万余名踹染工匠,松江府城镇的 1 000 余名踹布工匠,俱系江宁、太平、宁国人氏。⑤ 苏州城中的 800 余名纸匠,"悉系江宁、镇江等处人氏"。明后期石门镇上的 800 余名油坊工匠,清前期双林镇上的

---

① 全汉昇:《清雍正年间(1723—1735)的米价》,《中国经济史论丛》,香港新亚研究所 1972 年。

② 方行:《清代农民经济扩大再生产的形式》,《中国经济史研究》1996 年第 1 期。

③ 同治《南浔镇志》卷二四《物产》。

④ 周忱:《与行在户部诸公书》,《明经世文编》卷二二,第 176 页。

⑤《雍正朱批谕旨》卷二〇〇,雍正元年四月五日苏州织造胡凤翚奏;《案底汇抄·设立专员管理踹匠各条》,清抄本。

百余名油坊工匠,都是江宁、绍兴等地人。各地城镇的染工、剃工、针工、冶工、涑工、漆工,也都是江南以外或江南区域内经济相对落后地区的趋工谋食者。在传统社会,最常见的是已开发地区向待开发地区流移的开发性移民,由官方组织的狭乡就宽乡的政治性移民和受战争等破坏的灾难性移民。江南人口密度高,却对外地人有着强大的吸引力,说明江南具有较高的经济发展水平,有着较多的就业机会,而且在就业工种上,江南当地人较外地人有着明显的优势。这种现象一如今日落后地区民众到先进地区的"打工"的情形。以江南为范围,人口不是因"推力"而外移,而是由"拉力"而内迁,无疑显示了江南民众的较高生活水准。

毋庸赘言,江南农民这种相对于其他地区农民的较高生活水平,主要不是依赖自然条件之优,而是依靠商品生产的发达和商品流通的畅达,所谓"不藉土之毛,而藉民之力也"①。商品流通的规模和总量与江南人民生活有着内在的联系。嘉、道以后江南经济日益萧条,江南社会购买力大减,最主要的在于市场的萎缩和流通的不畅。

论到明清江南农民的生活状况,我们不能不讨论一下黄宗智的看法。黄宗智在《长江三角洲小农家庭与乡村发展》一书中,开宗明义,表示要"着重分析农民的生活状况,而不是整个经济的毛收入或全部人口的人均收入"(第1页)。他为了论证江南农民自1350年到1950年间长达6个世纪拥有的土地不断减少,收入不断下降(第87页),生活一直"徘徊在糊口水平"(第1页),采用单位

① 光绪《嘉定县志》卷八《土产》。

工作日报酬的概念,来探讨问题。他在比较了水稻种植与桑棉副业生产的投入和产出后,认为江南农民整个家庭的年收入显示了若干程度的增长,但这种增长是以单位工作日的报酬递减为代价而实现的,家庭年收入的增长,不是来自单位工作日报酬的增加,而是来自家庭劳动力更充分的利用,因此这是"无发展的增长",或者说"过密型增长"(第77页)。

黄宗智探讨问题的方法和得出的相关结论,对于我们思考明清时期江南农村商品化而没有走向资本主义具有一定的参考意义。但是撇开发展与增长的概念的区别与联系不论,撇开江南长期蓬蓬勃勃的商品化后没有导向资本主义是否就是因为农民家庭单位工作日报酬递减不论,农民的副业生产是否就比主业生产单位工作日报酬低,探讨农民生活状况是否应以单位工作日报酬为标准?

农业生产不同于工业生产和商业经营的最显著的特点是它的季节性,衡量农业收入的高低是"年成",而不是日产。无论土地数量是否可能,农民不会也无法按照每亩土地的用工量来分配时间耕作土地。农民劳动力只有在生产季节才得到充分利用,农闲时节就无法利用土地。"农民的再生产活动是以家庭为再生产单位的,其劳动生产效率是一家人利用人力、土地能力的表现,再生产条件也是以满足一家人生存和劳动者再生产需要为原则的,因此,只计算主要农作劳动力的生产效率是不能全面反映客观的"。"农民的劳动生产效率,是由一家劳动力在利用自然资源时创造出来的",是"农民家庭人力开发利用和对地利开发利用相结合以后而形成的劳动生产效率"①。农民耕种土地,计算土地收入,既不会考虑每天投入多少,每天产出多少,也不会仅仅考虑投到土地上的劳动日数量,而只会考虑每亩收入多少,每年收入多少,至多同时考虑每亩投入多少。影响农民收入的,既有单位工作日报酬,又有工作日数的利用率,在工作日报酬不变或递减的情形下,工作日数的利用率更加重要;既有利用土地的收入,又有土地以外家庭劳动的收入,在土地收入不变或递减的情形下,家庭劳动力利用的收入就更加重要。因此,衡量农民和农家的生活状况,自然不能仅仅注意土地利用上的单位工作日报酬的高低。黄宗智不以年收入而以单位工作日收入,不以农民家庭总收入而以单个农民的农业收入,来讨论以年成或季节为收入周期的以整个家庭生产为特点的江南农民的经济状况,显然用错了地方,不可能凭以认识明清时期江南农家的真正生活状况。

黄宗智为了论证明清时期江南农民单位工作日报酬递减的结论,对农民种稻与种桑养蚕缫丝和植棉织布生产也作了简单比较。

他利用李伯重的研究成果,即水稻每亩 11.5 个工作日,种桑养蚕每亩 93 个工作日,认为种桑养蚕收入实际上远低于水稻(第 79 页)。笔者以为,种桑养蚕与水稻种植的用工量的比例实际上并没有李伯重估算的那样悬殊,至少李伯重过低地估算了水稻的用工量,过高地估算了桑树的修剪整枝除虫用工量。

曹幸穗根据满铁调查资料,研究出 1938—1939 年度苏南农村单季水稻的每亩用工量:无锡县郑巷人工 20.25;嘉定县丁家村人

---

① 李躬圃:《中英古代农民家庭经济产业结构、劳动生产效率及分化原因》,《中国农史》1991 年第 1 期。

工 9.7,牛工 1.5;松江县何家埭人工 17.85,牛工 2.37;常熟县严家上人工 14.5,牛工 0.5。他从而得出结论为,"以苏南全体而言,单季稻每亩用工在 15—20 日之间"[1]。

曹幸穗的结论可由其他材料印证。20 世纪 50 年代初,华东军政委员会土地改革委员会的实地调查,为我们留下了较多的新中国成立前苏南农村各地用工量的数据:青浦区城厢区 12 工(戽水工不计在内);嘉定县 20 工(不论种棉种稻和小熟,每亩稻的成本为白米 1 石 7 斗,棉的成本为白米 1 石 4 斗);嘉定县外冈区稻每亩 19 工,棉花每亩 20.5 工;无锡县张村区水稻 11 工(近无锡城,地肥沃,机船戽水),桑田每亩只需 15 工;无锡县云林区 16 工;昆山县太平乡人工 15 工,牛工 3 工;吴县堰里乡 11 工("地势低洼,灌溉便利");松江专区稻麦田 18 工,棉田 20 工;无锡县梅村上下两季 30 工;镇海地区棉花用工量 15 工。[2] 各地虽然水利条件不同,种稻用工量多少不等,但除了个别灌溉条件特别优越的地区,大多每亩远超 11.5 工,而在 15 至 20 工之间。

上述苏、松、常地区各地的水稻灌溉条件不会比杭、嘉、湖养蚕区差,20 世纪三四十年代末期的水稻耕作手段也要比明清时期高得多(如普遍采用机戽水),水稻用工量每亩都远超 11.5 工,明清时期自然不会如许之低。

李伯重所说的种桑养蚕每亩用工量为 93 工,实际上包括了罱泥施肥工 18 工,而水稻用工量却未计入此项。黄宗智在比较时,不知是无意忽略,还是有意隐漏,以 93∶11.5,从而认为两者用工

---

[1] 曹幸穗:《旧中国苏南农家经济研究》,第 91—92 页。
[2] 《江苏省农村调查》,第 18、42、85、94、102、156、176、204、215、403 页。

量之比是 8.1∶1。如果我们现在扣除桑田罱泥施肥工 18 工，修正李伯重估算的水稻用工量，改用曹幸穗所得用工数据，则种桑养蚕与水稻的用工量之比为 70∶18，即 3.9∶1。李伯重又旁征博引精致地考证出：“明后期与清前期江南蚕桑的亩总产值大约 4 倍于水稻，亩净产值亦为水稻的 4 倍上下。”①即以李伯重最新研究成果而论，按照上述用工量之比，也看不出种稻较之种桑养蚕有什么优势，根本得不出黄宗智所说的种桑养蚕的毛收入与净收入在单位工作日报酬上都比种稻低的结论。

　　黄宗智在比较种稻与植棉的用工量时，采用了同样的方法，低估种稻用工量，而高估植棉用工量。他根据卜凯长江稻麦区 20 世纪 30 年代每亩棉花的劳动力投入需 21 日而水稻仅为 10.5 日的结论，认为“植棉的单位工作日报酬显然低于种稻”（第 83 页）。卜凯关于棉花用工量的说法，较之华东军政委员会土改委员会的调查，虽然偏高，但出入还不大，而关于水稻用工量的说法却难以凭信。曹幸穗根据满铁调查材料，研究出 20 世纪 30 年代末棉田用工量，嘉定丁家村为人工 13 工，牛工 1.5 工，常熟严家上村为 17 工，并进而认为“棉花种植的用工量，大致与水稻相近，平均每亩 16 日左右”②。综合 20 世纪 30 至 50 年代的各种调查材料，可以推定当时棉田的用工量仅略高于稻田，而上溯厔水条件远差于 20 世纪四五十年代的明清时期，则植棉比种稻用工量高不了多少。嘉庆时，熟悉江南农事的包世臣说，“水田种稻，合计播种、拔秧、莳禾、芸草、收割、晒打，每亩不过八九工，旱田种棉花、豆、粟、高粱，每亩亦不

---

① 李伯重：《明清江南蚕桑亩产考（续）》，《农业考古》1996 年第 3 期。
② 曹幸穗：《旧中国苏南农家经济研究》，第 93 页。

过十二三工"①。金山卫等原来种植水稻的地区,"自咸丰辛酉兵燹后农力不足,木棉者渐多,以省工本"②,情形正好相反,植棉反而可省工本。这些材料表明,我们根本无法得出黄宗智那样的"植棉的单位工作日报酬显然低于种稻"的结论。

旱作较之水作,桑地、棉田较之稻田,劳动强度要低得多(联产承包责任制以前,苏南旱田的用工强度和工分值都比水田低)。江南桑棉田与稻田耕种的劳动强度、季节、时限要求等复杂因素,要求我们进行劳动报酬比较时采取谨慎和全面的态度。明清之际的农学家张履祥曾对种桑与种稻作过比较。他说:"田壅多,工亦多,地工省,壅亦省;田工俱忙,地工俱闲;田赴时急,地赴时缓;田忧水旱,地不忧水旱。俗云'千日田头,一日地头'是已。"③张履祥是精于算计农业投入产出的经营地主,他的全面比较和宏观结论理应引起我们的重视。

顺便说一句,桑棉用田大多是艰于灌溉的高确田地,若种水稻,工本反而远超桑棉。明代华亭西乡田低水平,易于车戽,夫妻二人可种 25 亩,稍勤者可种 30 亩,而且产量较高,而东乡田亩岸陡,车戽极难,夫妻二人极力耕种只可 5 亩,产量极低。④ 像东乡这样的田,如果不改种棉花而继续种水稻,工本不知要大多少倍。实际上,明中期到清前期江南棉田不断增多,正是广大农户因水利灌

---

① 包世臣:《安吴四种·齐民四术》卷二《庚辰杂著二》。
② 民国《张堰志》卷一《物产》。
③ 张履祥辑补:《补农书校释》(增订本),陈恒力校释,王达参校,农业出版社 1983 年版,第 101 页。
④ 何良俊:《四友斋丛说》卷一四《史十》,中华书局 1959 年版,第 115 页;顾清:《与郡守刘沂东》,《明文海》卷二〇七,《文渊阁四库全书》本。

溉条件恶化,种稻用工量大增而改种棉花的结果。如果考虑到这一点,所谓桑棉单位工作日报酬较低之说更无从谈起。

进行比较研究,理应考虑这些因素。然而黄宗智对桑棉与水稻种植的比较,既采用了简单的类比,又有意无意地夸大了桑棉的用工量而减低了水稻的用工量,而且无视实际劳动强度,引用数据多不可靠,所得结论也就难以成立,明清江南农民的实际生活状况就更难以探求。如果长江三角洲自明初就人满为患,其后6个世纪间农家一直处于仅仅糊口的水平,甚至只能维持黄宗智所说的"最低生存水准",我们就很难理解明代中后期到清中期之间不是江南人口外迁而是全国各地人口流向江南的社会现象,就很难理解"人工日贵"和手工业工人工资趋于上升工作日报酬递升的历史事实,也就很难理解当时的江南为什么一直居于全国发达的经济中心的重要地位。

二、商品经济使江南地区能够提供繁重的赋税

明清时期,江南重赋,全国为最。明中期,经济名臣丘濬说:"以今观之,浙东西又居江南十九,而苏、松、常、嘉、湖五郡又居两浙十九也。"[1]嘉靖时,礼部尚书顾鼎臣也说:"苏、松、常、镇、嘉、湖、杭七府,财赋甲天下。"[2]康熙初年,江苏巡抚韩世琦也说:"然财赋

---

[1] 丘濬:《大学衍义补》卷二四《治国平天下之要·经制之义下》,《文渊阁四库全书》本。

[2] 《明世宗实录》卷二〇四,嘉靖十六年九月戊子,第4269页。

之重,首称江南,而江南之中,惟苏、松为最。"①具体说来,江南八府明初田地不到全国的 6%,而税粮却高达 23%,后来田地上升到 7% 强,又经宣德年间的大幅度减税,税粮比例下降为 21% 强。到明后期江南田土在全国的比例下降为 6% 强,而赋额却仍然与明中期持平。通计有明一代,江南田地仅占全国 6% 强,而税粮却占全国近 22%,也就是说,在明代,各地上交给朝廷的税粮,每 5 石就有 1 石多是由江南提供的,江南以 1/16 的田土交纳了 1/5 以上的税粮。体现在每亩平均交纳的税粮上,江南的地位也是相当突出的。明初亩均税粮,全国仅为 0.038 石,江南高达 0.143 石,是全国平均水平的近 4 倍,以后因减赋所占比例有所下降,但仍为全国的 3.5 倍。入清以后,江南田地上升到全国的 7% 强,而上交银两下降为 17% 弱,但米粮本色却高达近 77%,单就本色而言,地位更为重要了。如果考虑到全国 400 万石漕粮江南占了 40% 以上,民间要以数石之粮运一石漕粮,则江南的实际负担还要沉重得多。②

江南能够支撑这最为繁重的赋税,完全依靠发达的丝棉绸布及其他手工业商品生产。徐光启说,明代松江赋税十倍于宋,"壤地广袤,不过百里而遥;农亩之入,非能有加于他郡邑也。所繇共百万之赋,三百年而尚存视息者,全赖此一机一杼而已。非独松也,苏、杭、常、镇之币帛枲纻,嘉、湖之丝纩,皆恃此女红末业,以上供赋税,下给俯仰。若求诸田亩之收,则必不可办。"③清初,户部尚

---

① 韩世琦:《请减浮粮疏》,乾隆《苏州府志》卷一〇《田赋》。
② 参见拙文《明清江南重赋问题述论》,《中国经济史研究》1996 年第 3 期。
③ 徐光启:《农政全书》卷三五《蚕桑广类》,第 969 页。

书车克说松江"赋役之供,糊口之计,全赖棉"①。乾隆时人也说:
"议生计者,女工诚不可缓,浙之杭、嘉、湖,江之苏、松、常,蚕以治
丝,织以成布,一岁而数百万之大利,皆女工所自出也。"②道光时,
包世臣仍认为,"木棉梭布,东南杼轴之利甲天下,松、太钱漕不误,
全仗棉布。"③同治初,李鸿章等地方官更将清前期江南如额完纳税
粮归结为商品流通下的民间富实。他们说:"江苏尤东南大都会,
万商百货,骈阗充溢,甲于寰区。当是时,虽担负之夫、蔬果之佣,
亦得以转移职事,分其余润,无论自种、佃种,皆以余力业田,不关
仰给之需,遂无不完之赋。故乾隆中年以后,办全漕者数十年,无
他,民富故也。"④明清时人的这些看法,揭示了江南重赋得以成立
的关键。重赋征收固然反映了封建朝廷对江南人民的榨取程度,
一定程度上也反映了江南的富庶程度。江南商品经济的发展为封
建朝廷持久征取重赋提供了可能,从而也为全国经济的发展作出
了重要贡献。

三、商品经济为江南人才辈出奠定了经济基础

江南既为经济重地,又为人文渊薮,明清时期,盛称"人才甲天

---

① 车克:《题为臣乡奇荒涝告重地吁恩最切事》,顺治十年十一月十三日,中国第一历
　史档案馆藏档案。
② 陈宏谋编:《训俗遗规》卷四《耕读堂杂录》,《四部备要》本。
③ 包世臣:《安吴四种·齐民四术》卷二《致前大司马许太常书》。
④ 陈其元:《庸闲斋笔记》卷六《江苏督抚请减苏松太浮粮疏》,中华书局 1989 年版,
　第 142 页。

下"①。单就三年一度中第的进士而论,就以人数多、名次前、仕宦显而成为明清时期最为著名的地域人文集团。据明清进士题名录统计,明清两代自明洪武四年(1371)首科到清光绪三十年(1904)末科,共举行殿试 201 科,外加博学鸿词科,不计翻绎科、满洲进士科,共录取进士 51 681 人,其中明代为 24 866 人,清代为 26 815 人。江南共考取进士 7 877 人,占全国的 15.24%,其中明代为 3 864 人,占全国的 15.54%,清代为 4 013 人,占全国的 14.95%。②

功名兴盛,原因复杂,社会风气乃至地理环境都有影响,但经济条件是基础。科举考试,要以经济实力为后盾。江南名士达官王世贞深有感慨地说:"余举进士不能攻苦食俭,初岁费将三百金,同年中有费不能百金者。今遂过六七百金,无不取贷于人,盖赀见大小座主,会同年及乡里,官长酬酢,公私宴醼,赏劳座主仆从与内阁吏部之舆人,比旧往往数倍,而裘马之饰,又不知省节。"③王氏所言当仅指会试前后的费用,家境富裕者用银 300 两,寒门子弟或攻苦食俭者需银百两。王氏中进士在嘉靖二十九年(1550),三四十年后科试费用已涨了一倍以上。明代后期如此,清代物价持续上涨,各项费用大增,科考支出大概非千金不办。大名鼎鼎的画家文徵明 9 次乡试不举,其曾孙东林魁杰文震孟 10 次会试才登第。清代缪彤在发誓不复再考的第五次会试后才荣登榜首。海内闻名的

① 蔡昇撰,王鏊重修:《震泽编》卷三《人物》,明刻补抄本。
② 参见拙文《明清江南进士数量、地域分布及其特色分析》,《南京大学学报(哲学·人文科学·社会科学版)》1997 年第 2 期。
③ 王世贞:《觚不觚录》,《文渊阁四库全书》本。

海宁陈家，陈其元共乡试 15 次，前后居矮屋中 135 天。更有甚者，成名后"海内诸国争走重金购诗集"的沈德潜，"历岁科试凡三十余次，乡试十有七次"不中，仍不急不躁。王世贞年十九，一举中的，费银数百两，这些人一而再、再而三，乃至十数次的应考，费用之巨实难计算。自然这还不包括长年聘请塾师寒窗攻读的费用。如此高昂的费用，没有一定的家底是无法承受的。

　　江南进士除了那些出身于世代为宦的簪缨望族者，也有不少挺身于农耕力田经营工商的素封之家。自明后期到清前期，江南进士人数不断增加，在全国的比例不断上升，而这个时期正是江南农工商业稳定发展最为繁盛的时期，庶民子弟登第入仕的比例当较之任何时期为高。嘉、道之际的乌程人沈垚说："仕者既与小民争利，未仕者又必先有农桑之业方得给朝夕，以专事进取，于是货殖之事益急，商贾之势益重。非父兄先营事业于前，子弟即无由读书以致身通显。是故古者四民分，后世四民不分；古者士之子恒为士，后世商之子方能为士。"[1]沈垚张皇其词，过于偏激，但却道出了经济基础与科第进取的关系。江南进士之多，正是奠基在江南经济富庶之上的。江南经济特别是商品经济的发展，造就了一代又一代饱学之士。而商品经济之所得，很大一部分不是用于投资扩大再生产，而是用于培养科举人才，应试入仕，这可能正是江南商品化而并没有导致资本主义化的一个重要原因。

---

[1] 沈垚:《落帆楼文集》卷二四《费席山先生七十双寿序》，嘉业堂刻本。

附　录

作者相关论文(1998 年后)：

《宁国商人初探》(与戴玉合作)，《中国社会经济史研究》1998年第 3 期。

《清代徽州商帮的慈善设施——以江南为中心》，《中国史研究》1999 年第 4 期。

《清代江南会馆公所的功能性质》，《清史研究》1999 年第 2 期。

《太湖厅档案所见洞庭商人的活动》，〔日〕《中国明清地方档案的研究》2000 年 3 月，又载《江苏大学学报(社会科学版)》2002年第 2 期。

《明代徽商染店的一个实例》，《安徽史学》2001 年第 3 期。

《明代官营丝织业三题》，《中国社会经济史研究》2001 年第 4 期。

《清代江南棉布字号探析》，《历史研究》2002 年第 1 期。

《明清地域商人与江南文化》,《江海学刊》2002 年第 1 期。

《明代嘉靖年间江南的门摊税问题——关于一条材料的标点理解》,《中国经济史研究》2002 年第 1 期。

《明代万历后期通番案述论》,《南京大学学报(哲学·人文科学·社会科学版)》2002 年第 2 期。

《明清徽州典商述略》,《徽学》(第二卷),安徽大学出版社 2002 年版。

《清代苏州城市工商繁荣的写照——〈姑苏繁华图〉》,《史林》2003 年第 5 期。

《明清地域商人与江南市镇经济》,《中国社会经济史研究》2003 年第 4 期。

《明清时期江南与福建广东的经济联系》,《福建师范大学学报(哲学社会科学版)》2004 年第 1 期。

《明清地域商人と江南都市文化》,〔日〕《都市文化研究》第 3 号,2004 年 3 月。

《明代徽州盐商盛于两淮的时间与原因》,《安徽史学》2004 年第 3 期。

《清代徽商与经营地民众的纠纷——六安徽州会馆案》,《安徽大学学报》2005 年第 5 期。

《商帮探源述流》,《浙江学刊》2006 年第 2 期。

《明清海洋政策对民间海洋事业的阻碍》,《学术月刊》2006 年第 3 期。

《清代徽州盐商的销盐纠纷与诉讼》,《中国社会经济史研究》2006 年第 2 期。

《明代地域商帮的兴起》,《中国经济史研究》2006 年第 3 期。

《明代地域商帮兴起的社会背景》,《清华大学学报(哲学社会科学版)》2006 年第 5 期。

《清代字号商标纠纷及其理处》,《故宫博物院八十华诞暨国际清史学术研讨会论文集》,紫禁城出版社 2006 年版。

《清代前期淮安关税收的盈绌原由》,《安徽史学》2007 年第 1 期。

《清代刘家港的豆船字号——〈太仓州取缔海埠以安海商碑〉所见》,《史林》2007 年第 3 期。

《明清洞庭商人家族》,《中国社会历史评论》(第五辑),商务印书馆 2007 年版。

《清代山西商人和酒业经营》,《安徽史学》2008 年第 1 期。

《试论宋元明清时期江南经济发展的推动力》,《基调与变奏:七至二十世纪的中国》,台湾政治大学历史学系等,2008 年版。

《把持与应差:从巴县诉讼档案看清代重庆的商贸行为》,《历史研究》2009 年第 3 期。

《钱泳〈履园丛话〉所反映的江南社会经济》,《明清论丛》第九辑,紫禁城出版社 2009 年版。

《非求生于近邑,必谋食于他乡——明清时期的无锡商帮》(与罗晓翔合作),《中国社会经济史研究》2009 年第 3 期。

《文书遗珍:清代前期中日长崎贸易的若干史实》,《文史》2010 第 1 期。

《缥囊缃帙:清代前期江南书籍的日本销场》,《史林》2010 年第 1 期。

《清代前期上海的航业船商》,《安徽史学》2011 年第 2 期。

《乾隆十三年苏松聚众阻粜案述论》(与罗晓翔合作),《苏州大学学报(哲学社会科学版)》2011 年第 3 期。

《16 至 19 世纪前期中日贸易商品结构的变化——以生丝、丝绸为中心》,《安徽史学》2012 年第 1 期。

《明代嘉靖年间日本贡使的经营活动——以策彦周良〈初渡集〉、〈再渡集〉为中心的考察》,《中国经济史研究》2012 年第 4 期。

《清代中期上海成为航运业中心之原因探讨》,《安徽史学》2013 年第 1 期。

《从分家书看明清徽商培育子弟之道》,《安徽师范大学学报(人文社会科学版)》2013 年第 1 期。

《斌斌风雅——明后期徽州商人的书画收藏》,《中国社会经济史研究》2013 年第 1 期。

《"苏样"、"苏意":明清苏州领潮流》,《南京大学学报(哲学·人文科学·社会科学版)》2013 年第 4 期。

《清代前期福建商人的沿海北艚贸易》,《明清论丛》第十四辑,故宫出版社 2014 年版。

《明末清初徽州书画商人的经营活动》(与姚旸合作),《安徽史学》2014 年第 1 期。

《明清时代的徽商与江南棉布业》,《安徽史学》2016 年第 2 期。

《明清江南官布之征解》,《西南大学学报(社会科学版)》2017 年第 1 期。

《清代中外贸易中的"南京布"》,《南京大学学报(哲学·人文科学·社会科学)》2017 年第 2 期。

《谁是明清基层社会的支配力量——兼评〈明清歙家研究〉》，《光明日报(理论版)》2017 年 9 月 25 日,第 14 版。

《16—19 世纪前期海上丝绸之路的丝绸棉布贸易》,《江海学刊》2018 年第 5 期。

《明代扬州盐商的地域结构及其势力消长》,《徽学》第十一辑,社会科学文献出版社 2018 年版。

《清代开海初期中西贸易探微》(与万朝林合作),《中国经济史研究》2019 年第 4 期。

《明代徽州木商经营活动述略》,《安徽大学学报(哲学社会科学版)》2020 第 2 期。

《"渐以洋钱定价":明清白银流入与社会经济变迁》(与董圣兰合作),《中国社会经济史研究》2020 第 2 期。

《15—19 世纪大运河的物货流通与苏杭城市经济的发展》,《运河学研究》第 5 辑,社会科学文献出版社 2020 年版。

《清代前期沙船业的沿海贸易活动——以上海商船会馆为中心的考察》(与陈昱希合作),《海交史研究》2021 年第 1 期。

《明清苏州经济中心地位略论》(与罗晓翔合作),《史学集刊》2021 年第 3 期。

《清代宫殿金砖的烧造》(与黄泳合作),《中国经济史研究》2021 年第 5 期。

《博古旧家风,清赏分雅俗——明清江南书画收藏赏鉴》,《人文论丛》第 1 辑,武汉大学出版社 2021 年版。

《技进乎道——明清苏州水木作业的境界》(与黄泳合作),

《江南社会历史评论》第十八期,商务印书馆 2021 年版。

《明代宫殿金砖的烧造》(与黄泳合作),《历史档案》2022 年第 1 期。

《清前中期洋钱在江南的流通及影响》(与张景瑞合作),《江海学刊》2022 年第 6 期。

主要参考资料

一、基本文献

1.档案文书

中国科学院编辑:《明清史料》丁编,上海商务印书馆 1951 年版。

"中研院"历史语言研究所编:《明清史料》戊编、己编、庚编,中华书局 1987 年版。

故宫博物院文献馆辑:《史料旬刊》,1930—1931 年铅印本。

《历代宝案》,台湾大学 1972 年印行。

《乾隆嘉庆案件批底》,南京大学历史系藏抄件。

《案底汇抄》,清抄本。

中国第一历史档案馆编:《康熙朝汉文朱批奏折汇编》,档案出版社 1984—1985 年版。

台北故宫博物院编:《宫中档雍正朝奏折》,1977—1980 年版。

台北故宫博物院编:《宫中档乾隆朝奏折》,1980—1982 年版。

《雍正朱批谕旨》,光绪十三年上海点石斋石印本。

故宫博物院明清档案部编:《李煦奏折》,中华书局 1976 年版。

《朱批奏折·财政类》有关档案,中国第一历史档案馆藏。

[明]陈子龙等编:《明经世文编》,中华书局 1962 年版。

[清]贺长龄、魏源等编:《清经世文编》,中华书局 1992 年版。

[清]盛康编:《皇朝经世文续编》,清光绪刻本。

齐思和等整理:《筹办夷务始末(道光朝)》,中华书局 1964 年版。

2.史书政书

[明]《洪武京城图志》,南京中社 1929 年影印本。

[清]张廷玉等:《明史》,中华书局 1974 年版。

《明实录》,"中研院"历史语言研究所 1962 年校印本。

《清实录》,中华书局 1986 年版。

万历《明会典》,台湾新文丰出版公司 1976 年版。

刘惟谦等编:《大明律》,日本享保年间刊本。

乾隆《大清会典则例》,清乾隆刻本。

《续文献通考》,商务印书馆"十通"本。

《清文献通考》,商务印书馆"十通"本。

《清朝续文献通考》,商务印书馆"十通"本。

江南各府州县志、乡镇志及其他区域地方志书(略)。

3.文集别集

[宋]范仲淹:《范文正公集》,清道光十年刻本。

［宋］秦观:《淮海集》,《续修四库全书》本。

［元］徐一夔:《始丰稿》,《文渊阁四库全书》本。

［明］吴宽:《家藏集》,《文渊阁四库全书》本。

［明］蔡昇撰,王鏊重修:《震泽编》,明刻补抄本。

［明］张萱:《西园闻见录》,《续修四库全书》本。

［明］艾南英:《天佣子全集》,清光绪刻本。

［明］归有光:《震川先生集》,《四部丛刊》本。

［明］祝允明:《怀星堂全集》,清宣统二年铅印本。

［明］李梦阳:《空同集》,《文渊阁四库全书》本。

［明］许国:《许文穆公全集》,明万历刻本。

［明］汪道昆:《太函集》,明万历刻本。

［明］韩邦奇:《苑洛集》,清道光刻本。

［明］康海:《康对山先生文集》,清乾隆刻本。

［明］霍与瑕:《霍勉斋集》,清光绪刻本。

［明］陆楫:《兼葭堂稿》,《续修四库全书》本。

［明］汤显祖:《汤显祖集》,中华书局 1962 年版。

［明］李维桢:《大泌山房集》,明刻本。

［明］冯梦祯:《快雪堂集》,明万历刻本。

［明］温纯:《温恭毅公集》,《文渊阁四库全书》本。

［明］李鼎:《李长卿集》,明万历刻本。

［明］章潢:《图书编》,《文渊阁四库全书》本。

［明］申时行:《赐闲堂集》,明万历刻本。

［明］何乔远:《镜山全集》,清抄本。

［明］陈继儒:《陈眉公先生全集》,明刻本。

[明]吴应箕:《楼山堂集》,清光绪刻本

[明]黄希宪:《抚吴檄略》,明刻本。

[清]钱谦益:《牧斋初学集》,上海古籍出版社 1985 年版。

[清]秦世祯:《抚浙檄草》,清顺治刻本。

[清]董讷:《两江疏草》,清刻本。

[清]吴伟业:《梅村家藏稿》,《四部丛刊》本。

[清]张伯行:《正谊堂文集》,清光绪刻本。

[清]汪琬:《尧峰文钞》,清康熙刻本。

[清]蓝鼎元:《鹿洲初集》,清雍正刻本。

[清]陈宏谋编:《训俗遗规》,《四部备要》本。

[清]朱珔:《小万卷斋文稿》,清光绪刻本。

[清]沈垚:《落帆楼文集》,嘉业堂刻本。

[清]陶澍:《陶文毅公全集》,清道光刻本。

[清]林则徐:《林则徐集》,中华书局 1963 年版。

[清]丁日昌:《抚吴公牍》,清光绪刻本。

4.笔记杂录

〔朝〕崔溥:《漂海录——中国行记》,葛振家点注,社会科学文献出版社 1992 年版。

[明]黄省曾:《吴风录》,《五朝小说大观》本。

[明]黄省曾:《蚕经》,《丛书集成初编》本。

[明]何良俊:《四友斋丛说》,中华书局 1959 年版。

[明]朱国桢:《涌幢小品》,中华书局 1959 年版。

[明]田艺蘅:《留青日札》,上海古籍出版社 1985 年影印。

［明］王在晋：《越镌》，明万历刻本。

［明］胡应麟：《少室山房笔丛》，清光绪刻本。

［明］王世贞：《觚不觚录》，《文渊阁四库全书》本。

［明］王世懋：《闽部疏》，《广百川学海》本。

［明］郑若曾：《郑开阳杂著》，1932 年陶风楼影印本。

［明］胡宗宪：《筹海图编》，清刻本。

［明］张瀚：《松窗梦语》，上海古籍出版社 1986 年版。

［明］王士性：《广志绎》，中华书局 1981 年版。

［明］叶权：《贤博编》，中华书局 1987 年版

［明］张燮：《东西洋考》，中华书局 1981 年版。

［明］范濂：《云间据目抄》，《笔记小说大观》本。

［明］顾起元：《客座赘语》，中华书局 1987 年版。

［明］高攀龙：《武林游记》，《武林掌故丛编》本。

［明］王穉登：《客越志》，《广百川学海》本。

［明］徐献忠：《吴兴掌故集》，《吴兴丛书》本。

［明］丁元荐：《西山日记》，《涵芬楼秘笈》本。

［明］凌濛初：《二刻拍案惊奇》，明崇祯五年刻本。

［明］周晖：《金陵琐事》，清光绪刻本。

［明］张岱：《陶庵梦忆》，西湖书社 1982 年版。

［清］顾炎武：《天下郡国利病书》，《四部丛刊》本。

［清］姚廷遴：《历年记》，《上海史料丛编》本，1962 年版。

［清］唐甄：《潜书》，中华书局 1963 年版。

［清］屈大均：《广东新语》，中华书局 1985 年版。

［清］叶梦珠：《阅世编》，上海古籍出版社 1981 年版。

［清］刘献廷：《广阳杂记》，中华书局 1957 年版。

［清］赵吉士：《寄园寄所寄》，清刻本。

［清］纳兰常安：《宦游笔记》，台北广文书局 1971 年影印本。

［清］李斗：《扬州画舫录》，江苏广陵古籍刻印社 1984 年版。

［清］黄印：《锡金识小录》，清光绪刻本。

［清］龚炜：《巢林笔谈》，中华书局 1981 年版。

［清］包世臣：《安吴四种·齐民四术》，清同治刻本。

［清］钱泳：《履园丛话》，中华书局 1979 年版。

［清］顾禄：《桐桥倚棹录》，上海古籍出版社 1980 年版。

［清］顾禄：《清嘉录》，江苏古籍出版社 1986 年版。

［清］郑光祖：《一斑录》，中国书店 1990 年影印本。

［清］陆肇域、任兆麟：《虎阜志》，古吴轩出版社 1995 年版。

［清］甘熙：《白下琐言》，1926 年刻本。

［清］许仲元：《三异笔谈》，《笔记小说大观》本

［清］顾震涛：《吴门表隐》，江苏古籍出版社 1986 年版。

［清］陈其元：《庸闲斋笔记》，中华书局 1989 年版。

［清］翟灏：《艮山杂志》，《武林掌故丛编》本。

［清］黄士珣：《北隅掌录》，《武林掌故丛编》本。

［清］范祖述：《杭俗遗风》，《小方壶斋舆地丛钞》本。

［清］葛元煦：《沪游杂记》，上海古籍出版社 1989 年版。

［清］叶德辉：《书林清话》，古籍出版社 1957 年版。

［清］黄式权：《淞南梦影录》上海古籍出版社 1989 年版。

［清］王维德辑：《林屋民风》，清康熙刻本。

［清］金端表：《刘河镇记略》，清道光稿本。

［清］徐珂：《清稗类钞》，中华书局 1984 年版。

5.专业类要

［明］刘洪谟：《芜关榷志》，明万历刻本。

［明］黄汴：《天下水陆路程》，《北京图书馆古籍珍本丛刊》本。

［明］陶承庆：《商程一览》，明刻本。

［明］余象斗纂：《三台万用正宗》，万历刻本。

［明］徐光启：《农政全书》，上海古籍出版社 1979 年版。

［清］张履祥辑补：《补农书校释》（增订本），陈恒力校释，王达参校，农业出版社 1983 年版。

［明］憺漪子：《天下路程图引》，杨正泰校注，山西人民出版社 1992 年版。

［清］王秉元纂集，西麓主人增订：《生意世事初阶》，清抄本。

［清］褚华：《木棉谱》，《丛书集成初编》本。

《乌青文献》，清康熙刻本。

《布经》，清抄本。

雍正《北新关志》，抄本。

《浒墅关志》，清道光刻本。

［清］杨鏻编：《海塘挈要》，清嘉庆刻本。

〔日〕绪方南溟：《中国工商业考》，清光绪刻本。

佚名：《典业须知》，杨联陞辑，台湾《食货月刊》复刊 1971 年第 1 卷第 4 期。

佚名：《典务必要》，丁红整理，《近代史资料》第 71 号，中国社会科学出版社 1988 年版。

《新安惟善堂征信全录》,清光绪刻本。

《上海洞庭东山会馆落成报告》,民国石印本。

《洞庭东山旅沪同乡会三十周年纪念特刊》,1944 年铅印本。

任冶沅:《金陵旌德会馆志》,1928 年铅印本。

《苏州总商会同会录》,1919 年版。

《上海豆业公所萃秀堂纪略》,上海谢文益 1924 年印本。

6.家谱族谱

翁遵让等修:《翁氏宗谱》,清乾隆刻本。

叶德辉等修:《吴中叶氏族谱》,清宣统三年印本。

葛其忠等修:《洞庭东山葛氏宗谱》,1924 年石印本。

许同莘修:《迁锡许氏宗谱》,1915 年石印本。

陈去病修:《蚬江陈氏家谱》,1915 年铅印本。

7.资料选编

浙江经济所编:《杭州市经济调查》,1932 年版。

华东军政委员会土地改革委员会编:《江苏省农村调查》,1952 年。

江苏省博物馆编:《江苏省明清以来碑刻资料选集》,生活·读书·新知三联书店 1959 年版。

中国人民银行上海市分行编:《上海钱庄史料》,上海人民出版社 1960 年版。

彭泽益编:《中国近代手工业史资料(1840—1949)》,中华书局 1962 年版。

李华编:《明清以来北京工商会馆碑刻选编》,文物出版社 1980年版。

上海博物馆图书资料室编:《上海碑刻资料选辑》,上海人民出版社 1980 年版。

苏州历史博物馆等编:《明清苏州工商业碑刻集》,江苏人民出版社 1981 年版。

谢国桢编:《明代社会经济史料选编》,福建人民出版社 1980—1981 年版。

上海通社编:《上海研究资料续集》,上海书店 1984 年版。

张海鹏、王廷元主编:《明清徽商资料选编》,黄山书社 1985年版。

洪焕椿编:《明清苏州农村经济资料》,江苏古籍出版社 1988年版。

《杭州府告示商牙机户店家人碑》,陈学文《中国封建晚期的商品经济》,湖南人民出版社 1989 年版。

华中师范大学历史研究所、苏州市档案馆合编:《苏州商会档案丛编》第 1 辑,华中师范大学出版社 1991 年版。

苏州市档案馆编:《苏州丝绸档案汇编》,江苏古籍出版社 1995年版。

彭泽益主编:《中国工商行会史料集》,中华书局 1995 年版。

二、今人著作

严中平:《中国棉纺织史稿 1289—1937》,科学出版社 1955年版。

傅衣凌:《明清时代商人及商业资本》,人民出版社 1956 年版。

傅衣凌:《明代江南市民经济试探》,上海人民出版社 1957 年版。

〔比〕亨利·皮朗:《中世纪欧洲经济社会史》,乐文译,上海人民出版社 1964 年版。

何炳棣:《中国会馆史论》,台北学生书局 1966 年版。

〔德〕马克思:《资本论》,《马克思恩格斯全集》第 25 卷,人民出版社 1972 年版。

〔德〕马克思:《政治经济学批判》,《马克思恩格斯全集》第 46 卷(上),人民出版社 1972 年版。

〔德〕恩格斯:《家庭、私有制和国家的起源》,《马克思恩格斯选集》第 4 卷,人民出版社 1972 年版。

〔日〕木宫泰彦:《日中文化交流史》,胡锡年译,商务印书馆 1980 年版。

李文治、魏金玉、经君健:《明清时代的农业资本主义萌芽问题》,中国社会科学出版社 1983 年版。

吴承明:《中国资本主义与国内市场》,中国社会科学出版社 1985 年版。

许涤新、吴承明主编:《中国资本主义的萌芽》,人民出版社 1985 年版。

段本洛、张圻福:《苏州手工业史》,江苏古籍出版社 1986 年版。

韩大成:《明代社会经济初探》,人民出版社 1986 年版。

林仁川:《明末清初私人海上贸易》,华东师范大学出版社 1987

年版。

刘石吉:《明清时代江南市镇研究》,中国社会科学出版社 1987年版。

邱澎生:《十八、十九世纪苏州城的新兴工商业团体》(硕士学位论文),1988 年。

陈学文:《中国封建晚期的商品经济》,湖南人民出版社 1989年版。

洪焕椿、罗仑主编:《长江三角洲地区社会经济史研究》,南京大学出版社 1989 年版。

韦庆远:《明清史辨析》,中国社会科学出版社 1989 年版。

郑昌淦:《明清农村商品经济》,中国人民大学出版社 1989年版。

〔荷〕包乐史:《中荷交往史》,庄国土、程绍刚译,路口店出版社 1989 年版。

樊树志:《明清江南市镇探微》,复旦大学出版社 1990 年版。

李伯重:《唐代江南农业的发展》,农业出版社 1990 年版。

李金明:《明代海外贸易史》,中国社会科学出版社 1990 年版。

中国农业遗产研究室等编著:《太湖地区农业史稿》,农业出版社 1990 年版。

张仲礼主编:《近代上海城市研究》,上海人民出版社 1990年版。

韩大成:《明代城市研究》,中国人民大学出版社 1991 年版。

〔美〕马士:《东印度公司对华贸易编年史(1635—1834)》,区宗华译,中山大学出版社 1991 年版。

徐鼎新、钱小明:《上海总商会史(1902—1929)》,上海社会科学院出版社 1991 年版。

〔美〕道格拉斯·C. 诺思:《经济史上的结构和变革》,厉以宁译,商务印书馆 1992 年版。

徐新吾主编:《江南土布史》,上海社会科学院出版社 1992 年版。

陈学文:《明清时期杭嘉湖市镇史研究》,群言出版社 1993 年版。

马敏、朱英:《传统与近代的二重变奏——晚清苏州商会个案研究》,巴蜀书社 1993 年版。

唐力行:《商人与中国近世社会》,浙江人民出版社 1993 年版。

虞和平:《商会与中国早期现代化》,上海人民出版社 1993 年版。

张海鹏、张海瀛主编:《中国十大商帮》,黄山书社 1993 年版。

刘秀生:《清代商品经济与商业资本》,中国商业出版社 1993 年版。

蒋兆成:《明清杭嘉湖社会经济史研究》,杭州大学出版社 1994 年版。

龙登高:《宋代东南市场研究》,云南大学出版社 1994 年版。

韦庆远:《明清史新析》,中国社会科学出版社 1995 年版。

邱澎生:《商人团体与社会变迁:清代苏州的会馆公所与商会》(博士学位论文),1995 年。

张正明:《晋商兴衰史》,山西古籍出版社 1995 年版。

张海鹏、王廷元主编:《徽商研究》,安徽人民出版社 1995

年版。

曹幸穗:《旧中国苏南农家经济研究》,中央编译出版社 1996年版。

王日根:《乡土之链:明清会馆与社会变迁》,天津人民出版社1996 年版。

姜守鹏:《明清北方市场研究》,东北师范大学出版社 1996年版。

三、学术论文

李华:《从徐扬"盛世滋生图"看清代前期苏州工商业的繁荣》,《文物》1960 年第 1 期。

李文治:《论清代前期的土地占有关系》,《历史研究》1963 年第 5 期。

彭泽益:《从明代官营织造的经营方式看江南丝织业生产的性质》,《历史研究》1963 年第 2 期。

彭泽益:《鸦片战争前清代苏州丝织业生产关系的形式与性质》,《经济研究》1963 年第 10 期。

全汉昇:《自明季至清中叶西属美洲的中国丝货贸易》,《中国文化研究所学报》1971 年第 4 卷第 2 期。

全汉昇:《明代中叶后澳门的海外贸易》,《中国文化研究所学报》1972 年第 5 卷第 1 期。

全汉昇:《清雍正年间(1723—1735)的米价》,《中国经济史论丛》,香港新亚研究所 1972 年。

刘翠溶:《明清时代南方地区的专业生产》,《大陆杂志》1977

年第 56 卷第 3、4 期合刊。

洪焕椿:《论明清苏州地区会馆的性质及其作用——苏州工商业碑刻资料剖析之一》,《中国史研究》1980 年第 2 期。

张秀民:《明代南京的印书》,《文物》1980 年第 11 期。

从翰香:《试述明代植棉和棉纺织业的发展》,《中国史研究》1981 年第 1 期。

严中平:《丝绸流向菲律宾,白银流向中国》,《近代史研究》1981 年第 1 期。

汪士信:《我国手工业行会的产生、性质及其作用》,《中国社会科学院经济研究所集刊》第二集,中国社会科学出版社 1981 年版。

张铠:《明清时代中国丝绸在拉丁美洲的传播》,《世界历史》1981 年第 6 期。

吕作燮:《明清时期的会馆并非工商业行会》,《中国史研究》1982 年第 2 期。

吴建雍:《清前期榷关及其管理制度》,《中国史研究》1984 年第 1 期。

梁庚尧:《宋元时代苏州的农业发展》,许倬云等编《第二届中国社会经济史研讨会论文集》,汉学研究资料及服务中心 1983 年版。

萧国亮:《鸦片战争前长江三角洲地区商品经济的发展与经济联系的加强》,《社会科学》1984 年第 1 期。

李伯重:《明清江南工农业生产中的燃料问题》,《中国社会经济史研究》1984 年第 4 期。

汪宗义、刘宣辑录:《清初京师商号会票》,《文献》1985 年第

2 期。

萧国亮:《关于清前期松江府土布产量和商品量问题》,《清史研究通讯》1985 年第 2 期。

方行:《论清代前期农民商品生产的发展》,《中国经济史研究》1986 年第 1 期。

李伯重:《明清时期江南地区的木材问题》,《中国社会经济史研究》1986 年第 1 期。

陈小冲:《十七世纪上半叶荷兰东印度公司的对华贸易扩张》,《中国社会经济史研究》1986 年第 2 期。

魏能涛:《明清时期中日长崎商船贸易》,《中国史研究》1986 年第 2 期。

李伯重:《明清江南与外地经济联系的加强及其对江南经济发展的影响》,《中国经济史研究》1986 年第 2 期。

唐文权:《苏州工商各业公所的兴废》,《历史研究》1986 年第 3 期。

汪士信:《明清商人会馆》,《平准学刊》第三辑(下册),中国商业出版社 1986 年版。

方行:《论清代前期棉纺织的社会分工》,《中国经济史研究》1987 年第 1 期。

李伯重:《明清江南社会生产中的铁与其他贱金属》,《中国史研究》1987 年第 2 期。

李瑚:《清代的钱庄》,《清史研究通讯》1987 年第 2 期。

聂德宁:《试论明代中日官方贸易向民间贸易的演变》,《中国社会经济史研究》1987 年第 2 期。

史建云:《从棉纺织业看清前期江南小农经济的变化》,《中国经济史研究》1987年第3期。

张国辉:《清代前期的钱庄和票号》,《中国经济史研究》1987年第4期。

方行:《封建社会的自然经济和商品经济》,《中国经济史研究》1988年第1期。

陈支平、郑振满:《清代闽西四堡族商研究》,《中国经济史研究》1988年第2期。

魏金玉:《封建经济·自然经济·商品经济》,《中国经济史研究》1988年第2期。

陈忠平:《论明清江南农村生产的多样化发展》,《中国农史》1988年第3期。

方如金:《宋代两浙路的粮食生产及流通》,《历史研究》1988年第4期。

彭泽益:《中国行会史研究的几个问题》,《历史研究》1988年第6期。

李伯重:《明清江南地区造船业的发展》,《中国社会经济史研究》1989年第1期。

陈慈玉:《从清代前期的淮安关功能论官商的关系》,"中研院"近代史研究所编《近代中国初期历史研讨会论文集》,1989年。

陈忠平:《明清时期江南地区市场考察》,《中国经济史研究》1990年第2期。

刘秀生:《清代棉布市场的变迁与江南棉布生产的衰落》,《中国社会经济史研究》1990年第2期。

李躬圃:《中英古代农民家庭经济产业结构、劳动生产效率及分化原因》,《中国农史》1991 年第 1 期。

刘秀生:《清代中期的三级市场结构》,《中国社会经济史研究》1991 年第 1 期。

戴一峰:《试论明清时期福建林业经济》,《中国农史》1991 年第 4 期。

许檀:《明清时期运河的商品流通》,《历史档案》1992 年第 1 期。

张照东:《清代漕运与南北物资交流》,《清史研究》1992 年第 3 期。

陈忠平:《宋元明清时期江南市镇社会组织述论》,《中国社会经济史研究》1993 年第 1 期。

王廷元:《论明清时期江南棉织业的劳动收益及其经营形态》,《中国经济史研究》1993 年第 2 期。

方行:《清代前期的小农经济》,《中国经济史研究》1993 年第 3 期。

周生春:《论宋代太湖地区农业的发展》,《中国史研究》1993 年第 3 期。

何泉达:《明代松江地区棉产研究》,《中国史研究》1993 年第 4 期。

郭松义:《清前期南方稻作区的粮食生产》,《中国经济史研究》1994 年第 1 期。

徐建青:《清代前期的榨油业》,《中国农史》1994 年第 2 期。

邓亦兵:《清代前期内陆粮食运输量及变化趋势:关于清代粮

食运输研究之二》,《中国经济史研究》1994 年第 3 期。

郭松义:《清代粮食市场和商品粮数量的估测》,《中国史研究》
1994 年第 4 期。

郭松义:《清代北方旱作区的粮食生产》,《中国经济史研究》
1995 年第 1 期。

刘佛丁:《中国和西欧传统市场制度之比较》,《中国经济史研究》1995 年第 2 期。

彭泽益:《清代各省以广州市场为中心的商品流通与商路运输》,《九州学刊》1995 年第 6 卷第 1 期。

方行:《清代农民经济扩大再生产的形式》,《中国经济史研究》
1996 年第 1 期。

李伯重:《"最低生存水准"与"人口压力"质疑——对明清社会经济史研究中两个基本概念的再思考》,《中国社会经济史研究》
1996 年第 1 期。

李伯重:《"人耕十亩"与明清江南农民的经营规模——明清江南农业经济发展特点探讨之五》,《中国农史》1996 年第 1 期。

邓亦兵:《清代前期沿海运输业的兴盛》,《中国社会经济史研究》1996 年第 3 期。

方行:《清代江南农民的消费》,《中国经济史研究》1996 年第
3 期。

范金民:《明清江南重赋问题述论》,《中国经济史研究》1996
年第 3 期。

李伯重:《从"夫妇并作"到"男耕女织"——明清江南农家妇女劳动问题探讨之一》,《中国经济史研究》1996 年第 3 期。

四、日文著述

東亞同文會編:《支那省別全誌》第十三卷、第十五卷,1917 年。

矢野仁一:《明時代に於けるマカオの貿易と其の繁榮に就て》,《史林》第 3 卷第 4 号,1918 年。

矢野仁一:《長崎貿易に於ける銅及び銀の支那輸出に就いて》(下),《經濟論叢》第 26 卷第 2 号,1928 年 2 月。

仁井田陞:《中國の社會とキルド》,岩波書店 1951 年版。

岩生成一:《近世日支貿易に關する數量的考察》,《史学雜誌》第 62 編第 11 号,1953 年。

山脇悌二郎:《長崎の唐人貿易》,吉川弘文館 1954 年版。

松浦章:《乾隆時代の崎來航中國商人——汪繩武・汪竹里・程赤城を中心に》,《咿啞》10,1978 年。

足立啟二:《大豆粕流通と清代の商業的農業》,《東洋史研究》第 37 卷第 3 期,1978 年。

百瀬弘:《明清社会経済史研究》,研文出版会 1980 年版。

濱島敦俊:《明代江南農村社会の研究》,東京大学出版会 1982 年版。

森正夫:《明清社會經濟史旧稿選》(私家版),1983 年発行。

松浦章:《清代における沿岸貿易について》,小野和子編《明清時代の政治と社会》,京都大学人文科学研究所 1983 年版。

香坂昌紀:《清代滸墅関の研究》,《東北学院大学論集》歴史学・地理学,1972—1984 年。

滝野正二郎:《清代淮安関の構成と機能について》,《九州大

学東洋史論集》第 14 号,1985 年。

香阪昌紀:《清代における大運河の物貨流通——乾隆年間,淮安関を中心として》,《東北学院大学論集》歴史学・地理学第 15 号,1985 年。

濱島敦俊:《明代中期の江南商人》,《史朋》第 20,1986 年。

新宮(佐藤)学:《明代後半期江南諸都市の商税改革と門攤銀》,《集刊東洋学》第 60 号,1988 年。

斯波義信:《宋代江南経済史の研究》,汲古書院 1988 年版。

香坂昌紀:《清代の北新関と杭州》,《東北学院大学論集》歴史学・地理学第 22 号,1990 年。

日蘭学会、日蘭交渉史研究會編:《長崎オランダ商館日記》(2),雄松堂出版 1990 年版。

香坂昌紀:《清代中期の杭州と商品流通:北新關を中心として》,《東洋史研究》第 50 巻第 1 号,1991 年。

川勝守:《明清江南農業経済史研究》,東京大学出版会 1992 年版。

森正夫編:《江南デルタ市鎮研究——歴史学と地理学からの接近》,名古屋大学出版會 1992 年版。

松浦章:《清代の揚州関について》,《関西大學文學集》第 43 巻第 2 号,1993 年。

松浦章:《清代潮澄商船の沿海活動について》,《松村先生古稀記念清代史論叢》,汲古書院 1994 年版。

川勝守:《江南市鎮の同郷會館資料匯について》,《町田三郎教授退官記念中國思想史論叢》,1995 年。

日山美紀:《清代典當業の利子率に關する一考察——康熙～乾隆期の江南を中心として》,《東方學》第 91 輯,1996 年 1 月。

松浦章:《晚清期上海・南市の沙船航業》,《関西大学文学集》第 46 卷第 1 号,1996 年。

川勝守:《明清時代商品生産の展開と江南市鎮の形成》,《九州大学東洋史論集》第 25 号,1997 年。

五、英文著述

E. H. Blair and J.A.Robertson, *The Philippine Islands* 1493—1898, Cleveland,1903.

H. B. Morse, *The Trade and Administration of China*, London and New York: Longmans,Green,revised edition,1913.

Hosea Ballou Morse, *The Chronicles of the East India Company Trading to China 1635—1834*, Oxford,1925.

G. William Skinner, *The City in Late Imperial China*, Stanford University Press,1977.

Lillian M. Li, *China's Silk Trade: Traditional Industry in the Modern World*, 1842—1937, Harvard University Asia Center,1981.

Thomas G. Rawski and Lillian M. Li, *Chinese History in Economic Perspective*, University of California Press,1992.

Susan Mann, *Local Merchants and the Chinese Bureaucracy*, 1750—1950, Stanford University of California Press,1992.

Yeh-chien Wang, "Secular Trends of Rice Prices in the Yangzi Delta,1638—1935", in Thomas G. Rawski and Lillian M. Li., *Chinese*

History in Economic Perspective, University of California Press , 1992.

Linda Cooke Johnson , *Cities of Jiangnan in Late Imperial China*, State University of New York Press , 1993.

后　记

　　《明清江南商业的发展》一书初稿完成于 1996 年底,后来因为忙于他事,直到去年十月才修正定稿。当此付印之际,我深深地感谢在课题立项和完成过程中凝聚了心血的众多海内外师友。

　　我应该感谢指导、鼓励和帮助我的各位先生:本系老师陈得芝、黄鸿钊、魏良弢、茅家琦、蔡少卿、刘迎胜教授等;中国社会科学院历史研究所王戎笙、郭松义、周绍泉、林金树研究员和阿风等,近代史研究所张德信研究员,经济研究所方行、吴慧、李根蟠、江太新、李伯重研究员等;中国人民大学韦庆远、李华教授;中国第一历史档案馆徐艺圃、吕小鲜研究员等;安徽大学张海鹏教授;东北师范大学赵毅教授;复旦大学葛剑雄教授;厦门大学陈支平教授;中国农业科学院中国农业遗产研究室叶依能教授;苏州大学唐力行教授;浙江省社会科学院陈学文研究员;山西省社会科学院张正明研究员;武汉大学石莹教授;中国农业出版社穆祥桐编审;中国农业博物馆曹幸穗研究员;安徽大学卞利教授;台湾大学徐泓教授,

"中研院"中山人文社会科学研究所刘石吉研究员;日本名古屋大学森正夫教授,京都大学小野和子、夫马进教授,九州大学川胜守教授,关西大学松浦章教授;美国国会图书馆居蜜博士,格林奈尔学院谢正光教授,加州大学戴维斯分校曼素恩教授,斯瓦斯摩学院李明珠教授;澳大利亚昆士兰大学黎志刚博士。

我衷心地感谢我的同学、现为北京商学院副教授的胡俞越,客居德国的沈卫荣博士,执教于美国华盛顿大学的梁侃博士,以及师弟夏维中副教授为我所做的一切。

我尤其要感谢老师罗仑教授,作为一个整整 40 年前即已以其力著《清代山东经营地主底社会性质》驰骋于史学界的知名学者,他欣然为本书作序,真令人感佩不已。

我非常感谢系、所领导,由于他们的支持,我心无旁扰,得以集中精力完成这项课题;非常感谢南京大学出版社慨然应允出版本书,免却了我联系出版的诸多烦恼;非常感谢责任编辑杨金荣先生,他精审细校,出力尤多。

我还要感谢众多的图书文博单位的大力支持。校图书馆古籍部前后两任负责人蒋一斐、何庆先老师以及全体工作人员,系资料室全体同仁,都为我提供了最大的方便,我搜集资料也最有成效。中国第一历史档案馆,以国家级档案馆的气派,接待热情,查阅极便。北京图书馆古籍部,南京图书馆古籍部,南京博物院,苏州市档案馆,苏州市碑刻博物馆等,任从查阅,总有所得而归。

我特别要感激我的胞姐胞兄,在老母病重卧榻的最后四百多天里,两人日夜精心侍奉,分担了我应尽的责任。没有他们的奉献,我就不可能在短短几个月的时间里厘定书稿。此手足深情,无一日敢忘。

范金民

1998 年 1 月于南京大学历史系

"大学问"是广西师范大学出版社旗下的学术图书出版品牌。品牌以"始于问而终于明"为理念，以"守望学术的视界"为宗旨，致力于原创+引进的人文社会科学领域的学术图书出版。倡导以问题意识为核心，弘扬学术情怀、人文精神和探究意识，展现学术的时代性、思想性和思辨色彩。

　　截至目前，大学问品牌已推出《现代中国的形成（1600—1949）》《中华帝国晚期的性、法律与社会》等70多种图书，涵盖思想、文化、历史、政治、法学、社会、经济等人文社会科学领域的学术作品，力图在普及大众的同时，保证其文化内蕴。

"大学问"品牌书目

大学问·学术名家作品系列

朱孝远《学史之道》
朱孝远《宗教改革与德国近代化道路》
池田知久《问道:〈老子〉思想细读》
赵冬梅《大宋之变,1063—1086》
黄宗智《中国的新型正义体系:实践与理论》
黄宗智《中国的新型小农经济:实践与理论》
黄宗智《中国的新型非正规经济:实践与理论》
夏明方《文明的"双相":灾害与历史的缠绕》
王向远《宏观比较文学19讲》
张闻玉《铜器历日研究》
张闻玉《西周王年论稿》
谢天佑《专制主义统治下的臣民心理》
王向远《比较文学系谱学》
王向远《比较文学构造论》
刘彦君　廖奔《中外戏剧史（第三版）》
干春松《儒学的近代转型》
王瑞来《士人走向民间:宋元变革与社会转型》

大学问·国文名师课系列

龚鹏程《文心雕龙讲记》
张闻玉《古代天文历法讲座》
刘强《四书通讲》

刘强《论语新识》
王兆鹏《唐宋词小讲》
徐晋如《国文课：中国文脉十五讲》
胡大雷《岁月忽已晚：古诗十九首里的东汉世情》

大学问·明清以来文史研究系列
周绚隆《易代：侯岐曾和他的亲友们（修订本）》
巫仁恕《劫后"天堂"：抗战沦陷后的苏州城市生活》
台静农《亡明讲史》
张艺曦《结社的艺术：16—18世纪东亚世界的文人社集》
何冠彪《生与死：明季士大夫的抉择》
李孝悌《恋恋红尘：明清江南的城市、欲望和生活》
孙竞昊《经营地方：明清时期济宁的士绅与社会》

大学问·哲思系列
罗伯特·S.韦斯特曼《哥白尼问题：占星预言、怀疑主义与天体秩序（上）》
罗伯特·斯特恩《黑格尔的〈精神现象学〉》
A.D.史密斯《胡塞尔与〈笛卡尔式的沉思〉》
约翰·利皮特《克尔凯郭尔的〈恐惧与颤栗〉》
迈克尔·莫里斯《维特根斯坦与〈逻辑哲学论〉》
M.麦金《维特根斯坦的〈哲学研究〉》
G·哈特费尔德《笛卡尔的〈第一哲学的沉思〉》
罗杰·F.库克《后电影视觉：运动影像媒介与观众的共同进化》

大学问·名人传记与思想系列
孙德鹏《乡下人：沈从文与近代中国（1902—1947）》
黄克武《笔醒山河：中国近代启蒙人严复》
黄克武《文字奇功：梁启超与中国学术思想的现代诠释》
王锐《革命儒生：章太炎传》
保罗·约翰逊《苏格拉底：我们的同时代人》
方志远《何处不归鸿：苏轼传》

大学问·实践社会科学系列
胡宗绮《意欲何为：清代以来刑事法律中的意图谱系》
黄宗智《实践社会科学研究指南》

黄宗智《国家与社会的二元合一》
黄宗智《华北的小农经济与社会变迁》
黄宗智《长江三角洲的小农家庭与乡村发展》
白德瑞《爪牙:清代县衙的书吏与差役》
赵刘洋《妇女、家庭与法律实践:清代以来的法律社会史》
李怀印《现代中国的形成(1600—1949)》
苏成捷《中华帝国晚期的性、法律与社会》
黄宗智《实践社会科学的方法、理论与前瞻》
黄宗智 周黎安《黄宗智对话周黎安:实践社会科学》

大学问·雅理系列
拉里·西登托普《发明个体:人在古典时代与中世纪的地位》
玛吉·伯格等《慢教授》
菲利普·范·帕里斯等《全民基本收入:实现自由社会与健全经济的方案》
田雷《继往以为序章:中国宪法的制度展开》
寺田浩明《清代传统法秩序》

大学问·桂子山史学丛书
张固也《先秦诸子与简帛研究》
田彤《生产关系、社会结构与阶级:民国时期劳资关系研究》
承红磊《"社会"的发现:晚清民初"社会"概念研究》

其他重点单品
郑荣华《城市的兴衰:基于经济、社会、制度的逻辑》
王锐《中国现代思想史十讲》
简·赫斯菲尔德《十扇窗:伟大的诗歌如何改变世界》
北鬼三郎《大清宪法案》
屈小玲《晚清西南社会与近代变迁:法国人来华考察笔记研究(1892—1910)》
徐鼎鼎《春秋时期齐、卫、晋、秦交通路线考论》
苏俊林《身份与秩序:走马楼吴简中的孙吴基层社会》
周玉波《庶民之声:近现代民歌与社会文化嬗递》
蔡万进等《里耶秦简编年考证(第一卷)》
张城《文明与革命:中国道路的内生性逻辑》